SCHALLDÄMPFER

GESCHICHTE • TECHNIK • MODELLE

DIPL. ING.
MARTIN ERBINGER

VS-BOOKS

Die Deutsche Bibliothek - CIP Einheitsaufnahme
Erbinger, Martin: Schalldämpfer : Geschichte - Technik - Modelle /
Martin Erbinger. - Herne : VS-Books, 1998 ISBN 3-932077-02-4

ISBN 3-932077-02-4

Verlag: **VS-BOOKS Carl Schulze & Torsten Verhülsdonk GbR**
Postfach 20 05 40, 44635 Herne

Alle Abbildungen, soweit nicht anders angegeben, aus dem Archiv des Verfassers.

Titelfoto: Heckler & Koch Inc., USA, mit bestem Dank an Herrn Manfred Kersten.

gedruckt in leipzig auf chlorfrei gebleichtem Papier

In ehrenvollem Gedenken an Herrn Jürgen Krüger †.
Geistiger Vater u. a. des Polizei-Universal-Gewehres PUK.

Es gibt nur wenige, ihrer Zeit vorausdenkende Menschen, die sich noch zu Lebzeiten der Ihnen zustehenden Anerkennung erfreuen dürfen.
Auch Ihm war es nicht vergönnt.

WARNUNG

Als Schalldämpfer im Sinne des deutschen Waffenrechtes gelten alle Vorrichtungen, die für Schußwaffen bestimmt und geeignet sind, den Schußknall zu verringern.
In der Bundesrepublik Deutschland ist es verboten, einen solchen Schalldämpfer ohne entsprechende behördliche Genehmigung anzufertigen oder zu besitzen.
Verstöße werden unnachsichtig geahndet. Bereits der Versuch, einen Schalldämpfer herzustellen, ist strafbar!

Entgegen einem weitverbreiteten Irrtum zählen Schalldämpfer in der Bundesrepublik Deutschland derzeit nicht zu den verbotenen Gegenständen, vielmehr sind sie Schußwaffen gleichgestellt.
Das bedeutet: Sofern man ein Bedürfnis nachweisen kann (Besitzer von Wildgattern, Jagdausübende in geräuschsensiblen Bereichen etc.), kann die zuständige Ordnungsbehörde einen Schalldämpfer bzw. eine Schalldämpferwaffe genehmigen.

Inhaltsverzeichnis

Vorwort

Um schon von vornherein keinerlei Mißverständnisse aufkommen zu lassen: Detaillierte Eigenbauanleitungen - wie sie vor allem im bzw. aus dem US-amerikanischen Raum angeboten werden - wird man hier vergeblich suchen. Es lag und liegt nicht in der Absicht des Verfasses, kriminelle Elemente mit nützlichen Tips zu versorgen oder begabte Heimwerker in Versuchung zu führen. Sämtliche hier gezeigten Zeichnungen sind nicht als maßgerechte Vorlage für den Eigenbau geeignet. Bei den fotografierten, teil- oder vollgeschnittenen Schalldämpfern handelt es sich um nicht maß- bzw. winkeltreue Modelle.
Jeder Versuch, einen Schalldämpfer ohne Genehmigung zu bauen, ist strafbar und wird, wenn überhaupt, nur zu mäßigem Erfolg führen. Vergessen Sie in diesem Zusammenhang die im Versandhandel offerierten Schalldämpferbauanleitungen - bei wem wollen Sie sich beschweren, wenn ihr Eigenbau nicht erwartungsgemäß funktioniert? Und er darf gar nicht funktionieren, sonst wäre diese Bauanleitung juristisch gesehen die Anleitung zum Begehen einer Straftat.

Außerdem - gerade Versandfirmen führen Kundenlisten, die von Behörden beschlagnahmt und rückverfolgt werden können. Vielleicht ordern Sie ja aber auch Ihre Bauanleitung bei einem gerade über „Waffennarren" recherchierenden Journalisten - oder einem Mitarbeiter von LKA, BKA etc, der sich für Schalldämpferinteressenten interessiert. Alles klar?

Im Mittelpunkt dieses Buches steht die Technik und die Funktion von Schalldämpfern, ihre Entwicklungsgeschichte, die Besonderheiten und Leistungsfähigkeit der einzelnen Designs und der Stand der Technik des leisen Feuerwaffenschusses.
Jeder, der dieses Buch mit Verständnis gelesen hat, ist in der Lage, bei Fragen zum Thema „Schalldämpfer" kompetent mitzureden - auf einem Niveau, das im Hinblick auf Geheimhaltungsgründe eben noch vertretbar erscheint.

Die hier aufgeführte Aufzählung erhebt keinen Anspruch auf Vollständigkeit - allein die weltweiten Patente zum Thema füllen mehrere Buchbände. Ferner unterliegen viele z. T. sehr interessante Entwicklungen der Geheimhaltung, auch wollten einige Firmen und Hersteller von näheren Erwähnungen ausgeklammert werden. Diesen Wünschen wurde aus nachvollziehbaren Erwägungen Rechnung getragen.

Mythos Schalldämpfer

Egal ob Schütze oder nur Liebhaber - fast jeder, der sich mit modernen Feuerwaffen beschäftigt, hat sich auch schon mit Schalldämpfern auseinandergesetzt. Allerdings wird man schnell feststellen, daß es leichter ist, sich über Maschinenwaffen oder moderne Kampfjets zu informieren, als über Schalldämpfer.
Wilden Spekulationen, Peudo-Expertentum und der Verbreitung der tollsten Geschichten stehen damit natürlich Tür und Tor offen. Raritäten, deren Erwerb und Besitz Otto Normalverbraucher verwehrt ist, neigen nunmal dazu, eine besondere Aura zu entwickeln. Schalldämpfer bilden hier keine Ausnahme - die „Flüstertüten" umgibt ein Schleier des Geheimnisvollen, der sich mangels echter Informationen und praktischer Erprobbarkeit nicht so leicht lüften läßt.

Auch Medien und Film tragen nicht unbedingt dazu bei, Schalldämpfer durch eine tatsachengetreue Darstellung zu entmystifizieren. Im Gegenteil: Einmal aufgebaute Mythen werden sorgsam gehegt und gepflegt. Selbst die Fachpresse kann, von sehr wenigen Ausnahmen abgesehen, nicht für sich in Anspruch nehmen, viel Aufklärungsarbeit hinsichtlich Schalldämpfern geleistet zu haben.
Diese geübte Zurückhaltung in puncto Information ermöglichte den Aufbau des Negativimages. Beim Mann auf der Straße werden bei der Erwähnung von „schallgedämpften Schußwaffen" spontan Negativassoziationen wach: Wilderer, Terroristen, Profikiller und ähnliche unsympathische Zeitgenossen - das sind nach Meinung breiter (auch: Schützen-) Kreise die klassischen Anwender von Schalldämpfern. Ähnlich wie Pump-Guns, Dolche oder Garrotten sind Schalldämpfer in den Augen der meisten Zeitgenossen eher klassische Verbrecherwerkzeuge. Anständige Schützen, Jäger, Polizisten, die „Guten" also, benutzen „so etwas" nicht. Punkt. Dabei wird geflissentlich ignoriert, daß praktisch im gesamten europäischen Ausland der Schalldämpfer zumindest bei Kleinkaliberwaffen eher als Serienausstattung denn als Extra gilt.
Mit dieser Haltung bringt man sich um die unleugbar positiven Aspekte der Schalldämpfertechnologie, die man - Stichwort Lärmschutz bzw. Schießstandschließungen - gerade hier in der Bundesrepublik dringendst nötig hätte.

Brünner M75 im Kaliber 9 x 19 mm mit Joniskeit-Schalldämpfer Durch die Montage eines Schalldämpfers wird aus einer kompakten Pistole ein rund 50 cm langes Waffensystem, welches viel von der Handlichkeit der Ausgangswaffe eingebüßt hat

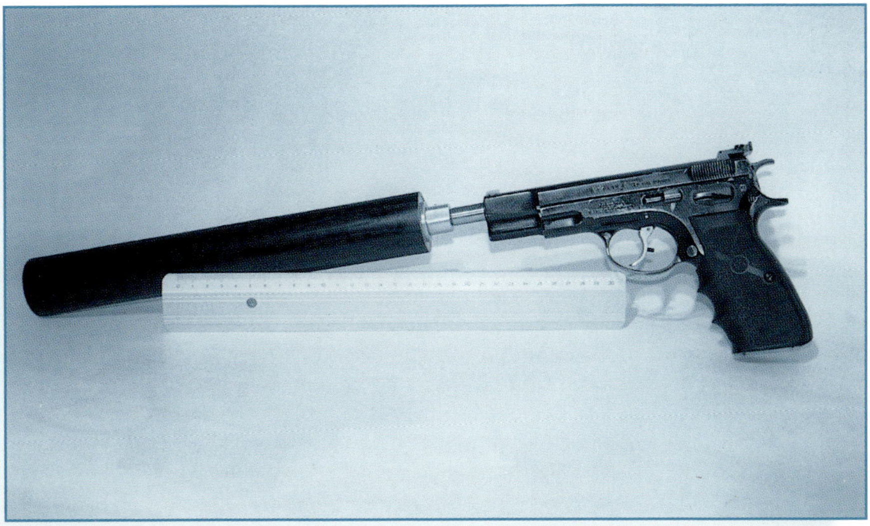

Die meisten Vorurteile resultieren aus der verzerrten Darstellung des Anwenderkreises wie auch aus der realitätsfernen Schilderung der Größe und Wirksamkeit von Schalldämpfern: Wenn im Film selbst größtkalibrige Waffen wie eine .45 Colt Government oder gar ein .357er Revolver (!) nach dem Aufstecken eines zigarrengroßen Röhrchens nur noch ein leises „Plopp" von sich geben, muß dies natürlich zu völlig falschen Vorstellungen und damit Ängsten führen. In der Realität ist ein wirksamer Schalldämpfer selbst für eine Westentaschenpistole mindestens 12-15 cm lang und rund 2 cm dick; ein Schalldämpfer für eine Großkaliberpistole mißt bis zu 30cm in der Länge und 5 cm im Durchmesser. Mit so einer Laufverlängerung, welche die Waffe im besten Fall so leise wie eine Luftpistole macht, ist der Hauptvorteil einer Kurzwaffe dahin - ihre Kompaktheit. Und was Schalldämpfer und Kriminalität angeht: Unsere nicht gerade als unzivilisiert geltenden europäischen Nachbarländer Frankreich oder die Schweiz können wohl kaum als Länder mit extremer Gewaltkriminalitätsrate angesehen werden - obwohl hier Schalldämpfer z. T. frei erhältlich sind.

Als ebenso falsch, aber noch schlimmer, empfindet es der Autor, wenn die Herstellung bzw. Improvisation von Schalldämpfern in Filmen und Büchern unkompliziert und funktionell dargestellt und so quasi zur Nachahmung verführt wird: Da braucht nur eine leere Kunststoffgetränkeflasche mit Klebeband an der Mündung einer .45er befestigt zu werden, und schon ploppt die Waffe in der nächsten Szene nur noch. Vor dem Nachvollzug dieser und ähnlicher haarsträubender Dummheiten - hier ist das Experiment mit der Flasche gemeint - sei eindringlich gewarnt! Der Mündungsgasdruck einer großkalibrigen Handfeuerwaffe liegt jenseits von allem, wofür eine solche, selbst „unkaputtbare", Getränkeflasche ausgelegt ist. Im günstigsten Fall braucht man sich nach einem solchen Experiment nur die Kunststoffsplitter aus der Figur zu ziehen und die Beschädigungen an der Waffe zu beheben...

Damit wollen wir uns von der Fiktion ab- und den Tatsachen zuwenden.
Warum eigentlich Schalldämpfer? Ein Schalldämpfer (im folgenden „SD" abgekürzt) bringt Schützen und Umfeld eine Vielzahl von Vorteilen. Nicht nur, daß das Schießen leiser wird, es wird insgesamt angenehmer: Vor allem im Freien und oft auch in geschlossenen Ständen ist das lästige Tragen eines Gehörschutzes nicht mehr zwingend nötig, blendendes Mündungsfeuer fällt weg und die Erhöhung des Waffengewichtes wie auch der Innenaufbau vieler Dämpfer reduzieren den Rückstoß beträchtlich.
Weiterhin hält ein SD unverbrannte Pulverpartikel zurück. So gelangen diese Teile nur noch in geringerem Umfang ins Gelände bzw. den Schießstand. Gerade letzteres reduziert die Unfallgefahr aufgrund von Bränden oder Verpuffungen beim spontanen Zünden von Treibmittelresten im Stand. Eine kritische Patrone hinsichtlich der Emission unverbrannter Pulverteilchen ist die diesbezüglich oft unterschätzte .22 lfB. Diese weitverbreitete Sportpatrone ist - vor allem aus kurzläufigen Waffen verschossen - eine echte „Dreckschleuder". Gleichzeitig ist sie, allerdings aus anderen Erwägungen, „die" Schalldämpferpatrone schlechthin. Hier wären zwei Fliegen mit einer Klappe zu schlagen.

Diese schützen- und umweltfreundlichen Überlegungen - und nicht etwa die militärisch-taktischen Aspekte - veranlaßten auch zumindest die ersten Erfinder zu Ihren Anstrengungen.
Einer der Väter des Schalldämpfers, der amerikanische Industrielle Hiram Percy Maxim, schrieb, daß nach seiner Überzeugung die zunehmende Industrialisierung eines Tages einen Grad an Umweltverschmutzung mit Lärm erzeugen würde, der die menschliche Gesundheit schädigt. Das war im Jahre 1915! Die Erfinder der frühen Jahre dachten an Schießübungen im Keller oder Salon, oder die Bejagung von Schädlingen ohne Belästigung der Nachbarn, was durch SD's erleichtert oder erst ermöglicht werden sollte.
Andere Anwendungen hatten diese Männer noch nicht im Sinn. Selbst wenn die militärische Anwendung beabsichtigt gewesen wäre - bis in die dreißiger Jahre unseres Jahrhunderts hinein standen die meisten Militärs den neuen Geräten ablehnend gegenüber. Schlecht vorstellbar? Nun, noch bis in die dreißiger Jahre gab es viele hohe Offiziere auf beiden Seiten des Atlantiks, die Flugzeuge nicht als Bereicherung der Bewaffnung der Streitkräfte ansahen. Und ein US-amerikanischer Militär dieser Zeit lehnte Panzer ab - zugunsten der Kavallerie!

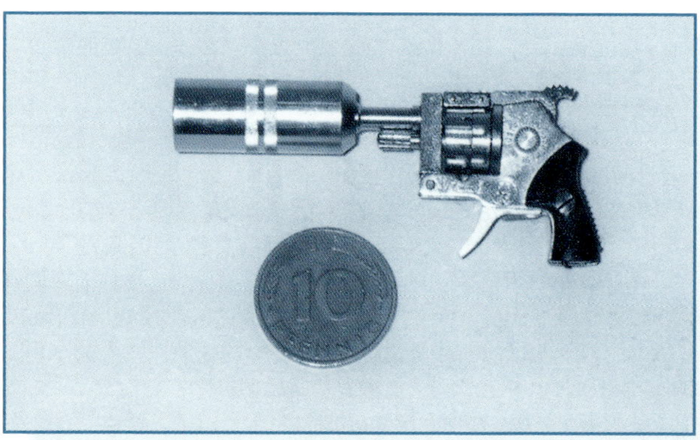

Kein subkompakter Agentenrevolver mit Schalldämpfer - hierbei handelt es sich um eine Platzpatronenwaffe im Kaliber 2 mm Berloque (eine Platzpatrone mit Stiftfeuerzündung), die mittels eines Aufschraubbechers Signalsterne im Kaliber 9 mm verschießt

Entwicklungsgeschichtlich gehören SD zu den Fällen, in denen ein Gerät erst für den zivilen Markt enwickelt und später für militärische Zwekke eingesetzt (zweckentfremdet?) wurde - nach heu-

tigen Maßstäben eher die Ausnahme.
Erst als die Nachfrage aus dem zivilen Bereich hinter den Erwartungen zurückblieb, versuchten Maxim und Kollegen mit wechselndem Erfolg Polizei und Streitkräfte als Kunden zu gewinnen. Damit wären wir bei der Frage nach den früheren und heutigen Anwendern der Schalldämpfertechnologie.

Zunächst die weniger erfreulichen Tatsachen: Sicherlich findet man Schalldämpfer auch bei den „Bösen" - obwohl dies natürlich immer auch eine Standpunktfrage ist.
Es mag auch heute noch Auftragsmorde unter Verwendung von Schalldämpfern geben - doch auch in diesem Sektor faßt der Fortschritt Fuß. Profis verlassen sich heute eher auf den „perfekten Mord" mit nahezu spurlosen Giften (Mycotoxine, Rizin, bakteriologische Waffen wie Milzbrandsporen etc.), oder auf die Inszenierung von „Selbstmorden" bzw. „Unfällen".

Gelegentlich verwenden Einbrecher schallgedämpfte Waffen, um Scheinwerfer, Sensoren oder Wachhunde zu neutralisieren, und in einem bekanntgewordenen Fall wurde eine Schalldämpferwaffe besonders spektakulär als Einbruchswerkzeug genutzt: In Quebec öffneten Einbrecher eine Stahlkammer mit einer schallgedämpften Lathi-Tankbüchse - einer Panzerabwehrwaffe aus der WKII-Zeit im Kaliber 20 mm.
Der „Dämpfer" für dieses waffentechnische Monstrum bestand u. a. aus einem 200 l-Ölfaß und diversen anderen ungewöhnlichen Bauteilen!

James Bonds Liebling: Die Walther PPK mit Schalldämpfer (Foto: B&T)

In Geheimdienstkreisen sind SD wesentlich seltener zu finden, als man annehmen könnte - hier hat Ian Fleming mit seinem unsterblichen, Walther PPK-bewaffneten Agenten 007 James Bond ein völlig falsches Bild geliefert. Obwohl, dies sei hier eingeräumt, zu Flemings Zeiten bei OSS (Office for Strategic Sevices, Vorläufer der CIA) oder den Geheimdiensten ihrer Majestät gedämpfte Schußwaffen vorhanden waren - allerdings vor dem Hintergrund, daß diese Dienste auch und gerade im heute rein militärischen Bereich operierten (Sabotage, Spionage etc.)
In diesem Metier verfügt man heute, so Bedarf besteht, über wirklich praktisch lautlose Schußwaffen mit magnetischem o.ä. exotischen Antrieb: schießende Regenschirme (wie bei der Eliminierung des Exilbulgaren Georgi Markow, London, 7. September 1978) oder Kugelschreiber (SOE Dartgun für Mini-Pfeile), den Bio-Inoculator (eine vom CIA verwendete Pfeilpistole mit Magnetantrieb) oder den Bigot-Pfeil (ein Pfeilprojektil, das mit einer Platzpatrone aus einer normalen Pistole verschossen werden kann). Daneben Infra- und Ultraschall-Werfer, Laser-, Taser- und Maser-Waffen, Mikrowellenprojektoren, particle-beam-Technologie und anderes Tötungswerkzeug, welches selbst den oben angeführten

Agenten Ihrer Majestät abwechselnd gelb vor Neid - und blaß vor Entsetzen werden lassen würde.
Schalldämpfer wirken angesicht solcher zu Tötungszwecken pervertierter High-Tech rührend altmodisch und geradezu harmlos.

Einen recht unerfreulichen Typ Zeitgenossen kann man sich allerdings zu Recht ohne Schalldämpfer nur schlecht vorstellen: Für Wilderer gehört die schallgedämpfte Schußwaffe neben Schlinge und Falle auch derzeit noch zu den beliebtesten „Arbeitsgeräten". Zum Zeitpunkt der Erstellung dieses Manuskriptes fand auf Burg Falkenstein in der Oberpfalz eine dies beeindruckend wiederspiegelnde Ausstellung statt: Von den hochgerechneten 20 000 Fällen von Jagdfrevel im Jahr (alte Bundesländer) werden gut die Hälfte unter Verwendung von zum großen Teil schallgedämpften Schußwaffen begangen.
Die Tatsache, daß Wilderer im Regelfall bewaffnet sind - oft sogar wesentlich besser als die zum Jagdschutz abgestellten Polizeibeamten (Restlichtverstärker, vollautomatische Waffen) - macht diese Kriminellen so besonders gefährlich.

Für den „normalen" Kriminellen ohne Tötungsabsichten (wie Bank- bzw. Straßenräuber, Einbrecher etc.) bringen SD-Waffen eher Nachteile: Sie sind in der Regel sperriger und unhandlicher als die Normalausführungen, und das bei möglicherweise verminderter Wirksamkeit.
Ungedämpfte Waffen führen durch die von Ihnen erzeugte Geräuschkulisse sowie Mündungsfeuer bei Unbeteiligten zu Verwirrung und Panik. Dies ist bei Flucht- und Absetzbewegungen in der Regel von Vorteil, weil Verfolger von dieser Verwirrung behindert werden. Manche Verbrecher bzw. Terroristen rechnen mit diesem Effekt. Deshalb sind SD auch eher als Ergänzung denn als Standard in den jeweiligen Ausrüstungskammern von RAF & Co. vertreten.

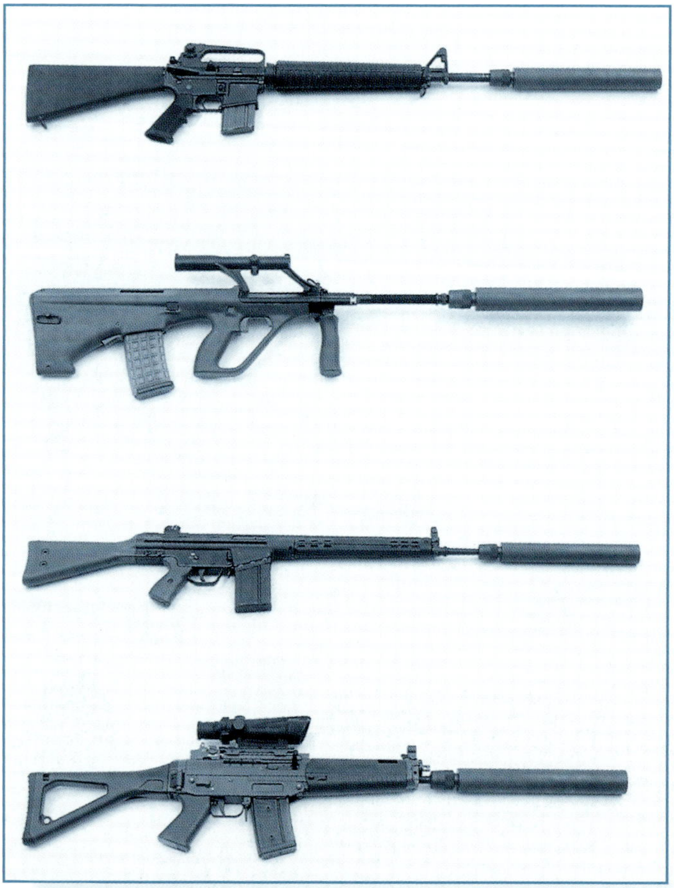
Moderne Sturmgewehre mit Brügger & Thomet MilSpec-Schalldämpfern von oben: M16, Steyr AUG (beide 5,56 x 45 mm), Heckler & Koch G3 in 7,62 x 51 mm, SIG-Sturmgewehr (5,56 x 45 mm) (Foto: B&T)

Legal finden Schalldämpfer u. a. beim Militär Verwendung. Im regulären Truppengebrauch sind SD außerhalb von Sondereinheiten allerdings nicht sehr verbreitet, u. a. weil diese Geräte - siehe oben - eine Waffe unhandlicher, schwerer und nicht zuletzt auch teurer machen. Außerdem setzt man im militärischen Bereich auf die vorteilhaften psychologischen Aspekte der Nebenerscheinungen des ungedämpften Schusses: Nach kriegspsychologischen Erkenntnissen verleiht der Schußknall, insbesondere beim Vorstürmen in geschlossener Formation, den Soldaten Selbstvertrauen; sie „schießen sich selbst Mut".
Ferner ergaben entsprechende Tests, daß ein Beschossener, der den Schützen sieht, einen nahezu lautlosen Schuß (sofern er ihn überhaupt bemerkt), nicht ernst nimmt. Die Folge: Der Duck- bzw. Deckungsreflex unterbleibt,

der Angegriffene schießt, so er noch kann, sofort zurück - was wiederum für den Angreifer gefährlich werden kann.
Anders sieht es aus, wenn der Angegriffene den Beschuß nicht hört, sondern nur seine Wirkung sieht. Die scheinbar aus dem Nichts kommenden Projektile können Panik beim Beschossenen bewirken. Diesen Effekt machen sich militärische Scharfschützen gerne zu nutze. Sie verwenden SD-Waffen, um u. a. die Aufklärung der eigenen Position zu erschweren und gleichzeitig gezielt Verwirrung zu stiften. Außerdem erhöhen Schalldämpfer hier die Zweit- und Dritttrefferwahrscheinlichkeit. Es sind Fälle verbürgt, wo ein Scharfschütze seine SD-bestückte Waffe erst auf seine Ziele eingeschossen hat - die fehlgegangenen Projektile wurden bis zum ersten Treffer von der Zielperson nicht wahrgenommen oder nicht beachtet!
Weitere klassische militärische Anwendungsgebiete von Schalldämpferwaffen sind die Durchführung von Kommandoaktionen hinter den feindlichen Linien oder der sog. Postenklau. Dies ist nicht etwa der Diebstahl grober Schrotmunition, sondern das unbemerkte Ausschalten von Wachposten oder Streifen, was den eigentlichen Zugriff erst ermöglicht.
Auch in der Ausrüstung von Militärpiloten findet man gelegenlich SD (wie die sowjetische Presse anhand der Ausrüstung des abgeschossenen U2-Piloten Gary Powers bewies). Hierbei liegt aber nicht der Gedanke zugrunde, daß ein sich zurück zur eigenen Truppe durchschlagender Pilot einen Partisanenkrieg führen soll, sondern ein weit trivialerer: Verteidigung wie auch die Jagd auf tierische Nahrung sollen unauffälliger erfolgen können.

In jüngerer Zeit denken entsprechende Stellen über eine weitere Anwendung im militärischen bzw. polizeilichen Bereich nach: die entsprechende Ausrüstung der ausgegebenen Übungswaffen, um die von Standortschießanlagen ausgehende Lärmbelästigung zu vermindern.
In diesem Bereich findet man auch den größten dem Verfasser bekannten „Schalldämpfer“ - u. a. für eine 155 mm-Haubitze auf Selbstfahrlafette. Die auf einem Gestell montierte Vorrichtung, in die das Geschütz mit dem Rohr eingeführt werden muß, ist größer als die Panzerhaubitze selbst. Neben einer zylindrischen Kammer besteht dieser von Rheinmetall gefertigte Dämpfer aus zwei seitlich angebrachten Wirbelkammern.
Und noch ein Extrem aus dem Militärischen: Um die Lärmbelästigung der Zivilbevölkerung und die Verletzungsgefahr von Rekruten (Knalltrauma) zu vermindern, geben einige

Präzisionsschützenteam (Schütze und Beobachter) der österreichischen Polizei mit dem Steyr SSG P IV in Stellung. (Foto: Steyr-Mannlicher)

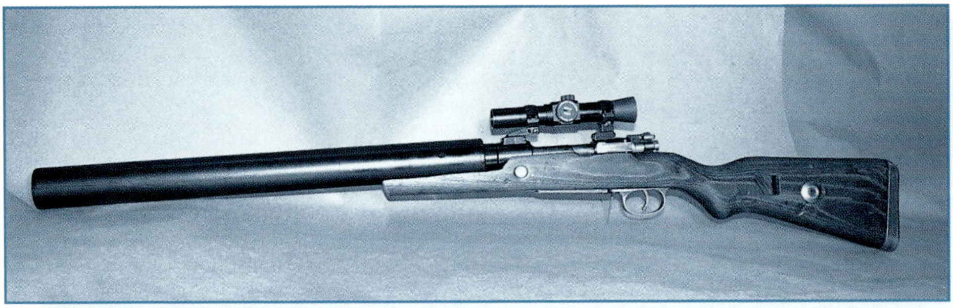

Echtes „Recycling" am Beispiel eines K 98k: Die Originalwaffe im Kaliber .308 Winchester wurde durch Laufwechsel auf das Pistolenkaliber .45 ACP umgerüstet. Da die Bodenabmessungen dieser Patronen nahezu identisch sind, mußte am Verschluß nichts geändert werden. Der Schalldämpfer ist von der Größe her weit überdimensioniert

Armeen jetzt auch schon Schalldämpfer aus, die das Abschießen von Platzpatronen (bei Übungen und Manövern) leiser machen.
Sollte man da nicht gleich Holzgewehre ausgeben? Dann würde die Verletzungsgefahr beim Waffenreinigen und die Umweltbelastung durch Platzpatronen bzw. später durch Waffenöl auch noch entfallen ...

Einige polizeiliche Sonderkommandos haben SD oder SD-Waffen in ihrem Fundus, um etwa bei Geiselnahmen o. ä. einzelne Täter unbemerkt von deren „Kollegen" ausschalten zu können.
Besonders bei innerstädtischen Einsatzszenarien würde die generelle Anwendung von Schalldämpfern einen zusätzlichen Vorteil bieten: die bei schußähnlichen Geräuschen i. d. R. auftretende Beunruhigung unterbleibt - und damit auch die Behinderung der Einsatzkräfte durch Schaulustige oder Reporter ...
Zumindest in den USA hat vor allem letzterer Punkt schon zur verstärkten Anwendung von SD-Waffen geführt, auch wenn es einsatztaktisch nicht notwendig gewesen wäre.
Zweckmäßig wären SD im polizeilichen Bereich gerade beim Waffengebrauch in oder zwischen Gebäuden, wo es sonst ohne Gehörschutz zu Knalltraumen auch bei den Beamten kommen kann.
Bei uns ist der Einsatz von SD im Polizeigebrauch sehr selten: Ein nordrhein-westfälischer SEK-Angehöriger versicherte dem Verfasser, daß er in seiner 10-jährigen Dienstzeit noch nie einen SD-Waffeneinsatz erlebt hat. Dies erklärt die momentane Seltenheit

Das schallgedämpfte Steyr SSG P IV in .308 Winchester / 7,62 x 51 NATO basiert auf dem schon 1969 eingeführten Steyr SSG und zählt damit zu den ältesten, modernen Schalldämpferwaffen

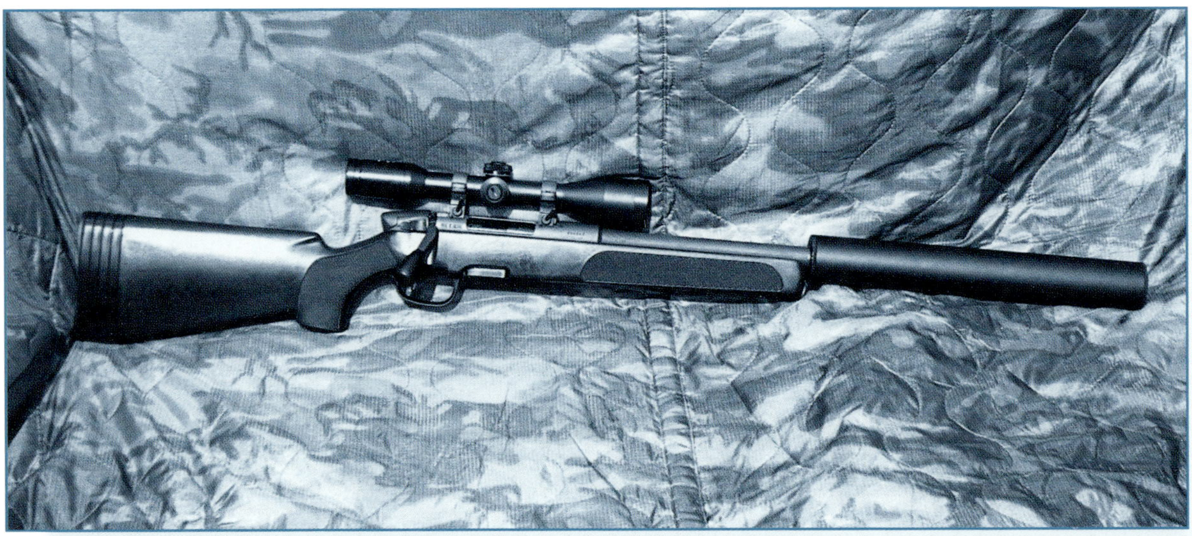

dieses Waffentyps in deutschen Behördenkreisen.
Der hierzulande in Polizei- und SEK-Kreisen praktisch ausschließlich anzutreffende SD-Waffentyp ist die schallgedämpfte MP5, vereinzelt vielleicht noch ein umgerüstetes Präzisionsgewehr. Ganz allmählich scheint man aber den sich entwickelnden Bedarf zu realisieren: Zum Zeitpunkt der Erstellung dieses Manuskriptes wurden entsprechenden Beschaffungsstellen auf deren Anforderung hin spezielle SD-Waffen vorgestellt.

Die H&K Maschinenpistole MP5, hier in der Ausführung als MP5SD3 (mit integriertem Schalldämpfer und einschiebbarem Schaft) ist bei Sondereinheiten und Streitkräften auf der ganzen Welt verbreitet

Im jagdlichen Bereich werden Schalldämpferwaffen verwendet, um beispielsweise ohne größere Störungen in geräuschsensiblen Bereichen (Friedhöfe, Flughäfen, siedlungsnahe Reviere) Karnickel, Tauben, Raubzeug und ähnliches zu bejagen. Im regulären Jagdbetrieb, also für die Anwendung auf jagdbares Wild, sind Schalldämpfer laut Jagdgesetz ohnehin verboten
Der Deutsche Jagdverband spricht sich interessanterweise aus Furcht vor Mißbrauch gegen die Verwendung schallgedämpfter Schußwaffen im Jagdbetrieb aus. Überzogene Befürchtungen, vorauseilender Behördengehorsam oder nur genaue Kenntnis seiner Mitglieder? Tatsache ist, daß Schalldämpfer vom deutschen Waffengesetz (noch) nicht verboten sind. Der Sektor „Schädlingsbekämpfung" im Rahmen der gesetzlichen Jagdausübung scheint neben dem dienstlichen Einsatz für Polizei und Militär deswegen auch der größte legale zivile Anwendungsbereich in der Bundesrepublik zu sein.
Es ist interessant, daß zum Abschuß von Gattertieren, auch Hochwild wie Dam- oder Rothirsche, schallgedämpfte Kleinkaliberwaffen zulässig waren. Wozu man in freier Natur auf wildlebende Tiere ein Mindestkaliber von 6,5 mm und eine Mindestenergie von 2000 Joule auf 100 m vorschreibt, dafür genügte bei der selben Tierart im Gatter ein 5,56 mm Geschößchen von rund 100 Joule an der Mündung. Hier trat offensichtlich der wirtschaftliche Gesichtspunkt (geringere Wildpretentwertung, erleichterte Mehrfachabschüsse, bessere Fleischqualität wegen geringem Adrenalinspiegel im Moment der Tötung) in den Vordergrund. Diese Abschußart ist nun jedoch verboten.

Auch in der produzierenden Industrie stößt man auf Schalldämpferwaffen. Gerade in der Eisenverhüttung, der Glaserschmelzung oder bei der Zementherstellung trifft man auf gewaltige Schießmaschinen, welche aus Arbeitsschutzgründen mit Schalldämpfern ausgestattet sind. Diese mittlerweile unverzichtbar geworde-

Die Remington Master Blaster im Kaliber 8 (rund 24 mm) mit Schalldämpfer wird u. a. zum Lösen von Anbackungen in Silos oder zum Anstechen von Hochöfen verwendet

nen Kanonen, in der Regel einschüssige Glattrohrwaffen in den Schrotkalibern 10 oder 8, werden dazu eingesetzt, um aus sicherer Entfernung Hochöfen oder Glaswannen anzustechen, Halden einstürzen zu lassen oder unerwünschte Anbackungen in Silos oder Öfen zu lockern.
Die Munition ist vom Prinzip her vergrößerte Flintenmunition. Dies erlaubt sowohl den Einsatz konventioneller Schrote oder Flintenlaufgeschosse wie auch die Verwendung von Sondermunition, wenn der Einsatzzweck es erfordert: Da diese Flinten eigentlich alles verschießen, was in die Patrone paßt, können Projektilmaterial und -form so gewählt werden, daß das produzierte Gut in geringstmöglichem Umfang oder gar nicht beeinträchtigt wird.
Die aus diesen Glattrohrgeschützen verfeuerten Flintenlaufgeschosse bringen übrigens meist mehr Energie ins Ziel als viele Großwildwaffen.
Die Schalldämpfung dieser Geräte ist mit den Dämpfern für normale Schußwaffen nicht zu vergleichen, meist beträgt die Dämpfung nur wenige dB. Dafür wird der Schall in Schußrichtung gebündelt und die Mündung vom Schützen weg verlegt, was auch einen Schutz vor der gewaltigen Druckwelle bietet.

Man sieht, unter dem Strich ist die Schalldämpfertechnologie verbreiteter, als man zunächst annehmen könnte, wenn auch nicht dort, wo es uns Hollywood weismachen möchte.

In Deutschland bekommen Sportschützen - im Gegensatz zu ihren Kollegen beispielsweise in Skandinavien oder Frankreich - überhaupt keine Schalldämpfer, verwaltungstechnisch ist es hierzulande einfacher und populärer, gleich den ganzen Schießstand wegen Lärmbelästigung der Anwohner zu schließen.

In den meisten Kantonen der Schweiz stellt es vor dem 01.01.1999 dagegen kaum ein Problem dar, legal eine Waffe mit SD bzw. einen SD für eine bestimmte Waffe zu erhalten. Die einzige dem Verfasser bekannte Straftat in der Schweiz unter Verwendung eines Schalldämpfers wurde übrigens mit einem selbstgebauten Dämpfer verübt - in einem Kanton, in dem SD nicht verboten waren (Seewen, Kanton Solothurn, 5-facher Mord).

Auch in Großbritannien und Australien sind Schalldämpfer mehr oder weniger frei verkäuflich.

In den USA sind die Vorschriften von Bundesstaat zu Bundesstaat etwas unterschiedlich. In der Regel kann aber ein Schalldämpfer nach dem Entrichten einer Gebühr von US $ 200 an das „Bureau for Alcohol, Tobacco and Firearms", kurz BATF, erworben oder angefertigt werden. Jawohl, im Land der unbegrenzen Möglichkeiten ist *eine* Behörde für Alkohol, Tabak und Feuerwaffen zuständig! Laut BATF sind Schußwaffen viel harmloser als Schnaps oder Zigaretten - es sterben in den USA (wie übrigens auch hierzulande) mehr Leute an den Folgen des Tabak- oder Alkoholkonsumes denn am Schußwaffenmißbrauch. Eine interessante Betrachtungsweise...

Geräuschentwicklung beim Schuss

Zustandekommen des Schussknalls

Um Verständnis für die Möglichkeiten und Grenzen der Schußknallminderung an Feuerwaffen zu bekommen, ist es nötig, sich zunächst mit dem Schußknall selbst auseinanderzusetzen.

Das Phänomen „Schußknall" setzt sich aus einer Vielzahl von Einzelgeräuschen zusammen. Einzelne Schallquellen können sich zwar durchaus gegenseitig übertönen, die Gesamtlautstärke steigt aber mit jedem, wenn auch schwachen, akustischen Beitrag - ähnlich ist es mit dem Flüssigkeitspegel in einem Rotweinfaß: Er steigt, auch wenn man Weißwein hineinkippt.

Wenn man sich den Ablauf der Schußentwicklung bei einer Nicht-Selbstladewaffe einmal genauer vergegenwärtigt, stößt man auf die Vielzahl der Einzelgeräusche.

Der Schießfinger betätigt den Abzug. Dadurch wird eine Mechanik ausgelöst, an deren Ende ein Schlagstück o. ä., von Federkraft getrieben, auf das Zündhütchen im Patronenboden schlägt. Wer glaubt, daß dies allein kein nennenswertes Geräusch verursacht, soll seine Waffe einmal auf eine Pufferpatrone bzw. auf eine leere Hülse abschlagen lassen! Solche Mechanikgeräusche liegen bei verriegelten Waffen wie Repetiergewehren in der Größenordnung von bis zu 80 dB (Dezibel, siehe dazu die folgenden Kapitel), zuschießende Maschinenwaffen können noch 10 - 20 dB lauter sein.
Das nächste Geräusch entsteht, wenn das Zündhütchen explosionsartig abbrennt.
Abgesehen von den Verbrennungs- und Strömungsgeräuschen in Patronenlager, Trommel bzw. Lauf, tritt das nächste nennenswerte Geräusch dann auf, wenn das Geschoß aus der Hülse austritt, eine Art „Entkorkungsknall".
Unmittelbar darauf können Gasleckagen aus dem Lauf oder Verschluß bei ihrem Eintritt in die Atmosphäre Geräusche verursachen. Man denke dabei an den deutlich lauter empfundenen Knall bei sog. Zündhütchendurchbläsern!
Legt man sein Ohr an eine Rohrleitung, welche von Druckluft durchströmt wird, hört man

Mündung eines .22er Meßlaufes beim Schuß

#1: Zündung erfolgt, das Geschoß hat begonnen, sich zu bewegen. Die Luftsäule vor dem Geschoß schießt Rückstände etc. aus dem Lauf
#2: Geschoßaustritt. Deutlich ist die Dreckwolke aus verbranntem Pulver etc. vor dem Geschoß zu sehen
#3: Das Geschoß hat den Lauf verlassen, am Geschoßboden erkennt man die gerade ausströmende Treibgasmenge

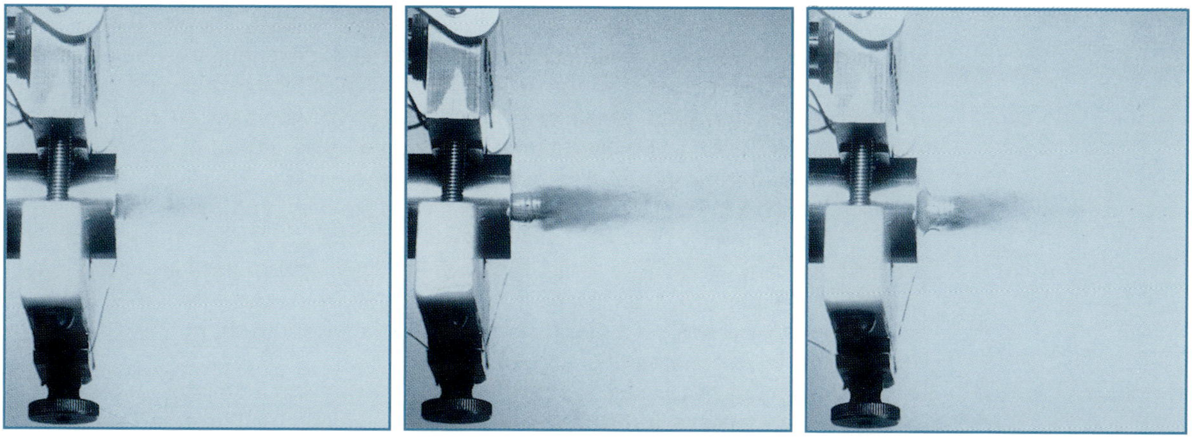

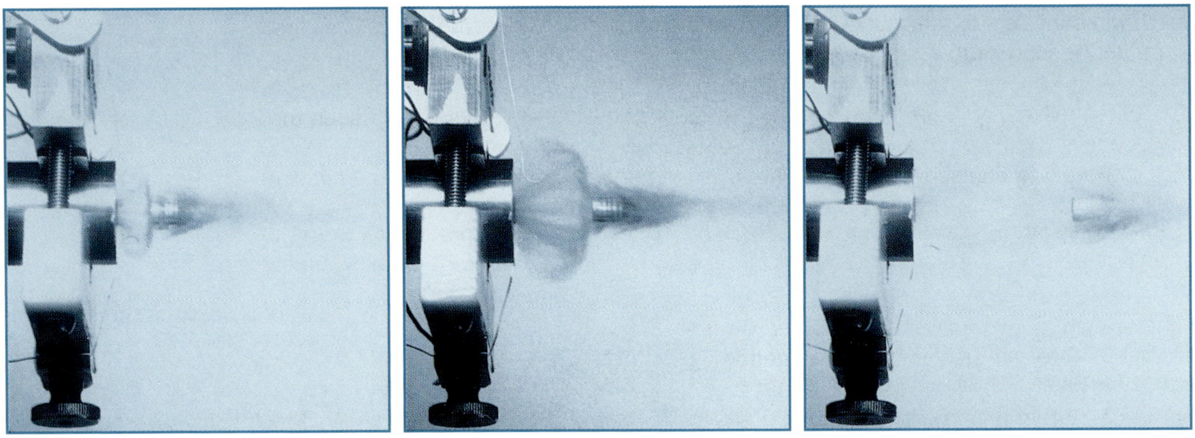

#4: Der Gasstrahl ist hinter dem Geschoß aufgeplatzt, an den Rändern ist eine Wirbelbildung zu erkennen
#5: Das Projektil eilt den Treibgasen weiter voran, die Schwaden fächern weiter auf
#6: Die Gasschwaden haben sich fast völlig aufgelöst, das Geschoß wird in wenigen cm die vorauseilende Gas-und Partikelwolke durchstoßen

mehr oder minder deutlich den Strömungsvorgang. Eigentlich hört man nicht die Strömung selbst, sondern Nebenerscheinungen wie Turbulenzen, Ablöseerscheinungen an der Rohrwand etc., die aber in ursächlichem Zusammenhang mit der Strömung stehen. Analog dazu verursachen die Verbrennungsgase beim Durchströmen eines Laufes Geräusche.

An der Laufmündung treten verschiedene, lauterzeugende Effekte auf, die unter dem Begriff „Mündungsknall" zusammengefaßt werden.
Zunächst einmal wird die Luftsäule, welche sich vor dem Geschoß befunden hat, aus dem Lauf gedrängt (engl. Precursor Wave).
Vor dem Geschoß treten auch noch Treibgase aus der Mündung aus, die den Spalt zwischen Geschoß und Laufwandung passiert haben; diese Treibgasschwaden, die dem Geschoß vorauseilen, werden als Blow-by bezeichnet.
Dann verlassen das Geschoß und zu guter letzt die Hauptmasse der Verbrennungsgase die Laufmündung (Muzzle Blast oder Main Blast).
Die Entspannung dieser Gasmengen erzeugt die von unserem Gehör als Mündungsknall wahrgenommene Druckwelle.

Einen weiteren Beitrag zum Mündungsknall und damit zum gesamten Schußgeräusch leistet das Mündungsfeuer.
Dabei handelt es sich um Sekundärverbrennungserscheinungen - also den Abbrand von nicht im Lauf umgesetzten Pulver oder die Nachverbrennung von Schwadengasen an der Luft. Von der Lautstärke her bewegt sich ein sichtbares Mündungsfeuer etwa in der Größenordnung einer Gasexplosion gleichen Volumens.

Bei einer Selbstladewaffe wie einer Pistole, MP o. ä. kommen zu diesen Einzelgeräuschen noch der akustische Beitrag des Repetierzyklus hinzu (der für sich allein schon die Lautstärke einer kräftigen Luftpistole haben kann), bei einem Revolver die Geräusche durch den Gasverlust am Spalt zwischen Trommel und Lauf.

Selbst der weitere Geschoßweg trägt zum vom Schützen und Zuschauer empfundenen Schußknall bei: Zum einen durch die normalen Fluggeräusche des Geschoßes aufgrund der Luftverdrängung sowie der damit verbundenen Wirbelbildungen, zum anderen durch den möglichen sogenannten Überschallknall.
Die Umströmung des Projektiles erfolgt je nach Form mehr oder minder turbulent. Die daraus resultierenden Verwirbelungen vor, seitlich und hinter dem Geschoß werden aku-

stisch wirksam. Je strömungsungünstiger das Projektil, umso stärker die Wirbel und umso lauter der Geschoßflug.

Ein Überschallknall tritt dann auf, wenn die Relativgeschwindigkeit des Geschosses zum umgebenden Medium höher ist als die Schallgeschwindigkeit in diesem Medium. Diese sog. örtliche Schallgeschwindigkeit hängt u. a. von der jeweiligen Dichte des umgebenden Mediums ab. In unserer Normalatmosphäre kann man von einer Schallgeschwindigkeit von etwa 330 m/s ausgehen, in Wasser von etwa 1500 m/s, und in Stahl von ca. 5500 m/s.

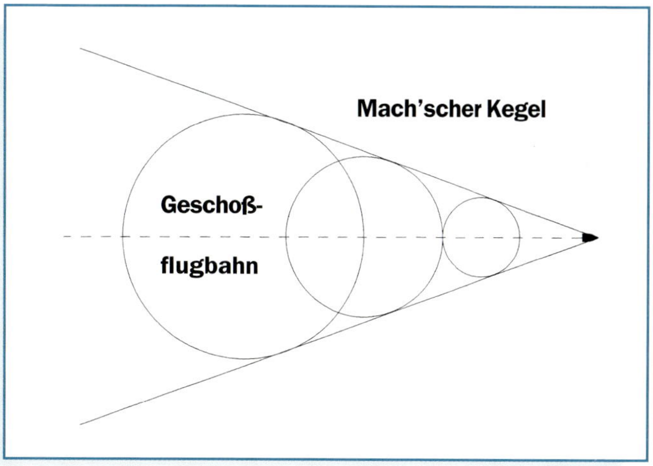

Schema des Mach'schen Kegels

Schallwellen, die von einer sehr kleinen Quelle ausgehen, breiten sich im Raum kugelförmig aus - ähnlich den Wellen in einem Teich, wenn man einen Stein hineinwirft (Warum eigentlich immer mit Steinen werfen? Es geht auch mit Videokameras, Goldbarren, Schlüsselbunden etc.).
Verschiebt man den Erzeuger solcher Wellen mit einer Geschwindigkeit, die größer ist als die Wellen-Ausbreitungsgeschwindigkeit, entsteht eine V-förmige Wellenfront mit dem Erzeuger in der V-Spitze.
Jeder Bootsfahrer kennt eine ähnliche Erscheinung in Form der Bugwelle, die sich ab einer bestimmten Fahrtgeschwindigkeit bildet. Ähnlich verhält es sich mit einem Geschoß in der Luft: bewegt es sich schneller als die Ausbreitungsgeschwindigkeit der Schallwellen in der Luft (Schallgeschwindigkeit), entsteht eine dem Geschoß nacheilende Wellenfront. Diese Wellenfront ist aber nicht V-förmig-flach, sondern kegelförmig. Nach dem Physiker, der sich mit diesem Phänomen auseinandersetzte, heißt diese Erscheinung „Mach'scher Kegel". Wird man vom Mach'schen Kegel überstrichen, nimmt man den Überschallknall wahr.
In der Mantelfläche dieses Kegels fallen quasi alle akustischen Erscheinungen des Geschoßfluges in gebündelter Form zusammen. Deswegen erscheint der „Überschallknall" auch so laut - er ist sozusagen die Summe aller strömungsbedingten Fluggeräusche.
Ein Charakteristikum des Überschallknalls von Flugzeugen ist der Doppelknall, der durch die Ausbildung von je einem Mach'schen Kegel an Bug und Heck herrührt.
Auch ein Geschoß bildet genaugenommen zwei Mach'sche Kegel aus; je einen an Geschoßspitze und -boden. Sogar die Zone hinter dem Geschoß, an dem die Wirbelfronten wieder zusammenstoßen, kann noch einen weiteren Kegel bilden; doch fallen diese bis zu drei Kegel räumlich bzw. beim Hören zeitlich so eng zusammen, daß sie als ein Knall wahrgenommen werden.

Schlierenaufnahme der Kopfwelle (Mach'scher Kegel) und der Heckturbulenzen an einem knapp über Schallgeschwindigkeit fliegenden Kleinkaliberprojektil

Diese vom Projektil erzeugten Geräusche können direkt wie auch indirekt an das Ohr herangetragen werden.
Harte Oberflächen reflektieren Schallwellen gut. Diesen Effekt macht man sich zunutze, wenn man in einem Tunnel das Fahrzeugfenster öffnet, um das Motorengeräusch besser zu hören.
Ähnlich wirken Hindernisse vor der Waffenmündung: Sie werfen einen Teil der Schußgeräusche zum Schützen zurück, dessen Gehör diesen Beitrag aufaddiert.
Diesen Reflexionseffekt kann man besonders gut hören, wenn man an den Blenden eines offenen Schießstandes oder einer Reihe Telegrafenmasten vorbeischießt: Etwas Übung vorausgesetzt, läßt sich ein Stakkatto wahrnehmen, das von den an den Hindernissen reflektierten Fluggeräuschen herrührt.

Und schlußendlich verursacht auch der Geschoßaufschlag ein nicht unerhebliches Geräusch (Bei Messungen mit graphischer Darstellung der Schallintensität über die Zeit ist der Ausschlag, der für das Auftreffgeräusch des Projektiles steht, deutlich sichtbar). Dies läßt sich dann besonders gut feststellen, wenn man mit einer gedämpften Waffe auf eine weit entfernte, harte Oberfläche schießt. Meist ist das Einschlaggeräusch deutlich hörbar. Selbst ein KK-Geschoß hat die Energie eines kräftigen Hammerschlages, was m. E. auch dieselbe Lautäußerung beim Einschlag hervorrufen kann. Bei sehr kurzen Schußentfernungen und gut gedämpften Waffen übertönt der Geschoßeinschlag alle anderen Lautäußerungen von Waffe und Munition - davon konnte sich der Verfasser im Rahmen von Tests bei Schalldämpferherstellern selbst überzeugen.

Der Schußknall hat also viele Ursachen, die mehr oder wenig stark zu seiner Gesamtlautstärke beitragen - Mechanik, Innenballistik, Mündungs- und Überschallknall, Fluggeräusche und Geschoßaufschlag. Um einen Schuß leiser zu gestalten, muß man also die jeweiligen Einzelgeräuschquellen dämpfen.

Minderung des Schussknalles

Überschallknall und Mündungsgeräusche sind die Hauptursachen des Schußknalles. Der Schwerpunkt zur Verminderung des Schußknalles muß folglich bei der Verminderung bzw. Eliminierung dieser Einzelgeräusche liegen.
Ein einfach auf die Laufmündung gesetzter Schalldämpfer kann weder an den Schußentwicklungsgeräuschen etwas ändern, noch an der Geschoßgeschwindigkeit bzw. am Überschallknall. Die Bezeichnung „Mündungsknalldämpfer" bzw. „Mündungsgeräuschdämpfer" wäre von der Beschreibung der Wirkungsweise her zutreffender.

Auch wenn einige Hersteller das Gegenteil behaupten - kein wie auch immer gearteter Schalldämpfer kann den Geschoß-Überschallknall vermindern oder beseitigen. Dieses Geräusch wird nicht durch den Abschuß, sondern das Geschoß selbst erzeugt und liegt damit außerhalb des Wirkungsbereiches eines Schalldämpfers. Ein SD, der den Geschoßüberschallknall dämpft, ist etwa so zu beurteilen wie eine Garage, die die Fahrtwindgeräusche eines Autos beseitigt oder ein Hangar, der die Fluggeräusche eines Jets vermindert.

Bei extrem kurzen Schußentfernungen (wenige Dezimeter) verwischt der akustische Unterschied zwischen Über- und Unterschallmunition: Erst beim Verlassen der vorauseilenden Gasschwaden vor der Waffen- bzw. SD-Mündung trifft das Projektil auf eine (normale Luft-) Atmosphäre, in der seine Geschwindigkeit über der örtlichen Schallgeschwindigkeit liegt. Eine hohe Gasleckage aus dem Dämpfer verlängert diesen Gasmantel, der das Projektil von der Außenatmosphäre abschirmt.
Fängt man ein überschallschnelles Geschoß, das aus einer SD-Waffe abgefeuert wurde, ab, bevor es diesen Gasmantel verläßt, ist der gesamte Schußknall kaum lauter als bei der Verwendung einer Unterschall-Patrone. Wegen des höheren Gasdruckes, der größeren Gasmenge sowie der höheren Auftreffenergie wird die Normalpatrone bei einem solchen Vergleich zwar immer etwas lauter sein als die Unterschall-Laborierung, ein ausgeprägter Überschallknall tritt hier allerdings nicht auf, weil sich die Kopfwelle noch nicht ausbilden konnte. Erst, wenn man den Kugelfang deutlich weiter weg verlegt, kann sich der Mach'sche-Kegel um und hinter dem Überschall-Geschoß aufbauen und für Zusatzgeräusche sorgen: Dann erscheint der Schußknall wesentlich lauter als beim Subsonic-Projektil.

Nicht nur den Überschallknall, auch einige weitere Geräuschquellen kann man praktisch nicht leiser gestalten bzw. nur mit einem unangemessenem Aufwand-Nutzen-Verhältnis beeinflussen. Da sich dieses Buch primär mit Mündungsknall-Schalldämpfern auseinandersetzt, soll hier nur der Vollständigkeit halber auf die Möglichkeiten hinter der Mündung eingegangen werden.

5,7 mm UCC (Usel Caseless Cartridge), hülsenlose Patrone für das Voere Electronic Caseless Gewehr. Deutlich zu sehen das Halbleiterelement im Patronenboden, welches den elektrischen Impuls in Verbindung mit der weiß eingefärbten Anzündladung in eine Anzündung umsetzt. Nachdem das Projektil in den Lauf eingeführt wurde, zündet die Treibladung (Foto: Voere)

Dämpfung der einzelnen Geräuschquellen

Die Geräusche der Zündmechanik sind nur durch eine Kapselung des Gehäuses zu mindern. Eine Verbesserung hinsichtlich Schußentwicklungszeit und Geräuschminderung stellen die elektrisch gezündeten Waffensysteme dar - wie etwa bei der dazu noch hülsenlosen 5,7 oder 6 mm UCC (Usel Caseless Cartridge) für Voere-Jagdwaffen.
Bei elektrischen Zündsystemen für Normalmunition wird entweder der Schlagbolzen

elektromagnetisch betätigt oder zwischen Stoßbodenelektrode und Zündhütchen eine Entladung (Lichtbogen, Funken) erzeugt, welche die Zündladung initiiert.
Bei entprechender Spezialmunition für E-Zündung ist ein Glühdraht oder ein entsprechendes Halbleiterelement etc. in die Pulverladung eingebettet. Legt man die entsprechende Spannung an diese Teile an, entsteht die zur Zündung der Treibladung nötige Temperatur.
Diese Variante der Zündung hat überhaupt kein mechanisches Anzündgeräusch mehr; allerdings ist der nötige Aufwand (Schaltungen, Batterien, Elektroden etc.) sehr hoch. Einige superleise Waffensysteme wie die später noch beschriebene „Troika" verwenden dieses Prinzip trotzdem.

Blockiert man die Mechanik einer Selbstladewaffe, um ein selbständiges Repetieren zu verhindern, so fallen auch die damit verbundenen Geräusche weg. Damit macht man allerdings aus einem Selbstlader eine Repetierwaffe. Eine Repetierwaffe verursacht beim Schuß keine Mechanikgeräusche, abgesehen von Abzugsbetätigung und Schlagbolzenbewegung .

Ein Revolver steht zwischen den Selbstladern und Repetierwaffen, man braucht für den jeweils nächsten Schuß nur den Abzug zu betätigen oder den Hahn zu spannen und abzudrücken. Die theoretische Feuergeschwindigkeit von Spannabzugsrevolvern kommt deswegen nahe an Selbstlader heran. Darüber hinaus sind auch die mechanischen Geräusche - wegen der geringen Anzahl und Größe der bewegten Teile - gering. Damit würden sich Revolver besonders als SD-Waffen anbieten. Bauartbedingt weisen Revolver allerdings einen Spalt zwischen Trommel und Lauf, den sogenannten Trommelspalt auf. Durch diesen Spalt in der Größenordnung von einigen Hundertstel bis einigen Zehntel Millimetern entweichen beim Schuß hochgespannte Verbrennungsgase.
Das Problem mit dem Trommelspalt bei Revolvern wurde nur bei einem Waffensystem befriedigend gelöst: dem Nagant-Revolver.
Bei dieser Waffe wird die Trommel beim Spannnen des Hahns gedreht und gleichzeitig in Laufrichtung verschoben, bis die Trommel am Laufende anliegt. Die weitere Abdichtung erfolgt durch die Nagant Patrone. Das Geschoß befindet sich vollständig innerhalb der Hülse, welche wesentlich länger als die Trommel ist.
Liegt die Trommel nun am Lauf an, dichtet die in den Lauf reichende Hülse den Übergangsbereich Trommel-Lauf ab. Auf diese Weise kommt eine praktisch gasdichte Verbindung zustande. Deshalb ist bei diesem Revolver eine effektive Dämpfung mit einem nur auf den Lauf gesetzten SD möglich.
Die Firma Peters bzw. auch amerikanische Hersteller haben einen anderen Weg beschritten, um aus einem Revolver eine wirksame Schalldämpferwaffe zu machen. Mehr dazu im entsprechenden Kapitel.

Die Strömungsgeräusche in Lauf

Gasdruck-Geschoßweg-Diagramm:
Je langsamer das Pulver bzw. kürzer der Lauf, umso höher der Gasdruck an der Mündung

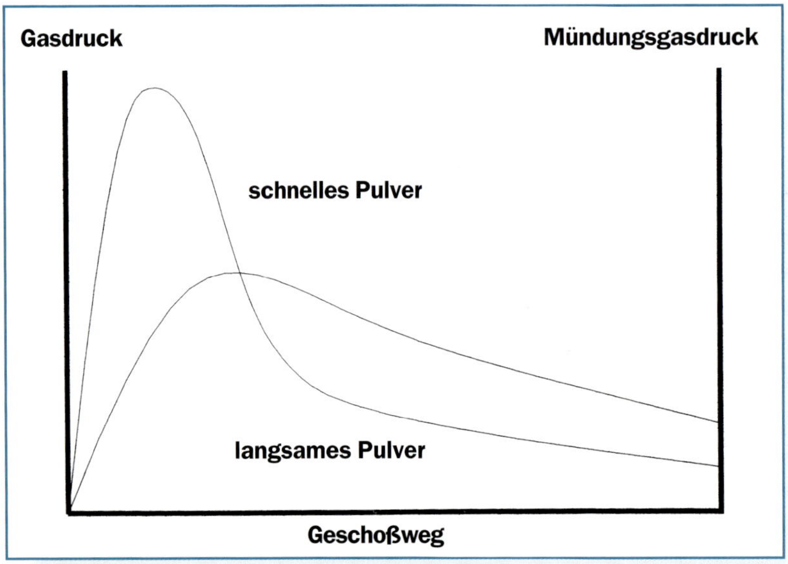

und Patronenlager gelten als praktisch unbeeinflußbar. Durch eine Kapselung des Laufes kann der Lautstärkeeindruck nach außen allerdings verringert werden (ähnlich wie bei schallisolierten Rohrleitungen in der Versorgungstechnik).

Je geringer der Gasdruck an der Mündung, umso geringer auch das Geräusch, mit dem die Gase die Mündung verlassen.
Es gibt innenballistische Maßnahmen, die den Gasdruck an der Mündung beeinflussen. Dazu gehört u. a. eine genaue Abstimmung von Ladung bzw. Laborierung und Lauflänge. Wenn diese Parameter richtig aufeinander abgestimmt sind, ist die Verbrennung bereits abgeschlossen und der Gasdruck deutlich gegenüber dem Spitzengasdruck abgefallen, wenn das Geschoß die Mündung verläßt und die Gase in die Atmosphäre entspannen. In so einem Fall finden auch praktisch keine Nachverbrennungserscheinungen mehr statt, das Mündungsfeuer entfällt nahezu vollständig.

Reduziert man die Geschoßgeschwindigkeit auf subsonisch (unter Schallgeschwindigkeit, also ca. 330 m/s in Normalatmosphäre), fällt der Geschoß-Überschallknall weg. Es verbleiben die normalen Fluggeräusche - und die sind im Verhältnis zum Überschallknall unbedeutend.

Soviel ließe sich also hinter der Mündung tun. Insgesamt sind diese Maßnahmen aber durch die Bank nur wenig geräuschmindernd; sie können bei superleise gedämpften Waffen noch eine Abrundung erbringen, mehr aber auch nicht. Um das Schießen wirklich deutlich leiser zu gestalten, muß man etwas gegen den Mündungsknall tun.

Dämpfung des Mündungsknalles

Wenn die Verbrennungsgase die Mündung verlassen, haben sie ihren Zweck, den Antrieb des Geschosses, erfüllt. Die ihnen aufgrund ihres Druckes von bis zu einigen hundert bar noch innewohnende Arbeitsfähigkeit wird allenfalls noch in sogenannten Kompensatoren dazu genutzt, Hoch- und Rückschlag zu verringern. In den meisten, kompensatorlosen Fällen aber ist eine hohe Arbeitsfähigkeit dieser Gase - das Produkt aus Volumen und Druck - gar nicht erwünscht, da diese in direktem Verhältnis zur Lautstärke des Mündungsknalles steht.

Ein Schalldämpfer ist eine Vorrichtung, welche die ausströmende Treibgasmenge so beeinflußt, daß sie mit möglichst wenig Geräusch in die Atmosphäre außerhalb des Dämpfers eintritt. Wie funktioniert das?
Platzt ein Luftballon, knallt es. Läßt man die Luft langsam entweichen, ist das Geräusch geringer, dafür dauert es länger an. Schalldämpfer tun nun nichts anderes, als dem Ballon „Schuß“, die „Luft“ (= Treibgase) langsam abzulassen. Dazu werden die aus der Laufmündung austretenden Treibgase aufgefangen, gespeichert, abgekühlt, verwirbelt, entspannt und verzögert bzw. verlangsamt in die Atmosphäre entlassen.

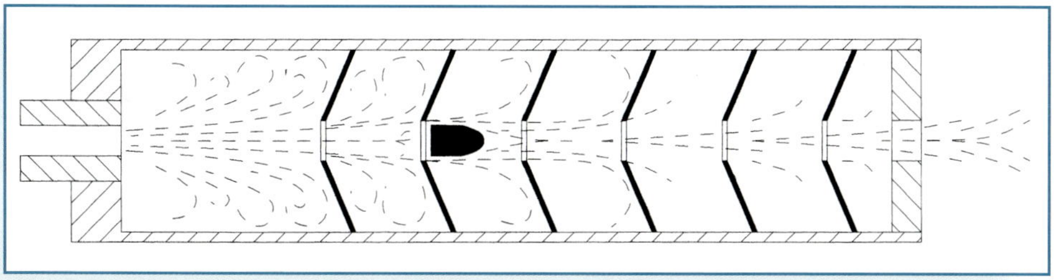

Prinzipskizze eines Schalldämpfers (Schema)

Die Vielfalt der aus dem Verbrennungsmotorbau bekannten Namensvettern läßt ahnen, daß auch im waffentechnischen Schalldämpferbau viele Wege nach Rom führen. Die naturwissenschaftlichen Grundlagen sind bei allen dieser Vorrichtungen gleich.
Auf welchen naturwissenschaftlichen Gesetzmäßigkeiten und Überlegungen die später beschriebenen Dämpfer basieren, wird in den folgenden Kapiteln dargestellt.
Die jeweiligen Gesetzmäßigkeiten werden unter Bezugnahme auf die in Dämpfern auftretenden Probleme erläutert.

Naturwissenschaftliche Grundlagen

So, wie ein guter Autofahrer ein gewisses Verständnis für die Technik seines Fahrzeug braucht, sind zum Begreifen und Bewerten des Phänomens „Schalldämpfer“ einige Grundkenntnisse und Zusammenhänge aus der Physik nötig, wie sie auf den folgenden Seiten aufgeführt sind.

Dieses Buch ist kein Lehrbuch für Thermodynamik, Physik oder Strömungslehre. Die Ausführungen in den entsprechenden Abschnitten sollen nur Einblicke in naturwissenschaftliche Zusammenhänge vermitteln und so zum Verständnis der gesamten Thematik beitragen.

Akustik

Das Hauptkriterium für die Beurteilung der Wirksamkeit eines Schalldämpfers ist die Minderung der empfundenen Lautstärke der Schußentwicklung.

Druckschwankungen oder Impulse, also Wellen in dem uns umgebenden Medium, in der Regel Luft, nehmen wir als Geräusche wahr - sound is air in motion (Klang ist bewegte Luft), wie man im englischsprachigen Raum sagt.
Bei einem Geräusch unterscheiden wir seine Intensität und den Klang.

Je höher die Intensität, also die Energie pro Flächeneinheit, umso lauter empfinden wir ein Geräusch. Der Klang kommt durch die Frequenzen des Tones zustande.

Der Klang eines Geräusches - also warum etwa der gleiche Ton bei einer Geige anders klingt als bei einem Klavier - rührt von seiner Zusammensetzung aus Einzelschwingungen her. Der Ton kann aus einer Vielzahl von Einzelschwingungen zusammengesetzt sein (Ober- und Untertöne etc.). Für die Beurteilung einer Geräuschminderung spielt dieser Aspekt dann eine Rolle, wenn man sich von der rein physikalischen Erfassung entfernt und das subjektiv empfindende menschliche Ohr als Vergleichsmaßstab einsetzt.

Das menschliche Ohr kann ein sehr großes Spektrum sowohl hinsichtlich Frequenzen als auch Schallintensitäten verarbeiten: So reicht das hörbare Frequenzspektrum von etwa 16 - 20000 Hertz (1 Hertz = 1 Schwingung pro Sekunde); die verarbeitbaren Intensitäten reichen von 10^{-12} W/m^2 (ein millionstel eines millionstel Watt pro Quadratmeter, Hörgrenze) bis etwa 10 W/m^2 (Schmerzgrenze).
Um aussagekräftigere, anschauliche Zahlenwerte zu erhalten, rechnet man die Schallintensität mit einer dekadisch-logarithmischen Formel in den *Schallpegel* um, der in deziBel (dB) angegeben wird - „dezi“, weil der Multiplikator 10 in der Umrechnung enthalten ist, „Bel“ zur Erinnerung an Alexander Graham Bell.

Kurz zur Erklärung: Die Zahl 8 läßt sich auch als Zweierpotenz darstellen:
$8 = 2 \times 2 \times 2$ oder 2^3.
Die „3“ ist hier der Exponent von 2. Logarithmisch würde man schreiben:
$\log_2 8 = 3$.
(Lies: der Exponent von 8 zur Basis zwei ist drei.).

Bei der Basis 10 schreibt man nicht mehr „log“, sondern „lg“ und schreibt die Basis nicht explizit, also: lg1000000 = 6 oder 10 hoch sechs = 1000 000.
So lassen sich sehr große Zahlen vergleichsweise kompakt darstellen.

Die Intensität der Wahrnehmung eines Geräusches entspricht etwa dem Logarithmus der Intensität des physikalischen Impulses, weshalb man zu folgender Festlegung für die Bewertung der Lautstärke kam:

Das Maß für die Bewertung einer Lautstärke ist der Schallpegel.
Der Schallpegel „L“ ist der 10-fache dekadische Logarithmus vom Verhältnis der Schallintensität „S“ eines Geräusches zu der festen Bezugsschallintensität So von 10^{-12} W/m^2 (Hörschwelle, Geräusche mit geringerer Intensität können nicht wahrgenommen werden). Als Formel ausgedrückt ergibt sich somit:

$$L = 10 \times lg(S/So)$$

Diese eigentlich einheitslosen Zahlenwerte für die Schallintensität werden mit dem Zusatz „dB“ für Dezibel versehen.
Aus der Berechnungsmethode für den Schallpegel, die dem logarithmischen Empfinden unseres Ohres Rechnung trägt, ergibt sich, daß eine Verdoppelung der Intensität eines Geräusches eine Erhöhung des Schallpegels um ca. 3 dB ergibt: Wenn also *eine* Lärmquelle ein Geräusch von 100 dB verursacht, erzeugen *zwei* dieser Quellen einen Schallpegel von rund 103 dB. Eine Erhöhung um 10 dB bedeutet umgekehrt eine Zunahme der Schallintensität auf das Zehnfache usw, +20 dB bedeuten eine Verhundertfachung, +30 dB eine Erhöhung um den Faktor 1000 usw.
Eine gedämpfte Unterhaltung weist eine Lautstärke von etwa 56 dB auf, ein Händeklatschen bringt etwa 65 dB, eine ungedämpfte Kleinkaliberpistole an der Mündung etwa 120, eine 9 mm Maschinenpistole etwa 135 dB und ein .223er Gewehr etwa 145 dB. Die Unbehaglichkeitsgrenze liegt etwa bei 110 dB, die Schmerzschwelle bei etwa 120 dB. Oberhalb 130 dB kann der Schalldruck mechanische Verletzungen an Trommelfellen oder Gehörknöchelchen verursachen.
Ein Schußknall ist ein kurzzeitiges Ereignis, also muß bei seiner Messung der Spitzenschallpegel, also der kurzzeitig auftretende, höchste Schalldruck bestimmt werden, und nicht - wie etwa bei der Beurteilung andauernder Beschallung wie etwa Verkehrslärm - ein über die Zeit gemittelter Wert. Dieser Wert wäre aus nachvollziehbaren Gründen deutlich niedriger als der Spitzenschalldruck. Zur Beurteilung der Schalldämpferwirkung sind meßtechnisch diejenigen Werte zu vergleichen, die den Gasaustritt aus Laufmündung bzw. Dämpfermündung wiedergeben.

Frequenzabhängigkeit des Lautstärkeeindruckes

Nicht jede Frequenz wird von unserem Ohr gleich gut wahrgenommen, verschiedene Frequenzen, ja unterschiedliche Geräusche erscheinen uns trotz meßtechnisch gleicher Schallintensität unterschiedlich laut (Zahnarztbohrer - Summen von Bienen!)
So kann auch ein meßtechnisch gut schallgedämpfter Schuß vom menschlichen Ohr lauter empfunden werden als ein meßtechnisch schlechter gedämpfter. Es wurde deshalb auch schon mehrfach versucht, den gesamten Mündungsknall in den für Menschen unhörbaren Ultraschallbereich zu transformieren. Diese „Frequenztransformation“ blieb bis dato aber ohne durchschlagenden Erfolg.

Bewerteter Lautstärkepegel

Um dem unterschiedlichen Empfinden Rechnung zu tragen, existiert neben dem Schall-

pegel L auch noch der Laustärkepegel L_S.
Der Lautstärkepegel L_S ist die auf das Hörvermögen des menschlichen Ohres bezogene Größe, er wird nicht in dB, sondern in phon angegeben. Der Lautstärkepegel gibt an, wie laut ein Ton gehört wird. Sind die Frequenz eines Tones mit sinusförmiger Schwingung sowie seine dB bekannt, kann man mittels geeigneter Diagramme (den Robinson-Dadson'schen Kurven) seine Phonzahl bestimmen.
Bei nicht sinusförmigen Schwingungen oder Schwingungsgemischen versagt diese Methode, für die Praxis wäre dieses Verfahren also ungeeignet.

In der Schallmeßtechnik schaltet man aus obigen Erwägungen Filter vor die jeweiligen Meßeinrichtungen für Schallintensität, um die Sensibilität des Meßgeräts (Mikrofones) in verschiedenen Frequenzbereichen zu beeinflussen und so das Empfinden des menschlichen Ohres zu simulieren.
Die so gewonnenen Ergebnisse berücksichtigen die unterschiedliche Wahrnehmungsempfindlichkeit unseres Gehörs. Zum Zeichen, daß eine solche Filterung vorgenommen wurde, sind den Meßwerten noch Buchstaben - A, B, C, je nach Filtertyp - nachgestellt. Der Filter A bezieht sich dabei in besonderer Weise auf das menschliche Gehör, er gibt in etwa das Geräuschempfinden des „Normohres“ wieder. So bedeuten etwa 75 dB (A) einen bewerteten Schallpegel - also einen „Quasi-Lautstärkepegel“ - von 75 dB, d. h. das gemessene Geräusch wird so laut empfunden wie ein Geräusch von 75 dB und 1000 Hz. Auf dieser Basis werden Preßlufthämmer, Schalldämpferschüsse und Opernarien schallmeßtechnisch vergleichbar.

Schallausbreitung

Die meßbare Intensität (Leistung pro Fläche) einer punktförmigen Schallquelle ist umgekehrt proportional zur Entfernung zur Schallquelle. Daraus ergibt sich folgende Formel:

$$\frac{S_1}{S_2} = \frac{X_2^2}{X_1^2}$$

S_1 : Schallintensität in der Entfernung x1 von der Schallquelle
S_2 : Schallintensität in der Entfernung x2 von der Schallquelle
X_1 : Entfernung des Meßpunktes 1 von der Schallquelle
X_2 : Entfernung des Meßpunktes 2 von der Schallquelle

Oder vereinfacht ausgedrückt: Stellt man sich eine Schallquelle im Mittelpunkt einer Kugel vor, so sei die Intensität an einer Meßstelle an der Innenfläche dieser Kugel = „1“. Verdoppelt man den Durchmesser der Kugel um die Schallquelle, vervierfacht sich ihre Fläche. Die Intensität, also die Leistung derselben Schallquelle, die sich ja auf diese Fläche verteilt, wird also nur noch ein Viertel so groß sein. Verdreifacht man den Durchmesser, beträgt die Intensität nur noch ein Neuntel, ist die Meßstelle viermal so weit vom Ursprung entfernt, schrumpft die Intensität auf ein Sechzehntel usw.
Deswegen erscheinen weiter entfernte Schallquellen leiser - die Schallintensität nimmt mit zunehmender Entfernung ab.

Schallverteilung

Der Besitzer (fast) jeder Stereoanlage kennt das Problem, daß meist nur an wenigen Punkten im Raum das Hörerlebnis ungetrübt ist. Schall wird von weichen Oberflächen absorbiert (geschluckt) oder diffus reflektiert, Hindernisse können Schallwellen abschatten, harte Oberflächen werfen Schallwellen zurück usw. Diese Effekte treten auch bei

schallgedämpften Schüssen auf. So hört sich ein schallgedämpfter Schuß je nach Umgebung, Entfernung zur Quelle und Position des Hörers unterschiedlich an.
Ein Schütze, der in frisch verschneiter Landschaft einen Schuß in Bodennähe oder in die Luft abgibt, hat einen ganz anderen Lautstärkeeindruck als ein seitlich vor der Mündung stehender Beobachter bei einem Schießversuch in einem geschlossenen Stand.
Es kommt also immer auch auf das Meßumfeld und die Hörerposition an. So wurden bei Messungen an ein und derselben Waffe (bei gleicher Munition) je nach Umgebung zwischen 90 und 105 dB gemessen.

Eine reflexionsflächenfreie Umgebung vorausgesetzt, hat man den geringsten Lautstärkeeindruck geradlinig hinter der Mündung, den höchsten direkt davor (allerdings nicht sehr lange). Mit zunehmender Entfernung nimmt der Lautstärkeeindruck ab.

Es hat übrigens Schalldämpferpraxistests gegeben, wo ein in unmittelbarer Nähe des Schützenstandes gelegener Dung- bzw. Komposthaufen (!) die Meßergebnisse nachweislich beeinträchtigt hat.
„Wer mißt, mißt Mist“, dieses in der Praxis schon lange bekannte Prinzip erwies sich hier buchstabengetreu als wahr.

Unter Berücksichtigung der obigen Ausführungen wird deutlich, daß die Lautstärke- bzw. Dämpfungsangaben der einzelnen Hersteller nur sehr schlecht, wenn überhaupt, einen Vergleich der Leistung der unterschiedlichen Systeme zulassen. Nur vergleichende Messungen unter absolut identischen Voraussetzungen und gleichbleibenden Bedingungen liefern auch vergleichbare Ergebnisse hinsichtlich der Geräusch-Absolutwerte.
Jede Angabe einer Dämpferleistung ohne genaue Beschreibung des Meßaufbaues und der Durchführung läßt bestenfalls eine grobe Abschätzung der Leistungsfähigkeit zu. Einzelne Meßwerte haben überhaupt keine Bedeutung, erst ab etwa 20-40 Einzelmessungen können mittels statistischer Auswertemethoden aussagekräftige Daten ermittelt werden.

Ein grober Anhaltswert für die Wirksamkeit eines Dämpfers ist die Differenz aus dem Lautstärkepegel mit und ohne Dämpfer, diese bleibt umgebungsunabhängig immer nahezu konstant. Diese Differenz sagt aber nicht aus, wie leise ein Dämpfer ist, sondern nur, um wieviel leiser gegenüber dem normalen, ungedämpften Schußgeräusch.

Beim Vergleich einzelner Dämpfer sollten auch immer einige unvoreingenommene „Testhörer“ mit dabei sein, da die reinen Anzeigeergebnisse selbst des besten Meßgerätes nie dem Empfinden eines menschlichen Ohres gerecht werden können - man dämpft ja auch nicht für Meßgeräte, sondern um menschliche Ohren zu täuschen!
In der Praxis kommt es nicht auf irgendwelche Meßwerte an, sondern letztlich darauf, daß der typische Lautstärkeeindruck eines Schußgeräusches so gedämpft oder verfremdet wird, daß er nicht mehr als solcher erkennbar ist.

In neuerer Zeit kam man übrigens auf den Gedanken, bei der Entwicklung eines SD-Designs eine Trillerpfeife o. ä. so an den Innenraum eines Schalldämpfers anzuschließen, daß ein Teil der Gase die Trillerpfeife betätigt und der Pfiff das Abschußgeräusch übertönt. Der Vorschlag kam von der ausschreibenden Behörde, und nach einigem Überlegen distanzierte man sich auch wieder davon.

Mit diesen grundlegenden Zusammenhängen lassen sich die noch folgenden Angaben zu dB usw. in den entsprechenden Kapiteln besser verstehen und bewerten.

Gasdynamik

Die treibende Kraft hinter einem Geschoß sind die Verbrennungsgase des Treibladungspulvers, genauer der Druck der Gase, der auf die Querschnittsfläche des Geschosses als Kraft wirkt. Druck ist eine Kraft pro Flächeneinheit.

Die Hauptursache des Mündungsknalles ist die Entspannung der bis dahin unter hohem Druck stehenden Treibgase in die Atmosphäre. Um den Knall zu mindern, muß dieser Druck also reduziert werden.

Der Gesamtdruck in einer strömenden Gasmenge setzt sich aus zwei Anteilen zusammen: Dem statischen und dem dynamischen Druck.

Der statische Gasdruck - etwa der Innendruck von Behältern - entsteht durch die ungerichtete, temperturbedingte Bewegung der Gasteilchen, die sogenannte Brown'sche Molekularbewegung. Dieser statische Gasdruck ist die Gesamtsumme aller Einzelkräfte, die von den Gasteilchen beim Abprallen von der Behälterwandung ausgehen. In einem abgeschlossenen Volumen ist dieser Druck temperaturabhängig.

Der dynamische Gasdruck ist die Folge einer gerichteten Teilchenbewegung durch Strömung; er äußert sich als Kraft, wenn beispielsweise ein Gasstrahl auf eine feststehende Fläche trifft. Die Formel hierfür:

$$p_{dynamisch} = \frac{\varphi}{2} \times v^2$$

φ = Dichte des strömenden Mediums in [kg/m^3]
v = Geschwindigkeit des strömenden Mediums in [m/s]

Bei üblichen Gasdichten von wenigen Kilogramm je Kubikmeter beträgt der dynamische Druck auch bei hohen Strömungsgeschwindigkeiten (einige hundert bis über eintausend m/s) nur wenige bar und ist damit relativ gering gegenüber den statischen Drücken von bis zu fast 4000 bar Spitzengasdruck in einer modernen Patrone.

Druckminderung

Durch den statischen Druck, die Temperatur und das eingenommene Volumen ist der Zustand eines ruhenden Gases festgelegt. Und auch hier zum nachrechnen:

$$\frac{p \times V}{T} = \text{Konst.}$$

p = absoluter Druck in [N/m^2]
V = betrachtetes Volumen in [m^3]
T = absolute Temperatur in [K] (Temperatur in Celsius + 273,15)

Praktisch heißt das:
Erhöht man in einem abgeschlossenen Volumen die Temperatur, steigt der statische Druck; senkt man die Temperatur, fällt der (statische) Druck.
Verringert man das Volumen bei gleicher Temperatur, steigt der Druck (Kompression)
Erhöht man das Volumen, sinkt der Druck (Expansion).
Das einfachste Mittel, den statischen Druck zu senken, ist also Expansionsraum, Volu-

men. Volumen ist für einen Schalldämpfer das, was Hubraum für einen Motor ist: Im Hinblick auf eine jeweilige Leistungsverbesserung ist beides durch nichts zu ersetzen. Je voluminöser also ein Schalldämpfer, desto besser. Allerdings müssen Resonanzerscheinungen im Dämpfer verhindert werden.

Der Gesamtdruck läßt sich nicht nur durch bloße Ausdehnung in vorhandenes Volumen hinein mindern, auch Hindernisse in der Strömung bewirken Druckminderungen durch Strömungsverluste.
Neben der Durchströmungsgeschwindigkeit ist die Form eines solchen Strömungshindernisses (Einbaues) entscheidend für den resultierenden Druckverlust. Die Maßzahl für den relativen Druckverlust eines Strömungshindernisses ist der sog ξ-(zeta)-Wert, er ist mit dem c_W-Wert (beispielsweise eines Fahrzeuges) vergleichbar.

$$p_v = \xi \times \frac{\varphi}{2} \times v^2$$

Die einzelnen Durchströmungswiderstände innerhalb einer Leitung addieren sich auf.
Je mehr strömungsungünstige Einbauten (mit hohem ξ) hintereinander, desto höher die Drossel- und damit Dämpfungswirkung. Umgekehrt bedingt dies eine bestimmte Mindestlänge für eine effektive Dämpfung durch Drosselung.

Wesentliche Eckdaten für einen Schalldämpfer sind also Baulänge, Gesamtvolumen und die Anzahl sowie Form der Inneneinbauten. Für eine effektive Schalldämpfung allein durch Drossellung muß der Dämpfer mindestens 3-4 Kaliber Durchmesser und mindestens 20-30 Kaliber Länge aufweisen.

Impulssatz

Der Impulssatz liefert die physikalische Erklärung für den Waffenrückstoß oder warum man ins Wasser fällt, wenn man von einem kleinen Boot ans Ufer springen möchte.
Man kann sich mit seiner Hilfe auch erklären, warum nach dem Rückstoßprinzip arbeitende Waffen mit einem auf den Lauf aufgeschraubten Schalldämpfer in der Regel funktionsunfähig werden. Physikalisch lautet der Impulsatz wie folgt:

$$m_1 \times v_1 = m_2 \times v_2$$

m_1 : Masse des Objektes 1 in [kg]
v_1 : Geschwindigkeit des Objektes 1 in [m/s]
m_2 : Masse des Objektes 2 in [kg]
v_2 : Geschwindigkeit des Objektes 2 in [m/s]

Am anschaulichsten ist der Zusammenhang mit zwei Kugeln unterschiedlicher Masse zu erklären, zwischen denen eine gespannte Schraubenfeder befestigt ist. Durchtrennt man den Faden, der die Feder zusammenhält, werden die Kugeln voneinander weg beschleunigt. Die große Kugel stützt sich zur Beschleunigung an der kleinen ab und umgekehrt.
Beide Kugeln erfahren eine Beschleunigung, und das Produkt aus Masse und Geschwindigkeit ist für jede Kugel gleich.

Wirklich rückstoßfreie Waffen arbeiten entweder über eine teilweise Ableitung des Gasdruckes bereits aus dem Patronenlager oder über die Beschleunigung und den Ausstoß einer Gegenmasse nach hinten (wie etwa bei der Panzerabwehrwaffe „Armbrust").

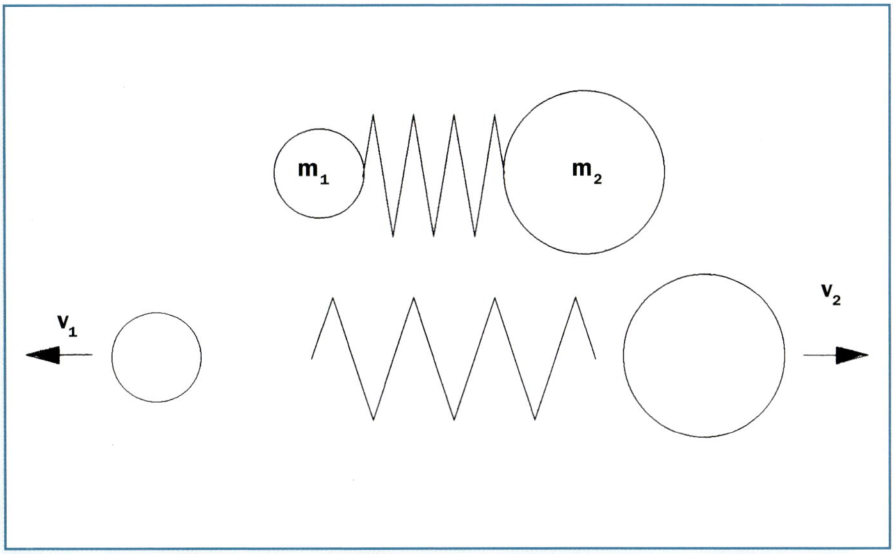

Schematische Darstellung des Impulssatzes

Bei Selbstladewaffen mit einem auf dem Rückstoßprinzip beruhenden Verschlußsystem müssen Geschoßimpuls, Verschlußmasse und Schließfederstärke besonders aufeinander abgestimmt sein. Es ist leicht vorstellbar, daß der Impuls einer Patrone innerhalb bestimmter Grenzen bleiben muß, um die Funktion der Waffe zu gewährleisten: Ist er zu klein, wird vielleicht nicht einmal die leere Hülse ausgezogen; ist der Impuls zu stark, ist der Schlitten schneller hinten und dann auch wieder vorne, als die Magazinfeder die Patronen aus dem Magazin hochfördern kann.

Waffen mit unverriegeltem, einem sog. Feder-Masse-Verschluß brauchen eine relativ hohe Verschlußmasse. Durch das hohe Gewicht reduziert sich die Rücklaufgeschwindigkeit des Verschlusses beim Schuß soweit, daß das Ausziehen/Auswerfen der leeren Hülse und das Spannen des Schlagstückes funktioniert. Dies muß langsam genug erfolgen, damit die Zubringerfeder im Magazin auch eine neue Patrone zuführen kann. Starke Patronen mit großem Impuls benötigen dazu einen sehr schweren Verschluß mit großen Abmessungen, so daß die Waffe insgesamt sehr groß wird.
Klassische Anwendungsfälle dieses Verschlußprinzipes sind kleinkalibrige Pistolen bis etwa 9 mm kurz, Selbstladelangwaffen bis .22 Magnum oder Maschinenpistolen in 9 mm Luger oder .45 ACP (UZI; M3 Greas Gun etc.)
Um den Verschluß kleiner und leichter ausführen zu können, sind bei einigen Verschlußsystemen Lauf und Verschluß miteinander verbunden. So erhöht sich die rücklaufende Masse um das Gewicht des Laufes. Nach einem bestimmten Weg trennen sich Lauf und Verschluß voneinander. Der Lauf wird gestoppt, der Verschluß gleitet gegen den Widerstand der Schließfeder weiter zurück.

Wird nun ein Schalldämpfer auf den Lauf einer solchen Waffe (Colt Government, Glock, Beretta 92, FN High-Power etc.) geschraubt, erhöht sich die beim Schuß rücklaufende Masse um den Schalldämpfer. Die Rücklaufgeschwindigkeit des Verschlusses reduziert sich deshalb und damit auch die zur Überwindung von Schließfeder, Reibung etc, zur Verfügung stehende Energie. Folge: Es kann zu Funktionsstörungen kommen.
Verschärft wird diese Problematik u. U. auch noch durch den gleichzeitigen Gebrauch von (impulsschwächerer) Subsonic-Munition mit u. U. geringerer Mündungsgeschwindigkeit gegenüber der Normalmunition.
Durch bestimmte Änderungen an einer solchen Waffe (leichterer Verschluß, schwächere Schließfeder) oder eine besondere Gestaltung des Schalldämpfers kann die Selbstladefunktion aufrecht erhalten werden.

Ballistik - oder: Entscheidend ist, was vorne 'rauskommt

Das Geschoß einer Feuerwaffe wird durch den Gasdruck, den die abbrennende Pulverladung erzeugt, im Lauf beschleunigt. Heute gebräuchliche Gasdrücke liegen bei bis zu knapp 4000 bar, also bei einer Gewichtskraft von etwa 4 Tonnen pro Quadratzentimeter, was bei Hochgeschwindigkeitsmunition eine Beschleunigung von bis zu 250 000 g, das 250 000-fache der Erdbeschleunigung bewirkt. Diese Gewalten verursachen die Bewegung des Projektiles Richtung Ziel.

Hier ist zunächst nur der Geschoßweg ab der Mündung von Interesse, auf die Vorgänge hinter der Mündung wird in einem gesonderten Kapitel noch näher eingegangen.
Der Austritt aus der Mündung ist für ein Geschoß ein heikler Moment: Der bisherige Antrieb, der Gasdruck, fällt an der Mündung innerhalb kürzester Zeit auf praktisch „0" ab. Gleichzeitig geht das bis dahin durch Züge und Felder zwangsgeführte Geschoß in Freiflug über. Die dem Geschoß nachfolgenden Gase überholen es und entspannen unter Ausbildung turbulenter Wirbel. Gleichzeitig wird der Staudruck der vor dem Geschoß aus dem Lauf geschobenen Luftmassen durch den normalen Luftwiderstand ersetzt.
Aufgrund dieser radikalen Veränderungen taumelt das Geschoß zunächst, bis es sich beim Einstellen des Kräftegleichgewichts zwischen Erdanziehung, Luftwiderstand und Trägheitsmomenten (Rotationskräfte) stabilisiert. Dieser Vorgang benötigt einige Meter Flugbahn. Erst dann fliegt das Projektil stabil.
Man kann die Länge dieser Eigenstabilisierungsphase auch experimentell ermitteln, indem man auf kurze und kürzeste Entfernungen auf Papier o. ä. schießt: bis in einige Entfernung von der Mündung ist der Geschoßeinschlag nicht kreisrund, sondern länglich.

Ein Geschoß soll im Ziel etwas bewirken. Maßzahlen für die mögliche Wirkung sind die Energie wie auch der Impuls eines Geschoßes. Die Geschoßenergie gibt an, welche Arbeitsfähigkeit im Ziel möglich ist, der Impuls sagt etwas über die „umwerfende" Wirkung des Projektils aus. Dazu ein Beispiel: Die Gerade eines Schwergewichtsweltmeisters hat etwa die Energie einer Kurzwaffenpatrone, aber einen wesentlich höheren Impuls. Während der Impuls eines solchen Geschoßes (mittels einer kugelsicheren Weste) auch von einer nur relativ leicht gebauten Person gut abgefangen werden kann, reißt die Gerade selbst einen kräftigen Durchschnittsmenschen von den Füßen.

Energie und Impuls errechnen sich aus Geschoßmasse und -geschwindigkeit. Der Impuls wurde bereits im vorherigen Kapitel behandelt, hier die Formel für die Energie „W".

$$W = \frac{1}{2} \times m \times v^2$$

W = Energie in [J]
m = Masse des Projektils in [kg]
v = Geschwindigkeit des Projektils in [m/s]

Verdoppelt man die Geschoßmasse, verdoppelt sich die Energie des Geschosses.
Verdoppelt man die Geschoßgeschwindigkeit, vervierfacht sich die Energie.

Vor diesem Hintergrund war man immer schon bestrebt, die Geschoßgeschwindigkeit zu steigern. Parallel zur Energiesteigerung vermindert sich dadurch die Flugzeit und damit die Zeit, die das Geschoß widrigen Einflüssen (Seitenwind!) ausgesetzt ist bzw. fallen kann. Ab dem Zeitpunkt, ab dem das Geschoß die Mündung verläßt, beginnt es zu fallen. Deswegen stellt man die Visierung einer Waffe i. d. R. so ein, daß man leicht bergauf

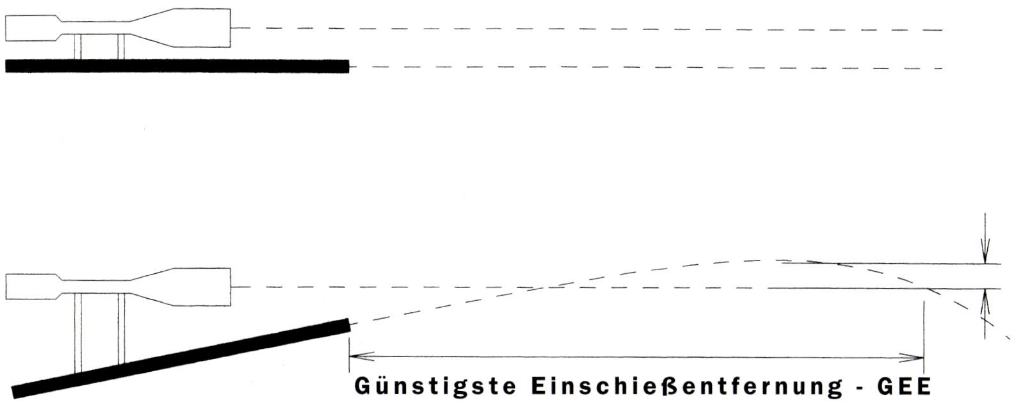

schießt. Dadurch bekommt das Geschoß auch eine Geschwindigkeitskomponente nach oben. Die Erdbeschleunigung wirkt dieser Geschwindigkeit entgegen, bis der Aufstieg des Projektils in einen Fall übergeht. Aufstieg, Fall und Vorwärtsbewegung des Geschoßes ergeben die sogenannte ballistische Parabel.
Bei richtiger Visiereinstellung schneidet die ballistische Parabel die Visierlinie im Ziel, d. h. das Geschoß durchfällt im Moment des Einschlages in das Ziel die Visierlinie.

Als günstigste Einschießentfernung wird die Entfernung bezeichnet, bei welcher die Geschoßflugbahn die Visierlinie zum zweiten mal schneidet

Übrigens hat schon Galilei bewiesen, daß alle Körper - unabhängig vom Gewicht - gleich schnell fallen. Ein 1 kg-Gewicht fällt genauso schnell oder langsam wie ein 10 kg-Gewicht. Der einzige Grund, warum eine Feder langsamer fällt als ein gleich schweres Schrotkorn, liegt am Luftwiderstand, der hier ebenfalls kurz anzusprechen wäre.

Der Luftwiderstand, eine Erscheinungsform des allgemeinen Strömungswiderstandes, bremst jeden in der Atmosphäre bewegten Körper ab.
Er errechnet sich aus dem c_w-Wert des Ojektes in Bewegungsrichtung, der wirksamen Stirnfläche des bewegten Körpers sowie dem Quadrat der Geschwindigkeit des Projektils relativ zum umgebenden Medium sowie der Dichte dieses Mediums:

$$F = c_w \times A \times \varphi \times v^2$$

Bei doppelter Geschwindigkeit also vierfacher Luftwiderstand.

Ein geringer Luftwiderstand vermindert bei Autos den Kraftstoffverbrauch. Ähnlich verhält es sich bei Geschossen: je günstiger der Luftwiderstand, umso geringer der Geschwindigkeits- und damit Energieverlust. Die Flugbahn bleibt bei einem strömungsgünstigen Geschoß flacher, Energie und Impuls im Ziel höher.

Neben der geeigneten Formgebung - ein Tropfen hat im Unterschallbereich den idealen c_w-Wert - läßt sich der Luftwiderstand noch durch eine Reduzierung der Stirnfläche verringern. Man spricht in diesem Zusammenhang auch von der sogenannten Querschnittsbelastung eines Projektils, das ist die Geschoßmasse bezogen auf einen Quadratmillimeter seines Querschnittes.

Abhängigkeit der Geschoßdeformation von Aufbau und Material: Die Vollmantelprojektile in .45 ACP (links hinten) bzw. .308 Winchester (rechts hinten) drangen mit nahezu der selben Geschwindigkeit von ca. 280 m/s in das selbe Zielmedium ein wie die drei Blei-Hohlspitzgeschosse davor

Eine hohe Querschnittsbelastung bedeutet eine eher gestreckte Flugbahn und hohe Durchdringungskraft - umgekehrt bei kleiner Querschnittsbelastung.

Auch das Zielmedium setzt dem Geschoß eine Kraft entgegen (vergleichbar dem Strömungswiderstand), der das Geschoß allmählich abbremst. Dieser Bremsvorgang geschieht umso schneller, je geringer die Querschnittsbelastung und je strömungsungünstiger die Form des Geschosses.
Bei der Abbremsung werden Impuls und Energie vom Geschoß an das Ziel abgegeben.

Außenballistisch muß ein Geschoß also möglichst „stromlinienförmig“ sein und einen guten c_w Wert aufweisen, im Inneren des Ziels aber das genaue Gegenteil davon - außen Pfeil, innen Fallschirm. Diese gegensätzlichen Forderungen versucht man schon seit langer Zeit durch unterschiedlichste Konstruktionen zu erfüllen. Dabei ist insbesondere auch der angestrebte Verwendungszweck mit zu berücksichtigen.

Ein stabiles Vollmantelgeschoß, welches ein Ziel sauber durchschlägt, hat nur einen sehr geringen Geschwindigkeitsverlust im Ziel und so nur eine geringe Impuls-/Energieabgabe im Verhältnis zu einem deformierenden Geschoß gleicher Energie und gleichen Kalibers.

Heute verwendet man, wo es auf Energieabgabe ankommt, in erster Linie Konstruktionen, welche sich beim Aufschlag bzw. beim Durchdringen des Zieles kontrolliert verformen, ihren Querschnitt vergrößern. Aufgrund der Form eines solchen Projektils nach der Verformung spricht man vom „Aufpilzen“.

Verschiedene Geschoßkonstruktionen in .308 Winchester (v.l.): Vollmantel, Vollmantelrundkopf und Vollmantelspitz in Samereier Reduzierhülse, Teilmantel mit sog.Scharfrand (Absatz im Mantel für bessere Stanzwirkung), drei Subsoniclaborierungen mit Vollmantelgeschossen, Teilmantel-Rundkopf (mit freiliegendem Bleikern an der Geschoßspitze)

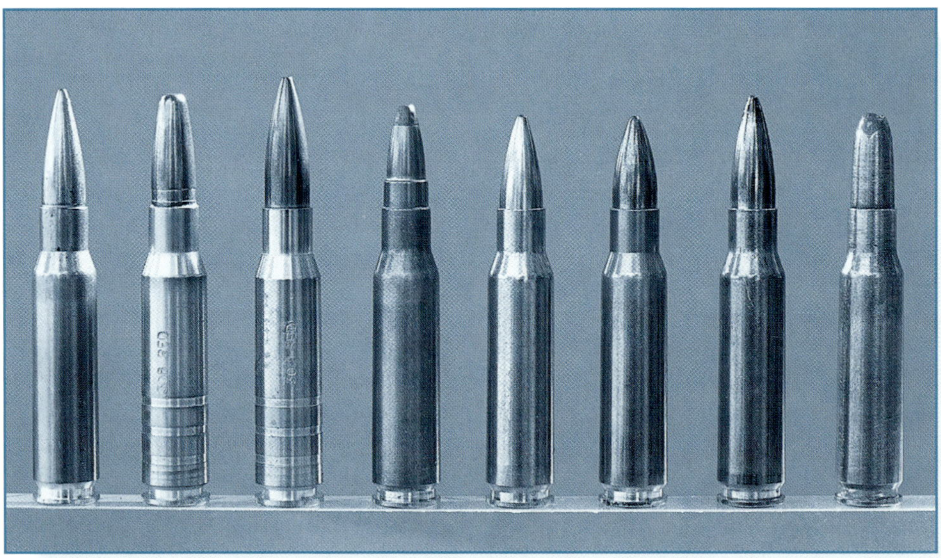

Durch die so entstandene, strömungsungünstige Form erfährt das Geschoß eine geringere Querschnittsbelastung, da sich der Querschnitt vergrößerte. Gleichzeitig verschlechtert sich der c_w Wert; das Projektil erfährt eine massive Abbremsung. Impuls und Energie werden an das Ziel abgegeben.
Noch wirksamer - hinsichtlich der Energieabgabe - wäre ein Geschoß, welches sich beim Aufprall in kleine Teile zerlegt. Die einzelnen Fragmente hätten eine sehr geringe Querschnittsbelastung und würden entsprechend schnell abgebremst.
Geschoßkonstruktionen, die sich beim Aufprall gezielt zerlegen, sind für kriegerische Auseinandersetzungen nach Genfer Konvention bzw. Haager Landkriegsordnung verboten - allerdings hat man Mittel und Wege gefunden, die Geschoßwirkung im Ziel auch ohne bewußte Zerlegung o. ä. zu „optimieren".
In diesem Bereich setzt man im wesentlichen auf folgende Faktoren:

- Vollmantelgeschoße, die aufgrund ihrer hohen Geschwindigkeit in einem Zielmedium sofort in eine Vielzahl von Fragmenten zerplatzen oder
- sich wegen mangelnder Stabilität (zu geringe Drallstabilisierung, zu hohes Längen/Durchmesserverhältnis, besondere Formgebung - „Löffelspitze") im Ziel überschlagen und taumeln.

Die u. U. mangelnde Präzision solcher Geschoßkonstruktionen gleicht man durch Feuerkraft der automatischen Waffen (bis 30 Schuß pro Sekunde) aus, um so statt einem präzisen mehrere wirksame Treffer zu erzielen. Mit einer so hohen Feuerrate (Schuß pro Sekunde oder Kadenz) erreicht man darüber hinaus auch noch den sog. Schrotschuß- oder mutiple-hit-Effekt: Beim gleichzeitigen oder fast gleichzeitigen Auftreffen mehrerer Projektile auf einen lebenden Organismus wird das Nervensytem überreizt, es kommt zum Schocktod. Vergleichbares passiert, wenn überschnelle Geschose (über ca. 1000 m/s) aufprallen und eine hydrodynmische Druckwelle durch den Körper jagen: Schocktod u. a. durch Überreizung des Nervensystems.

Obige Effekte - Aufpilzung, hydrodynamische Welle - sind im wesentlichen an eine vergleichsweise hohe Geschoßgeschwindigkeit von 350 m/s und mehr gebunden.
Schalldämpfermunition ist langsamer. In einem eigenen Kapitel wird darauf eingegangen, wie man versucht, die Nachteile der geringeren Geschwindigkeit auszugleichen.

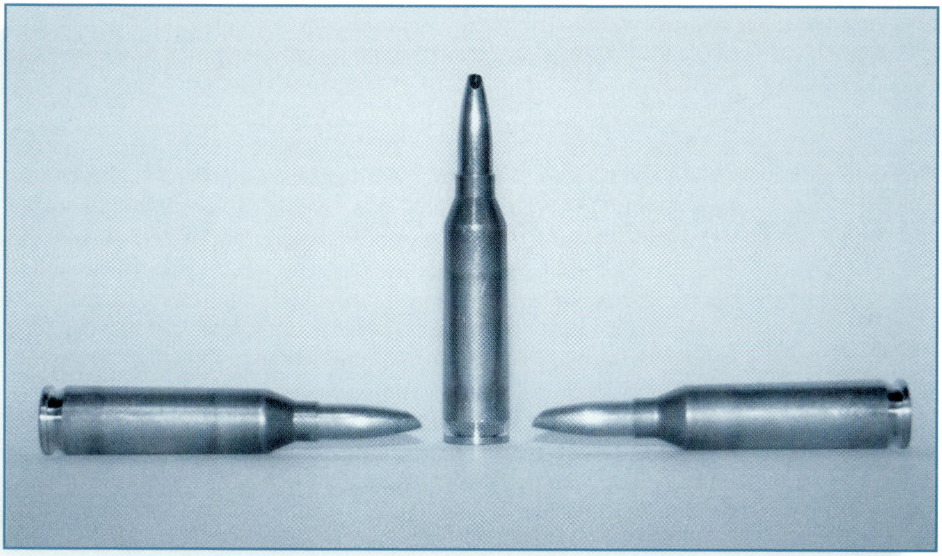

„Löffelspitzprojektile" im Experimentalkaliber 4,6 x 36 mm. Die Geschoßspitzen wurden abgeschrägt, um das Taumeln des Projektiles nach dem Eindringen in ein Zielmedium zu erreichen

Entwicklungen und Patente

Die durch entsprechende Patentveröffentlichungen belegte Praxis begann gegen Ende des vergangenen Jahrhunderts. Nachfolgend sind aus der Vielzahl aller existierenden Patente einige aufgeführt, welche aufgrund dieser Kriterien ausgewählt wurden:

- echte Neuheit oder Neukombination bekannter Patente
- für Handfeuerwaffen geeignete bzw. beabsichtigte Designs
- zumindest teilweise Umsetzung in die Praxis
- Funktionalität

Einige der zum Teil über hundert Jahre alten bildlichen Darstellungen bedurften der Überarbeitung, weshalb die abgebildeten Darstellungen beim genauen Vergleich in einigen Details vom Original abweichen können.

Die Patentrecherche des Verfasser begann mit einer persönlichen Überraschung.
In fast allen Veröffentlichungen wird der weiter unten aufgeführte Hiram Percy Maxim als Erfinder des Schalldämpfers genannt, im wesentlichen stützt man sich dabei auf die entsprechende Anmeldung im Jahre 1908. Doch schon weit vor der Jahrhundertwende bzw. der „Prä-Maxim'schen Ära" wurden diesbezügliche Patente erteilt. Diese Erfindungen weisen i. d. R. bereits fast alle Konstruktionsmerkmale auch neuzeitlicher Schalldämpfer auf, die teilweise erst 50 Jahre oder noch später wieder auftauchten.
Zu diesem frühen Zeitpunkt blieb den Neuerungen die Anerkennung wie auch Realisierung z. T. noch versagt, die Zeit war einfach noch nicht reif für sie. Ohne einigen Erfindern ein Abkupfern vorwerfen zu wollen, ist von diesen „Urmodellen" zu den Vorschlägen vieler jüngerer Patentanmelder nur ein sehr kleiner Schritt.

Vierzehn Jahre vor Maxim erhielt C. A. Aeppli am 20. März 1894 ein Patent auf seinen Schalldämpfer. Knapp vier Jahre später - am 10 Februar 1899 - bekam Jacob Börresen aus Christiania ein Patent auf eine „Einrichtung zum Verringern des Knalles und des Rückstoßes bei Schußwaffen".
Aus heutiger Sicht betrachtet, für die damalige Zeit gar nicht hoch genug einschätzbare Innovationen.

Aeppli

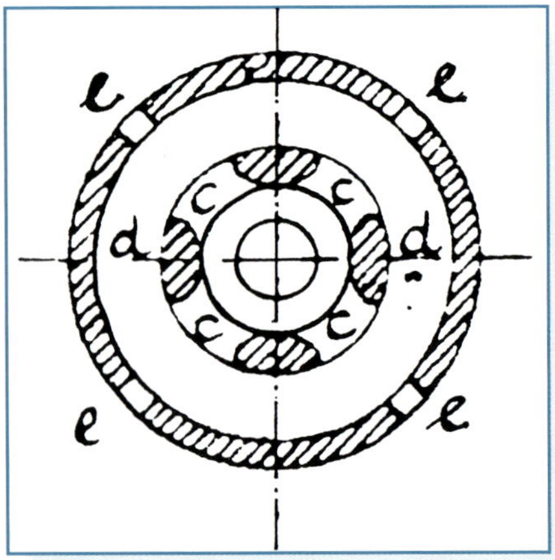

Aeppli

Der Aeppli-Dämpfer besteht aus einem röhrenförmigen, laufkoaxialen Gehäuse mit besonderen Einbauten - einzelne Distanz- und Ablenkkörper, die eine Verlängerung des Laufes bilden und durch das perforierte Außenrohr zusammengehalten werden. Die Ausformung der einzelnen Segmente zentriert sie zueinander. Zwischen der Säule aus Distanz- und Ablenkkörpern und dem Außenrohr befindet sich ein Expansionsraum.
Die Distanzkörper sind aus Rohrstücken hergestellt und so bearbeitet, daß vom Rohrmantel nur schmale Ringe und vier Stege (d) übrigbleiben. Die Ablenkkörper sind im Querschnitt Y-förmige Röhrchen mit zentralem Geschoßdurchgang (b). Das der Waffenmündung zugewandte Ende jedes Ablenkkörpers ist kegelförmig ausgeformt, das

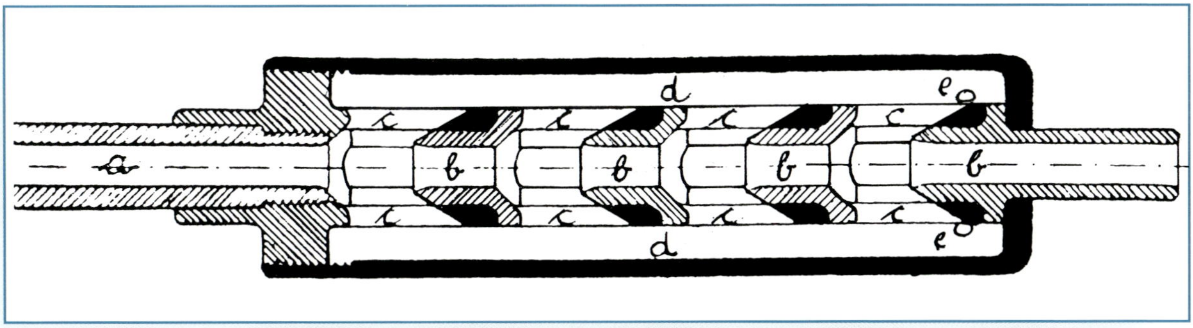

der Schalldämpfermündung zugewandte Ende kegelförmig angesenkt.

Aeppli

Beim Schuß werden die Gase durch die Längsschlitze (c) in den Distanzköpern in den Ringhohlraum (d) geleitet, wo sie expandieren und über Öffnungen (e) im Außenrohr in die Atmosphäre entweichen.
In der beschriebenen Form ist damit zu rechnen, daß ein Teil der Gase das Geschoß im Dämpfer überholt und ihn weitgehend ungedrosselt verläßt. Dies wäre der Gesamtdämpfung abträglich, insgesamt ist aber eine Funktion dieses Prinzips vorstellbar.

Börresen

Beim Börresen'schen Dämpfer handelt es sich um ein doppelwandiges Rohr, welches den Lauf teilweise umschließt, teilweise überragt. Der über die Mündung hinausragende Teil enthält kegelstumpfförmige Scheiben, mit der kleineren Öffnung der Mündung zugewandt. Dort, wo die Kegelstümpfe an der inneren Rohrwandung anstoßen, weist diese Bohrungen auf, so daß der Hohlraum im Doppelmantel zugänglich wird.

Die aus der Mündung austretenden Gase folgen dem Geschoß und haben aufgrund ihrer Expansion das Bestreben, das Geschoß zu überholen.
Während das Geschoß die Öffnung in den jeweiligen Blenden durcheilt, versperrt es den Gasen den Weg. Die Gase gehen dann den Weg des geringeren Widerstandes - entlang der Blendenkörper, durch die Öffnungen in den Doppelmantel.

Das in den Doppelmantel ausströmende Gas hat die Möglichkeit, auch nach hinten zu expandieren. Dies erzeugt einen Impuls, der dem Rückstoßimpuls entgegenwirkt, eine

Börresen

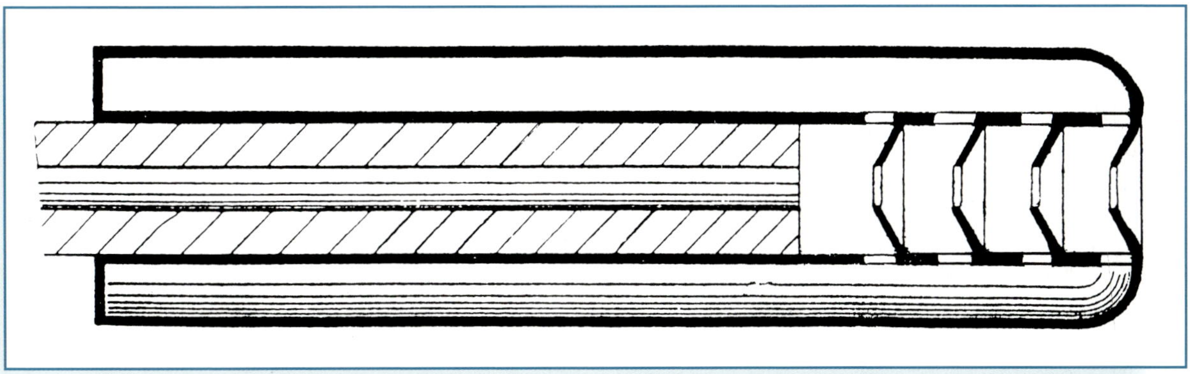

Art „Raketeneffekt“, wie er auch bei modernen Kompensatoren bzw. Mündungsbremsen genutzt wird. Besonders deutlich ist dies beim letzten, vordersten Einbau vorstellbar. Hier wird der in den Doppelmantel geleitete Gasstrahl durch die Ausformung der Dämpfervorderwandung vollständig nach hinten umgeleitet.

Das Innovationspotential dieser beiden Dämpfer ist - wenn auch in allen Details bestimmt unbeabsichtigt - enorm. Wenn die Erfinder nur die Hälfte aller wahrscheinlichen Effekte beabsichtigten, kann man sie ruhigen Gewissens als Genies bezeichnen.

Die Tatsache, daß nicht nur einfache, zur Seelenachse senkrecht stehende Scheiben vorgesehen waren, zeugen von Kenntnis und Berücksichtigung strömungstechnischer Vorgänge: Da die Pulvergase nicht nur axial, sondern auch radial expandieren, liegt die Hauptbewegungsrichtung der Gaspartikel annähernd schräg bzw. parabelförmig, in einem Winkel von der Laufseelenachse weg gerichtet: der Gasstrahl platzt auf. Die besondere Ausformung der Blendenkörper erlaubt es, daß sich die Bereiche des Gasstrahls, welche die Durchtrittsöffnung nicht passieren, gut und ohne sich anzustoßen an die Einbauten anlegen.

Dies hat mehrere positive Nebeneffekte:

1. Es entstehen weniger Wirbel an der Durchtrittsöffnung, die den Geschoßflug beeinträchtigen könnten.

2. Eine Strömung ist bestrebt, einer anliegenden Kontur zu folgen, d. h. der Strahl fächert sich nach Passieren der jeweiligen Öffnung besser auf, als es beim durch strömen einer einfachen Bohrung in einer geraden Fläche der Fall wäre. Ein so aufgefächerter Strahl erfüllt den nachfolgenden Expansionsraum besser.

Die Expansion eines Gasstrahls geschieht immer in Kegelform von der Austrittsöffnung weg, wobei der Strahl dort seinen kleinsten Durchmesser besitzt. In einem zylindrischen Hohlraum wird ein Teil des vorhandenen Volumens nicht oder nur unvollständig genutzt (sog. Strömungstoträume), während ein kegelfömiger Raum schneller bzw. vollständiger erfüllt wird.

Man kann also durch Verwendung von Kegeln anstatt von Scheiben das gleiche Volumen effektiver ausnutzen oder bei gleichem Nutzen kleiner bauen.

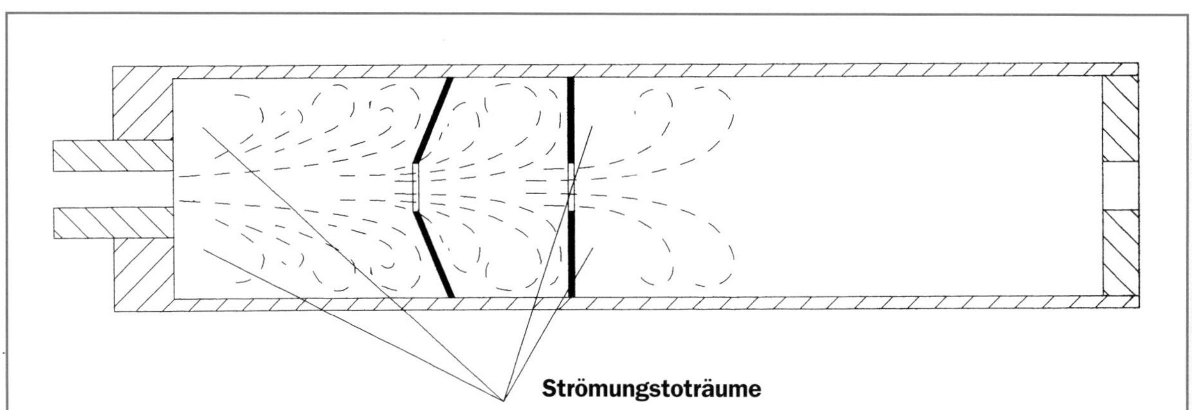

Versucht man denselben Drosseleffekt durch eine gesteigerte Anzahl von scheibenförmigen Einbauten zu erzielen, erhöht man das Gewicht des Dämpfers bzw. reduziert das wirksame Innenvolumen - die Scheiben brauchen ja auch Raum. Außerdem gibt es einen Punkt, wo die Strömung die sehr klein gewordenen Abstände zwischen den Blendenscheiben ohne nennenswerte Drosselung „überspringt"; man kennt diesen Effekt von sog. „Wellrohren" im Rohrleitungsbau.

Der Doppelmantel dient neben der Gasumleitung auch als Expansions- und Speichervolumen und verbessert die Dämpfungleistung enorm: Schallwellen werden an Oberflächen reflektiert; je härter und glatter, desto besser. Man merkt dies recht gut, wenn man bei geöffnetem Wagenfenster an Alleebäumen vorbeifährt - ein Teil des vom Fahrzeugs erzeugten Geräuschpegels wird von den Bäumen im Moment des Vorbeifahrens ins Wageninneren zurückgeworfen. Gelangen nun Schallwellen durch eine Öffnung im Innenmantel in den ringförmigen Hohlraum zwischen Innen- und Außenrohr, prallt die Welle am Außenmantel nach innen. Am Innenmantel wird sie nach außen zurückreflektiert usw, die Welle läuft sich tot.

Einen ähnlichen Effekt erzielt man, wenn man die Innenwandung des Dämpfers mit einem Material auskleidet, welches schlecht - diffus, ungerichtet - reflektiert oder die mechanische Energie der Welle in Bewegung / Verformung der Auskleidung umsetzt.
Die Auskleidung von Räumen, in denen ein möglichst geringer Grundgeräuschpegel oder eine Geräuschminderung erforderlich ist (Schallmeßlabors, geschlossene Schießstände o. ä.) erfolgt aus gleichen Erwägungen.
Während man im Akustikbau stark oberflächenprofilierte Schaumstoffmatten etc. verwendet, setzt man zur „Innendämmung" von Schalldämpfern Asbest oder Pakete aus Kupfer- bzw. Messingdrahtgitter ein.
Die korrosionsbeständigen Metalle leiten darüber hinaus die Wärme sehr gut und entziehen dem Gasstrom so auch Wärme, was zur Entspannung des Gasstromes beiträgt, doch dazu später mehr.

Man sieht, daß bereits diese beiden Schalldämpfer-Urmodelle schon recht gut durchdacht waren und konsequent damals bekanntes Wissen integrierten.
Fazit: Es gab auch schon vor Maxim durchaus erfolgversprechende Schalldämpferkonzepte in good ol' europe. Mag sein, daß das Schnittbrot, der Smog und die heiße Dusche typisch amerikanische Erfindungen sind - der Schalldämpfer ist es ebensowenig wie die Blue Jeans oder der Burger.

Der Maxim'sche Knalldämpfer

Der junge Percy Maxim - sein Vater, Hiram Maxim, gilt als der Erfinder des klassischen, neuzeitlichen Maschinengewehrs - meldete am 10. Juli 1908 ein deutsches Patent für seinen Knalldämpfer für Feuerwaffen an, welches ihm am 1. April 1910 erteilt wurde.

Diese erste Patentanmeldung umfaßte zwei Erfindungen. Grundlage beider Erfindungen ist eine konzentrisch zur Seelenachse angebrachte Verlängerung des Laufes durch ein Rohr mit kreisförmigem Querschnitt.
Das Innere dieser Verlängerung ist in einzelne, rotationssymetrische Zellen unterteilt, welche mittig eine Öffnung knapp über Kaliberdurchmesser aufweisen.

Bei Erfindung 1 sind diese Zellen (e) im Querschnitt spiralförmig.
Gemäß der Patentbeschreibung trägt die Erweiterung des Laufinnendurchmessers (f)

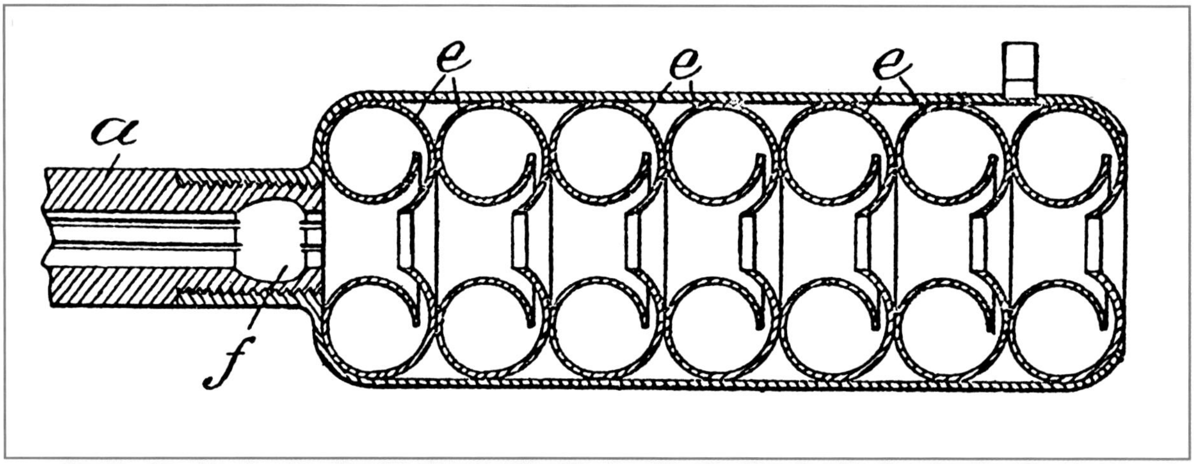

Maxim

unmittelbar hinter der Mündung zu einer besseren Durchwirbelung der Gase bei. Inwieweit dies die Schußpräzision beinflußt, läßt sich nicht eindeutig abschätzen. Förderlich dürfte es nicht gewesen sein.
Überlegungsgemäß platzt der Gasstrahl nach dem Verlassen der Mündung auf. Das Geschoß versperrt den expanierenden Gasen den ungehinderten Durchtritt nach vorne. Die Gase erfüllen die Zelle, wo sie verwirbeln und so einen wesentlichen Teil ihrer Energie einbüßen. Durch die Verweildauer in der Zelle wird auch ein Teil der Wärme an die Wandungen abgeführt, was zur weiteren Entspannung beiträgt.
Nach der Freigabe der Durchtrittsöffnung strömen die Gase, dem Weg des geringsten Widerstandes folgend, in die nächste Zelle, wo sie erneut verwirbeln usw..

Bei Erfindung 2 sind die Begrenzungen zwischen den Zellen einfache Scheiben (h). In den Zellen befinden sich rotationssymetrisch zum Gehäuse turbinenschaufelförmige Segmente (l).

Tritt nun der Gasstrahl in die Zelle ein und expandiert dort, wird er durch die Leitschaufeln (l) an die Wandung gezwungen und zehrt dort durch Rotation, Verwirbelung und Wärmetaustausch seine Energie auf.

Maxim

Wesentliche Konstruktionsmerkmale (Kammern etc.) stimmen mit dem Börresen'schen Patent überein, ansonsten gibt es allerdings in beiden Ausführungen interessante Abwei-

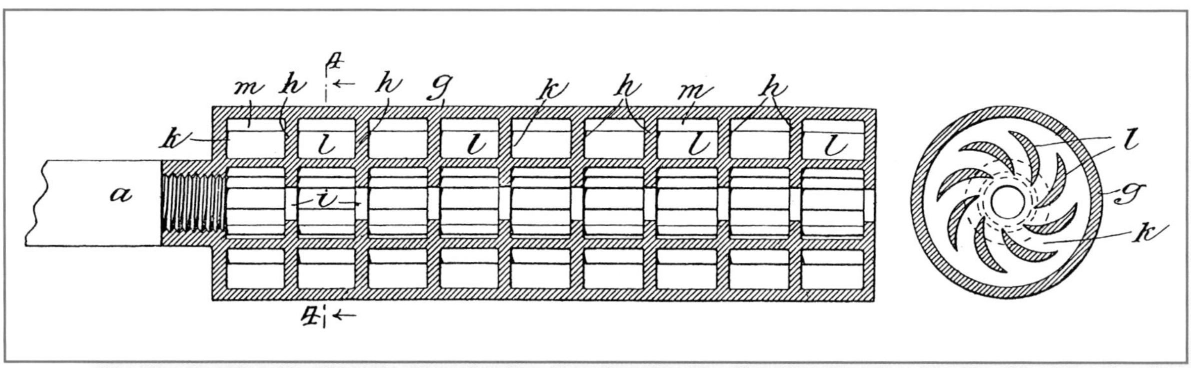

chungen. Nach Kenntnis des Verfassers wurde nur Erfindung 1 ausgeführt und vertrieben, nicht nur mit konzentrischen, sondern auch mit exzentrischem Aufbau.

Das Gehäuse bestand meist aus Stahlblech. Das Gewicht betrug für einen Dämpfer Kal. 6 mm etwa 250 g. Aus zeitgenössischer Sicht war die fehlende Zerlegemöglichkeit ein Nachteil, weil es die Verwendung von Schwarzpulvermunition ausschloß, wenn die Lebensdauer nicht zu sehr eingeschränkt werden sollte.
Auch ansonsten wußte man - vor allem von militärischer Seite - viel an dem Gerät zu bekritteln: In konzentrischer Ausführung verdeckt der Dämpfer die Visiereinrichtung; wenn in exzentischer Ausführung der Schwerpunkt des Dämpfers nicht in einer senkrechten Ebene durch den Waffenschwerpunkt liegt, wird die Waffe im Anschlag verdreht usw. Nichtsdestotrotz konnte sich die Erfindung lange halten.

Herstellungstechnisch sind die einzelnen Segmente von Erfindung 1 recht aufwendig. Außerdem wird zwischen Außengehäuse und den einzelnen Dämpfersegmenten Innenvolumen verschenkt.

Maxim's Nachschlag - die zweite Generation

Am 29. November 1908 ließ Maxim jun. Verbesserungen zu seinem Patent anmelden. Der Eintrag erfolgte am 1. Juni 1910.
Bei dieser Patentanmeldung wird auf Erfahrungen und Versuche mit den alten Modellen verwiesen - ein bei Patenten nicht unbedingt alltäglicher Vorgang. Insofern scheinen diese Verbesserungen bzw. die sich aus Ihnen ergebenden Konsequenzen doppelt interessant. Auch hier werden wieder zwei Einzelerfindungen beschrieben:

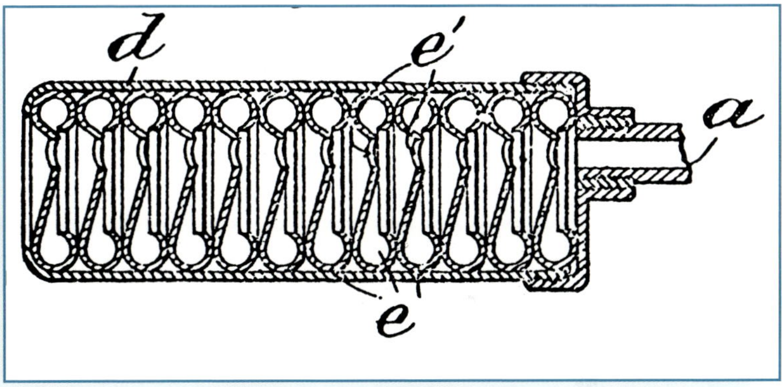

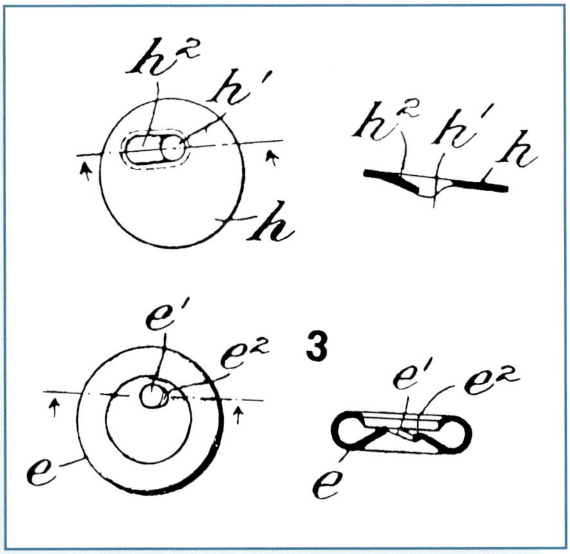

Das Prinzip der röhrenförmigen Verlängerung am Lauf bleibt, ebenso die Form der Einsätze bei Erfindung 1, nur daß hier im Gegensatz zu dem früheren Patent die exzentrische Ausführung dargestellt ist.
Die Verbesserung liegt an der Gestaltung der Durchtrittsöffnung in den Zellenkörpern: Eine Seite der Öffnung ist der Mündung entgegen geneigt, der andere von ihr abgewandt. An der der Mündung entgegegenstehenden Öffnung

Maxim

ist ein kleine Ablenkfläche (e^2) ausgebildet. Ähnliches war auch für Dämpfer mit planen Scheiben (h) vorgesehen, in die eine entsprechende Ablenkfläche h^2 eingearbeitet werden sollte.

Wie Maxim´s Versuche und Beobachtungen ergaben, bildet sich hinter dem Geschoß ein „Kern“ oder „Schweif“ von Gasen, die dem Projektil quasi in seinem Windschatten folgen und erst nach dem Verlassen des Dämpfers expandieren, was ein Restgeräusch verursacht. Da dieses Phänomen in der Praxis beobachtet wurde, soll hier nicht um theoretische Erklärungen gerungen werden.
Die in dem Patent beschriebenen Ablenkflächen sollten diesem Effekt entgegenwirken: Die Ablenkfläche in der Blende zwingt den Teil des Gasstrahls, welcher auf sie trifft, in den Hauptgasstrahl zurück. Dadurch wird der Gasstrahl seitlich „angerempelt“ und kann dem Geschoß nicht mehr in dem Maße geradlinig folgen, wie es ohne die Beeinträchtigung der Fall wäre.
Durch die Anordnung der Ablenkfläche wird der Gasstrahl auf eine Art gestört, die eine Verwirbelung der Gase um die Längsachse des Dämpfers erzeugt.

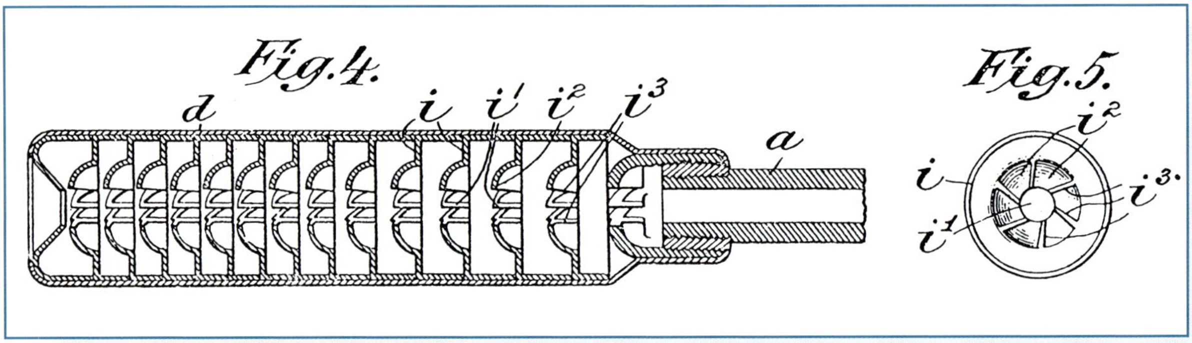

Maxim

Bei der letzten anzusprechenden Erfindung (Fig. 4), einem wieder konzentrischen Modell, sind um die Durchtrittsöffnungen (i^1) Ablenkflächen (i^2) angeordnet, welche in zur Durchtrittsöffnung tangentiale Kanten auslaufen. Auch hiermit soll erreicht werden, daß der Gasstrahl durch schräg eingeleitete Teilströmungen gestört wird.

Zumindest bei der Formgebung der Blenden nach den Abbildungen der Seite 41 ist durch die Strahlstörung und Verwirbelung eine Verbesserung gut vorstellbar. Dieser Kniff mit einer „verdrückten“ Durchgangsöffnung fand nicht nur bei Maxim, sondern auch anderweitig Anwendung: u. a. bei den Parker-Hale-Modellen, einigen Beretta-Dämpfertypen und auch in modernsten Konstruktionen wie den allerneuesten Brügger & Thomet-Schalldämpfern, die aber alle für sich noch besprochen werden.

Ein möglicher Nachteil soll nicht unerwähnt bleiben: Aus der einseitigen Ablenkung des Gasstrahls resultiert eine unsymmetrische Druckentlastung am Geschoßboden. Dies sowie die Schrägströmung durch dem Geschoß vorauseilende Gase kann eine Beeinflußung des Geschoßfluges (Präzisionsverschlechterung bzw. Änderung des Abgangswinkels) bewirken.

Klau's Dreh.

Am 4. September 1909 erhielt Paul Klau sein Patent zum Thema. Er verwendet auch bereits den Begriff „Schalldämpfer“.

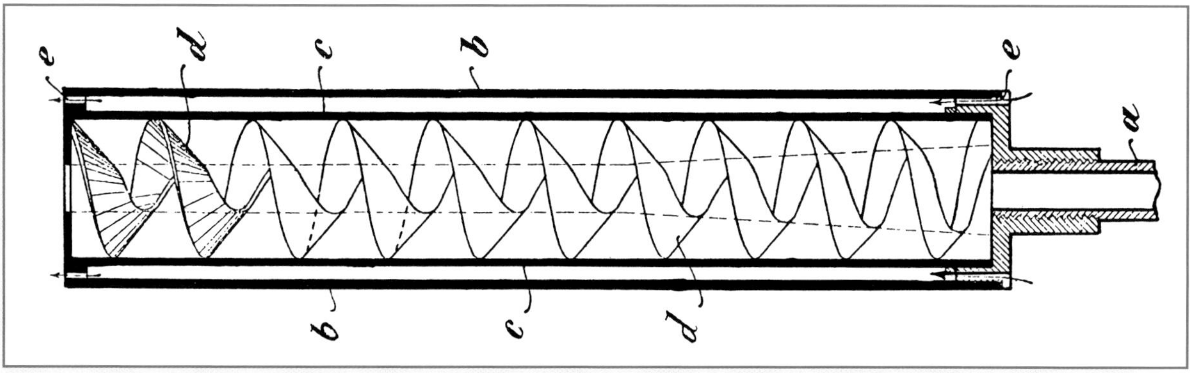

Statt der von Maxim bekannten Einsätze setzte Klau auf eine Spirale. Klau
Auf einen ähnlichen Einfall hatte der Wiener Német am 15. März des gleichen Jahres ein Patent erhalten. Német ließ sich die Verwendung einer starren, mehrgängigen Spirale patentieren, deren Innenkanten Führungsleisten für das Geschoß bilden sollten. Da eine Funktion dieser Vorrichtung in der beschriebenen Form schlecht vorstellbar ist und nach Wissen des Verfassers auch nie realisiert wurde, soll hier auch nicht weiter darauf eingegangen werden.

Bei Klau ist die Feder flexibel, sie wird von den Gasen nach vorne zusammengedrückt und entspannt nach dem Absinken des Gasdruckes bzw. mit dem Nachlassen der Strömung. Die dabei entstehende Pumpwirkung soll überlegungsgemäß zur Frischluftspülung des Innenraumes beitragen.
Darüber hinaus sieht Klau auch eine Doppelwandung zu Isolier- und Kühlzwecken vor. Fiala

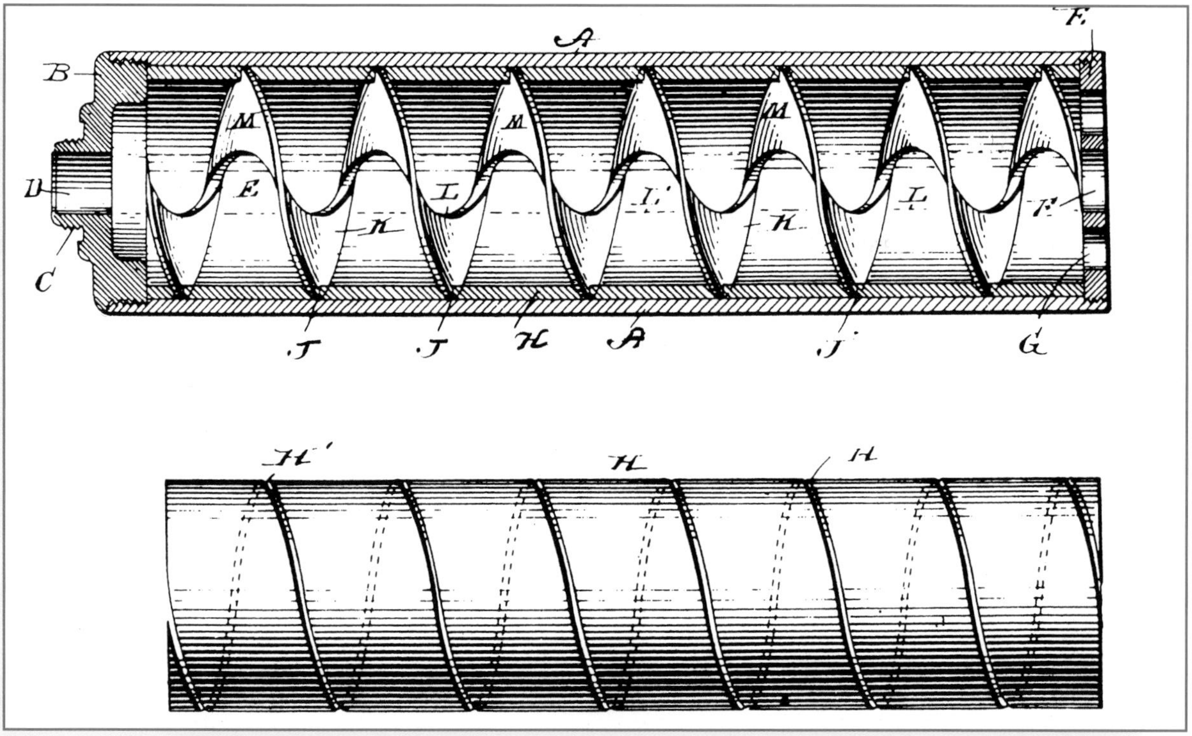

Auf die Dämpfungswirkung eines Doppelmantels wurde bereits eingegangen. In der von Klau beschriebenen Ausführung wirkt er vor allem isolierend:
Ist - wie hier - der Außenmantel perforiert und der Innenmantel geschlossen, ist der Dämpfer nach außen hin wärmeisoliert und man verbrennt sich bei längeren Schußfolgen - wie etwa bei MP's etc. - nicht so leicht die Finger daran.
Außerdem wirkt jede Doppelwandung im Bezug auf Schwingungen entkoppelnd, d. h. die zwischen den Rohren befindliche Luftschicht schwächt Vibrationen ab, die von innen auf die Außenatmosphäre übergehen würden.

Bei einer Ausführung streng nach dem Wortlaut das Patentes hätte es durchaus passieren können, daß sich die Spirale unter dem Einfluß der dem Geschoß vorauseilenden Luftsäule seitlich verformt und dabei evtl. den Geschoßweg versperrt. Die Konsequenzen sind denkbar.

Fiala

Bei dem Patent von Fiala ist die Spirale (M) aufgrund der stabilisierenden Distanzstücke (K) zwischen den Schneckengängen starr, so daß die genannten Nachteile wegfallen.
Praktische Verwirklichung fanden Klau's/Fialas Ideen u. a. im deutschen „Moderator"-Dämpfer. Das Innenleben des Moderators bestand aus drei jeweils gegenläufigen, gefrästen Messingspiralen. Dieser Dämpfer war dünner, dafür aber länger als vergleichbare Maximdämpfer.

Hudson

Die logische Fortsetzung der eben angeführten Erfindungen ist der Dämpfer von Hudson. Bei diesem Patent ist die Spirale um ein perforiertes, knapp überkalibriges Geschoßdurchgangsrohr innerhalb des Dämpfergehäuses angeordnet.

Hudson

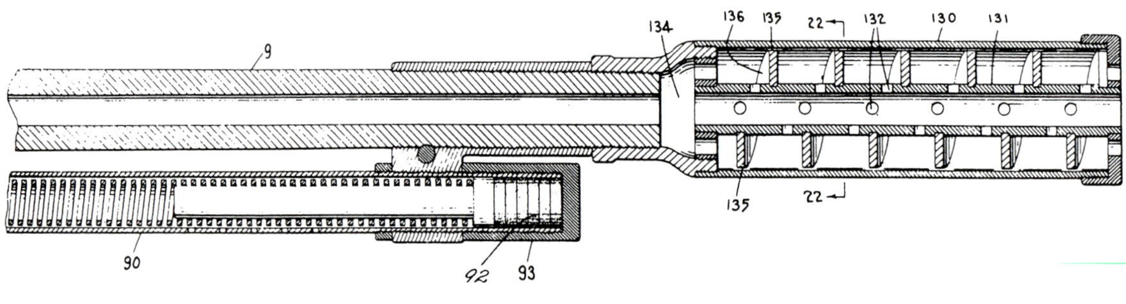

Barlowatz

Barlowatz sah in seinem Patent zwei Spiralen mit zueinander gegenläufigem Richtungssinn auf dem perforierten Durchgangsrohr vor.

DeLisle Carbine

Ein ähnliches Spiralprinzip wie das von Klau benutzt das britische Patent 579.168 vom

07. Juni 1944 - dieses Patent beschreibt den „DeLisle Commando Carbine“, also ein komplettes Waffensystem.

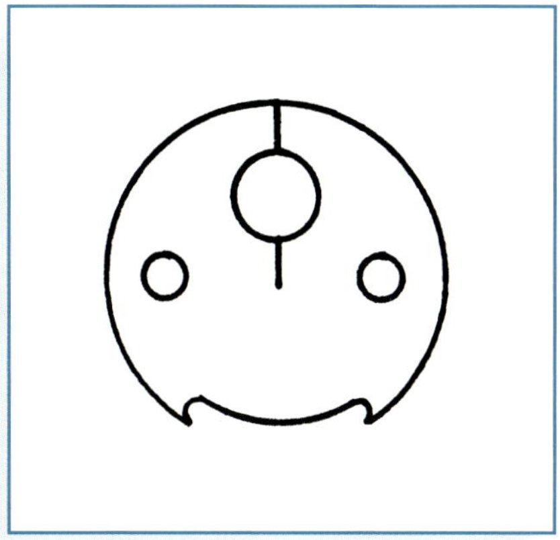
DeLisle Scheibe Nr. 50

Ausgangspunkt war ein Enfield-Gewehr, welches auf das Kaliber .45 ACP umgerüstet wurde.
Die Systemhülse trägt ein Rohr (14), welches den relativ kurzen Lauf (12) exzentrisch umschließt und deutlich überragt. Auf die Mündung des im vorderen Drittel mehrfach angebohrten Laufes ist eine nach hinten offene Röhre (20) aufgeschraubt, die etwas über die Bohrungen (70) zurückreicht. Vor der Mündung erweitert sich diese Röhre glockenförmig (64 bzw. 62).
Der eigentliche Dämpfereinbau besteht aus Scheiben (50), welche an zwei Stangen (40) aufgefädelt sind. Distanzstücke (46) auf diesen Stangen und zwischen den Scheiben positionieren letztere zueinander. Die Geschoßdurchlaßöffnung ist ausmittig in die jeweiligen Scheiben eingebracht. Ferner ist jede Scheibe entlang eines Radius, der durch die Geschoßdurchlaßöffnung geht, vom Rand bis etwa zur Mitte geschlitzt. Das Auseinanderbiegen der so entstandenen Schenkel macht aus den auf die Stangen gefädelten Scheiben eine Art Spirale.

Erreicht das Geschoß die Bohrungen im Lauf, treten die Gase durch sie in den Ringraum zwischen Lauf und „Glockenrohr“ (Die Bohrungen haben nicht den Zweck, die Geschoßgeschwindigkeit auf Unterschall herabzusetzen: die .45 ACP ist in den allermeisten Laborierungen von Haus aus eine Subsonic-Munition). Diese Gase können nicht nach vorne entweichen, sie werden nach hinten umgelenkt, was auch zu einer beträchtlichen Rückstoßverminderung durch diese Anordnung beiträgt.
Die Aufweitung (62) des Mündungsaufsatzes bewirkt ein besseres Aufplatzen des Gasstrahls, da sich die Strömung an die Innenkontur des Aufsatzes anlegt.
Der verbleibende Gasstrahl folgt dem Geschoß und wird durch die Formgebung der Einbauten in eine rotierende Bewegung gezwungen. Wie bei Maxim ist durch die seitliche Ableitung eines Teiles des Gasstrahls eine Störung des dem Geschoß unmittelbar folgenden „Gasschweifes“ beabsichtigt.

DeLisle

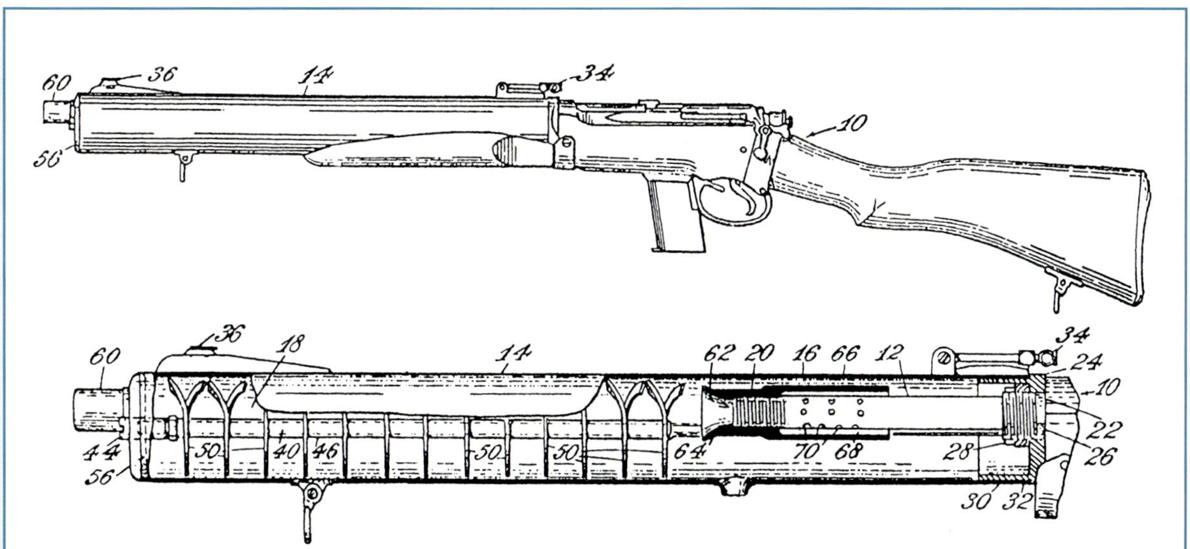

Einige Einsätze (50) sind im unteren Bereich mit kleineren Ausnehmungen versehen, damit Pulverpartikel nach vorne gelangen und durch Bohrungen in der vorderen Verschlußkappe (56) aus dem Dämpfer fallen können. Durch diese Öffnungen entweicht auch ein Teil des Gasdruckes.

Daneben schlägt das Patent noch eine mögliche Verbesserung vor: Ein Einsatz in den Expansionsraum (aus absorbierendem Material) soll dabei durch eine Absorption bzw. diffuse Reflexion der Schockwellen zur Verbesserung der Dämpfungsleistung beitragen.

Die Wirksamkeit des Patentes, welches mit nur geringen Modifikationen Realisierung fand, ist den Quellen zufolge sehr gut. Einzig die dort genannte effektive Einsatzdistanz von 300 yards scheint dem Verfasser etwas hoch, sie dürfte real bei rund 100 m gelegen haben, da das doch recht große, stumpfe Geschoß wegen der geringen Querschnittsbelastung schnell an Geschwindigkeit verliert.
Interessanterweise wurden bei einigen gebrauchten DeLisles Hinweise darauf gefunden, daß das Geschoß an die Dämpferscheiben angeprallt war. Die Tatsache, daß dies nicht zu einer sofortigen Zerstörung des gesamten Dämpfers geführt hatte, sagt so einiges über die robuste Machart des Karabiners aus, wie auch über die Unempfindlichkeit der .45er gegenüber Hindernissen in der Flugbahn.
In jüngster Zeit wurden neben Kleinkaliberversionen mit gleichen Konstruktionsmerkmalen auch die DeLisle Mark 4 Karabiner bekannt, die auf einer Remington 700 im Kaliber .308 Winchester basieren.

Billerbeck-Dämpfer

Carl Billerbeck sah in folgendem Aufbau eine Verbesserung der bestehenden Schalldämpfer.

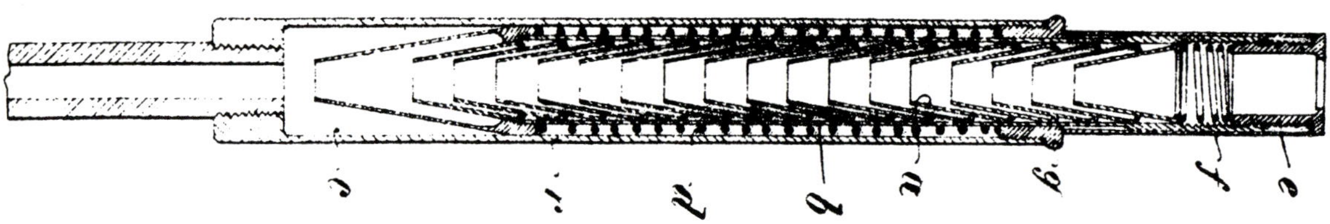

Billerbeck

Die bekannten Schalldämpfereinsätze - in seiner Patentbeschreibung vom Juli 1909 zeigt er Kegel, die mit der engeren Seite der Mündung zugeneigt sind - befinden sich federbelastet in einem Rohrstück (f).
Diese Vorrichtung ist innerhalb des eigentlichen Dämpfergehäuses (r) verschiebbar montiert. Eine Schraubenfeder (d) windet sich um das Innenrohr; die Feder stützt sich am mündungsseitigen Ende des Innenrohres sowie an dem der Laufmündung abgewandten Seite des Außenrohres ab.

Beim Schuß wird das Innenrohr unter dem Druck der aus der Mündung austretenden Gase nach vorne geschoben. Die Verbrennungsgase verrichten dabei Arbeit. Gleichzeitig werden die Einsätze im Innenrohr gegen den Widerstand der dortigen Feder nach vorn gedrückt. Beim Abfallen des Gasdruckes kehren die Einbauten in Ihre Ausgangslage zurück und reinigen dabei die Rohrwandungen von Schmauch und Pulverresten.

Wie die meisten Patente mit beweglichen Teilen besteht auch hier eine gewisse Gefahr für die Funktion, da sich Pulverrückstände im Dämpfer ansetzen. Außerdem scheint die Frage der Abdichtung der beweglichen Teile zueinander nicht hinreichend gewürdigt. Die Dichtungen wären hochbeansprucht: hohe Geschwindigkeit und Temperatur sowie chemische Belastung durch die aggressiven Pulverrückstände, von der Belastung mit festen Abbrandrückständen o. ä. ganz zu schweigen.

Vom Prinzip her bietet diese Idee allerdings die Möglichkeit, sehr kompakte bzw. kurze Dämpfer auszuführen: Der Dämpfer erreicht erst beim Schuß und auch nur kurzzeitig seine notwendige Arbeitsgröße.

Westfall

Westfall erhielt 1914 ein Patent auf einen ähnlichen Dämpfer: Bei seinem Modell ist eine Kammer im Dämpferrohr in Längsrichtung beweglich. Spiralfedern vor und hinter dieser die Leitbleche enthaltenden Kammer führen sie nach dem Schuß bzw. dem Abbau des Gasdruckes wieder in die Ausgangslage zurück.

Beide Dämpfer bewirken eine signifikanten Verstärkung des Waffenrückstoßes. Wir erinnern uns: maßgeblich für den als Rückstoß empfundenen Impuls einer Waffe ist neben ihrem Eigengewicht auch die beschleunigte Geschoßmasse und deren Geschwindigkeit. Neben dem Geschoß werden bei den beiden obigen Dämpfern auch noch Teile des jeweiligen Dämpfers in Schußrichtung beschleunigt, was einen separaten, zusätzlichen Rückstoß erzeugt.

In der geschilderten Form wurden weder der Billerbeck'sche Dämpfer noch der der von Westfall realisiert. Allerdings weisen die später noch eingehend beschriebenen Unique- wie auch der Brügger & Thomet Impuls-SD für verriegelte Selbstladepistolen wesentliche Merkmale dieser Konstruktionen auf.

Matejicek's Idee oder: horch, was kommt von hinten 'raus

Viele der bisherigen Konstruktionen verlängerten die jeweilige Waffe nicht unerheblich, da sie an / vor der Laufmündung angebracht wurden.
Außerdem beeinträchtigte die konzentrische Ausführung des SD's aufgrund des nötigen Dämpfer-Durchmessers den Gebrauch der Visierung. Wurde der Dämpfer exzentrisch ausgeführt und montiert, konnte dies eine seitliche Verdrehungsneigung der Waffe bewirken, wenn der Dämpferschwerpunkt nicht genau unterhalb der Waffe liegt. Franz Matejicek aus Marienberg löste die Summe dieser Probleme elegant.
Ein kurzes, überkalibriges Rohr ist an der Mündung befestigt. Durch Ausnehmungen in der Unterseite dieses Rohres wird der Gasdruck über eine Verbindung in den hohl ausgebildeten Hinterschaft geleitet.
Die Ausnehmungen in der Röhre vor dem Lauf sind - in Längsrichtung gesehen - außermittig, um die Gase beim Eintreten in das Rohr zum Schafthohlraum um die Längsachse zu verwirbeln.
Der Strömungswiderstand nach hinten, in den Schaft, ist gering, so daß die Gase bevorzugt in diese Richtung expandieren.
Die Umlenkung der Gase bewirkt einen rückstoßdämpfenden Effekt, da die Gase bei Ihrer Umlenkung nach hinten der Waffe einen Impuls nach vorne vermitteln.

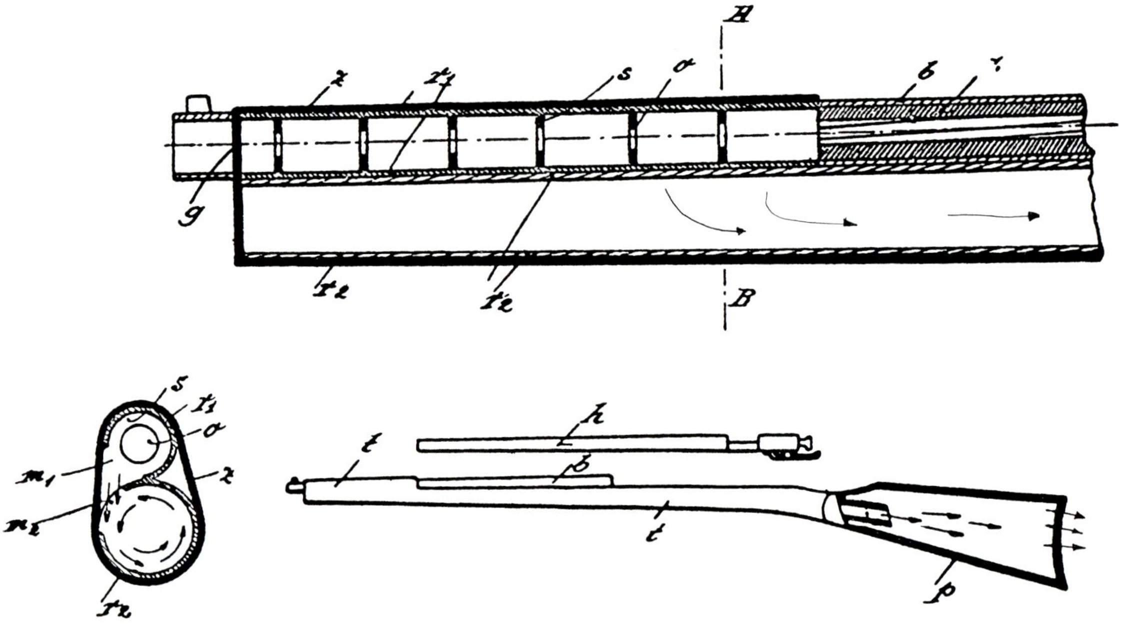

Matejicek

In der vorliegenden Form wurde das System nicht realisiert, allerdings finden sich SD's, bei denen ein Teil des Expansionsvolumens hinter die Waffenmündung verlegt wurde.

In der beschriebenen Ausführung wäre es zu einigen Schwierigkeiten gekommen:
Die notwendige feste Verbindung zwischen Dämpfer, Lauf und Schaft bewirkt bei der erwärmungsbedingten, unterschiedlichen Ausdehnung der einzelnen Komponenten eine Verspannung des Laufes, was der Präzision abträglich ist.
Ebenfalls streukreisvergrößernd wirkt die notwendige, weitgehend feste Verbindung zwischen Lauf und Schaft: Beim Schuß schwingt der Lauf. Liegt er so nahe am Schaft, daß er beim Schwingen anstößt, bringt das die Mündung aus der Richtung, bevor das Projektil die Mündung verlassen hat. Deshalb ist man gerade bei Präzisionswaffen bemüht, den Lauf möglichst freischwingend zu halten.

Und nicht zuletzt - das Austreten der Gase durch die Kolbenplatte würde Verschmutzungen des Schützen verursachen.

Die Idee der Nutzung von Schaftteilen als Expansionsraum wird in neuerer Zeit wieder aufgegriffen. Dabei verbindet man durch eine Schlauch- oder Rohrleitung den Dämpfer mit dem hohlen Hinterschaft.

Thurler

Der Eidgenosse Eugene Thurler kombinierte speziell geformte Einsätze mit einem Doppelmantel, welcher wärmeleitfähiges Material (Aluspäne) enthielt und meldete seine Entwicklungt am 02. November 1910 in England zum Patent an.

Die austretenden Gase gelangen überlegungsgemäß, durch die Einsätze (d) abgelenkt,

in den Ringraum zwischen dem Innenrohr mit den Einsätzen und dem Doppelmantel.
Durch Bohrungen auf der Innenseite des Doppelmantel treten die Gase in die Füllung ein, der Druckausgleich nach außen findet durch entsprechende Bohrungen im Außenmantel statt. Die Aluspäne sollten den Gasen während der Durchströmung Wärme entziehen und so zu einer Entspannung beitragen.

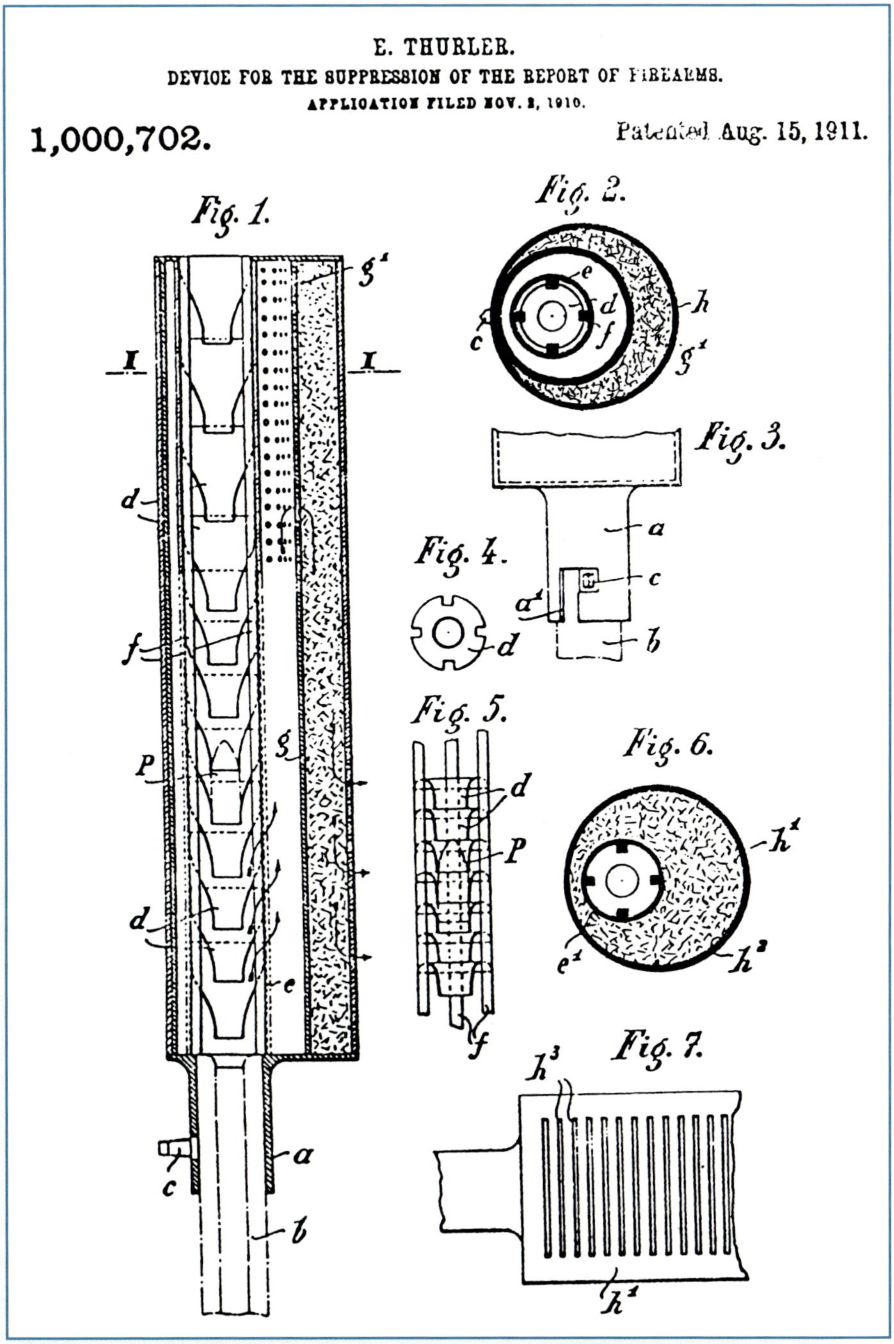

Thurler

Die Verwendung von Absorptionsmaterial in einem Dämpfer taucht hier erstmals auf. Es war nicht in Erfahrung zu bringen, inwieweit man direkt nach diesem Patent tatsächlich Dämpfer hergestellt hat.

Allen Dämpfern mit Absorptionsmaterial gemeinsam sind folgende Probleme:
- die Befestigung des Absorptionsmaterials, welches von den Pulvergasen gerne „verblasen“ wird. Dabei können Partikel in die Geschoßflugbahn geraten und mindestens die Präzision gefährden
- die Verschmutzung mit Schmauch und
- die Rückhaltung von unverbranntem Pulver. Es sind Fälle bekannt, wo spontane Verpuffungen von Treibladungspulverresten im Dämpfer diesen zerstörten und zu Verletzungen beim Schützen führten.

Die wesentlichen Vorteile dieses Systems liegen in der Gaskühlung sowie der Absorption von Schockwellen. Viele moderne Dämpfer verwenden dieses Dämpfungsprinzip, wenn auch teilweise in anderer Form. Darauf gehen spätere Beschreibungen ein.

Nöthiger & Molz

Die beiden Mannheimer Erfinder Gottlieb Nöthiger und Karl Molz setzten neben einer Steckverbindung (!) an Ihrem Patent vom 09. Januar 1917 auch auf eine feuerfeste, isolierende Auskleidung eines zylindrischen Rohres. Der Waffenmündung gegenüber befindet sich eine weit über Kalibermaß durchmessende Öffnung. Vor dieser ist eine aus einem weichen Material (Asbest o. ä.) hergestellte Scheibe auswechselbar befestigt. Beim ersten Schuß schafft sich das Geschoß selbst seinen Durchlaß. Wenn aufgrund von Toleranzen der Aufsteckvorrichtung beim Abnehmen und Wiederaufsetzen des Dämpfers die Laufseelenachse (und damit die Geschoßflugbahn) nicht mehr genau zentrisch durch diese Öffnung geht, erweitert das Projektil die Öffnung in dem weichen Material.

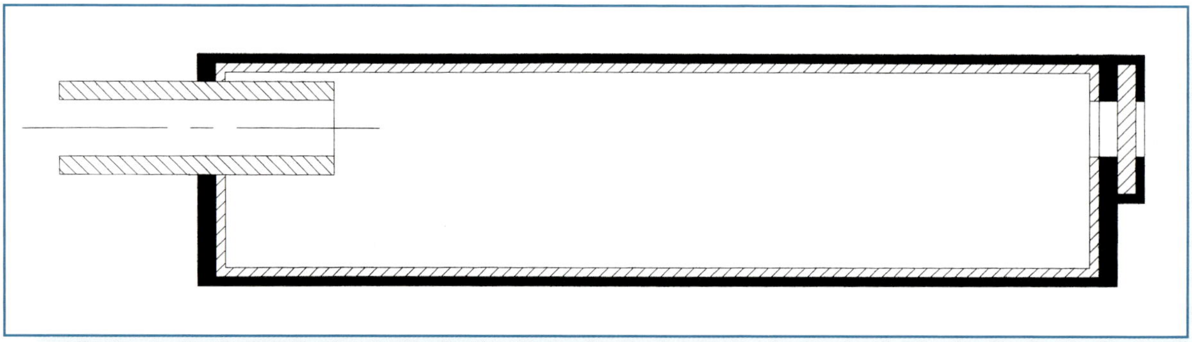

Nöthiger & Molz

Dieses Patent trug viel zu weiteren Verbesserung der Schalldämpfertechnik bei.
Die Auskleidung von durchströmten Rohren mit einem „schallschluckenden" Material fand wegen seiner Wirksamkeit auch in späteren Jahren nicht nur beim Schalldämpferbau für Feuerwaffen Anwendung: die Endrohre der Auspuffanlage beim VW-Käfer wurden bis zuletzt mit Isoliermaterial ausgekleidet.

Bei einer Ausführung mit einer Dichtscheibe ist eine zufriedenstellende Dämpfungsfunktion nur so lange gewährleistet, wie der vordere Einsatz nicht über ein bestimmtes Maß hinaus vom Geschoss zerfetzt wird.

Speziell Benchrestschützen wissen um die Präzisionsbeeinträchtigungen, die sich schon aus dem ungleichmäßigen Anlegen von Pulverschmauch an der Mündung (!) ergeben; und fast jeder Jäger hat schon einmal ein Stück Wild verfehlt oder krankgeschossen, weil sich ein Grashalm oder ähnliches in der Geschoßflugbahn befand. Daß sich da ein vergleichsweise dazu so massives Hindernis wie eine Gummi- oder Asbestscheibe im Geschoßweg u. U. verheerend auf die Präzision auswirken kann, läßt sich abschätzen.
Leichte Hochgeschwindigkeitsgeschosse (über ca. 1000 m/s), die bereits beim Kontakt mit einem dickeren Grashalm zerplatzen, würden einen solchen Dämpfer nicht einmal mehr ganz verlassen. Selbst langsame, schwere Projektile können im Flugverhalten instabil werden, d. h. zum Pendeln bzw. Überschlagen im Flug neigen.
Je schwerer und langsamer ein Geschoß, umso geringer allerdings die Beeinflussung aufgrund der unterkalibrig vorgelochten Gummischeiben.
Um ein Anecken und die damit verbundenen Negativeinflüsse völlig zu umgehen, muß ein Geschoßdurchlaß deutlich größer sein als der Geschoßdurchmesser (etwa 25 %).

Dort, wo es mehr auf geringe Baugröße denn auf Präzision ankommt, haben sich Dämpfer nach diesem Prinzip einen festen Platz erobert.

Auch der später noch beschriebene PSDR III Schalldämpferrevolver lehnt sich dämpfertechnisch an dieses Patent an.

Thompson

Etwas echt Neues ließ sich Eugene Thompson am 21.02.1917 patentieren:
In diesem Patent ist der angebohrte bzw. geschlitzte Lauf mit einem aufgeschraubten Doppelmantel versehen, den entsprechende radiale Einbauten in einzelne, miteinander verbundene Kammern unterteilen.
Nachdem das Geschoß die jeweiligen Durchlässe in der Laufwandung passiert hat, treten die Explosionsgase durch diese Öffnungen in den Doppelmantel ein. Wärmeentzug, Drosselung durch Strömungsvorgänge und Verwirbelungen bewirken eine gewisse Vorentspannung, bevor die Gase an der mündungsseitigen Öffnung des Doppelmantels austreten.

Speziell in Schußrichtung ist eine besonders große Dämpfungswirkung nicht zu erwarten, außerdem bewirkt der vorzeitige Gasverlust eine Reduktion der Antriebskräfte und damit der Geschoßgeschwindigkeit. Letzteres ist nur dann wünschenswert, wenn das Projektil einer auf Überschall geladenen Munition in der Waffe auf Unterschallgeschwindigkeit reduziert werden soll.

Wurst

Einen ähnlichen Weg hinsichtlich Öffnungen im Lauf beschritt Ludwig Wurst. In seinem Patent von 1937 schlug er vor, die Öffnungen im Lauf nicht einfach zu bohren, sondern in einer bestimmten Form zu fräsen: Neben dem größeren Querschnitt der Öffnungen sollte die besondere Formgebung bewirken, daß die austretenden Gase besser von der Laufseelenachse abgelenkt werden.

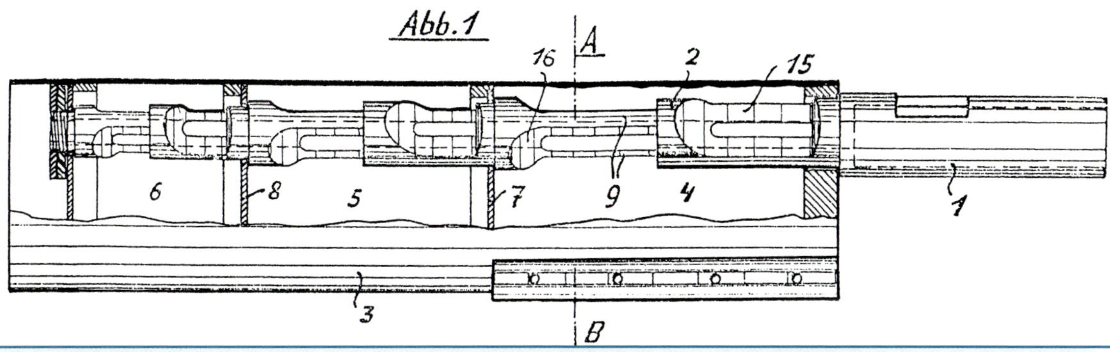

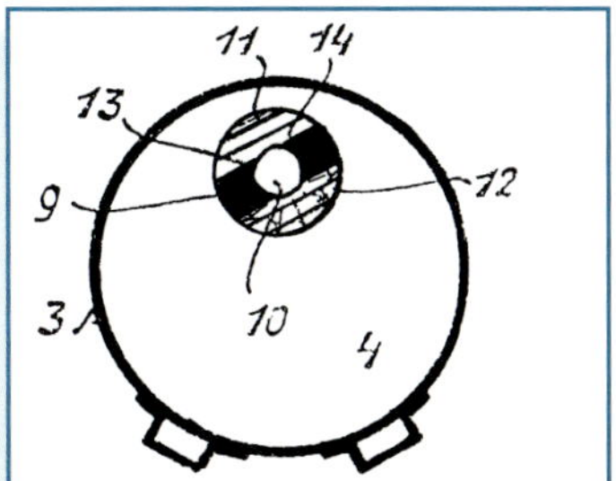

Wurst

Die Vorderkanten der Öffnungen würden allerdings auch Geschoßmaterial abscheren.

Die großen Ausnehmungen bringen natürlich eine Verringerung der Festigkeit der Rohrwandung mit sich, trotzdem hat die gezeigte Form der Öffnungen festigkeitstechnische Vorteile gegenüber einfach gebohrten oder funkenerodierten, kreisrunden Löchern: Es ergeben sich keine scharfen Absätze bzw. Kanten, an denen Materialspannungsspitzen auftreten können wie beim nachfolgenden Patent.

Brun

Im Jahre 1919 erhielt der Franzose Joseph Brun ein Patent auf Öffnungen im Lauf, die ähnlich ausgeformt waren wie bei Wurst, aber statt der Verrundung im vorderen Teil kantig . In dem Brevet d'Invention wird auf die strömungsgünstige Form der Öffnungen im Lauf besonders hingewiesen, die die entweichenden Gase besonders ablenken.

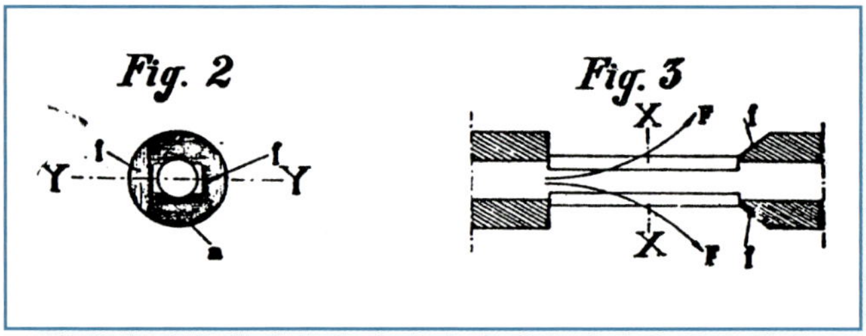

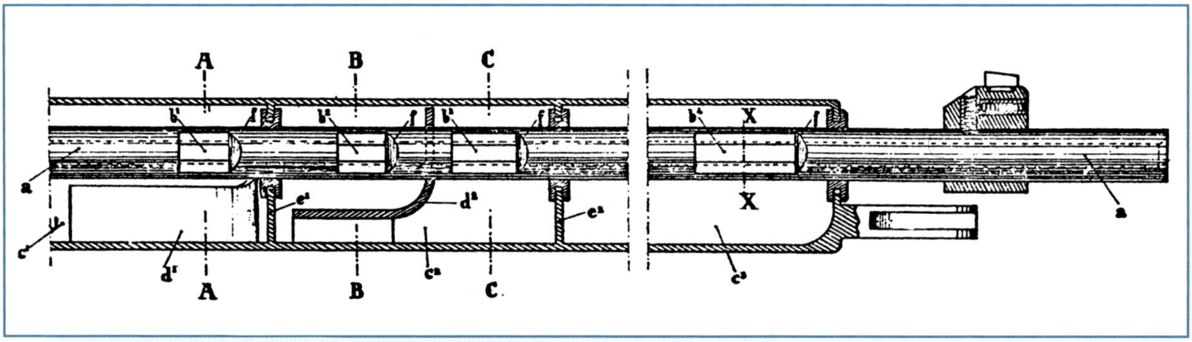

Brun

Thompson

Ein weiteres Patent von Thompson sah den abwechselnden Einbau von garnrollenähnlichen, perforierten Körpern (sog. „Spools", Teilnummer 9) und Distanzstücken in einem Rohr vor der Mündung vor.
Eine Realisierung wie im Patent beschrieben gab es nach bisherigem Kenntnisstand nur als Versuchsmodell. Die „Spools" fanden allerdings als Komponente in einigen erfolgreichen Dämpfern Anwendung: der 9 mm Welrod, den Sionics (MAC) MP-Dämpfern usw.

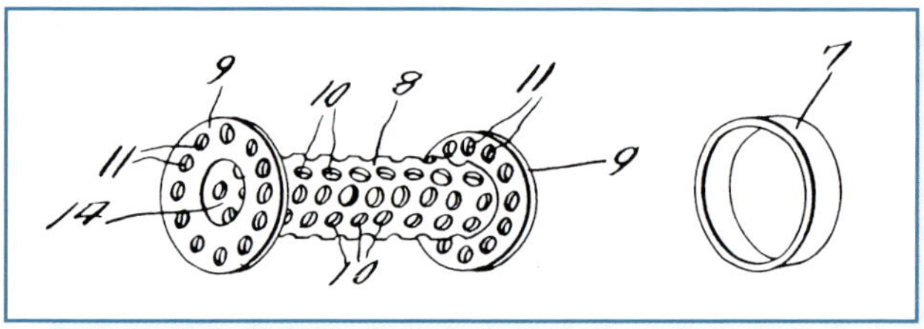

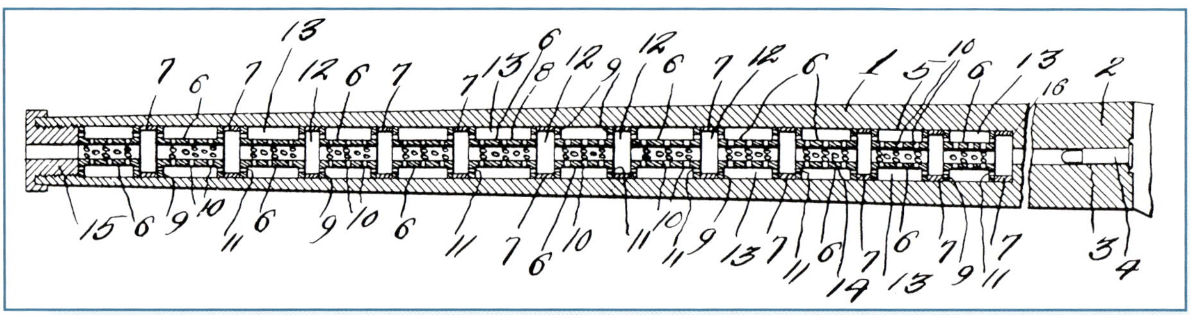

Thompson

Aus heutiger Sicht scheint es erstaunlich, daß niemand je auf den Gedanken gekommen ist, die „Spools“ mit Draht oder Drahtgeflecht zu umwickeln, was die Probleme der klassischen, unstabilisierten Packung (Drahtgeflecht etc.) gelöst hätte.

Jens Eissfeldt

Die Firma Eissfeldt sah in ihrem Patent von 1933 ein poröses, elastisches Material (Gummischwamm), gefolgt von elastischen Scheiben, vor. Vor dem porösen Material (b) sitzt dabei eine aus einzelnen, mittig gelochten Scheiben zusammengestellte Packung (c), der sich eine sternförmig geschlitzte Abschlußscheibe (a) anschließt. Überlegungsgemäß schließt sich die Abschlußscheibe unmitttelbar nach dem Passieren des Geschosses. Dadurch werden die nachströmenden Gase in die vielen kleinen Kanäle des porösen Materials geleitet und verlieren dort ihre Energie.

Hinsichtlich der Nachteile (Präzisionsverlust etc.) gelten die selben Anmerkungen wie beim Nöthiger & Molz'schen Patent. Außerdem zerfetzen die zumindest anfangs unter hohem Druck stehenden Gase das weiche Material sehr schnell.

Die tschechische Skorpion-MP gehört zu den Waffen, die mit einem Dämpfer nach diesem Prinzip ausgestattet wurden. Auch die Welrod und andere Waffen bzw. Dämpfer wurden und werden mit elastischen Einsätzen versehen, welche den Strömungsquerschnitt nach dem Geschoßdurchtritt wieder verringern. Zwar halten diese Einsätze nur wenigen Schüssen stand, die Dämpfungswirkung ist aber für diese wenigen Schüsse recht gut.
Die Standzeit der Einsätze wurde durch das mittige, symmetrische Einbringen von Schlitzen in X-, Y- oder Stern-Form verbessert. Der vorauseilende Gasstrom weitet dem Projektil den Durchlaß, so daß Geschoß und elastisches Material nicht mehr so stark in Kontakt kommen.
Dieses Dämpferprinzip findet dort Anwendung, wo Präzision zugunsten geringer Baugröße aufgegeben werden kann bzw. muß.

Eine weitere zugrundeliegende Idee des Patents - die Gase in einem undefiniertem Labyrinthsystem zu entspannen - wurde mehrfach aufgegriffen und in funktionsfähiger(er) Form realisiert: Den Gummischwamm ersetzte man bei einigen Ausführungen

Eissfeldt

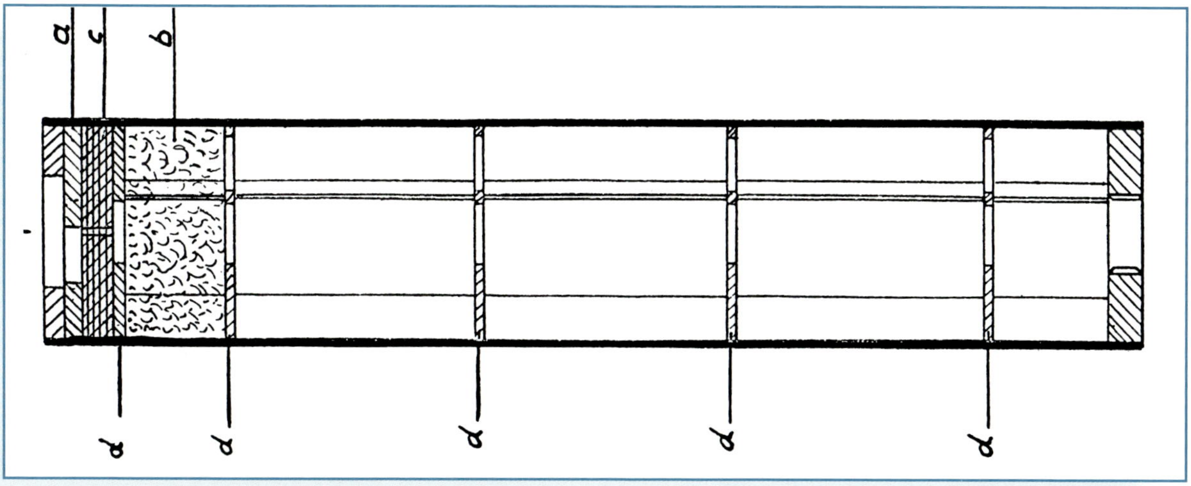

durch robustere Metalldrahtgeflechte, entweder in Form von vorgestanzten Scheiben oder einer kompletten, gewickelten „Packung“ um den perforierten Lauf bzw. einem perforierten Dämpferinnenrohr. Neben dem Labyrintheffekt, also der Entspannung in die undefinierten Hohlräume, erfahren die Gase einen Wärmeentzug an der großen inneren Oberfläche und dadurch eine Entspannung.

Mason

Warren Mason, ein Techniker der Bell Telephone Laboratories (!) erhielt im Oktober 1944 ein Patent auf eine solche Anordnung. Bei diesem Patent ist das hintere Dämpferteil exzentrisch um den angebohrten Waffenlauf herum angebracht, der vordere, konzentrische Teil des Dämpfers ragt über die Mündung hinaus (Fig. 4).

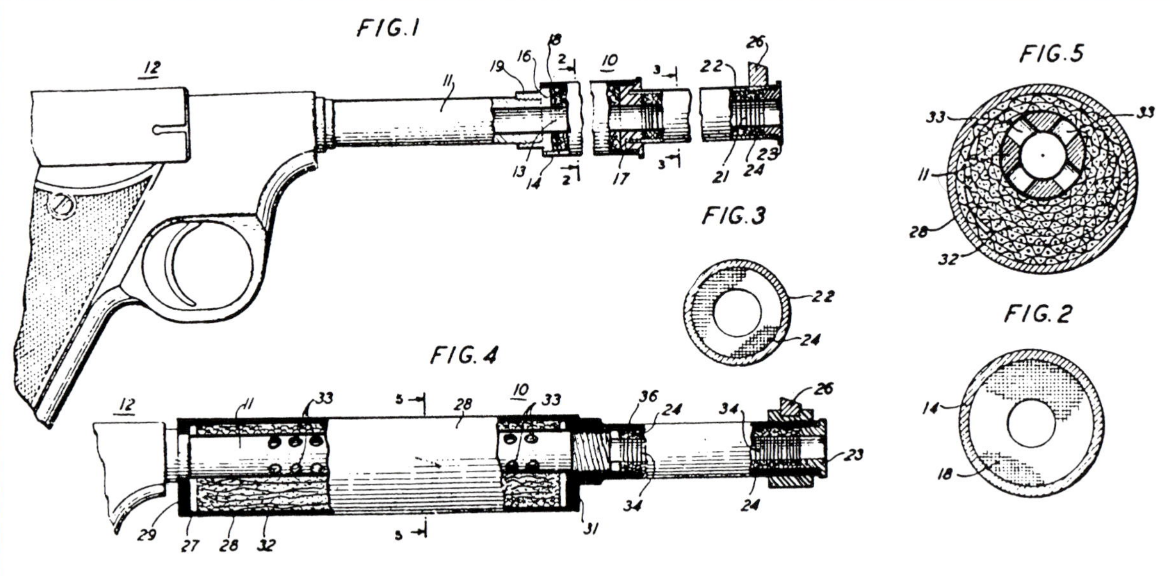

Mason

Das Innenleben des Dämpfers besteht im hinteren Teil aus einem um den perforierten Lauf gewickelten Metallgewebe. Im zweiten, vorderen Teil des Dämpfers befinden sich Metallgewebescheiben, die durch Einschrauben der Endkappe des Dämpfers unter Vorspannung (Druck) gehalten werden.
Einige Colt Woodsman Pistolen wurden direkt nach den im Patent beschriebenen Vorgaben schallgedämpft.

Ein etwas älteres Patent (Abb. S. 55) sieht ein dem Lauf konzentrisch nachgeschaltetes Rohr vor, welches mit Drahtgewebescheiben gefüllt ist. In bestimmten Abständen sind geschlitzte Metall- oder Elastomerscheiben zur Abstützung der Gewebepackung vorgesehen. Die austretenden Pulvergase erfahren beim Kontakt mit dem Metallgewebe einen massiven Wärmeentzug wie auch eine Dämpfung der Schock- bzw Druckwellen durch elastische Verformung der Packung.

Die eben beschriebene Dämpferart zählt mit zu den wirkungsvollsten bzw. verbreitetsten. Dämpfer nach diesem System wurden praktisch in jeder Form (in die Waffe integriert oder optional aufsetz- bzw. abnehmbar), für praktisch jede Waffe (von der KK-Pistole über MP's bis hin zu Sturmgewehren) und fast alle gängigen Kaliber realisiert. Die porösen Packungen dämpfen von sich aus sehr gut und lassen sich in ihrer Dämpfungsleistung recht einfach noch steigern: durch Sättigung mit Flüssigkeiten bzw. Fett.

Ohne die richtige Füllung der meist sehr voluminös gehaltenen Dämpferkammern - (Abstimmung von Drahtstärke, Maschenweite, Packungsdichte) arbeitet dieser Dämpfertyp wegen des sich ergebenden hohen Blow-bys nur unbefriedigend.

Dieses Design besitzt auch spezifische Nachteile: So setzen sich die Hohlräume in der Packung relativ schnell mit Pulverresten, Schmauch etc. zu. Ein weiterer Nachteil liegt in der Möglichkeit, daß sich einzelne Drähtchen aus dem Verband lösen und in die Geschoßflugbahn geraten können. Dies war ein Grund für die relativ häufige Notwendigkeit, diese Dämpfer neu zu packen.
Durch Verzinnung am Umfang der Geschoßdurchtrittsöffnung bzw. des Außenrandes der gesamten Gitterscheiben ließ sich das Problem mindern, aber nicht lösen. Außerdem verminderte diese Verzinnung am Lochrand den zur Verfügung stehenden Porenraum und erschwerte den Zutritt der Gase aus dem Geschoßdurchtrittskanal in die Tiefe der Packung.

Mason

Eine Modifikation des Labyrinth- / Wärmeabsorptionsprinzips ohne letztgenannten Nachteil wurde im Frankford Arsenal entwikkelt: Man füllte eine zylindrische Form mit einem wasserlöslichen Salz und vergoß die verbleibenden Hohlräume mit einer Alulegierungsschmelze. Nach Ausspülen des Salzes blieb ein poröser Aluminiumkörper übrig. Mit einem Bodenstück, einer abgestuften Geschoßdurchgangsbohrung und einer Umwicklung aus Isolierband versehen, entstand so - von den Zahlenwerten her gesehen - einer der wirksamsten Kleinkaliberschalldämpfer überhaupt (-31 dB!).
Nachteile waren die kaum gegebene Möglichkeit der wirksamen Tiefenreinigung sowie die

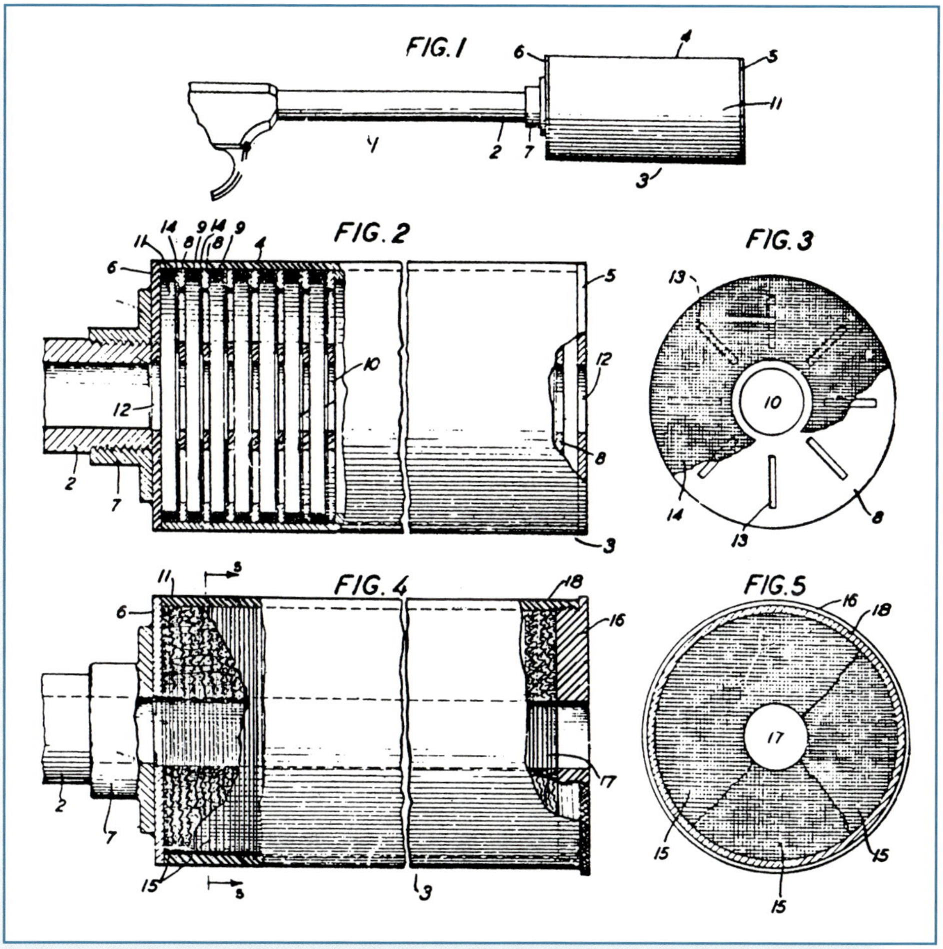

hohe Erosionsrate des mechanisch wenig stabilen Inneren. Offiziell setzte sich dieser Dämpfertyp aus den angeführten Gründen und auch wegen des hohen Fertigungsaufwandes nicht durch.
Speziell bei diesem Dämpfer liegt der Verdacht nahe, daß er verbreiteter war - und ist - als man von offizieller Seite verlauten läßt; das Prinzip ist einfach zu wirkungsvoll, als daß man es guten Gewissens unbeachtet hätte lassen können. Immerhin dämpfte diese Vorrichtung auf einer KK-Pistole den Hauptgasstoß (Main Blast) bis zu 13 dB besser als der beste parallel dazu getestete Dämpfer für KK-Pistolen!
Der hohe Fertigungsaufwand ist kein stichhaltiges Argument gegen diesen Dämpferaufbau: In der Drucklufttechik verwendet man schon seit längerer Zeit ähnlich aufgebaute Armaturen aus Messing bzw. Aluminium zur Geräuschminderung von ausströmender Druckluft. Diese porösen Sinterkörper sind vergleichsweise billige Massenprodukte, die sich auch gut spanend bearbeiten lassen. So müßten solche Dämpfer noch nicht einmal komplett durch die jeweiligen Betriebe bzw. Behördenausstatter selbst hergestellt werden - man könnte einfach passende Druckluftarmaturen bzw. die Rohlinge ankaufen und entsprechend nachbearbeiten, um sie dann in ein entprechendes Gehäuse einzusetzen. Dies würde auch die Reinigung der Elemente oder auch deren Austausch erleichtern.
Korrosionsfest sind diese Sinterkörper materialbedingt ohnehin, und die vorhandene mechanische Beständigkeit würde sich durch die Abstützung in einem Gehäuse noch weiter verbessern.
Außerdem ist es heute Stand der Technik, Metallhohlkörper mit sog. Metallschäumen auszufüllen - in der Automobilindustrie ist man bestrebt, die Steifigkeit und Aufprallenergieabsorption von Autotüren dadurch zu erhöhen, daß der Raum zwischen Innen- und Außenblech mit Metallschaum gefüllt wird (momentan, also 1998, allerdings noch im Versuchsstadium).
Vor diesem Hintergrund erscheint die Aussage, daß es diesen Dämpfertyp aus technischen bzw. finanziellen Gründen nicht in Serie gab, nur beschränkt glaubhaft.

Griesinger

Griesinger

Der findige Schwabe Georg Griesinger zeigte damals ein Verhalten, welches heute wohl eher fernöstlichen Industrienationen zugesprochen wird: Er hatte anscheinend durch-

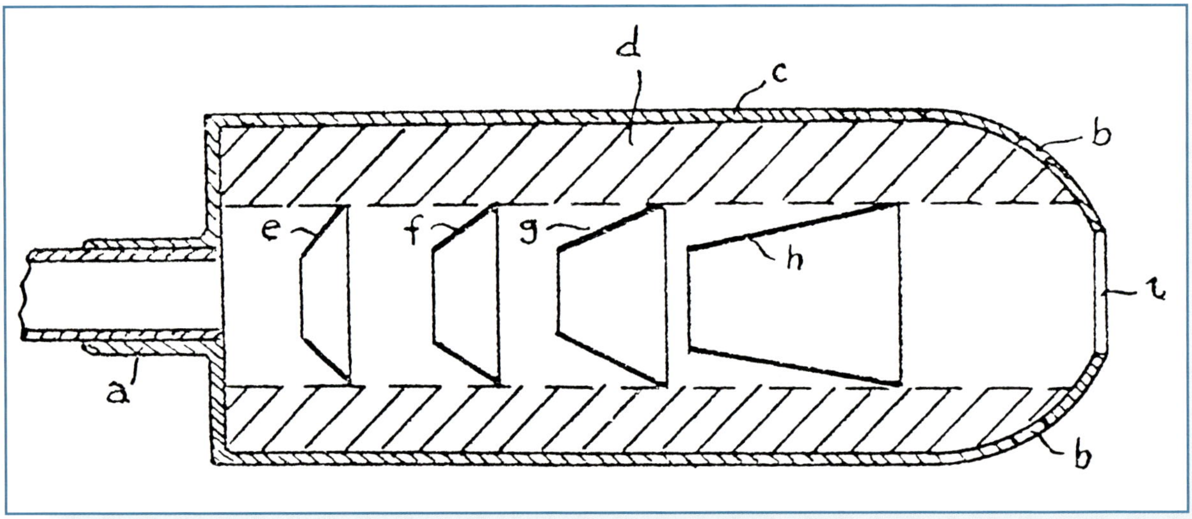

aus eine ganze Menge Know-How (hier: Schwingungslehre) und sehr wenig Hemmungen, abzukupfern. Er erhebt am 11.02. 1936 Patentanspruch auf einen Dämpfer, der dem von Börresen entwickeltem Prinzip (siehe Seite 37) sehr ähnelt. Die wesentlichen Unterschiede zu Börresen:

- unterschiedliche Neigungswinkel der einzelnen Gasleitflächen
- Füllung des Doppelmantels mit einem Material, welches die Strömung drosselt
- Austrittsöffnungen im Doppelmantel nach außen.

Stapel

Jean-Joseph Stapel schlug am 4. September 1945 eine Verbesserung dahingehend vor, daß die Geschoßaustrittsöffnung rohrförmig in den Dämpferinnenraum eingezogen werden soll.
Während das Projektil das Rohr durchfliegt, stellt es für die nachfolgenden Gase ein Hindernis im Rohr dar. Die Gase werden so länger dazu „gezwungen" ihre Expansionsbestrebungen in der Ausdehnungskammer auszutoben. Die Gase werden für die Zeit, in denen das Geschoß im Endrohr ist, in der Dämpferkammer gespeichert.

Für sich allein dürfte dieses Prinzip nicht allzu viel bringen, als Bestandteil eines komplexen Dämpfersystems wurde das Gasrückhalteprinzip in leicht modifizierter Form aber realisiert, u. a. in einem Dämpfer für die Walther-MP.

Walther & Hübner

Das am 03. Oktober 1968 erteilte Patent nennt als Erfinder zwei in der Branche sehr bekannte Namen: Karl-Heinz Walther von der Firma Walther in Ulm und den deutschen „Grand Old Man" des praktischen und Combat-Schießens, Dipl. Ing. Siegfried F. Hübner.

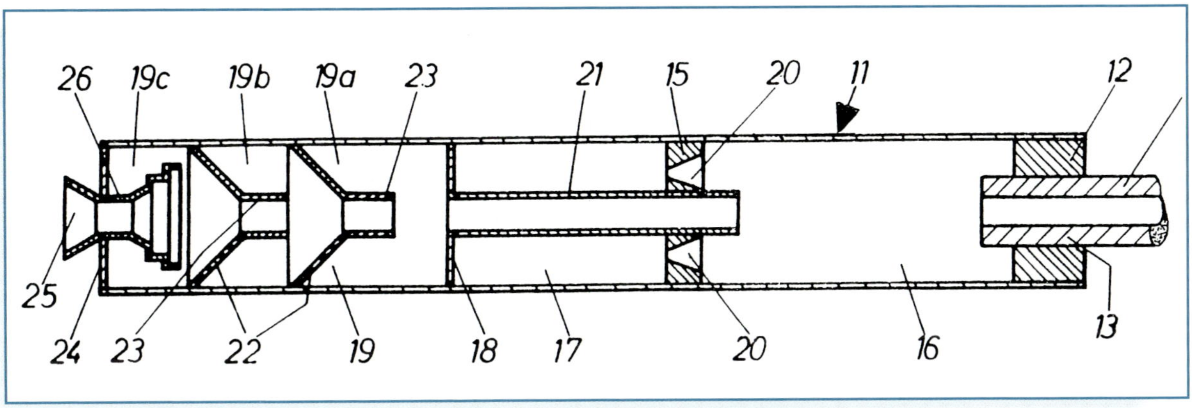

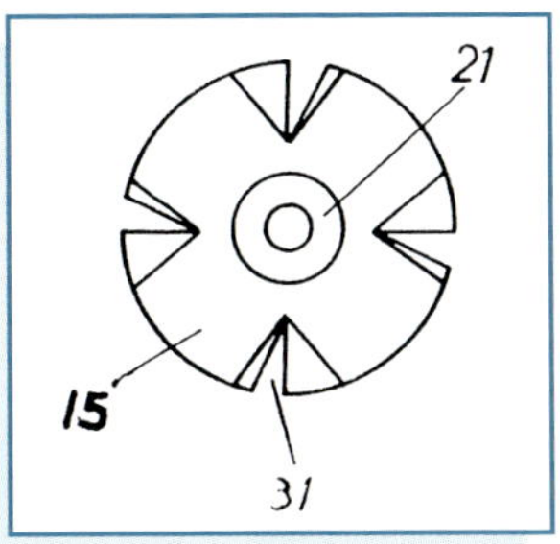

Walther & Hübner

Der konzentrisch aufgebaute Dämpfer weist neben den bereits bekannten trichterförmigen Einbauten und einer düsenförmigen Austrittsöffnung den bereits beschriebenen „Gasspeicher" auf. Eine Besonderheit bzw. Verbesserung gegenüber dem vorher genannten Patent von Stapel stellt ein entsprechend ausgeformtes Gasleitblech (15) am waffenmündungsseitigen Ende des Geschoßdurchtrittsrohres (21) dar. Durch die Geometrie dieser Trennwand erhalten die Gase einen Drall, also eine Rotation um die

Längsachse des Dämpfers, was eine intensive Verwirbelung zur Folge hat. Dies soll auch die Verweilzeit im Dämpfer verlängern.
Erst nachdem das Geschoß den Weg durch das Rohr freigemacht hat, können die Gase den Speicher verlassen; durch die Formgebung der Öffnungen kann dies angabegemäß nur in stark gedrosselter Form geschehen.

Einige Zeit vor der Anmeldung der obigen Erfindung - am 30. November '64 - war Hübner bereits mit einem Dämpferpatent vorstellig geworden. Das zugrunde gelegte Wirkungsprinzip war das des Parabolspiegels: Die Innenseite der Dämpfervorderwand ist als Parabolreflektor ausgelegt. Der Brennpunkt (F) dieses Reflektors liegt überlegungsgemäß an der Stelle, wo der Gasstrahl sich optimal erweitert. Die von dem Reflektor zurückgeworfenen Gase bzw. die Druckwellen bündeln sich im Brennpunkt und behindern so das Ausströmen des noch nicht reflektierten Gasstrahls. Der Dämpfer verschließt sich also quasi selbst.

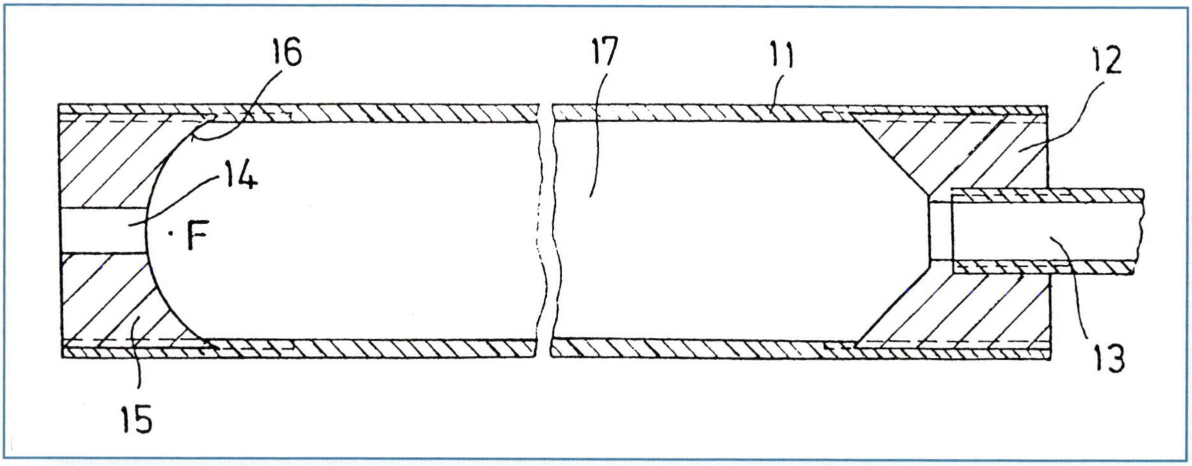

Hübner

Nach Kenntnisstand des Verfasser wurde dieses Prinzip nicht realisiert.
Eine Funktion ist denkbar, allerdings dürfte bei diesem Dämpfer auch das Geschoß eine Beeinträchtigung erfahren: Die Gase überholen das Projektil bekanntermaßen schon recht bald. Die reflektierten Druckwellen bauen also auch eine Sperre für das Geschoß auf. Eine Ungleichmäßigkeit in der Ablenkung - etwa aufgrund von Ablagerungen auf dem Reflektor - könnte eine Beeinflußung bzw. Ablenkung des Geschosses zur Folge haben und damit bewirken, daß es im schlimmsten Fall die Austrittsöffnung mehr oder minder verfehlt.

Bacchetti

Giorgio Bacchetti erhielt 1957 ein Patent auf seinen Dämpfer. Bei dieser Vorrichtung ist das Geschoßdurchtrittsrohr von zwei Spiralen umgeben, von denen je eine links- bzw. rechtsgängig ist. Darüber hinaus ist die Geschoßaustrittsöffnung rohrförmig in die letzte Dämpferkammer eingezogen (7). Die dem Geschoß folgenden Gase werden von der Spirale (5) in Rotation gezwungen. Spirale (6) bewirkt eine Umkehrung der Rotationsrichtung, was mit Verwirbelung und damit Strömungsenergieverlust verbunden ist. Nach dem Verlassen des Spiralenabschnittes haben die auch radial beschleunigten Gase das Bestreben, der Rohrinnenwandung weiterhin in einer Spirale zu folgen. Insgesamt ist damit eine wesentliche Verzögerung des Austritt der Gase aus dem Dämpfer verbunden.

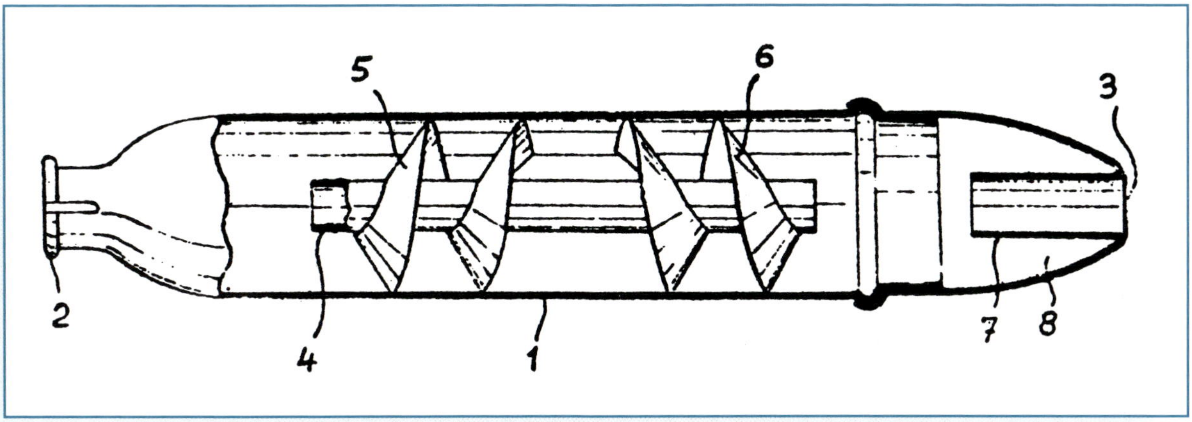

Der eigentliche Geschoßaustritt liegt überlegungsgemäß im relativ strömungsruhigen Zentrum dieses Wirbels. Bacchetti

Ein ähnliches Prinzip - spiralförmige Strömung und Tauchrohr - findet man in der Abscheidertechnik bei sog. Zyklonen. Von dort weiß man, daß Zyklone einen hohen Druckverlust bewirken und die Strömung stark gedrosselt aus dem Tauchrohr austritt. Auf unsere Schalldämpfer transferiert, bedeutet dies einen guten denkbaren Schalldämpfungseffekt.

WerBell

Die zwei gegenläufigen Spiralabschnitte rund um ein Geschoßdurchtrittsrohr sind das Charakteristikum bei einem der neben den Maxim-Modellen verbreitetsten Schalldämpferfabrikat überhaupt, Mitchell WerBell's Sionics-(heute MAC-) Dämpfer.
Ein MAC-Dämpfer weist immer die zwei gegenläufigen Spiralen auf, welche zusammen mit dem Geschoßführungsrohr aus dem Vollen gearbeitet sind. Bohrungen im Geschoßführungsrohr verbinden seinen Innenraum mit dem Schraubengang der Spirale.
Je nach Modell und Ausführung befinden sich vor dem Spiralensatz noch unterschiedlich gestaltete Expansionsräume, auf die Spiralen folgen gewöhnlich noch Blendenscheiben etc. WerBell

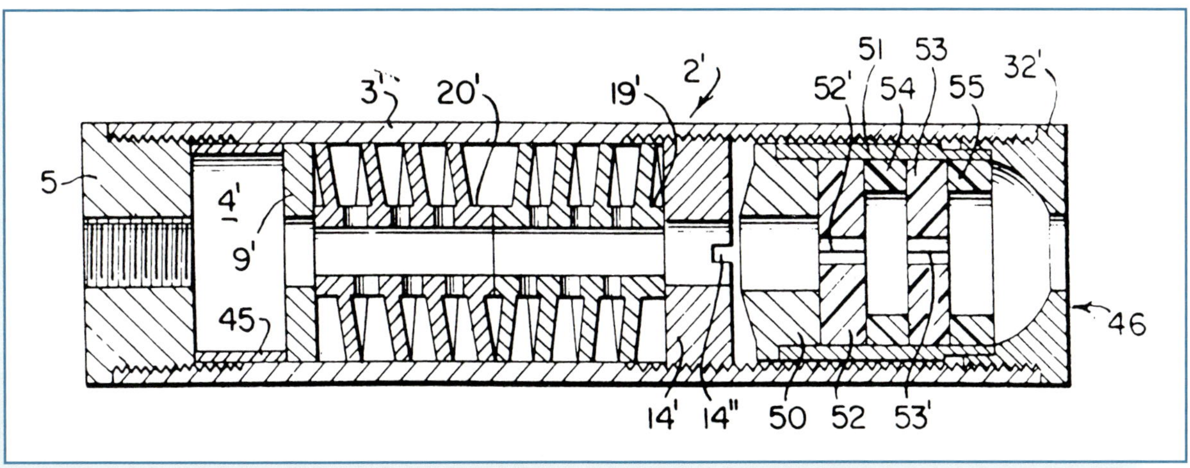

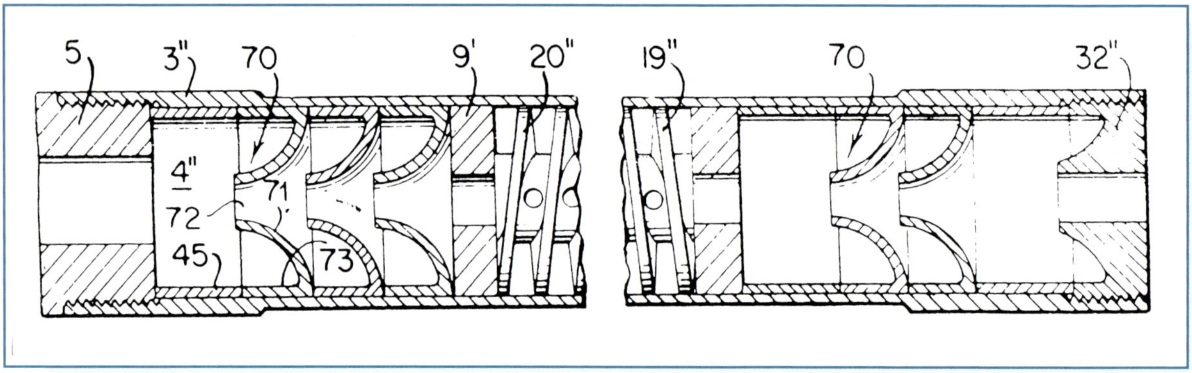

WerBell

Sobald der Geschoßboden eine Öffnung im Durchgangsrohr passiert hat, strömen die Verbrennungsgase durch diese Bohrung in den Schraubengang. Es entsteht im Schraubengang eine gepulste Schockwelle, die durch Überlagerung der Einzelschwingungen eine teilweise Vergleichmäßigung und Auslöschung erfährt.

Besondere Ventile an Maschinenwaffendämpfern sollen den Aufbau von Überdruck im Dämpfer mit den damit verbundenen Nachteilen verhindern.
Wie schon angeführt, strömen die im Dämpfer gespeicherten Treibgase beim Öffnen des Verschlusses eines Selbstladers durch den Lauf nach hinten. Die Strömung reißt Schmutzteilchen und unverbrannte Pulverreste mit, was die Waffe verschmutzt. Der Austritt dieser Gase aus der Waffe erzeugt zusätzliche Geräusche, darüber hinaus wird der Schütze durch dieses Abblasen von heißen Gasen und Partikeln gestört.
Auch die Waffenfunktion kann gestört werden; dann nämlich, wenn dieses Zurückblasen so stark ist, daß es den Vorlauf des Verschlusses mit der damit verbundenen Zufuhr einer neuen Patrone stört. So kann die Feuerrate absinken, da die Zuführung einer neuen Patrone gegen die durch den Lauf nach hinten strömenden Gase erfolgen muß.
Um diesen Störeinfluß haben sich einige Erfinder - WerBell, Ciener - Gedanken gemacht. Die einfachste Lösung stellt ein Überdruckventil im Dämpfer dar, das ab einem bestimmten Druck öffnet und den störenden Überdruck abläßt. WerBell ließ solche Ventile patentieren. Den Vorteil der besseren Funktion im Dauerfeuer erkauft man sich dabei natürlich auf Kosten des Zischens beim Austritt von Gasen aus dem Ventil. Auch Leuchterscheinungen, also kleine Stichflammen, sind an diesen bauartbedingt etwas verschmutzungsempfindlichen Ablaßvorrichtungen beobachtbar.
Neuere Schalldämpferkonstruktionen kommen ohne diese Vorrichtungen aus, die sich zumindest bei den MAC-Dämpfern bewährt haben.

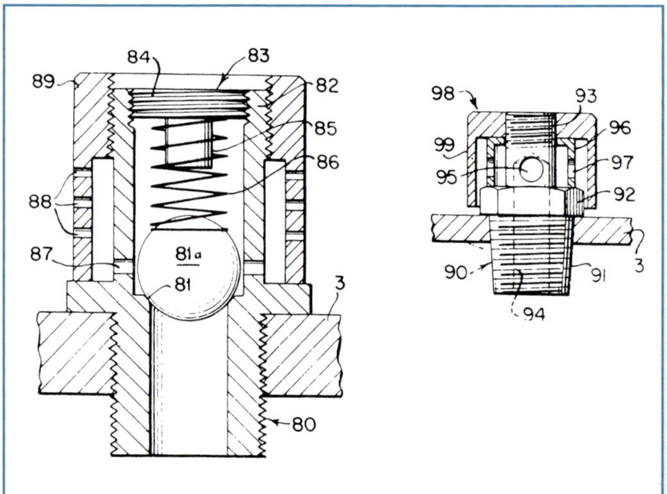

WerBell Ventile

Waffenkonzepte wie das hülsenlose Munition verschießende G11, die Griffspannerpistole P7 oder die MP5 haben die Firma Heckler & Koch bekannt gemacht. Daneben haben H&K aber auch einige interessante Schalldämpferpatente inne.

Die bekannteste SD-Waffe von H&K ist die MP5SD, eine mit dem modifizierten Rollenverschluß des G3 ausgestattete MP, wie sie auch von unserer Polizei benutzt wird.
Die Dämpfer der ersten Generation wiesen einen mit Langlöchern versehenen Lauf mit umgebenden Packungen aus Metallgewebe auf. In dem Rohr vor der Mündung befanden sich einige trichterförmige Ablenkkörper mit unterschiedlich langen Hälsen. Auf eine Beschreibung der Funktion sei verzichtet, das Patent bietet in dieser Hinsicht nichts Neues.

H&K erste Generation

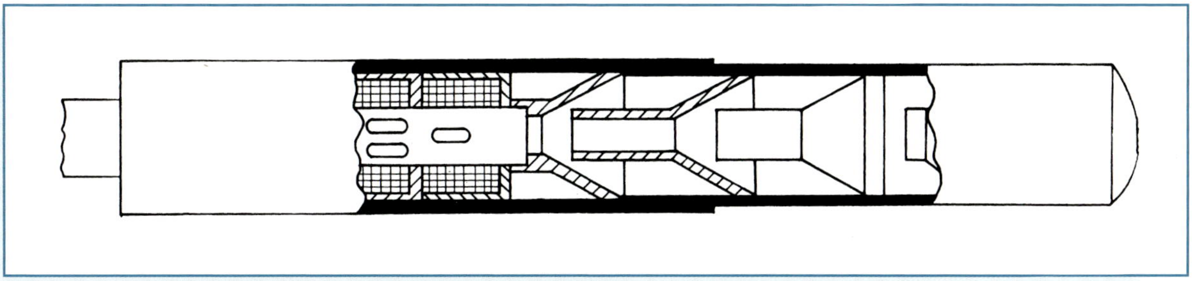

Am 15. Juni 1972 wurde eine Verbesserung angemeldet.
Bei der angemeldeten Erfindung ist der gesamte Einbau des Schalldämpfers monolithisch, d. h. er besteht aus einem Teil - einem entsprechend bearbeiteten Rohrstück mit quadratischem Querschnitt. Der verbleibende Raum dient als Expansionsraum.
Die die Ablenkflächen (mit den Geschoßdurchtrittsöffnungen) bildenden Stege sind paarweise aus der Wandung des Quadratrohres abgebogen und in der Mitte aneinander sowie an der verbleibenden Rohrwandung befestigt. Dadurch entsteht innerhalb des rechteckigen Rohres ein der Waffenmündung mit dem spitzen Ende zugewandter Keil, der für eine entsprechende Spaltung und Ablenkung des Gasstrahles in den Expansionsraum sorgt.

Werden die Stege der jeweils folgenden Ablenkfläche gegenüber den vorhergehenden um 90° versetzt, können die Ablenkflächen besonders dicht aufeinander folgen.
Durch die Öffnungen im Rechteckrohr, die durch das Einbiegen der Laschen entstehen,

H&K modifiziertes Modell

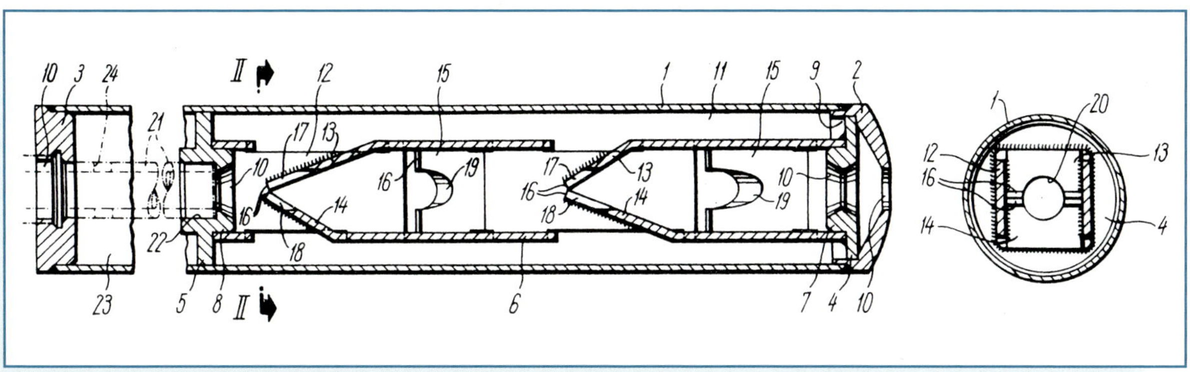

strömen die Gasstrahlen in den Ringraum zwischen Innen- und Außenrohr. Das Aufeinandertreffen der zwei radial, aber gegeneinander gerichteten Gasströme hat eine besonders intensive Verwirbelung und damit Drosselung zur Folge.

Eine asymetrische Ausführung mindestens eines Ablenkkeiles hat angabegemäß eine überraschende Verbesserung der Dämpfungsleistung zur Folge.
Der verblüffend unkomplizierte Aufbau ist aufgrund seiner monolithischen Ausführungsmöglichkeit äußerst robust. Die simpel erscheinende Anordnung täuscht darüber hinweg, mit welcher Akkuratesse die einzelnen Maße aufeinander abzustimmen sind, um das Potential dieser Vorrichtung auch nur annähernd auszunutzen. Nach Firmenauskunft geht es hier um Millimeter, was die Länge der einzelnen Segmente angeht; die Abmessungen wurden empirisch ermittelt.
Vorteile der simplen, aber wirksamen Konstruktion gegenüber dem Vorgänger sind die stark reduzierte Teileanzahl, Verschmutzungsunempfindlichkeit und Robustheit: MP5-Schalldämpfer dieser Bauart halten 10.000-15.000 Schuß aus - ohne Wartung! Das Schußgeräusch (mit B2-Munition) wird von 135 auf 113 dB gemindert.

In der vorliegenden Patentschrift gibt man interessanterweise zu, nicht genau zu wissen, warum dieses Prinzip so gut funktioniert. Hut ab vor der Ehrlichkeit dieses Großunternehmens! Auf der anderen Seite ein deutlicher Hinweis darauf, daß gerade in diesem Technologiebereich noch längst nicht alles erklärbar, sondern „Black-box"-Technik ist.

Ebenfalls von Heckler & Koch ist das neueste und hier als letztes anzusprechende Patent. Es wurde wenige Monate vor dem Manuskriptbeginn zu diesem Buches erteilt, am 31. März 1994.
Das besondere an diesem Patent sind nicht die Einbauten bzw. das Dämpferprinzip oder eine Neukombination von Prinzipien, sondern eine durch die Ausgestaltung der einzelnen Dämpferteile mögliche Modulbauweise. Im Hinblick auf das Wirkprinzip bietet das Patent mit seinen Ablenkkegeln nur Hausmannskost, ohne daß dies jetzt abwertend klingen soll.
Fertigungstechnisch ist diese Entwicklung aufgrund der hohen Anzahl gleicher Teile interessant, außerdem wird ein bis dato notwendiges Bauteil eingespart: Der Dämpfer kommt ohne Mantelrohr aus, er wird aus einzelnen Segmenten zusammengeschraubt. Je nach Anzahl der Segmente lassen sich so Dämpfer für verschiedene Kaliber und Anforderungen nach dem Baukastenprinzip individuell zusammenstellen. Ergänzt werden die einzelnen, eigentlichen Dämpfersegmente durch ein waffenspezifisches Ansatz-

H&K Modulsystem

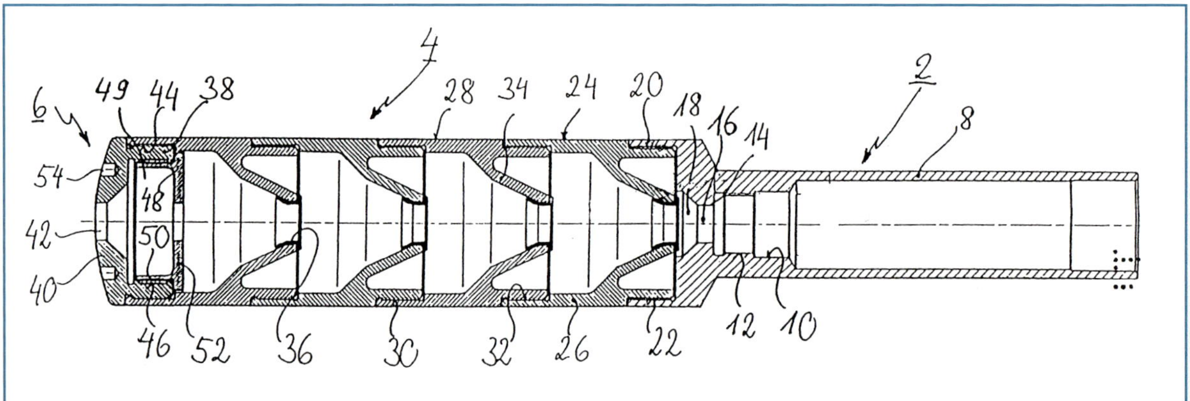

stück und ein Endstück mit einem mündungsfeuerdämpfenden Blendenkörper.
Der für das G3 bestimmte Dämpfer ist bei einem Außendurchmesser von 40 mm insgesamt 255 mm lang, wobei nur ca. 152 mm über die Mündung ragen.
Mit diesen Abmessungen (vor allem der geringen Länge über die Mündung hinaus) ist eine effektive Dämpfung schlecht vorstellbar; die Minderung des Abschußknalles dürfte aber für Gebäudekampf, Verschleierung des Schützenstandortes oder Verringerung der Lärmbelästigung von Schießstandanwohnern durchaus ausreichen. Darüber hinaus wird das Mündungsfeuer wirksam unterdrückt, und auch auf das Hoch- / Rückschlagverhalten wirkt sich der Dämpfer positiv aus.
Neben den zweistufigen Kegelblenden wurde angeblich auch mit parabelförmigen Konturen experimentiert. Über eine Serienfertigung ist nichts bekannt.

Nach dem beschriebenen Modul-Prinzip werden, allerdings nicht bei Heckler & Koch, auch Mündungsbremsen für unterschiedliche Waffen gefertigt.

Wirkprinzipien

Wie die beschriebenen Patente zeigen, lassen sich Dämpfer je nach ihrer Innengeometrie bzw. dem damit verbundenen Funktionsprinzip in einige wenige Kategorien einteilen. Innerhalb jeder Kategorie, die spezifische Vor- und Nachteile bietet, gibt es Variationen zum Thema:

Blendendämpfer

Dieser häufigste Typ arbeitet mit festen Einbauten (mit Durchlaßöffnungen) in der Geschoßflugbahn.
Die Wirkungsweise beruht auf einer Expansion der Gase in den Kammern zwischen den Blenden sowie einer Drosselung beim Durchtritt durch die Geschoßdurchlaßöffnungen.
Für die Klassifizierung ist die Form der Blenden nicht erheblich (schneckenförmig wie bei Maxim, kegelstumpfförmig oder einfach nur in Form einer Scheibe).
Im weiteren Sinne gehören dazu auch Dämpfer mit monolithischen Einbauten wie bei H&K, da auch hier die dem Geschoß folgenden Gase Öffnungen passieren müssen und dabei eine Drosselung erfahren.

Für diesen Typ sind lange Geschoße vorteilhaft, da sie die Durchlaßöffnung länger abschließen als kurze. So wird der Gaseneintritt in die nächste Kammer verzögert, die Gase können so das vorhandene Expansionsvolumen besser nutzen.

Dichtscheibendämpfer

Diese Kategorie zeichnet sich durch Hindernisse in der Geschoßbahn aus, durch welche sich das Projektil erst durcharbeiten muß. Das elastische Material soll sich nach dem Geschoßdurchtritt wieder schließen und so den Dämpfer gegen die Außenatmosphäre abdichten.
Diese Bauart ermöglicht den Bau von Dämpfern mit dem günstigsten Größen- / Wirkungsverhältnis. Dafür verringern sie die Geschoßgeschwindigkeit und verschlechtern die Präzision bzw. verlagern den Treffpunkt - dies umso ausgeprägter, je leichter, länger und schneller das Projektil ist.
Umgekehrt nehmen die Negativeinflüsse ab, je schwerer, kürzer und langsamer die Projektile werden. Je .45 ACP, desto besser!

Spiraldiffusordämpfer

Typische Vertreter dieser Art von Dämpfern, bei der die Gase durch einen spiralförmig gewundenen Einsatz verwirbelt werden, sind die DeLisle-Carbine-Dämpfer und die Modelle von MAC, Stopson wie auch der Dämpfer der Sterling-Patchett MP.

Eine scharfe und eindeutige Klassifizierung eines bestimmten Dämpfers ist nur in den seltensten Fällen möglich, weil die meisten Dämpfer mehrere für sich alleine wenig wirkungsvolle Funktionsprinzipien und Maßnahmen (Laufanbohrung, Gasspeichervolumen, Isoliermaterial) untereinander kombinieren.

Das Grundprinzip der Expansion der Treibgase ist jedem Schalldämpfer eigen, so daß eine eigene Klasse „Expansionsdämpfer“ entfallen kann. Darüber hinaus ist selbst eine einfache Dose auf dem Lauf eigentlich schon mehr als ein reiner Expansionsdämpfer, da die Gase beim Eintritt in den erweiterten Durchmesser eine Verwirbelung und beim Austritt aus der Geschoßdurchlaßöffnung eine Drosselung erfahren.

Labyrinthdämpfer

Dies sind Dämpfer mit einer nicht genau definierten Innengeometrie, wie sie etwa durch Packungen aus absorbierendem Material o. ä. gebildet wird, also jede Form der „Fliegengitterdämpfer“ wie die AMFCO-, HD-Military- oder Grease-Gun-Modelle.

Die Hohlräume dieser Dämpfer setzen sich erfahrungsgemäß sehr schnell zu, außerdem können einzelne Drähtchen in die Geschoßbahn geraten und für Ablenkung sorgen.
Der Effekt der Gaskühlung ist bei Einzelschußwaffen weniger spürbar als bei der Anwendung dieses Dämpferprinzipes bei Maschinenwaffen.

SD-Waffen und SD's

In den nachfolgenden Beschreibungen finden sich auch immer wieder Angaben zum Dämpfwert des getesteten Waffensystems. Hier soll nochmals nachdrücklich darauf hingewiesen werden, daß anhand dieser Zahlenangaben kein qualifizierter Vergleich der besprochenen Dämpfer bzw. Dämpfungsprinzipien möglich ist, da die jeweiligen Tests unter voneinander völlig verschiedenen Rahmenbedingungen stattfanden.
Darüber hinaus ist der Wirkungsgrad eines Dämpfers bzw. eines Waffensystems i. d. R. auf den jeweiligen Verwendungszweck abgestimmt. Ein Dämpfer, der für eine militärische Maschinenpistole ausgelegt ist, muß ganz andere Kriterien erfüllen (Kompaktheit, Dauerfeuerfestigkeit, geringes Gewicht), als sein „Kollege" auf einem weitreichenden Scharfschützengewehr für den polizeilichen Einsatz (Geiselbefreiung). Präzisionserhalt und Dämpfungsleistung des Gewehrdämpfers bedingen einen konstruktiven Aufwand und eine Baugröße, die für die MP abolut überdimensioniert wären - und die Kompaktheit der Waffe zunichte machte.
So ist ein Dämpfer mit geringerer Dämpfungsrate nicht zwangsläufig schlechter, sondern höchstens „anders", zumal über den empfundenen Klang des gedämpften Schusses nichts ausgesagt wird. Der Klang kann auch durch einen kleinen Dämpfer so verfremdet werden, daß sich der Schuß nicht mehr nach Schuß anhört.

Grundlagen und Besonderheiten

Es besteht ein wesentlicher Unterschied darin, ob eine Waffe vom Reißbrett weg als SD-Waffe konzipiert und der SD ein integraler Bestandteil ist, oder ob der Dämpfer nur ein Zubehör darstellt, welches nachträglich angebracht wird.
Waffen, die optional mit einem Dämpfer versehen werden können, sind wesentlich vielseitiger einzusetzen. Auch der Transport gestaltet sich wegen der geringeren Gesamtlänge einfacher. Bei entsprechend sorgfältiger Ausführung von Dämpfer und Montage sowie des Handlings sind zufällige, nicht reproduzierbare Treffpunktverlagerungen fast auszuschließen.
Dafür weisen Waffensysteme, bei welchen der SD einen integralen Bestandteil darstellt, bei gleicher Baugröße naturgemäß eine bessere Schalldämpfung, u. U. - bei Selbstladewaffen - auch eine zuverlässigere Funktion auf.
Ein guter Kompromiß sind für Schalldämpferbetrieb eingerichtete Waffen, bei denen der über die Mündung ragende Teil des Dämpfers abgenommen werden kann. Sie vereinen die Vorteile beider Konzepte, ohne allzuviel spezifische Nachteile aufzuweisen.

Wie die Patentschriften zeigten, waren die ersten Dämpfer als Zubehör und nicht als fester Waffenbestandteil geplant. Dabei kann es natürlich zu einer Veränderung der Treffpunktlage zwischen SD-losem und gedämpften Betrieb der Waffe kommen. Vor allem bei Gewehren kann man trotz Verwendung der selben (Überschall-) Munition bei aufgesetztem Dämpfer i. d. R. eine tiefere Treffpunktlage beobachten. Diese resultiert entweder aus einer elastischen „Verbiegung" des Laufes durch das zusätzliche Dämpfergewicht oder - wahrscheinlicher - auf einem kurzzeitigen Krümmen des Laufes während der Schußabgabe: Der Rückstoß und damit auch der Hochschlag bewegen die Waffe nach oben; die Massenträgheit des Dämpfers hält die Mündung fest, woraus eine kuzzeitige Verbiegung des Laufes und damit eine mehr oder minder deutliche Verlagerung des Treffpunktes resultieren.

Eine entsprechend präzise Ausführung von Dämpfer und Befestigung am Lauf ergeben reproduzierbare Abweichungen, d. h. mit einer vorher ermittelbaren Visierkorrektur beim Aufsetzen des Dämpfers läßt sich die Verschiebung kompensieren und der Schütze kann wieder „Fleck“ anhalten.
Verstärkt wird dieses Phänomen bei Verwendung einer speziellen, subsonischen SD-Munition. Ein Grund für die von Haus aus tiefere Treffpunktlage dieser Munition, vor allem auf größere Entfernungen, liegt in der stärkeren Krümmung der ballistischen Kurve.

Schalldämpfer mit mehrfacher, starrer Befestigung am Lauf können zu Präzisionsproblemen führen. Aufgrund der unterschiedlichen temperaturbedingten Ausdehnung von Dämpfer und Lauf kommt es zu Verspannungen oder sogar einer Verbiegung des Laufes und damit zur Präzisionsbeeinträchtigung. Um dies zu vermeiden, darf nur eine Befestigung des Dämpfers am Lauf in Längsrichtung unbeweglich sein. Alle anderen Lagerungen sind „schwimmend“ auszuführen, d. h. sie müssen eine relative Längsbewegung von Dämpfer und Lauf zueinander ermöglichen. Die Abstimmung der dazu nötigen Passungen ist nicht ganz ohne: Zu enge Passungen bewirken ein Festgehen des Dämpfers auf dem Lauf, bei zu losen Passungen fluchten Lauf und Dämpfer nicht mehr. Darüber hinaus ist mit erwärmungsbedingten Maßverschiebungen wie auch kräftiger Verschmutzung zu rechnen.

Prinzip der schwimmenden Längsbefestigung eines SD (Abb.: B&T)

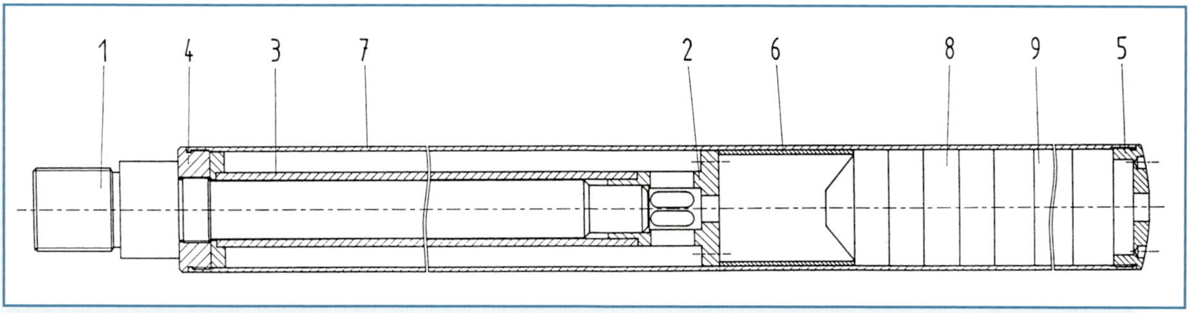

Eine elegante Lösung für diese Probleme stellt der Einbau eines Laufführungsrohres in den Dämpfer dar. Innerhalb dieses Rohres (3) kann sich der Lauf (1) ungestört längen oder verkürzen, ohne daß eine Verschiebung der Längsachsen zueinander zu befürchten ist. Gleichzeitig können keine Pulvergase den Lauf direkt beaufschlagen.

First-shot-fire

Ein Effekt soll hier angesprochen werden, der einigen Scharfschützen zum Verhängnis geworden ist: Das sog. „First-Shot-Fire“, eine Leuchterscheinung in der Mündung von Schalldämpfern beim ersten Schuß. Durch dieses kurze Aufflammen können - besonders bei Dunkelheit - die Positionen von Scharfschützen erkannt werden, die sich auf die volle, auch optische Funktionalität ihrer Dämpfer verlassen.
Erklärbar ist dieses Phänomen - neben einer unzureichenden Dämpfung des Mündungsfeuers - mit Ölschwaden oder Pulverrückständen, welche vom Mündungsfeuer gezündet werden und im Dämpfer durch den vorhandenen Sauerstoff nachbrennen können.
Diesem Effekt beugt man auf verschiedene Weise vor: dem Abfeuern der Waffe mit anschließendem Verkleben der Dämpfermündung vor dem Einsatz, dem Durchblasen des Dämpfers mit Ausatemluft (oder einer sog. „Pendelatmung“, also ein- und ausatmen durch den Dämpfer) oder dem Einsprühen von Halon bzw. Mückenspray in den Dämpfer. Dadurch wird u. a. der Sauerstoffgehalt im Dämpfer und damit das Nachbrennen zumin-

dest reduziert. Speziell das Einsprühen schwerer Gase (Halone, Radon etc.) hat noch einen weiteren, positiven Effekt: Die Gasdichte im Dämpfer erhöht sich, was die Strömungsverhältnisse beim ersten Schuß eher den Umständen angleicht, wie sie bei Folgeschüssen auftreten. Atmosphärische Luft ist leichter als die Verbrennungsgase, damit wären die Turbulenzen etc. beim ersten Schuß durch den luftgefüllten Dämpfer anders als bei den unmittelbar folgenden Schüssen. Dies kann u. U. unterschiedliche Treffpunktlagen zur Folge haben.

Auch die Füllung einiger Dämpferkammern mit einer nichtbrennbaren Flüssigkeit - zur Not auch mit eigenem Urin - reduziert das First-Shot-Fire, weil die zur Zündung nötigen Temperaturen nicht mehr erreicht werden bzw. nasses Pulver eben nicht brennt.

Hilfsstoffe im Dämpfer

Flüssige Hilfsstoffe: Eine solche Flüssigfüllung im Dämpfer verbessert i. d. R. auch die Dämpfungsleistung, da den Gasen Wärme (Verdampfungswärme) und mechanische Energie (Energieaufwand zum Zerstäuben der Flüssigkeit) entzogen wird. Einige Dämpfertypen, insbesondere US-amerikanische Modelle, sehen die zusätzliche Verwendung solcher flüssigen Hilfsstoffe vor bzw. die Dämpfungsleistung beruht hauptsächlich auf der Anwendung des „Wet Systems“ (nasses System), also der Verwendung von Flüssigkeiten, Fetten, Ölen etc. im Dämpfer.

Wasser ist generell geeignet, wenn es auch Probleme hinsichtlich Rost- bzw. Dampfwolkenbildung mit sich bringen kann.

Übliches Waffenöl o. ä. eignet sich nur wenig, da die beim Schuß entstehenden Ölschwaden gut sichtbar, brennbar und in Mischung mit Luft explosionsfähig sind. Außerdem nimmt Öl nur vergleichsweise wenig Wärme auf.
Halogenierte Kohlenwasserstoffe (Trichlorethan, Perchlorethylen etc.) taugen u. a. wegen ihrer Unbrennbarkeit und des hohen Dampfdruckes eher, weisen aber immer noch gravierende Nachteile auf: Wenn Schwaden dieser Lösemittel durch den Lauf zurück in die Waffe gelangen, kondensieren sie in den kühleren Bereichen und können den vorhandenen Ölfilm abwaschen.
Weiterhin sind viele Verschmutzungen in den geschilderten Flüssigkeiten gut löslich. Gelangt derart beladene Flüssigkeit in Hohlräume von Waffe oder Dämpfer, bleibt nach dem Verdampfen der Flüssigkeit die Verschmutzung zurück. Dies kann zum Blockieren von Teilen bzw. Festfressen von Gewinden führen.

Eine häufig verwendete Alternative zu obigen Flüssigkeiten stellen halbzähe Fette oder sog. Getriebefließfette dar. Diese bei Raumtemperatur pastösen Massen können im festen Zustand leicht in den Dämpfer eingebracht werden und laufen nicht aus. Sie verflüssigen bei Erwärmung schnell und nehmen dabei viel Wärme auf, können chemischer Beanspruchung gut widerstehen und bilden im Dämpfer einen Rostschutzfilm, der auch Anbackungen reduziert. Diese Fette sind weiterhin sehr schwer flüchtig, sie verdampfen erst bei hohen Temperaturen und vertragen sich - im Gegensatz zu den obigen Lösemitteln - mit vielen Kunststoffen, ohne diese aufzuquellen oder anzulösen.
Allerdings qualmt es auch bei der Verwendung solcher Fette nach einigen aufeinanderfolgenden Schüssen mächtig u. a. aus der Dämpfermündung, so daß man zwar weniger gehört, aber dafür besser gesehen wird - von der eigenen Sichtbehinderung ganz zu schweigen. Spezielle Hochtemperaturschmierstoffe weisen die geschilderten Nachteile nur in geringerem Maße auf und sind deswegen geeigneter.

Ein für ein bis zwei Schüsse recht gut geeignetes Hilfsmittel, um die Dämpfungsleistung zu steigern, ist - man lese und staune - Rasierschaum! Allerdings macht man damit den Schalldämpfer zur Schaumkanone. Oder um es in den Worten eines mit der entsprechenden Erprobung beauftragten Werksschützen auszudrücken: „Mir henn de ganze Schtand vollgschpratzlet!" (Wir haben den ganzen Schießstand vollgespritzt).
Und die Füllung des Dämpfers mit diesem Material ist auch nicht ganz leicht bzw. unproblematisch. In montiertem Zustand sollte von einer Befüllung abgesehen werden - zu leicht kann Schaum in den Waffenlauf gelangen und Gasdrucksprünge verursachen. Außerdem fällt dieser Schaum, insbesondere in einem verschmauchten / verölten Dämpfer, bereits nach verhältnismäßig kurzer Zeit zusammen.

Aushärtende Isolierschäume, wie etwa die im Baubereich verwendeten Polyurethanschäume, sind für diesen Anwendungsfall ungeeignet, u. a. weil sie den Dämpfer von innen her völlig verkleben. „Kissen" aus solchem ausgehärtetem Schaum sind zwar leicht handhabbar, wirken aber nicht nach dem beschriebenen Prinzip, sondern wie eine feste, zu durchschießende Blende.

Eines haben alle genannten Hilfsstoffe gemeinsam: Ihre Wirksamkeit hängt ganz massiv sowohl von der richtigen Menge wie auch Positionierung im Dämpfer ab - viel muß nicht zwangsläufig viel helfen! Ein zu weit aufgefüllter Dämpfer hat nicht mehr genügend Expansionsraum zur effektiven Dämpfung, und Schaum, Fett o. ä. in der Geschoßflugbahn kann die Präzision massiv beeinträchtigen.

Es erfordert einige konstruktive Besonderheiten, die flüssigen / weichen Hilfsstoffe im Dämpfer und aus dem Geschoßweg zu halten.
Aus nachvollziehbaren Gründen soll das verwendete Medium - auch im rauhen Dienstgebrauch - weder in den Lauf gelangen, noch vorzeitig aus dem Dämpfer auslaufen. Die Dichtigkeit des Dämpfers und das Fehlen von seitlichen Ablaßöffnungen (Ventile, Bohrungen) sind also obligatorisch. Ebenso müssen entsprechende Einfüllmöglichkeiten vorhanden sein.

Eine Möglichkeit, die Hilfsstoffe gezielt im Dämpfer zu halten, besteht in Stoff-, Schaumgummi- oder Metallgewebepackungen, die mit den jeweiligen Flüssigkeiten o. ä. gesättigt werden und diese aufgrund von Kapillarkräften wie in einem Schwamm zurückhalten.
Eine weitere konstruktive Lösung stellen weit in das Dämpferinnere gezogene Geschoßdurchlässe dar, die - wie ein hochgezogener Abfluß in einem Becken - ein Herausschwappen der Hilfsstoffe innerhalb eines gewissen Bereiches verhindern.

Vor allem Repetierwaffen profitieren von Hilfsstoffen im Dämpfer, bei Selbstladewaffen ist die Verwendung solcher nicht-fester Unterstützungssubstanzen kritisch: Die unvermeidbare Rückströmung in den Lauf beim Öffnen des Verschlusses reißt zwangsläufig auch Fett- oder Flüssigkeitspartikel mit, die sich u. a. im Lauf, bevorzugt an der Mündung und im Patronenlager, anlagern. Dies kann zu verschiedenen, unerwünschten Nebenwirkungen führen: Zuführstörungen, Präzisionsverlust aufgrund von Gasdruckschwankungen (Stichwort „Ölschuß") etc.

Nach diesem kurzen Schlenker wieder zurück zum eigentlichen Thema. Es existiert eine nahezu unüberschaubare Anzahl von Dämpfern verschiedenster Herkunft und Wirkungsweise auf dem Markt. In den jetzt folgenden Kapiteln sollen ohne Wertung verschiedene „Klassiker" sowie moderne Designs, geordnet nach dem jeweiligen Waffentyp, vorgestellt werden.

LANGWAFFEN SD - DIE KLASSIKER

Die ersten wirklich in größeren Stückzahlen gebauten Dämpfern für Langwaffen waren die Maxim-Dämpfer. Vom Innenaufbau her wurden diese Geräte bereits im Abschnitt über Patente ausreichend beschrieben.

MAXIM

Ab etwa 1909 kamen die Maxims erfolgreich in den Handel, nachdem die 1908er Generation noch eine etwas wenig effektive Geschichte gewesen war. Von 1910 an waren die exzentrischen Modelle in den USA auf dem Markt. Einer der Hauptgründe für den kommerziellen Erfolg dürfte darin gelegen haben, daß die Verwendung der Visierung bei den exzentrischen Modellen nicht mehr beeinträchtigt wurde.

Die Produktpalette der Maxim Silent Firearm Company umfaßte Dämpfer für das Kaliber .22 bis hin zu Ausführungen für das damalige Ordonnanzgewehr, das M 1903 Springfield im Kaliber 30-06. Trotz der relativ geringen Abmessungen von nur ca. 18 cm vor der Mündung und ca 25 mm Außendurchmesser reduziert der exzentrische Maximdämpfer für das M 1903 den Schußknall um einiges über 20 dB, ein deutlicher Hinweis für die Wirksamkeit dieses Dämpferprinzipes. Das Restgeräusch wurde als vergleichbar mit einem Kleinkalibergewehrschuß ohne Schalldämpfer beschrieben.

Um den unterschiedlichen Mündungsformen und -durchmessern gerecht werden zu können, bot Maxim verschiedene Adapterstücke an. So konnten die Dämpfer mit einem Standardgewinde ausgerüstet werden, welches mit einem Gegenstück am Adapter korrespondierte.

Ein Nachteil zumindest der frühen Modelle lag in der nicht gegebenen Zerlegbarkeit. Insbesondere bei der Verwendung der damals noch üblichen Schwarzpulvertreibladungen dürfte die fehlende Möglichkeit einer gründlichen Zerlegung und Reinigung korrosions-

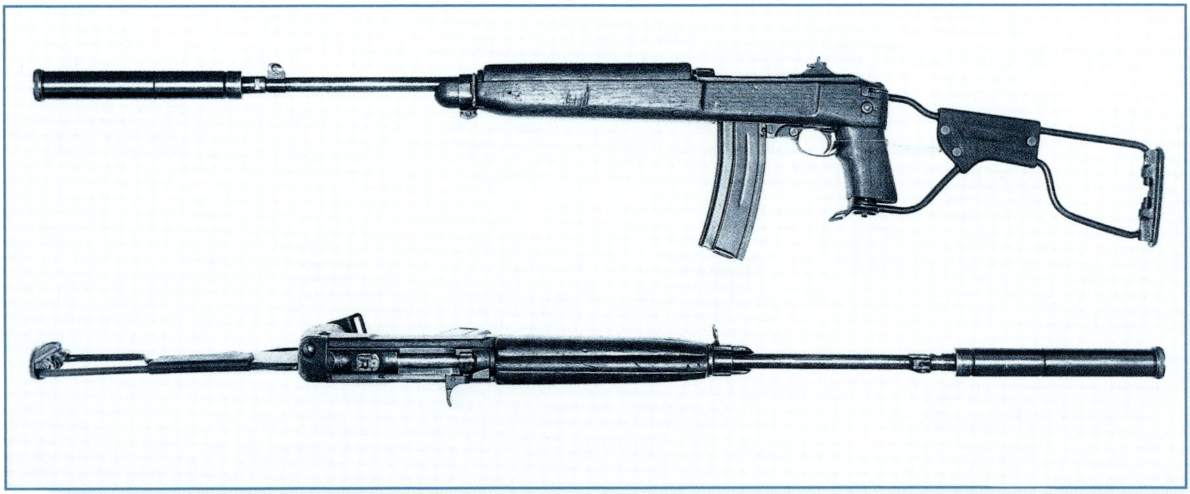

Der M1 Carbine mit Klappschaft mit einem Maxim-Dämpfer auf der Mündung. Das Gewehr ist mindestens 30 Jahre jünger als der montierte Maxim-Dämpfer! (Foto: BWB/WTS)

bedingte, vorzeitige Ausfälle der Dämpfer zur Folge gehabt haben. Spätere Generationen konnten zerlegt, d. h. die Frontkappe abgeschraubt und die Einsätze entnommen, werden. Bei seinen Präsentationen führte Maxim u. a. seinen Visitenkartentrick vor: Zunächst legte er eine seiner Visitenkarten auf die Mündung einer Waffe. Beim anschließenden Abfeuern der Waffe nach oben zerrissen die Gase die Karte in viele Schnipsel. Bei der Wiederholung dieses Vorganges mit aufgesetztem Dämpfer gab es nur noch ein kleines Loch in der ansonsten unversehrten Karte, begleitet von einem leisen „klick“ - zumindest, wenn es sich um eine Waffe im Kaliber .22 handelte.

Im Jahre 1930 beendete man die unrentabel gewordene Produktion der bis dahin nahezu weltweit vertriebenen Schalldämpfer. Mehr als zwanzig Jahre lang waren für circa 5 US $ - bzw. etwa dem entsprechenden Gegenwert - Schalldämpfer an den Mann gebracht worden. Selbst lange nach Produktionsende erfreuten sich die zum Synonym für „Schalldämpfer“ gewordenen Maxims einer unleugbaren Beliebtheit; sie galten als Standard und wurden selbst auf Waffen montiert, die wesentlich jünger als der Dämpfer waren.

Dämpfer für Mauser System 98

Als die Maxims in den USA bereits nicht mehr gebaut wurden, begann in Deutschland die Entwicklung bzw. Fertigung erst allmählich - auch wenn die entsprechenden Patente etwas anderes auszusagen scheinen.
Neben dem bereits erwähnten „Moderator“ bzw. den Maxim-Modellen gab es praktisch keine deutschen SD's, weder zivil noch militärisch.
Im Gegensatz zu den USA bzw. Großbritannien schlug diesen Vorrichtungen in Deutschland von Seiten der Militärs anfangs große Ablehnung entgegen, wie u. a. der deutsche Offizier Otto Skorzeny mehrfach erfahren mußte. So ließ Skorzeny eine Gruppe von Offizieren heimlich dabei filmen, wie ein der Gruppe in einem Abstand von ca. 30 m folgender Soldat ein volles Magazin aus einer erbeuteten Schalldämpfer-MP in die Luft abfeuerte. Die Herren Offiziere bekamen außer dem Klingeln der ausgeworfenen Hülsen nichts mit. Bei der Vorführung des Filmes zeigten sich die Betroffenen nur äußerst ungehalten über die Bloßstellung - niemand schien das Potential zu erkennen, welches diese Geräte darstellten.
Ungeachtet dieser Schwierigkeiten wurden SD entwickelt und fanden Anwendung; einige

Der K 98k Dämpfer Modell T2 wurde durch eine Klemm-Montage an der Laufmündung befestigt. Die vordere Abschußkappe mit den Gummischeiben läßt sich leicht auswechseln

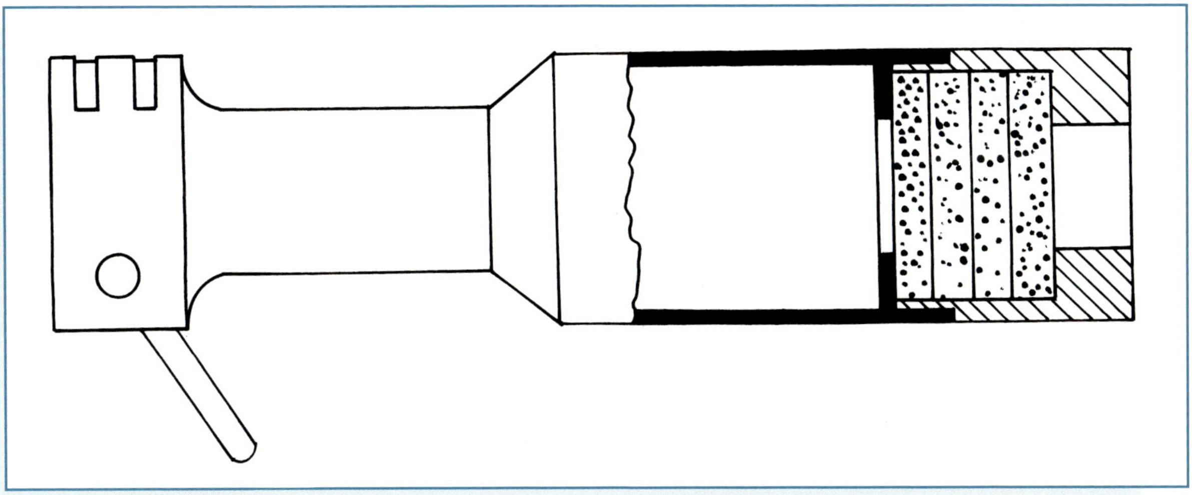

zumindest erprobte Konstruktionen für den K 98k sollen hier aufgezeigt werden.

Ein historisches Bild zeigt eine Gruppe von deutschen Soldaten, die zweifellos mit schallgedämpften K 98k ausgerüstet sind. Angeblich handelt es sich um die Einheit, welche Mussolini aus der Bergfestung befreite.
Auch früher, bereits 1917, waren schon deutsche 98er Gewehre mit Schalldämpfern in Rußland eingesetzt worden.

T1-T3, Wenden und Wolf

Praktisch alle 98er Dämpfer waren mit Bajonett- bzw. Klemmverschluß ausgestattet.
Neben dem langen T1 mit einer ganzen Anzahl von Elastomerkörpern gab es den kurzbauenden T2 mit vier zu einer Packung vereinten Gummischeiben.
Mehr oder weniger ohne Gummi kamen die SD-Modelle nach Wolf bzw. Wenden aus. Während das Wenden-Modell in Anlehnung an das Patent von Hudson aus einer Spirale mit einem zentralen, unperforierten Geschoßdurchgangsrohr bestand, wiesen die Wolf-Modelle als charakteristisches Merkmal Kegellamellen auf.
Die Spitzenwinkel dieser Kegel variierten je nach Ausführung. In einem sehr weit entwikkelten Modell sind diese Kegel mit einem Doppelmantel mit eingelegter Schneckenwindung sowie einer Elastomerscheibe vor der Abschlußkappe kombiniert.
Über die Effektivität dieser Dämpfer liegen keine verläßlichen Informationen vor. Aufbau und Baugröße der beschriebenen Dämpfer lassen aber gute Dämpfungswerte erwarten, insbesondere bei Verwendung der sog. „Nahpatronen" im Kaliber 8 x 57 IS mit subsonischer Geschoßgeschwindigkeit.

Auch der Wolf-Dämpfer wurde mit einer Klemm-Montage am 98k montiert

Die lange geübte Zurückhaltung hinsichtlich Schalldämpfern konnte nicht verhindern, daß man im Deutschland des 3. Reiches eine der besten Schalldämpferwaffen des 2. Weltkrieges überhaupt baute - eine Konstruktion, die selbst heutige Modelle teilweise alt aussehen läßt.

Gekados-Karabiner

In den Ruinen des Berliner Domizils des Grafen von Helldorf stieß man auf ein Exemplar einer SD-Waffe, von der angabegemäß nur zwei Stück gefertigt worden waren.
Die Waffe ist ein zerlegbarer, in Bullpup-Bauweise erstellter mehrschüssiger Zylinderverschlußrepetierer im Kaliber 9 mm Parabellum - und somit die früheste dem Verfasser bekannte Bullpup-Waffe überhaupt.
Bullpup bedeutet, daß der Verschluß in den Hinterschaft integriert ist, so kann die Waffe wesentlich kürzer ausgeführt werden. Dieses Prinzip findet man erst wieder bei Sturm-

gewehrentwicklungen wie dem AUG, G11 oder modernen, zeitgenössischen Jagdwaffen, und auch bei letzteren trotz der augenfälligen Vorteile nur bei Sonderanfertigungen.
Auch andere Konstruktionsmerkmale dieser Schalldämpferwaffe, wie etwa die Griffstücksicherung, finden sich erst wieder bei Langwaffenentwürfen wesentlich neueren Datums (Kaiserbüchse).

Der Verschluß ist an die Mauser-Zylinderverschlüsse angelehnt, der Abzug - typisch deutsch - als sog. Deutscher Stecher ausgelegt. Bei diesem Prinzip befinden sich zwei Abzugszüngel im Abzugsbügel: der vordere, eigentliche Abzug und das Stecherzüngel.
Mit letzterem kann „eingestochen" werden, d. h., es wird ein Mechanismus vorgespannt. Nach dem Einstechen bricht der Schuß bei der - einstellbaren - feinsten Berührung des vorderen, eigentlichen Abzuges. Somit ist jegliches Verreißen, Mucken, etc. nahezu ausgeschlossen. Diese „Stecherabzüge" findet man auch heute noch bei vielen Jagdbüchsen, allerdings ist wegen der qualitativen Verbesserung der Flinten- bzw. Direktabzüge ein Rückgang bei den Stecherabzügen zu verzeichnen.

Die Waffe läßt sich in zwei Bauteile zerlegen: Schaft mit Mechanik, Schloß, sowie dem ca. 32 cm langen Lauf und den als Vorderschaft ausgebildeten Dämpfer, auf welchem auch das 7-fach vergrößernde (?) Zielfernrohr mittels einer Suhler Einhakmontage mit Unterdurchsicht montiert ist.
Die Verbindung zwischen den Hauptteilen wird durch eine modifizierte Gewindeverbindung bewerkstelligt.
Nicht nur das bei der Pistole 08 bewährte Kaliber 9mm Parabellum war übernommen worden, man verwendete auch das Magazin dieser Pistole. Die in der beschriebenen Waffe gefundene Munition war einigen Quellen zufolge mit Stahlmantelgeschossen geladen, während in englischen bzw. amerikanischen Quellen von expansionsfreudiger Dum-Dum-Munition berichtet wird. Letzteres ist zu bezweifeln - die Expanisonswirkung von Dum-Dums hängt von der (möglichst hohen) Geschoßgeschwindigkeit ab. Es erscheint fraglich, daß Waffentechniker bzw. Militärs die Vorteile einer hoch schallgedämpften Waffe durch die Verwendung von überschallschneller Munition zunichte machen wollten.

Die Spur der von einem amerikanischen Offizier „erworbenen" Waffe verliert sich nach ihrer Ausfuhr in die USA. Glaubhaft belegt ist ihre präzise Vermessung und Zerlegung in

Der Gekados-Karabiner in 9 x 19 mm war mit seiner „bullpup"-Bauweise und der Griffstücksicherung seiner Zeit weit voraus

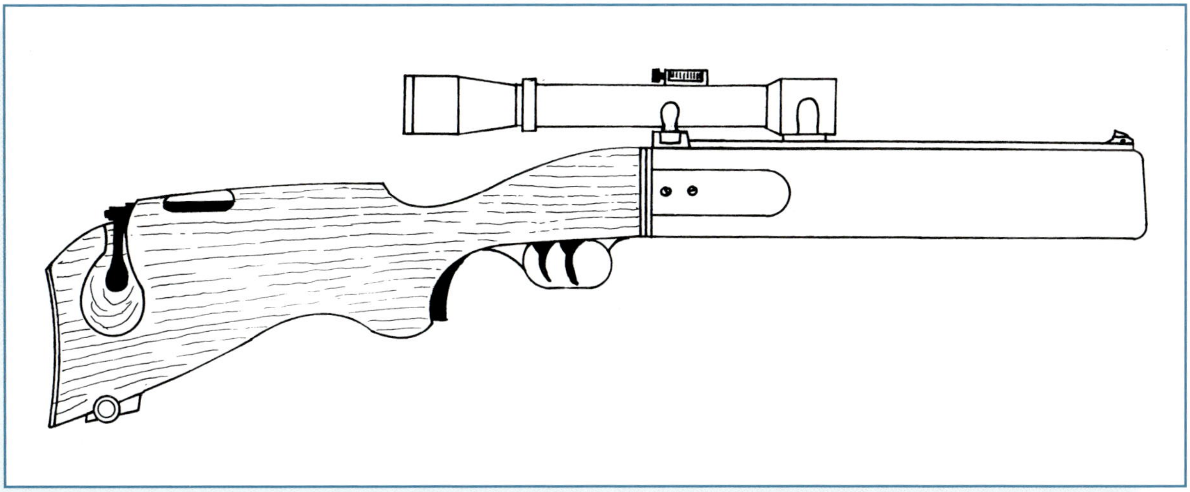

allen möglichen waffentechnischen US-Institutionen. Angeblich befindet sie sich heute in einer Privatsammlung in Neu-England. Die Schwesterwaffe ist in der früheren UdSSR verschollen.

Genaue Angaben über Dämpferinnenaufbau, Dämpferwirksamkeit und Präzision sind nicht erhältlich, von den Testergebnissen sickerte aber durch, daß die Waffe „allen an sie gestellten Erwartungen entsprach".
Wäre diese Waffe nicht in jeder Hinsicht allem auf alliierter Seite vorhandenem himmelhoch überlegen gewesen, hätte man sich von US-amerikanischer Seite bestimmt nicht so zurückhaltend, sondern eher hämisch-herablassend gegeben.

Russische SD

In Rußland wurden im Zweiten Weltkrieg abnehmbare SD's für Gewehre hergestellt und eingesetzt. Im Gegensatz zu den im Regelfall mit starren Einbauten versehenen Vorrichtungen auf deutscher bzw. alliierter Seite setzten die russischen Waffentechniker fast vollständig auf zu durchschießende Dichtscheiben aus Gummi.

OSS-M1 Silenced

Im Verlauf des 2. Weltkrieges baute der OSS einige Modelle des M1-Karabiners im Kaliber .30 Carbine in Schalldämpferkonversionen um.
Der Gas-Selbstlademechanismus wurde stillgelegt; das Dämpferaußenrohr umschließt den angebohrten, gekürzten Lauf und ragt über die Mündung hinaus. In dem Hohlraum vor wie hinter der Mündung sind je elf Ablenkkegel angeordnet. Die Kegel vor der Mündung weisen kurze, der Mündung entgegengerichtete Hälse auf.
Mit einem Geräuschpegel von 83-86 dB war der M1 Suppressed so laut oder leise wie die im Rahmen des selben Tests vermessene, gedämpfte Sten-MP. Mit 5"/ 125 mm Streukreisdurchmesser auf 100 Yards ist die Waffe als nicht sehr präzise für ein Gewehr zu bezeichnen.
Der ohnehin nicht unumstrittene M1 verlor als Schalldämpferwaffe neben der Handlichkeit einen weiteren wesentlichen Vorteil: seine halbautomatische Funktion.
Der Schloßgang des zum Geradzugrepetierer „abgerüsteten" M1 erlaubte zwar ein schnelleres Nachladen als bei den meisten „echten" Repetierern, doch verminderte sich die mögliche Feuerrate gegenüber der Selbstladevariante deutlich - und damit die Möglichkeit, die Einzelgeschoßwirkung durch sehr kurz aufeinanderfolgende Mehrfachtreffer steigern zu können.
Neben der beschriebenen Ausführungen existieren einige ansonsten baugleiche Modelle im Kaliber 9 x 19 mm.

Längsschnitt durch den Dämpfer für den OSS-M1 im Kaliber .30 Carbine

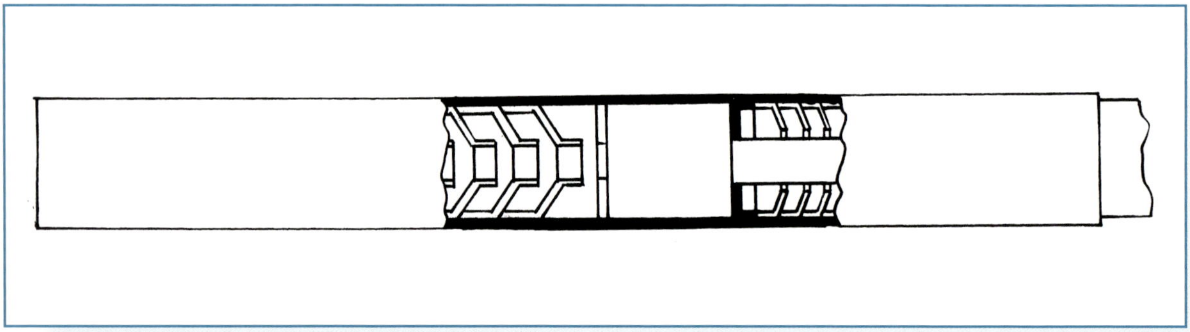

MAC-Dämpfer

Etwa ab den sechziger Jahren lösten im Einflußgebiet der USA die MAC-Dämpfer den Maxim-Typ ab.
Als exemplarisch für die Kategorie MAC-Langwaffendämpfer sei hier der M14SS-1 Dämpfer genannt. Dieser Dämpfer war für eine auf Präzison überarbeitete Version des M14-Gewehres bestimmt. Mitch WerBell III. unterstellte seinen Dämpfern übrigens eine präzisionsverbessernde Wirkung - darauf wird später noch näher eingegangen.

M14SS-1

Das Gasauslaßventil an den M14SS-1-Dämpfern weist auf die Voll-Automatik-Tauglichkeit dieser Systeme hin. Im Gegensatz zu den MP-Dämpfern aus gleichem Hause fehlt die Absorptionsschüttung aus Alunieten. Dem charakteristischen Spiralenpaar vor- und nachgeschaltet sind in ihrer Form an die Maxim'schen Dämpfereinbauten angelehnete Blendenkörper.
Der montierte Dämpfer umschließt den Mündungsfeuerdämpfer der jeweiligen Waffe, der den Feuerdämpfer umgebende Hohlraum ist vom Rest des Dämpfers baulich getrennt und dient als Vorexpansionskammer.

Vom Aufbau ähnliche MAC's wurden auch am M16-Sturmgewehr montiert und in Vietnam und Indochina eingesetzt.

Ruger 10-22 und Remington Nylon 66

An den genannten Schauplätzen fanden auch unterschiedlich gedämpfte KK-Gewehre Verwendung, vorzugsweise die halbautomatischen Modelle 10-22 von Ruger oder die Nylon 66 von Remington. Was diese Waffen an Geschoßwirkung vermissen ließen, machten sie durch nahezu fehlendes Schußgeräusch, geringen Rückstoß und Eigenpräzision wett: Man verzeihe dem Verfasser das nachfolgende Beispiel, aber es ist verbürgt, daß ein Söldner auf einem ostasiatischen Kriegsschauplatz mit einer solchen Waffe fünf vor ihm flüchtende Guerillas im Sekundentakt niederstreckte.

Dem Autor sind Waffen dieses Typs bekannt, bei denen sich der Verschluß zur Verringerung der mechanischen Geräusche sperren läßt.
Dies geschieht etwa bei einem Nylon 66 durch eine einfache Flachstahllasche an der rechten Gehäuseseite, die sich um ihre Befestigungsschraube drehen und so in die Bahn des Spannhebels schwenken läßt. Eine Ausnehmung in der Lasche greift dabei um den Spannhebel, der dadurch fixiert wird. Da der Spannhebel fest mit dem Verschluß verbunden ist, kann der Verschluß beim Schuß nicht zurücklaufen.
Beim 10-22er kann ein hinter dem Auswurffenster aus dem Gehäuse ragender Riegel betätigt werden, der den Verschluß direkt, ohne Umweg über den Spanngriff, blockiert.
Dadurch wird der Verschluß am Rücklauf gehindert; aus dem Halbautomaten wird ein Repetierer mit Geradzugverschluß.
Diese Form der Blockierung eines Feder-Masseverschlusses ist natürlich kein vollwertiger Ersatz für einen „echten" verriegelten Verschluß und birgt einige Besonderheiten: Einige Hersteller, darunter die österreichische Firma Voere, bauen KK-Selbstladegewehre, bei denen der Verschluß durch den eindrückbaren Spannschieber blockierbar ist. Nach jeweiligen Firmenangaben ist die Präzision im Repetiermodus allerdings nur geringfügig besser ist als im halbautomatischen Betrieb. Außerdem hat jede „Betriebsart" eine eigene Treffpunktlage; je nach Munitionsart sind diese Besonderheiten mehr oder minder

stark ausgeprägt. Bei den oben genannten Nylon 66 bzw. Ruger 10-22 dürfte die Verschlußblockierung also primär nur die Ausschaltung der Verschlußgeräusche bezweckt haben.

Familientreffen beim Steyr-SSG in .308 Winchester / 7,62 x 51 mm / 7,62 NATO.
von oben: Modell Police (P II); der „Stammvater" SSG 69 (P I); P IV Suppressed mit SD; P IV mit Mündungsbremse statt SD
Das SSG P IV mit Steyr-Dämpfer ist das älteste, moderne Scharfschützengewehr, welches in Serie hergestellt wird. (Foto: Steyr-Mannl. AG)

Langwaffen SD - Die Modernen

Die Firma Keppeler & Fritz ist für ihre Präzisionswaffen in futuristischem Design bekannt. Weniger bekannt ist, daß man dort auch auf Wunsch SD-Waffen herstellt. Die dem Verfasser im Rahmen der IWA '95 vorgelegte Waffe ist eine Einzelladerbüchse im Kaliber 7 mm TCU, die Herr Keppeler für den Eigenbedarf hergestellt hat.

Keppeler & Fritz

Die Waffe ist auch auf den zweiten Blick nicht als SD-Waffe zu erkennen, Lauf und Dämpfer sind in einer Hülse untergebracht, welche wie ein Matchlauf aussieht. Einzig das für den dicken Lauf geringe Gewicht und die mit einem Schraubendreherschlitz versehene Abschlußkappe lassen ahnen, was es mit dieser Waffe auf sich hat.

Nach Herstellerangaben wurde die Waffe aus Teilen, die in der Werkstatt herumlagen, schnell zusammengebaut und schießt auch nicht besonder gut.
In Anbetracht von butterweichem Schloßgang, erstklassiger Abzugscharakteristik und eines einwandfreien Finishs - insbesondere der Übergänge Metall-Holz - sowie Streukreisen von 4 cm auf 100 Metern wäre es sehr zu wünschen, wenn manch anderer Normalwaffenhersteller so präzise arbeiten würde, wie hier „geschlampt" wird.
Der Dämpfer bei der vorliegenden Waffe ist von konventionellem Aufbau, d. h. kegelförmige, gegen die Mündung geneigte Blendenkörper.
Zur Dämpfung liegen keine Meßwerte vor; im Gatter beschossenes Damwild reagiert nicht auf die Restgeräusche: Die Tiere äsen ruhig weiter, auch wenn Artgenossen neben ihnen umfallen.
Selbstverständlich können auf Wunsch auch andere K&F-Waffen in einer SD-Version bezogen werden, hier wird aber meist ein Dämpferfremdfabrikat in die Waffe integriert.

Steyr SSG

Der österreichische Waffenhersteller Steyr-Mannlicher baut seine Schalldämpferrepetierlangwaffe, das SSG Police Suppressed im Kaliber .308 Winchester, auf der Basis des bekannten SSG (Scharfschützengewehr) 69 auf, wie man auch ganz deutlich an der Beschriftung der Systemhülse erkennen kann.
Das SSG Special Suppressed ist eine Kombination aus einem Steyr-eigenen Schalldämpfer und der modifizierten Kurzversion des SSG 69 mit anderem Lauf und abstehendem, runden Kammerstengel.
Der Lauf der auch als SSG-P IV bezeichneten Kurzversion ist 415 mm lang und mündungsseitig auf einer Länge von 129 mm auf 17,8 mm Durchmesser abgedreht. Die Drallänge des SD-Laufes beträgt 10 Zoll (anstatt 12 Zoll beim Normallauf); dieser kurze Drall stabilisiert die schweren Geschosse von Subsonic-Munition besser. Am Übergang Original- / reduzierter Durchmesser ist ein M20x1,5 mm Gewinde eingeschnitten, auf welches der Dämpfer aufgeschraubt wird.
Bei nicht aufgesetztem Dämpfer - die Waffe ist auch für die Verwendung „ohne" vorgesehen - schützt ein Schraubaufsatz mit Mündungsfeuerdämpfer Gewinde, Lauf und Mündung.
Abgesehen vom Lauf und seiner Befestigung - bei der Kurzversion ist er in die Systemhülse eingeschraubt und nicht eingschrumpft - unterscheiden sich Schalldämpfer- und

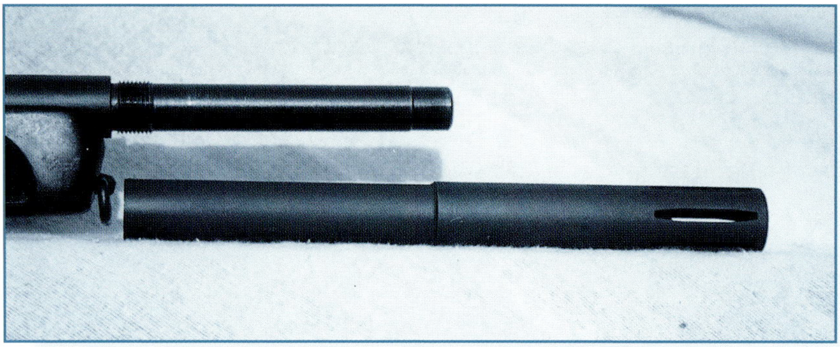

Mündungsbereich des Steyr P IV mit abgeschraubter Mündungsbremse

Normalversion des SSG nicht voneinander. Im vorliegenden (englischsprachigen) Prospekt ist trotz des deutlich kürzeren Laufes von unverminderter Präzision gegenüber der Normalversion die Rede - dies bezieht sich allerdings auf die für ein Präzisionsgewehr kurzen Distanzen bis ca. 300 m. Im Gegensatz zu den 800 m Einsatzreichweite des SSG 69 sollte man sich nach Herstellerauskunft bei der Kurzversion auf 500 m beschränken (mit Normalgeschwindigkeitslaborierungen).

Die Steyr-Schalldämpfer sind aus fertigungstechnischen wie logistischen Erwägungen (Truppenversorgung) konstruktiv gleich aufgebaut. Die Modelle für SSG, MP 88 (Gehäuse des Sturmgewewehrs AUG, aber Kal. 9 x 19 mm) und TMP (Kompakt-Maschinenpistole 9 x 19 mm) unterscheiden sich im wesentlichen nur durch die Gesamtlänge des Außenrohres und die Anzahl der als Kegellamellen bezeichneten Einbauten voneinander. Der Geschoßdurchlaß der Kegellamellen ist dem jeweiligen Geschoßdurchmesser angepaßt, alle anderen Abmessungen sowie die Geometrie (Längen, Kegelwinkel etc.) sind identisch. Dies ermöglicht die Herstellung aller Kegellamellentypen (für 7,62 wie auch 9 mm-Waffen) aus gleichen Aluminiumdruckgußrohteilen.

Der Dämpfer für das SSG-P IV mißt außen 50 mm im Durchmesser und beeinhaltet sechs Lamellen. Nur ein Teil der Gesamtlänge von 351 mm ragt über die Mündung, was gegenüber der Anbringung ausschließlich vor der Mündung einige Vorteile bietet:
Es liegt Expansionsraum auch hinter der Mündung, was sich auf die Gesamtlänge und die Rückstoßdämpfung positiv auswirkt (Gasumleitung nach hinten). Ferner erlaubt die zweifache Anlage des Dämpfers am Lauf ein einwandfreies Fluchten der Lauf- und Dämpferlängsachsen bei relativ geringem Passungsaufwand. Und letztlich liegt der Schwerpunkt des Dämpfers bei dieser Anordnung näher am Schützen, was die Vorderlastigkeit der Waffe mindert. Die Art der Verbindung zwischen Lauf und Dämpfer - Gewinde hinten, schiebefähige Passung an der Mündung - ermöglicht dem Lauf eine ungestörte axiale Ausdehnung in Längsrichtung bei der Erwärmung.

Steyr P IV mit dem Aufsatz zum Schutz von Gewinde und Mündung welcher statt eines Dämpfers montiert werden kann

Verschiedene Schützen erzielten im Rahmen Steyr-eigener Tests mit dem SSG-P IV Suppressed auf 100 m folgende Streukreise (4 Schuß, Dämpfer aufgesetzt, Gruppe umschlossen gemessen):

Standard-Muniton I	30 mm
Standard-Munition II	25 mm (ohne angesagten Ausreißer)
Subsonic I	42 mm (mit Ausreißer 55 mm)
Subsonic II	20 mm (Schütze A)
	25 mm (Schütze A)
	35 mm (Schütze B)

Auf eine 50 m Distanz waren mit der Subsonic Laborierung II auch reproduzierbare Streukreise von 15 mm zu erreichen.
Die Werte belegen die Schützen- und Munitionsabhängigkeit solcher Tests eindrucksvoll. Überraschend ist die Präzision der theoretisch überstabilisierten Normalgeschwindigkeits-Laborierungen - allerdings sollte man nur langsamere, schwere Geschosse über 11 g verschießen.

Das dem Verfasser zu Testzwecken zur Verfügung gestellte P IV Suppressed schoß im Schalldämpferbetrieb wesentlich besser als die beigelegten Werksschußbilder (Normalmunition 25 mm, Subsonicsmunition 43 mm, jeweils mit Dämpfer auf 100 m) belegen sollten: Die regelmäßig erzielten Streukreise lagen bei einer bestimmten Laborierung deutlich unter 30 mm/100m (wenn gewisse Besonderheiten beachtet wurden).

Es zeigte sich, daß der Schalldämpfer zumindest bei den überprüften Waffen- / Munitionspaarungen einen positiven Einfluß auf die Präzision ausübte. Ob dies auf die Gasberuhigung vor der Mündung zurückzuführen ist oder auf das wesentlich angenehmere Schießverhalten (Vorderlastigkeit, höheres Waffengewicht etc.), konnte nicht schlüssig ermittelt werden.

Es ist auf alle Fälle von Vorteil, aus derselben Waffe Normal- und Subsonicmunition mit praktisch identischer Präzision verschießen zu können. Damit hat man die Möglichkeit, die Waffe - ohne Dämpfer - auch als vollwertiges, aber kompaktes Präzisionsgewehr (Gesamtlänge 1010 mm) einsetzen zu können, zumindest bei den im polizeilichen Dienstgebrauch üblichen Entfernungen von deutlich unter 300 m.

Lautstärkepegelmessungen in mäßig bebuschtem Freigelände (bei montiertem Dämpfer) ergaben Werte gemäß nachfolgender Aufstellung. Referenzmessungen ohne Dämpfer und mit Normalmunition bei sonst gleicher Meßanordnung ergaben Werte von 115 dB bei 25 m bzw. 80 dB bei 100 m Abstand zwischen Schütze und Mikrophon.

Normalmunition (keine Subsonic), Mikrofon 3 m seitlich der zur Geschoßflugbahn:

50 m	100 m	200 m
78-82 dB	75-80 dB	71-72 dB

gleicher Aufbau, Subsonic-Munition:

50 m: 63 - 66 dB
Geräusch beim Durchschlag des Scheibenträgers aus Hartfaser, Abschuß nicht mehr meßbar

100 m: 61 - 65 dB
Geräusch beim Durchschlag des Scheibenträgers aus Hartfaser, Abschuß nicht mehr meßbar

100 m: 54 - 57 dB
kein Einschlag, Geschoßgeräusche beim Vorbeiflug am Mikro

Die vorliegenden Einzelwerte zeigen deutlich, daß sich bei diesen Messungen Fehler durch Windböen etc. einschleichen können. Auch bewirken Geller, also davonpfeifende Querschläger, eine deutliche Erhöhung des Einschlaggeräuscheindruckes (Frequenzabhängigkeit des Lautstärkeempfindens und fehlende Auflösung von kurz aufeinander folgenden Einzelgeräuschen).

Bereits ab 50 m kann also unter den oben geschilderten Umgebungsbedingungen ein Schuß aus dieser Waffe nur noch anhand des Einschlages oder Geschoß-Vorbeifluges registriert werden. Der Abschuß selbst geht dabei akustisch völlig unter.
Mit den angegebenen Werten hinsichtlich Präzision wie auch Geräuschminderung braucht sich dieser „Oldtimer“ unter den modernen, gedämpften Präzisionsgewehren auch vor neuesten Kreationen auf gar keinen Fall zu verstecken.

Mauser SR 86 SD

Auch die Firma Mauser in Oberndorf kann ein Schalldämpfergewehr im Kaliber .308 Winchester bzw. 7,62 x 51 NATO liefern: Das SR 86 SD.
Bis auf den Lauf mit Schalldämpfer sowie dem entsprechend angepassten Schaft entspricht die Schalldämpferversion der Standardausführung, dem SR 86.
Die Schalldämpferversion hat einen nur 305 mm langen Lauf mit 8"-Drall. In der vorliegenden Ausführung umschließt der 506 mm lange Brügger & Thomet-Kegellamellendämpfer das Waffenrohr ab der Systemhülse. Dort ist der Dämpfer mittels einer Passung verschiebbar am Lauf gelagert und axial geführt. Die Abdichtung zwischen Systemhülse und Dämpferaußenrohr übernimmt ein O-Ring. Ein relativ langes Feingewinde an der

Mauser 86 SR Silenced in .308 Winchester mit Schalldämpfer

Laufmündung verbindet den Lauf mit dem Dämpfer, der rund 220 mm über die Mündung hinaus ragt.

Mauser 86 SR Silenced in .308 Winchester mit abgeschraubtem Dämpfer
Der Lauf mit 8"-Drall ist nur gut 300 mm lang

Es ist nicht nachvollziehbar, warum die Dämpferbefestigung beim SR 86 SD in der beschriebenen Art gewählt wurde. Die nachträgliche Bearbeitung der Laufmündung birgt immer die Gefahr einer präzisionsverschlechternden sog. Mündungsvorweite, also einer Erweiterung des Laufes zur Mündung hin. Außerdem wird das Gewinde so nahe an der Mündung aufgrund der dort höheren Drücke korrosiv und mechanisch stärker beansprucht als es weiter hinten der Fall wäre. Auch die Abdichtung des Dämpferinnenraumes gegen die Atmosphäre ist an der Seite der schwimmenden Lagerung problematischer als an einer Festlagerseite. Angesichts der überzeugenden Leistung dieser Waffe sind solche konstruktionstheoretischen Überlegungen allerdings müßig.

Der Ringraum um das Waffenrohr steht als Expansionsraum zur Verfügung; dieser Raum ist den Pulvergasen durch Schlitze in der vorderen Lagerung des Laufes (ähnlich eines Mündungsfeuerdämpfers) zugänglich. Auf die Vorteile eines teilweise hinter die Mündung verlagerten Expansionsraumes wurde weiter oben bereits eingegangen.

Das SR 86 SD ist ausschließlich auf die Verwendung von Subsonic-Munition ausgelegt. Die vom Hersteller angegebene Schußleistung (MEN Subsonic-Munition; Streukreise < 30 mm/100 m bzw. 15 mm auf 50 m) konnte im Rahmen durchgeführter Tests bestätigt werden; das beste Schußbild maß ganze 25 mm (umschlossen, 5 Schuß, 100 m). Präzise Waffen müssen also nicht zwangsläufig lange Läufe haben ...
Mit einigen Munitionssorten ergaben sich Streukreise bis 120 mm, wobei die Seitenstreuung allerdings maximal 25 mm betrug. Grund dafür waren die bei diesen Fabrikaten bzw. Losen stark schwankenden Geschoßgeschwindigkeiten mit entsprechend wechselnd gekrümmter ballistischer Kurve.

Folgende Geräuschpegel wurden im Schießkeller ermittelt (Werksangaben):

fünf Meter hinter/seitlich der Mündung	77 dB
einen Meter vor/seitlich der Mündung	94 dB
fünf Meter vor/seitlich der Mündung	87 dB
25 Meter vor / fünf seitlich der Mündung	85 dB
dito 50 m	83 dB
dito 100 m / Zielscheibe	87 dB (Einschlaggeräusch)

Die Dämpfungsleistung muß als hervorragend bezeichnet werden. Wie Tests im Frei-

gelände zeigten, liegt die Abschußsignatur auf dem Niveau eines starken Luftgewehres. Der Eindruck eines Schusses ist kaum mehr gegeben, einige Testhörer verglichen das Abschußgeräusch mit dem schlagartigen, kurzen Öffnen einer Druckluftleitung an pneumatisch betriebenen Werkzeugen bzw. an der Bremsanlage eines LKWs. Da die Arbeitsdrücke in diesen Anlagen in der selben Größenordnung wie der Mündungsgasdruck dieses Schalldämpfersgewehres liegen, kann die Beschreibung als recht treffend gelten.
Ein Rückstoß ist kaum feststellbar, wozu auch das mit gut 8 kg hohe Waffengewicht (mit Zielfernrohr und vollem Magazin) wesentlich beiträgt.

Bereits nach relativ kurzen Schußserien war an der vorliegenden Waffe eine starke Erwärmung des Dämpfers festzustellen, was im positiven Sinne für eine lange Gasrückhaltung und -kühlung spricht.
Durch diese Erwärmung trat ein „Mirage" genanntes Phänomen auf: Das über den heißen Lauf hinweg anvisierte Ziel scheint zu schwanken oder zu verschwimmen. Diesen Effekt kennt man auch vom Hitzeflimmern über sommerheißen Asphaltstraßen.
In der Praxis dürfte dieser Effekt allerdings kaum auftreten, da aus Waffen dieser Art selten mehr als ein oder zwei Schüsse schnell hintereinander abgegeben werden.

ERMA SR 100

Das SR 100 der Suhler Firma ERMA ist mehr als nur ein schallgedämpftes Präzisionsgewehr, sondern ein komplettes Waffensystem, bei dem ein Kaliberwechsel durch einfachen Austausch von Lauf, Kammer und Magazin erfolgt.
Das SR 100-System beinhaltet Schalldämpferversionen in verschiedenen Kalibern: Neben den normal langen Läufen in den Standardkalibern .308 Winchester, .300 Winchester Magnum und .338 Winchester Magnum, auf die anstelle der Mündungsbremse ein Schalldämpfer aufgeschraubt werden kann, sind spezielle Läufe bzw. Lauf-/ Dämpfereinheiten in .308 Win. und 12,7 x 57 mm verfügbar.
Die ausschließlich für Aufsatzschalldämpfer vorgesehenen Läufe in .308 Win. messen

ERMA SR 100 mit dem 1997 zur IWA vorgestellten ERMA-eigenem Dämpfer, davor die Lauf / Dämpfer-Kombination von Stopson, darunter der B&T Slimeline SD

nur rund 350 mm und weisen einen 8"-Drall auf

Das Kaliber 12,7 x 57 mm, wie auch die Dämpfer für einige Ausführungen, kommen von Stopson Creations, Frankreich. Daneben findet man an der SR 100 auch verschiedene Brügger & Thomet-Dämpfer bzw. Lauf- / Dämpfereinheiten, und auf der IWA '97 wurde auch der Prototyp eines ERMA-eigenen Dämpfers vorgestellt.

Wieder die SR 100 - hier jedoch ist der B&T Slimline Dämpfer montiert

Der Stopson-Dämpfer am vorliegenden SR 100 Silenced in .308 Win. ist als Integralmodell ausgeführt. Vor der Mündung des kurzen Laufes befinden sich kegelförmige Blenden, die von einer kräftigen Spiralfeder unter Vorspannung gehalten werden.
Die montierte Feder erfüllt neben der Funktion als Distanzstück noch weitere Aufgaben. Da Dämpferaußenrohr und Einbauten aus unterschiedlichen Werkstoffen bestehen, ist u. a. die Ausdehnung bei Temperaturänderung unterschiedlich. Längt sich das Dämpferaußenrohr aufgrund von Erwärmung stärker als die gesamte Blendenpackung, könnten die einzelnen Einbauten in einem starren System lose werden, was Dämpfung und Präzision beeinflußt.
Die eingebaute Feder gleicht solche Längenänderungen elastisch aus; dies stellt sicher, daß das unterschiedliche Temperaturverhalten kompensiert wird. Die Einbauten stehen immer unter nahezu gleicher Vorspannung und können auch bei kräftiger Längung des Außenrohres nicht lose werden und klappern. So werden nebenbei auch längenbezogene Herstellungstoleranzen in einem gewissen Bereich ausgeglichen. Dazu würde allerdings auch eine schwächer dimensionierte Feder ausreichen. Der Grund für die Überdimensionierung der Drahtdicke liegt darin, daß die so zustandekommende Federgeometrie ganz wesentlich zu einer zusätzlichen Gasverwirbelung beiträgt, was die Wirksamkeit des Dämpfers steigert. Ferner nimmt dieses Bauteil viel Wärme auf, was weiter gasentspannend wirkt.
Die meisten Schützen, die diesen Dämpfertyp zum ersten Mal schießen, sind anfangs von einem den Abschuß begleitenden Geräusch irritiert. Dieses (lautmalerisch) „Twäing" hört sich wie das charakteristische Nachschwingen der Schließfeder eines Selbstladegewehres an und wird von Umstehenden nicht

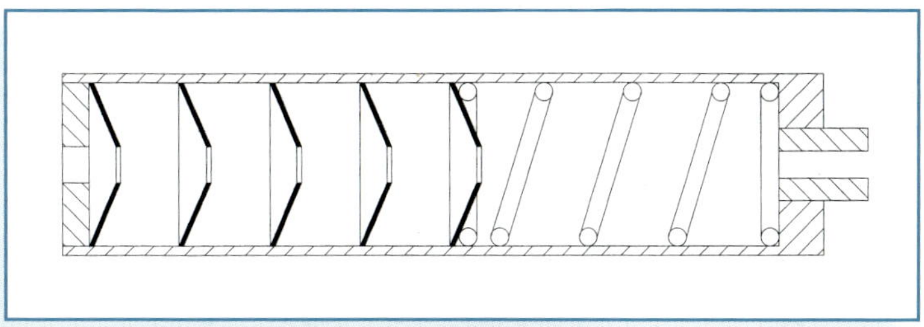

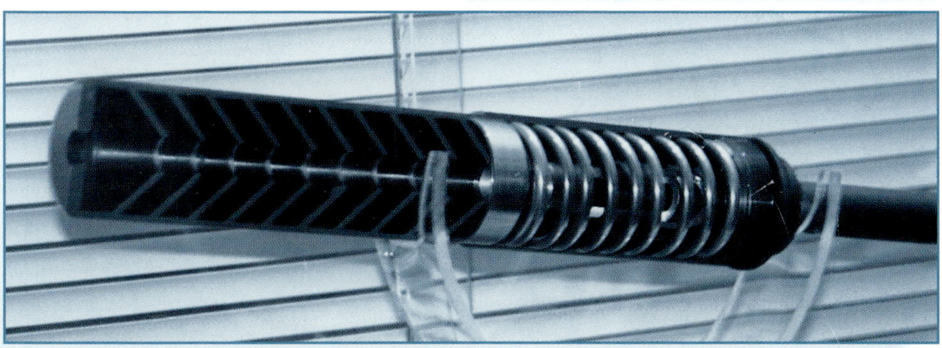

Prinzipskizze und Schnittmodell eines Stopson-Gewehrdämpfers

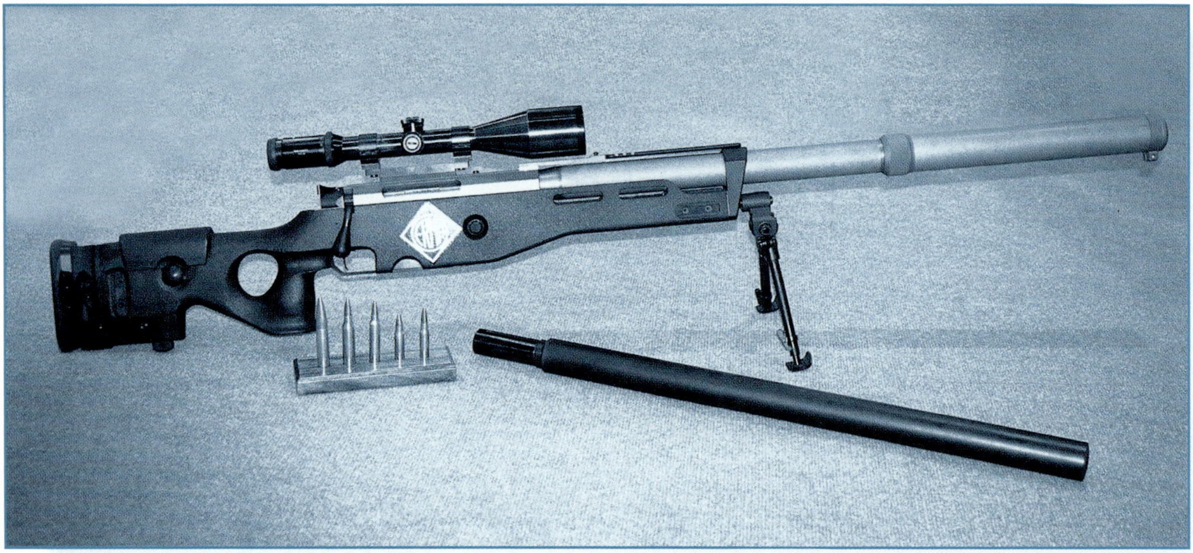

Erma SR100 im Kaliber 12,7 x 57 mm
Diese Waffe wird in Frankreich auch als „Anthis II" vermarktet. Davor eine Lauf- / Dämpfereinheit von Brügger & Thomet der 2. Generation in .308 Winchester

wahrgenommen. Woher kommt's? Beim Abschuß gerät die Feder im Dämpfer in Schwingungen. Dadurch entsteht ein charakteristischer Ton. Dieser Ton ist für Umstehende kaum hörbar, dafür umso deutlicher für den Schützen, da die Schwingungen als Körperschall über Lauf und Schaft direkt an den Kopf des Schützen und von dort über den Schädel an das Innenohr gelangen.

Das jüngste SR 100 Silenced ist interessanterweise mit einem von ERMA selbst entwikkelten Dämpfer ausgestattet. In diesem SD werden u. a. Kegellamellen, ähnlich den K-Blenden von B&T, eingesetzt. Die Dämpfung und Schußleistung liegen nach Firmenauskunft günstiger als die Resultate, die mit Fremdfabrikaten erzielt worden waren.
Je nach Lauf bzw. Dämpfer und Munition sind bei einem Restgeräusch in der Größenordnung eines Luftgewehres Streukreise unter 30 mm auf 100 m durchaus erzielbar.

Ganz so präzise bzw. leise wie die .308er Standardversion ist die Ausführung in 12,7 x 57 mm des SR 100 noch nicht: Die Streukreise liegen bei Schußweiten von 300 m in der Größenordnung von 10-15 cm (10 Schuß). Dafür bringt dieses Kaliber auch auf Entfernungen bis 300 m fast dreimal mehr Energie als eine .308 Subsonic ins Ziel - es kommt also nicht so sehr auf die punktgenaue Plazierung des Treffers an.
Schallpegelmessungen liegen dem Verfasser keine vor, dafür sind sich alle Ohrenzeugen einig, daß der Schußknall (mit Subsonic-Munition) der gedämpften 12,7 irgendwo zwischen einer schwungvoll entkorkten Sektflasche und dem eines KK mit extrem schwacher Munition liegt. Die ballistischen Parameter finden sich im Kapitel über Munition.

Accuracy International AWS

Im Frühjahr 97 fiel die Entscheidung, das AWM-F der englischen Firma Accuracy International (AI) als neues Scharfschützengewehr G22 der deutschen Bundeswehr einzuführen. AI stellt auch eine Schalldämpferwaffe auf der Basis dieser Waffenfamilie her, das AWS (AW-Suppressed) in 7,62 x 51 NATO. Bei dieser Ausführung ist der Lauf voll in den Dämpfer integriert, Über die Original AWS-Ausführung sind leider kaum Daten erhältlich. Der Dämpfer verträgt auch Normalgeschwindigkeitsmunition, ohne allzuviel von seiner Lebensdauer einzubüßen; das Schußgeräusch liegt dann etwa bei einer .22er ohne SD.

„Enzian"-Umbau der Accuracy AW mit Lauf und Dämpfer von B&T, gefertigt nach den Anforderungen eines Polizei-Spezialeinsatzkommandos (Foto: B&T)

Mit Subsonicmunition - aufgrund des 10"-Dralls werden Geschosse bis ca. 220 grs. stabilisiert - liegt das Schußgeräusch angabegemäß auf Luftgewehrniveau.

Von der Accuracy AW (Arctic Warfare) exisitert auch eine von Brügger & Thomet umgebaute Version, die nach der Einheit, für die diese Waffe gefertigt wird, benannt ist. Die Accuracy / B&T „Enzian" hat einen auf knapp über 450 mm gekürzten Lauf mit 10"-Drall, auf dessen Mündungsbereich eine Buchse aufgesetzt ist. Der hintere Teil dieser Buchse trägt einen der Mündung zugewandten Gewindering; der vordere, vor der Laufmündung liegende Teil ist als Mündungsbremse ausgestaltet. Der äußere Umfang dieser Mündungsbremse dient auch als stabilisierendes bzw. zentrierendes Element bei aufgesetztem Schalldämpfer. Diese Anordnung von Befestigungsgewinde und zweiter Anlagefläche kann und will sein Vorbild, die Steyr SSG P IV, nicht verleugnen. Ähnlich wie bei der P IV steht ein verhältnismäßig großer Expansionsraum auch hinter der Waffenmündung zur Verfügung, die Schiebepassung ermöglicht eine Kompensation von Wärmedehnungen. Vorteilhaft bei der Enzian gegenüber seinem Vorbild P IV ist, daß der Lauf nicht mit heißen Gasen beaufschlagt wird. Die Geräuschdämpfung ist hervorragend, mit Subsonicmunition liegt der Abschuß auf dem Niveau eines gedämpften KK-Gewehres. Die Präzision mit Normalmunition steht der Ausgangswaffe nicht nach; mit Subsonicmunition lassen sich Streukreise unter 30 mm/100 m realisieren.

PUK

Hinter dem von Anschütz gefertigten Polizei Universal Kurzgewehr PUK steht ein bekannter Name: Jürgen Krüger, dessen Kurzrevolver-Konzept mit verkürzter Trommel und einer 9 mm-Randpatrone (9mm Federal) vor einigen Jahren durch die Fachpresse ging.

Vom Ansatz her ähnelt das PUK - es war eben alles schon 'mal da - dem MAC „Destroyer". Diese bei den US-amerikanischen Truppen erprobte SD-Waffe basierte auf einem abgeänderten spanischen Militärrepetierer im Kaliber 9 mm Largo. Teleskopschaft, seitlich montiertes Zielfernrohr und ein MAC-Dämpfer machten damals aus einem biederen Polizeikarabiner eine Special-Forces-Waffe.
Das PUK ist, wie sein historisches Vorbild, ein Repetierer mit Zylinderverschluß für die

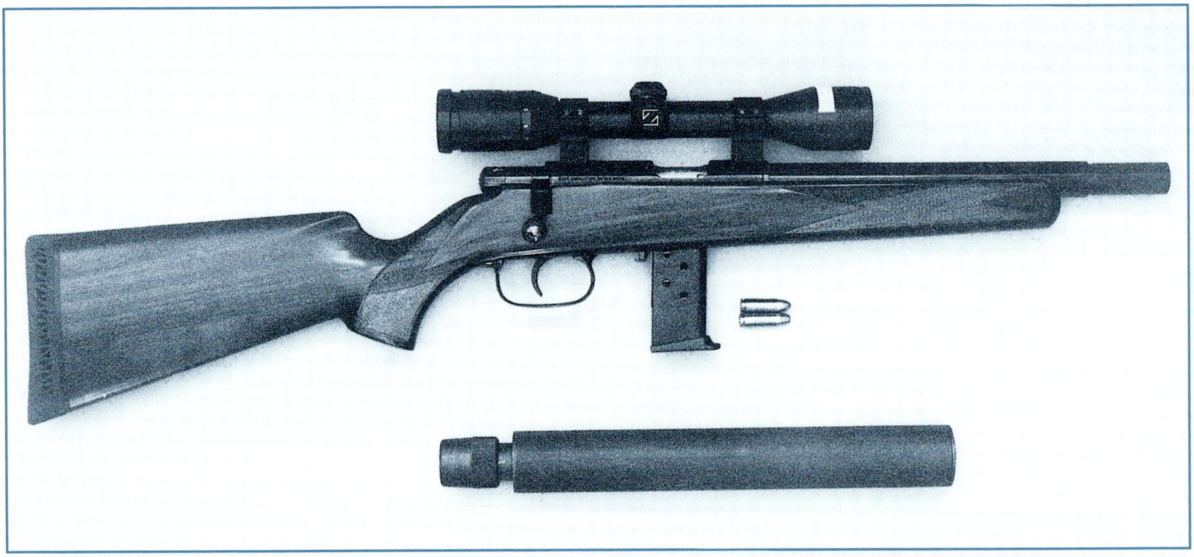

Das Krüger'sche PUK (Polzei-Universal-Kurzgewehr) auf der Basis einer Anschütz-Büchse in 9 mm Mauser, darunter ein Brügger & Thomet-Schalldämpfer mit Spannzangen-montage

Patrone 9 mm Mauser. In der Schalldämpferversion - auf der Mündung wird mittels Spannzangenmontage ein Brügger & Thomet-Schalldämpfer befestigt - findet eine Sonderlaborierung Anwendung, welche ein 190 grs. Delsing-Ogival-Flachkopf-Geschoß in dem 305 mm langen Lauf auf rund 300 m/s beschleunigt. Die Schußleistung der Waffe liegt bei Streukreisen von 25-40 mm bei 5 Schuß auf 100 m.
Das knapp über 3 kg schwere und bei 305 mm langem Lauf insgesamt 800 mm lange Gewehr verlängert sich durch den Dämpfer auf etwa 1100 mm, also die Länge einer normalen Büchse.

Hinsichtlich der Geräuschminderung existieren keine Messungen, nach glaubwürdigen Berichten lag das gedämpfte PUK im Bereich einer sehr gut gedämpften .308 Waffe.
Nach dem tragischen Tod von Herrn Krüger im März 1996 ist die Zukunft des doch recht erfolgversprechenden PUK-Konzeptes ungewiß.

GSS

Aus der Menge der leisen Langwaffen mit integriertem Dämpfer ragt ein Design besonders heraus: Bei den Schalldämperwaffen der Suhler Firma GSS (Gerhard Scheller Suhl) handelt es sich um das einzige dem Verfasser bekannt gewordene, funktionierende System, bei dem der Gasstrom mechanisch hinter dem Geschoß abgesperrt wird.

Die Läufe der GSS-Schalldämpferumbauten sind mit vier Bohrungspaaren kurz nach dem Patronenlager versehen

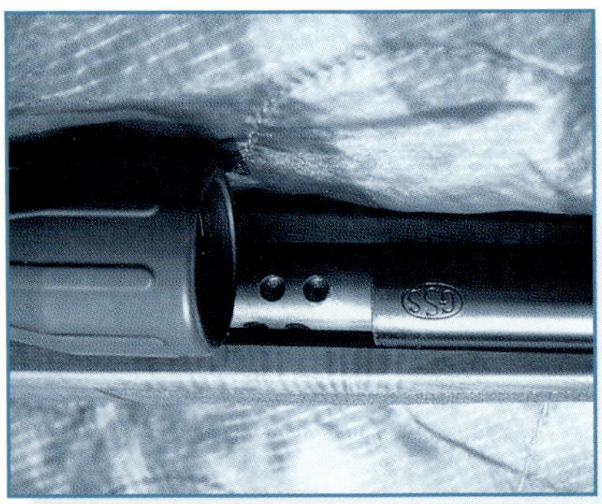

Äußerlich sind die auf Serienwaffen beruhenden Schalldämpferumbauten kaum zu erkennen; lediglich die Läufe von GSS-Waffen erscheinen etwas länger und mit 22 mm Durchmesser dicker als üblich. Erst die Mündungsmutter verrät dem geschulten Auge, daß in der jeweiligen Waffe mehr steckt, als ein gewöhnliches KK sonst zu bieten hat.
Was von außen nach Lauf aussieht, ist in Wirklichkeit das Dämpferaußenrohr, welches den Lauf ab der Systemhülse umschließt. Innerhalb des ca. 60 cm langen Dämpferrohres befindet sich der Lauf, der beim Umbau auf ca. 28 cm gekürzt wird. Bei dieser Länge ist - nach Firmenangaben - bei maximalem Gasdruck auch die Geschoßgeschwindigkeit maximal.
In Verbindung mit der sorgfältigen Bearbeitung der Mündungspartie

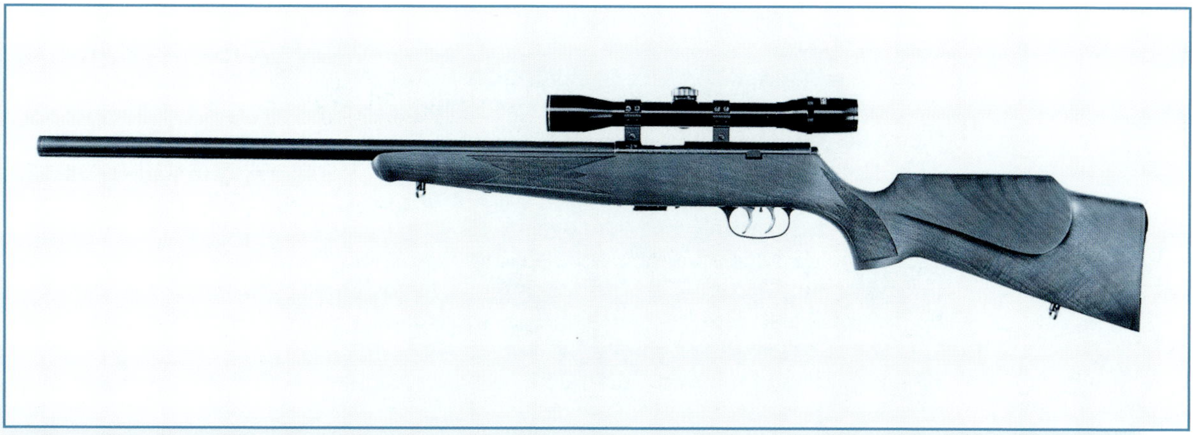

GSS Schallabsorberbüchse Krico 302 STA, Kaliber .22 lfB

trägt diese Längenbeschneidung des Laufes wesentlich zur Präzisionsverbesserung (!) der Umbauten bei. Man kann einen Lauf also auch so lange abschneiden, bis er gut schießt. Das Schwingungsverhalten eines kürzeren Laufes ist wegen seines besseren Längen- / Durchmesserverhältnisses auf alle Fälle günstiger (bei gleicher Dicke kürzer = steifer!).
Neben der Kürzung werden vor dem Patronenlager noch Gasentlastungsbohrungen in den Lauf eingebracht.
Der Mündung des Laufes nachgeschaltet ist ein Expansionsraum sowie ein spindelförmiger Körper mit einer mittigen Geschoßdurchlaßöffnung. Aus der Stirnseite dieser Spindel ragen zwei hirschkäferzangenähnliche Federstahlblätter; die vorne aufeinander zugebogenen Enden stehen im Ruhezustand wie die Schenkel einer Pinzette etwas über kaliberweit auseinander, um das Projektil durchzulassen.
Nach dieser axial verschiebbaren Einrichtung folgt ein Einbauteil mit einer V-förmigen Steuerkurve, das sog. Prisma. Diese „gerade Steuerkurve" ist den Federstahlblättern mit der Öffnung zugewendet. Auf das Prisma folgen herkömmliche zylindrische Blendenkörper mit einer ca. 7,5 mm durchmessenden Geschoßdurchlaßöffnung im Boden.
Prisma und Blendenkörper bestehen aus Kunststoff, die Spindel und Zangenschenkel sind aus Carbonstahl.

Wird nun ein Schuß abgefeuert, passiert folgendes: Die dem Geschoß folgenden Gase treffen auf den Boden der Spindel und schieben sie in Schußrichtung nach vorne. Dabei stoßen die zwei Federstahlblätter an die Steuerkurve, welche sie aufeinander zu zwingt. Das Geschoß hat die Vorrichtung bereits passiert, wenn die „Pinzettenschenkel" aufeinandertreffen und die Geschoßdurchlaßöffnung im Prisma verschließen. Je höher dabei der Gasdruck, desto höher die Schließkraft. Die expandierenden Gase können in diesem Stadium nur noch durch die Entlastungsbohrungen im Lauf in den Raum zwischen Lauf und Außenrohr treten.
Beim Absinken des Gasdruckes bewirkt die Federspannung in den Zangenschenkeln eine Spreizung. Diese Auswärtsbewegung wird durch die Steuerkurve in eine Bewegung der Spindel Richtung Lauf-

Teile eines .22er GSS-Schalldämpfersystems: Unter den becherförmigen Einsätzen ist die Gaszange sowie das Steuerprisma deutlich zu erkennen

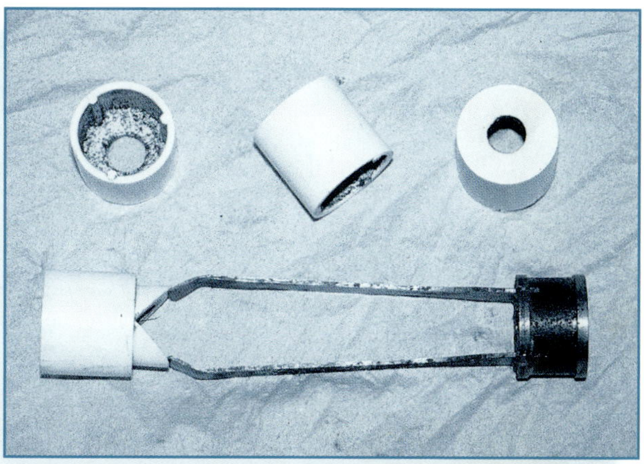

mündung umgesetzt; der Dämpfer ist wieder in Schußposition.
Was an Gasen durch die Schließvorrichtung geschlüpft ist oder nach dem Öffnen derselben ausströmt, wird durch die Blendenkörper noch entsprechend gedrosselt.
Die Rückstellgeschwindigkeit des Systems ist hoch genug, um auch Selbstlader, u.a. den Marlin Camp-Carbine in 9 mm Parabellum, mit dem GSS Dämpfungssystem ausstatten zu können.

Zur subjektiven Dämpfungsleistung folgende Anekdote:
Ein bekannter Waidmann und Schütze kam schon kurze Zeit nach dem Kauf mit der Büchse in der Hand zurück und erklärte leicht aufgelöst, daß gleich der erste Schuß im Lauf steckengeblieben sei. Eine sofortige Überprüfung ergab einwandfreien Zustand und Funktion von Waffe und Dämpfer. Was war geschehen?
Unser Jäger hatte die Waffe auf freiem Feld auf einen sehr weit entfernten Hügel abgefeuert. Aufgrund der Schall- und Rückstoßdämpfung hatte er den Schuß regelrecht überhört und wegen der fehlenden Beobachtungsmöglichkeit des Kugeleinschlages an einen Laufstecker gedacht. Ein sofortiger Blick durch Lauf und Dämpfer vom Patronenlager aus - optisch alles noch durch Rauchschwaden blockiert - schien diese Annahme auch noch zu bestätigen.

Die Deutsche Versuchs- und Prüfanstalt für Jagd- und Sportwaffen e.V. (DEVA) ermittelte folgende Dämpfungswerte für ein als repräsentativ anzusehendes GSS-Modell im Kaliber .22 lfB (in dB A):

Munition	GSS-Waffe	Match-KK	Luftgewehr, 4,5mm
Eley-Tenex	76	95	
Eley-Club	76	95	
RWS-Standard	76	95	
Diabolo			73

Leider wurden keine Geschwindigkeitsmessungen durchgeführt, so daß nicht geklärt werden kann, ob bei dem ungedämpften Match-KK die Geschoßgeschwindigkeiten jenseits oder unter der Schallgrenze lagen.

Funktionsprinzip des Scheller'schen Gaszangensystems

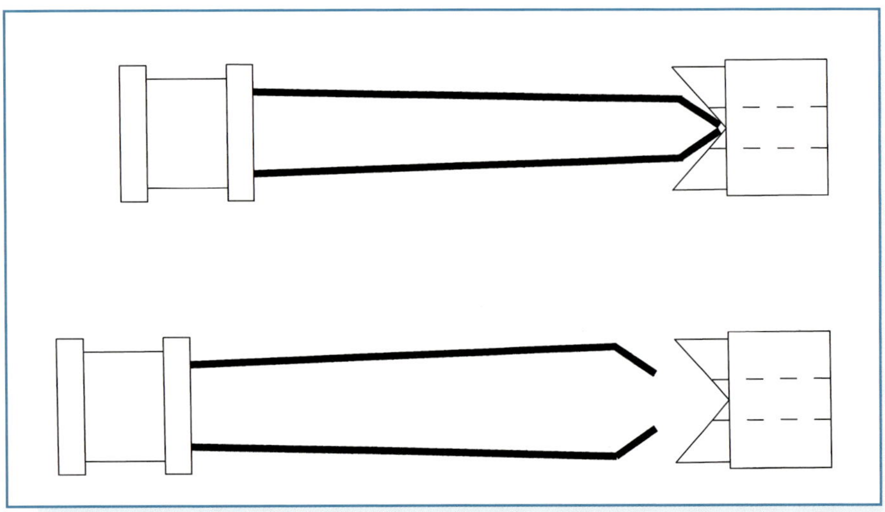

Die Reduktion des Schallpegels betrug gegenüber der ungedämpften Version also 19 dB, was einer Verminderung der Schallintensität um das achtzigfache entspricht. Bei den verwendeten Munitionssorten handelte es sich nicht um spezielle Subsonic-Laborierungen, mit denen wahrscheinlich noch bessere Resultate hinsichtlich des gedämpften Absolutwertes möglich gewesen wären.
Bei nicht offiziellen Tests

wurden schon Werte von 68 dB erreicht - dies würde bedeuten, daß ein solches KK-Gewehr beträchtlich leiser als ein Luftgewehr ist. „GSS“ könnte in der bayrischen Heimatmundart des Verfassers also durchaus auch die Abkürzung für „gans schee schtaad“ (Ganz schön leise) sein.
Der Streukreisdurchmesser bei obigem DEVA-Test betrug (bei 10 Schuß auf 50 m) 17 mm - eine wesentliche Verbesserung gegenüber der Ausgangswaffe, deren Steukreisdurchmesser fast doppelt so groß gewesen war. Eine Schußleistung von unter 20 mm scheint einen Standard bei GSS darzustellen: Eine vorliegende Testwaffe auf der Basis der Brünner 150 L in .22 lfB erzielte reproduzierbar Streukreise von 15 - 20 mm (10 Schuß/50m) mit unterschiedlichen Munitionssorten (RWS bzw. Lapua Subsonic, Lapua Scoremax, Schönebeck Subsonic).

Die empfohlenen Subsonic-Laborierungen erbringen aus dem kurzen, angebohrten Lauf des GSS-Umbaues ca. 10 % geringere Mündungsgeschwindigkeiten als aus einem 500 mm langen Normallauf, damit ist die Energie ca. 20 % geringer. Die Geschwindigkeitsreduzierung trägt zur weiteren Geräuschminderung bei, auf die Präzision hat sie anscheinend keinen oder höchstens einen positiven Einfluß.

Eine Wartung bzw. Reinigung des Dämpferssystems empfiehlt sich nach ca. 1000 Schuß. Bis zur Reinigung schadet es nicht, gelegentlich von der Dämpfermündung aus ein gutes Waffenöl in den Dämpfer zu sprühen, um ein Anbacken von Schmauch oder das Festgehen der bewegten Teile zu verhindern.

Beim Vergleich zwischen Scheller-Waffen und KK-Waffen mit aufgesetztem Dämpfer fiel auf, daß die typischen Nachblasgeräusche beim Scheller-System wesentlich weniger ausgepägt sind.
Einige Meter hinter dem Schützen egalisierten sich die Lautstärkeeindrücke der von vorn deutlich unterschiedlich klingenden Abschußgeräusche. Im Freigelände sind ab 15-20 m hinter dem Schützen die Mechanikgeräusche (Schlagbolzen) dominierend. Bei kurzen Schußentfernungen geht der Abschußknall bei allen KK-Systemen in den Mechanik- und Aufschlaggeräuschen (unabhängig vom Zielmedium) unter.

In den letzten 12 Jahren wurden von GSS über 4 000 Dämpferwaffen nach dem beschriebenen System umgebaut; über die Hälfte davon gingen ins Ausland. Nicht nur vom Prinzip her, auch in der Summe der Eigenschaften - Präzision, Verarbeitung, Schalldämpfung - stellen GSS-Produkte unter den Schalldämpferwaffen eine Klasse für sich dar, die sich leider auch im Preis niederschlägt: 1996 lagen die Preise für den Umbau eines Standard-KK-Gewehres bei fast 1.300 DM. Qualität kostet halt.

Parker-Hale

In England bietet die Firma Parker Hale ihre Schalldämpfer für KK-Waffen und Luftgewehre (!) laut Firmenprospekt seit über 50 Jahren in unveränderter Ausführung an. Interessanterweise wird dieser Dämpfer firmenseitig nicht als „Sound Suppressor“ oder „Silencer“ bezeichnet, sondern als „Sound Moderator“ (Geräuschänderer).
Laut Firmenprospekt ist der Parker Hale Sound Moderator der effektivste, heute erhältliche Dämpfer.
Im Inneren des rund 200 Gramm schweren, 175 mm langen und etwa 20 mm durchmessenden Dämpfers aus Stahl befinden sich becher- bzw. napfförmige Einbauten aus dem selben Material.
Die Geschoßdurchlaßöffnungen in den Napfböden erscheinen „verdrückt“, eine Seite

der Öffnung weist der Mündung entgegen, die andere zeigt davon weg. Dies bewirkt - Maxim läßt grüßen - eine seitliche Ablenkung des Gasstrahles
In jüngster Zeit ist auch eine „light“-Version dieses Dämpfers mit einem Außenrohr aus Aluminium erhältlich.
Die Parker-Hales bewirken an Langwaffen eine Dämpfung von - 18 bis -20 dB (1m vor/seitlich der Mündung). Bei Kurzwaffen ist der für KK- oder Luftgewehre konzipierte Parker-Hale den Quellen zufolge weniger effektiv, was aufgrund der höheren Mündungsgasdrücke und Strömungsverhältnisse bei Kurzwaffen (mit der gleichen Munition) auch verständlich ist.

Hopkins & Allen

Ähnlich groß oder klein wie der Parker-Hale ist der etwa 19 mm durchmessende und ca. 15 cm lange, ebenfalls für KK-Waffen vorgesehene Hopkins & Allen-Dämpfer. Im Unterschied zum Parker- Hale ist sein Innenleben nicht aus „verdrückten“ Scheiben, sondern aus trichterähnlichen Körpern aufgebaut. Die Mantelfläche der insgesamt 19 Blechtrichterchen ist mit je 8 Bohrungen von knapp 2 mm Durchmesser versehen, jeder Trichter weist einen der Waffenmündung entgegenstehenden Hals auf.

Prinzipskizze Hopkins & Allen-Dämpfer

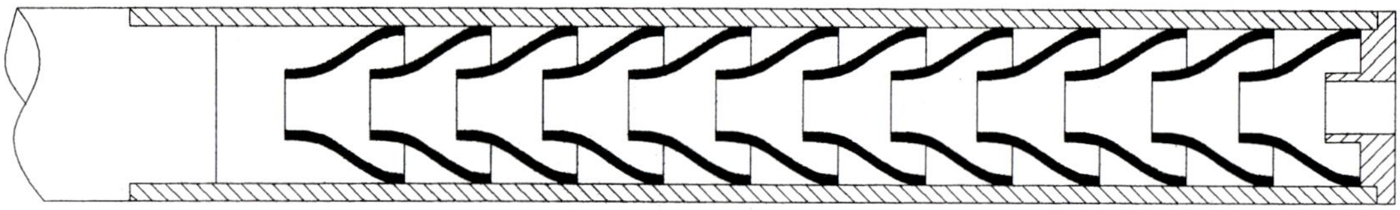

OX-Neutralizer

Unter der Bezeichnung „OX-Neutralizer“ werden in England verschiedene Schalldämpfer für KK- bzw. Luftgewehre vertrieben. Diese Dämpfer arbeiten nach dem Tauchrohrprinzip. Einige Modelle weisen Bohrungen an der dem Schützen zugewandten Gehäuseseite auf. Dies erhöht zwar das vom Schützen empfundene Geräusch, reduziert aber den Lautstärkeeindruck in Schußrichtung.

Lapua Submax

Aus Finnland kommen die Lapua-Dämpfer für Kleinkaliber-Waffen. Das Innenleben der unter der Bezeichnung „Submax“ vertriebenen Dämpfer besteht neben einem Expansionsraum aus einem Tauchrohr und Absorptionsmaterial.
Der vergleichsweise kleine Dämpfer (kaum größer als eine 50er Packung KK-Munition) aus Leichtmetall bringt je nach Meßort - vor der Mündung oder am Schützenohr - eine Schallreduktion von -20 bis -30 dB gegenüber dem dämpferlosen Betrieb.

Speziell kurzläufige KK-Halbautomaten mit engen Passungen zwischen Verschluß und Gehäuse sowie kleinen Auswurffenstern haben bei schnellen Schußfolgen ihre Probleme mit kleinvolumigen Dämpfern wie den zuletzt beschriebenen: Das geringe Innenvolumen bewirkt beim Öffnen des Verschlusses eine starke Rückströmung durch den Lauf nach hinten, zurück in das System. Dabei werden unverbrannte Pulverpartikel und

CHRONICA

DOKUMENTATION AUS ALLEN ZEITEN IN WORT UND BILD
FÜR FORSCHER UND SAMMLER

FOLGE 70

Schalldämpfer, ihre Konstruktion und Wirkung

Abb. 2. Schnitt durch den Maximschen Knalldämpfer.

Über Schalldämpfer und ihre praktische Bedeutung.

Von Generalstabshauptmann v. **Dormándy.**

Als vor einigen Jahren in den Zeitungen die Nachricht erschien, dass der Ingenieur Percy Maxim mit Hilfe des von ihm erfundenen Schalldämpfers mit Militärgewehren in seinem Zimmer Schiessversuche gemacht hatte, ohne wegen öffentlicher Ruhestörung Unannehmlichkeiten gehabt zu haben, da war diese Kunde mit ziemlich geteilten Meinungen aufgenommen worden. Übertriebene Erwartungen standen dem Zweifel und der Angst vor dieser neuen Erfindung gegenüber.

Die letzten Jahre haben weder das eine noch das andere erfüllt, sie lassen aber ein etwas ruhigeres Urteil in dieser Frage zu, was in nachstehenden Zeilen geschehen soll.

Bevor wir uns mit dem Prinzip des Schalldämpfers beschäftigen, müssen wir darüber im klaren sein, was die Ursache des Knalles beim Schuss ist.

Bekanntlich präsentiert sich unserem Ohr die gewaltsame, plötzliche Erschütterung der Luft als Knall. Beim Schuss teilen sich in diese Arbeit das Geschoss und die demselben folgenden Pulvergase.*)

Das Geschoss verlässt mit grosser Geschwindigkeit (300—800 ms) das Rohr und versetzt im Momente, wo es die Rohrmündung verlässt, der Luft einen Schlag, verursacht also einen Knall, der im geraden Verhältnis zu der Masse und der Geschwindigkeit steht. Aber auch der weitere Weg des Geschosses ist nicht lautlos. Die Geschossphotographien zeigen deutlich die auch theoretisch nachweisbare Tatsache, dass das Geschoss auf seiner Bahn die Luft vor sich verdichtet, welche dann schirmartig abfliesst, etwa in der Art des Bugwassers der Schiffe (Abb. 1). Diese Erscheinung wird „knallende Kopfwelle“ genannt. Kann diese Kopfwelle nicht ungestört abfliessen, stösst sie an etwas, dann knallt sie. Am besten lässt sich

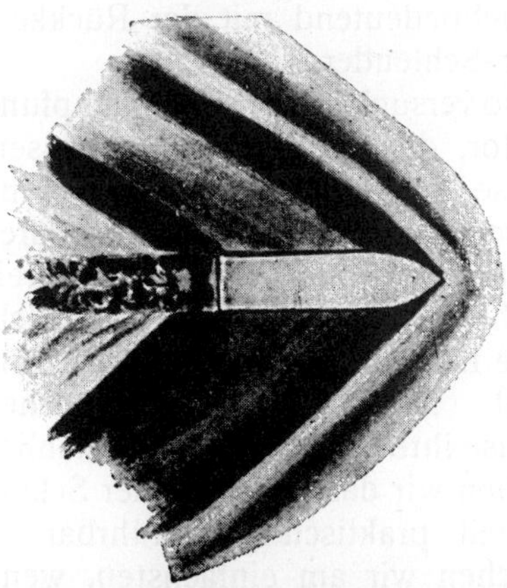

Abb. 1. **Photographie eines fliegenden Geschosses.**

diese Erscheinung in den Schiessständen beobachten, wo man — besonders seitwärts stehend — deutlich hören kann, wie die Kopfwelle die Blenden und Kugelfänge passiert (Abb. 2). In Kleinem haben

Abb. 2. **Schiessstände mit Blenden und Kugelfängen.**

wir das nämliche auch an der Eisenbahn, wenn wir das Geräusch beobachten, welches ein schnell fahrender Zug verursacht, wenn er einem andern begegnet oder wenn er eine Station passiert Die knallende Kopfwelle ist auch der Grund für den verstärkten Knall der Schüsse in Waldungen und Ortschaften, wobei allerdings auch der Widerhall mitspricht.

Die bisherige Erörterung zeigt also, dass eine völlige Dämpfung des Schalles bei einem scharfen Schuss nur auf Kosten der Geschossgeschwindigkeit möglich wäre. Dieser Rückschritt in der Waffentechnik, welche stets darauf bestrebt ist, die Anfangsgeschwindigkeit zu steigern, um grössere Schussweiten, besseren Durchschlag und rasantere Flugbahnen zu erzielen, ist natürlich ganz undenkbar und wäre fast gleichbedeutend mit der Rückkehr zum Pfeil und der Schleuder.

Wir müssen also versuchen, die Schalldämpfung beim anderen Faktor, den Pulvergasen, zu lösen.

Die Pulvergase treiben das Geschoss mit einem Druck von mehreren Tausend Atmosphären durch den Lauf und verlieren — an die freie Luft gelangt — ihre Spannung ganz plötzlich. Hierdurch wird die Luft gewaltig erschüttert, und der Knall entsteht. Wenn wir nun erreichen können, dass die Gase ihre Spannung nur allmählich verlieren, dann haben wir das Problem der Schalldämpfung — soweit praktisch durchführbar — gelöst. Dies erreichen wir am einfachsten, wenn wir den Weg der Gase zur freien Luft verlängern. Dieses Prinzip sehen wir an den Auspufftöpfen der Automobile verwirklicht.

Es sei gleich anfangs gesagt, dass das Bestreben, den Knall des Schusses zu dämpfen, nicht neu ist. Alle Lehrbücher der Waffenkunde erwähnen den Versuch, die Rohrmündung unmittelbar hinter dem Geschoss entweder mit einer Klappe oder Vorrichtung nach Abbildung 3 zu schliessen. Bei letzterem dringen die Gase nach Passieren des Geschosses unter die in einer Mulde gelagerte Kugel, schieben sie in die Mündung, letztere hierdurch verschliessend. Gleichzeitig wird den Gasen ein Weg nach rückwärts geöffnet. Mit dem Verschwinden des Gasdruckes rollt die Kugel infolge ihrer eigenen Schwere in die Mulde zurück.

Es ist mir nicht bekannt, ob solch ein Apparat jemals in der Praxis erprobt worden ist, aber bewähren könnte er sich auf keinen Fall. Man denke nur, dass die sich in der Bohrung vor dem Geschoss verdichtende Luft die

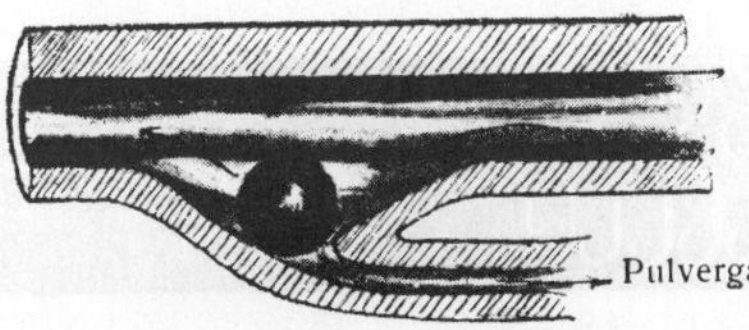

Abb. 3. **Vorrichtung zum Schliessen der Rohrmündung nach Passieren des Geschosses.**

Kugel bereits aus ihrem Lager hebt, die Kugel nach dem Schusse nicht zurückkehrt oder wenn Schmutz oder Pulverrückstände den Weg der Gase nach rückwärts versperren. Ein Unglück wäre unvermeidlich.

Eine andere Art der Schalldämpfer zeigt Abbildung 4.

Hier ist der Lauf eines Revolvers mit einem durchlochten Rohr verlängert. Ich habe keine solche Waffe in Aktion gesehen, kann mir aber

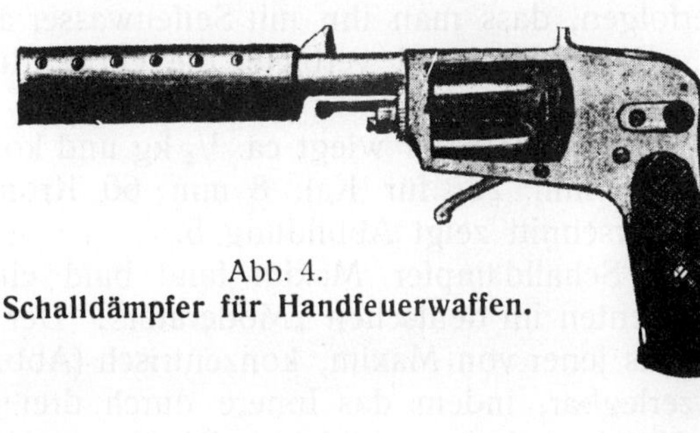

Abb. 4.
Schalldämpfer für Handfeuerwaffen.

ganz gut vorstellen, dass der Knall etwas geringer sein kann. Einerseits haben die Gase die Möglichkeit, sich teilend und zum Teil nach Änderung der Richtung ins Freie zu gelangen, dann verringert die Rohrverlängerung den Knall an und für sich. Als Beweis führe ich an, dass die Waffen mit kurzen Läufen, besonders die Pistolen, trotz ihrer schwachen Ladung usw. sehr stark knallen. Besonders markant ist dies bei Verwendung ein und derselben Patrone aus Gewehr und Pistole. Nichtsdestoweniger ist auch diese Anordnung nicht vielversprechend, schon aus dem Grunde, weil das Anbringen des Zusatzrohres an einer Faustwaffe sehr unvorteilhaft ist.

Damit wären wir beim Schalldämpfer Maxim angelangt. Dieser ist eine beiderseits geschlossene zylindrische Blechdose, deren Inneres mit Blechturbinen ausgefüllt ist. Die Dose hat zum

Abb. 5. **Schalldämpfer Maxim.**

Durchlassen des Geschosses eine exzentrische Durchlochung von mehr als Kalibergrösse. Der Schalldämpfer wird mittels eines Gewindes an die Rohrmündung geschraubt.

Wenn nun die Pulvergase hinter dem Geschoss die Mündung verlassen, dehnen sie sich aus, verfangen sich in den Windungen der Turbinen, werden zur Drehbewegung gezwungen, verlieren daher ihre Spannung nur allmählich, indem sie hierbei den Schalldämpfer erwärmen.

Der Schalldämpfer System Maxim kann nicht zerlegt werden. Das Reinigen kann nur in der Art erfolgen, dass man ihn mit Seifenwasser ausspült. Dieser Umstand verbietet die Verwendung von Schwarzpulver.

Der Schalldämpfer wiegt ca. $^1/_4$ kg und kostet für Kal. 6 mm 26, für Kal. 8 mm 60 Kronen. Den Querschnitt zeigt Abbildung 5.

Der Schalldämpfer Maxim fand bald einen Konkurrenten im deutschen „Moderator". Der ist länger als jener von Maxim, konzentrisch (Abb. 6) und zerlegbar, indem das Innere durch drei gefräste Messingspiralen gebildet ist. Die Konstruktion ist infolge der Zerlegbarkeit weniger solide als bei Maxim. Namentlich ist das Schraubengewinde, welches zum Befestigen am Laufende dient, nur mit Weichlot eingelötet und kann beim Erhitzen des Schalldämpfers nachgeben.

Besehen wir nun die Wirkung der Schalldämpfer und die Vorteile ihrer Verwendung.

Der Schalldämpfer ist jedenfalls geeignet, den Knall des Schusses wesentlich zu schwächen und ihm den Charakter eines scharfen Knalles zu nehmen. Die Dämpfung äussert sich am besten im Freien, und zwar am meisten, wenn man vertikal nach

Abb. 6. **Schalldämpfer „Moderator".**

aufwärts schiesst. In diesem Falle kann man bei kleinkalibrigen Waffen den Eindruck erhalten, dass die Büchse versagt hat, denn das Vorschnellen des Schlagbolzens ist deutlich vernehmbar. Mündungsfeuer und Raucherscheinung werden geschwächt. Zwischen Häusern und in geschlossenen Räumen ist die Wirkung des Schalldämpfers geringer. Die Schärfe des Knalles kann auch dadurch eine Steigerung erfahren, dass das Geschoss auf einen harten Gegenstand aufschlägt.

Resümierend kann man also sagen, dass der Schalldämpfer in manchen Fällen Gutes leistet, im allgemeinen befriedigend, aber nicht vollkommen arbeitet. Schliesslich kann man sich aber hierüber nicht wundern, wenn man die konstruktiven Schwierigkeiten betrachtet, womit man hierbei zu kämpfen hat. Eine halbwegs zufriedenstellende Wirkung lässt sich nur bei einem gewissen Gasfassungsvermögen des Schalldämpfers erwarten, dem setzt aber das Gewicht bald eine Grenze, um die Waffe nicht zu stark vordergewichtig zu machen. Die grosse Länge macht die Waffe unhandlich, eine entsprechende Dicke ist nur in der durch Maxim gewählten Form zulässig, denn sonst würde der Schalldämpfer die Visierlinie verdecken. Diese exzentrische Form erschwert aber das Aufpassen auf das Gewehr und vermindert die Wirkung. Wird der Schalldämpfer solid gemacht, dann ist er schwer. Ist er leicht, dann wird er leicht beschädigt. Leichtigkeit kann mit Solidität nur derart verbunden werden, dass man alle Teile fest miteinander verbindet. Dann ist aber das Reinigen des

Schalldämpfers erschwert. — Auch bei der Verwendung der Schalldämpfer ergeben sich Schwierigkeiten. Er muss sehr genau aufgepasst werden, denn wenn die Öffnung des Schalldämpfers nicht genau in der Verlängerung der Bohrung ist, dann stösst das Geschoss im Schalldämpfer an, wird abgelenkt und kann schlimmstenfalls auch ein Unglück anrichten. Ein Verbiegen des Schalldämpfers kann aber auch nachträglich erfolgen, z. B. wenn man das Gewehr fallen lässt. Beim Aufmontieren des Maxim-Schalldämpfers muss man auch darauf achten, dass der am wenigsten vorstehende Teil des Schalldämpfers in die Verlängerung der Visierlinie falle, weil sonst der Schwerpunkt des Schalldämpfers nicht in die Vertikalebene des Gewehres fällt und das Gewehr beim Anschlage verdreht. Bei anhaltendem Schiessen erwärmt sich der Schalldämpfer derart, dass man in gewissen Fällen für eine künstliche Kühlung sorgen muss.

Wenden wir uns nun zu den Verwendungsgebieten des Schalldämpfers.

Bei der Jagd dürfte er nicht viel Aussicht auf Verbreitung haben. Auf Schrotgewehren kann man ihn nicht anbringen, desgleichen auch auf Doppelbüchsen, Drillingen und Büchsflinten nicht. Der Konservatismus der Jägerwelt dürfte seiner Verbreitung auch nicht förderlich sein. Schliesslich gehört der Knall des Gewehres mit zur Jagd.

Beim sportlichen Schiessen ist der Knall zumeist nicht lästig.

Welche Aussichten hat schliesslich der Schalldämpfer beim Militär?

Es ist bekannt, dass die kämpfende Truppe mit allen Mitteln trachtet, Stellung, Stärke usw. vor dem Feinde zu verbergen. Die Ausnützung von Deckungen, das Herstellen von Masken, die feldgraue Uniform und das rauchschwache Pulver, all dies dient zur Verschleierung. Bezüglich des rauchschwachen Pulvers sei bemerkt, dass die geringe Rauchentwicklung nicht beabsichtigt, sondern zufällig erfunden wurde. Die Verringerung des Schalles könnte nun auch dazu beitragen.

Es gibt aber noch einen anderen Umstand, der die Anwendung von Schalldämpfern noch wünschenswerter macht als die Verschleierung:

die Feuerleitung. Es ist nämlich im Gefecht nicht genügend, das Feuer nur zu eröffnen, man muss es auch leiten, d. h. dessen Geschwindigkeit regeln, das Feuer einmal auf die feindliche Front verteilen, dann wieder auf einen Punkt vereinen, auf neue Ziele richten, einstellen usw. Die Feuerleitung ist aber im ohrenbetäubenden Lärm einer scharf schiessenden Schwarmlinie fast unmöglich, weil die schwache menschliche Stimme übertönt wird. Für die Feuerleitung wäre es daher sehr vorteilhaft, wenn der Schalldämpfer in den feuernden Schwarmlinien einigermassen Stille eintreten liesse.

Ich kann aber hierbei einen Umstand nicht ausser acht lassen, der eventuell gegen die Anwendung der Schalldämpfer sprechen könnte. Zur Zeit des südafrikanischen Krieges ist zuerst von der „Leere des Schlachtfeldes“ gesprochen worden. Damit wollte man sagen, dass nicht nur die Truppen weniger sichtbar waren, sondern auch dass der dichte, weisse Dampf des Schwarzpulvers fehlte, der in den Kämpfen der früheren Zeiten einen wohltätigen Schleier über die Greuel des Schlachtfeldes breitete. Nun, vom Schalldämpfer könnte man fast dasselbe sagen. Das Gewehrfeuer betäubt die Nerven, gewährt eine moralische Beruhigung und übertönt die Schmerzensrufe der Verwundeten. Wie sollte das nun werden, wenn das Schlachtfeld nicht nur leer, sondern auch still sein wird? Nun, davor braucht man keine Angst zu haben. Selbst wenn der vervollkommnete Schalldämpfer das Gewehrfeuer ganz geräuschlos gestalten würde, bleiben im Kampf noch Instrumente genug, welche für ein Konzert sorgen. Namentlich die Artillerie wird nicht so bald geräuschlos feuern, schon mit Rücksicht auf ihre explodierenden Geschosse.

Resümierend können wir sagen, dass der Schalldämpfer noch nicht auf jener Stufe ist, um eine Revolution im Schiesswesen hervorzurufen, aber dass das Gebiet kein unfruchtbares ist und den Technikern Gelegenheit bietet, ein neues Mittel für den Kriegserfolg zu schaffen.

*

Verschiedene ältere Konstruktionen von Knalldämpfern.

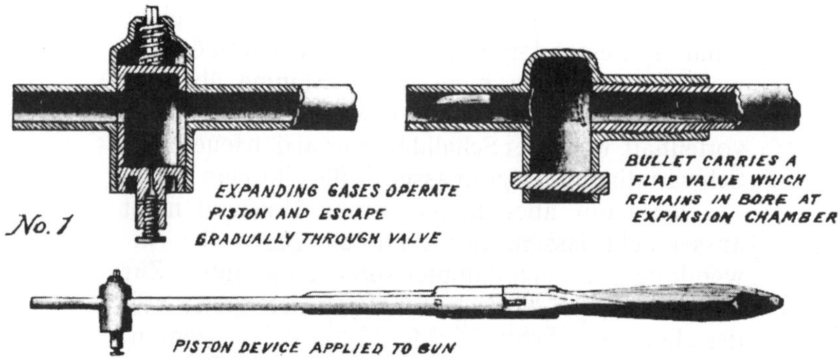

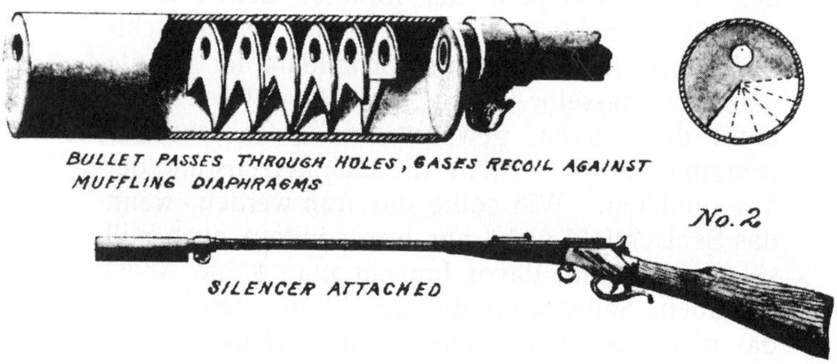

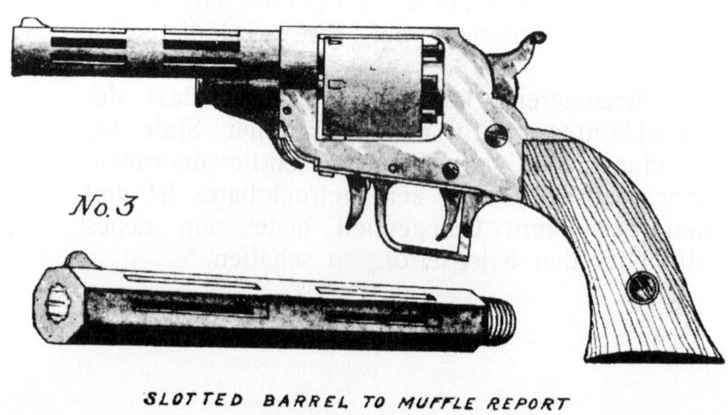

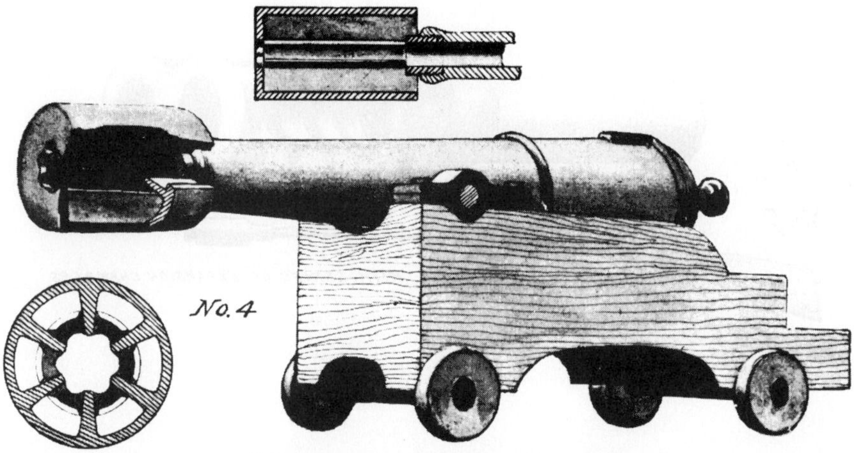

No. 4

RECOIL-OBVIATOR FOR CANNON

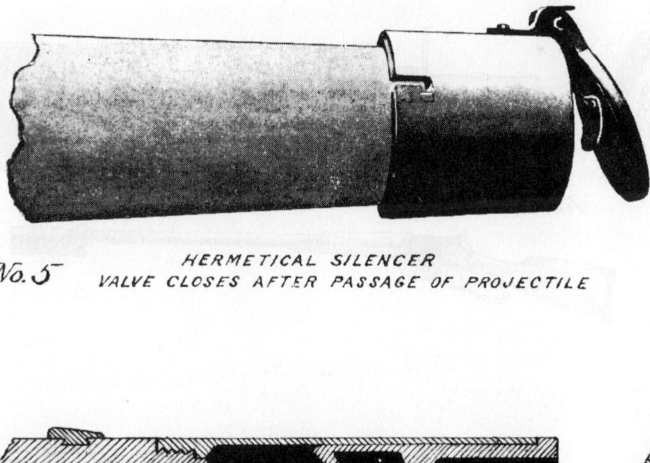

No. 5 HERMETICAL SILENCER
VALVE CLOSES AFTER PASSAGE OF PROJECTILE

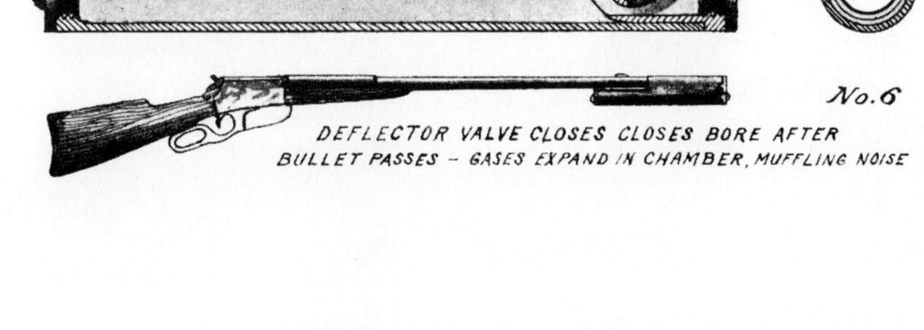

No. 6

DEFLECTOR VALVE CLOSES CLOSES BORE AFTER
BULLET PASSES – GASES EXPAND IN CHAMBER, MUFFLING NOISE

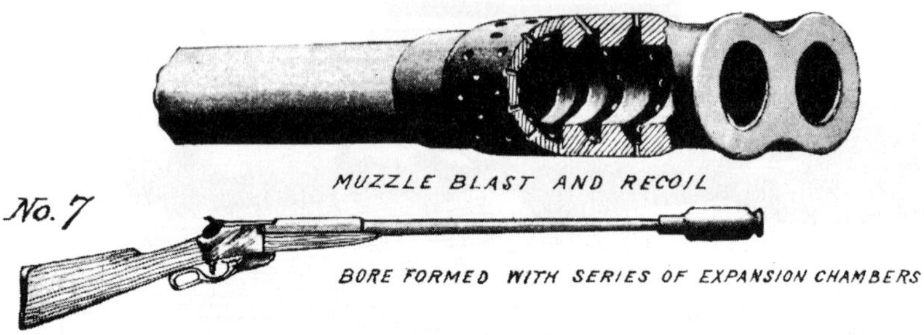
MUZZLE BLAST AND RECOIL
BORE FORMED WITH SERIES OF EXPANSION CHAMBERS

No. 7

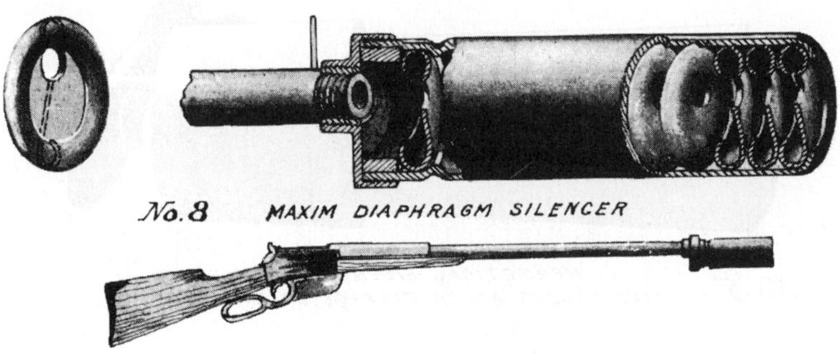
MAXIM DIAPHRAGM SILENCER

No. 8

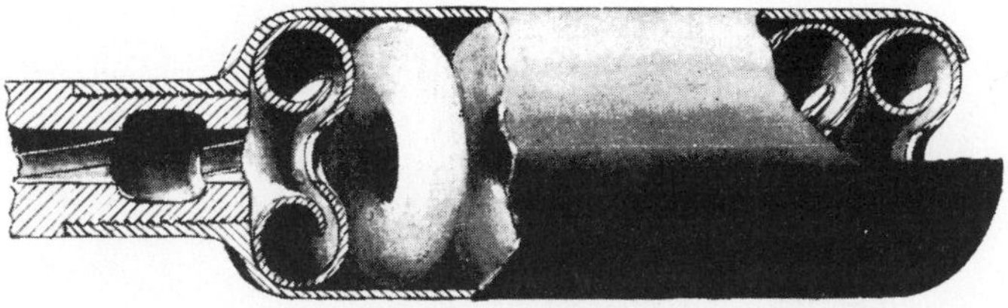

MAXIM PERFORATED DEFLECTOR

No. 9

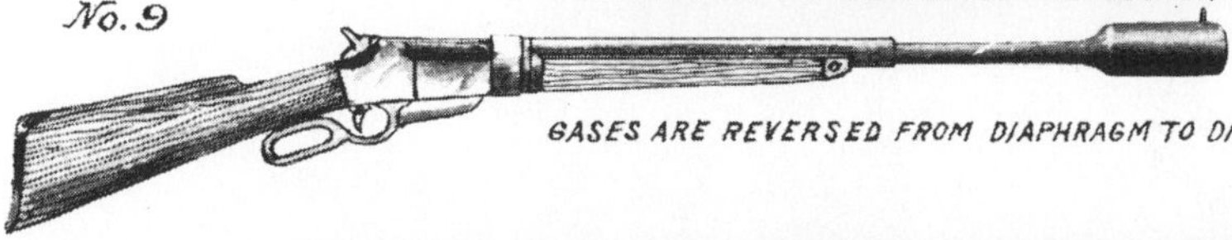

GASES ARE REVERSED FROM DIAPHRAGM TO DIAPHRAGM

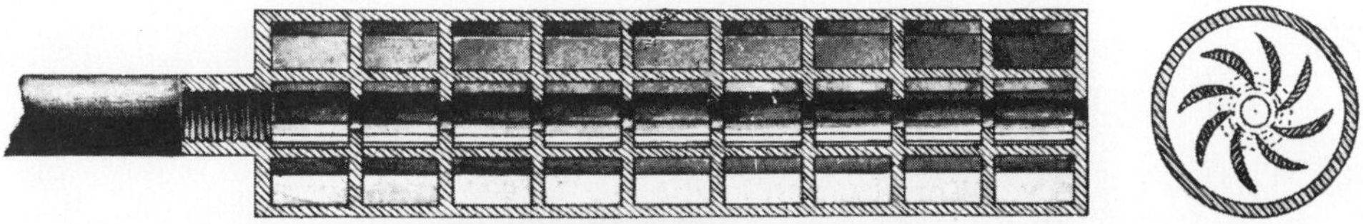

MODIFICATION OF MAXIMS DEFLECTOR

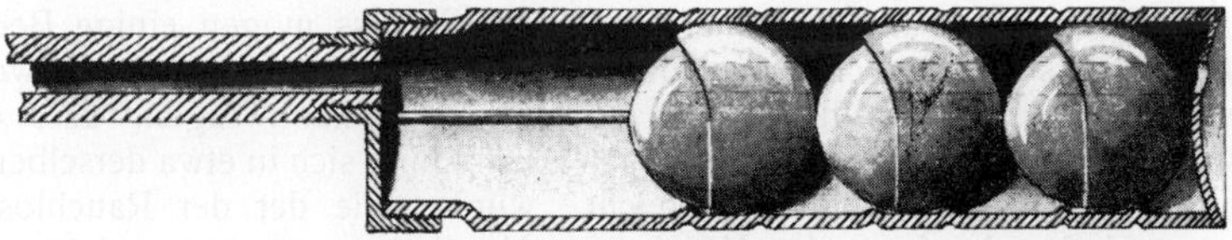

MAXIM'S HOLLOW BALL MUFFLER – THE BALLS ALLOW GAS TO ESCAPE GRADUALLY

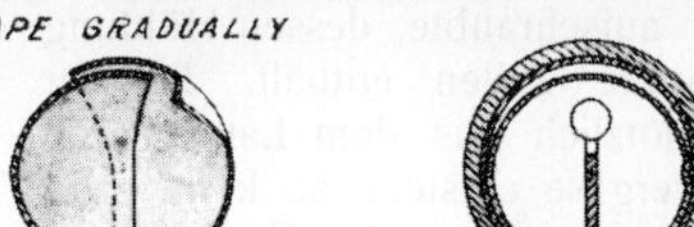

No. 10

MAXIM BALL MUFFLER ATTACHED TO RIFLE

Über die knallfreien Feuerwaffen.

Durch die Tageszeitungen ging die Nachricht, dass der Sohn des bekannten amerikanischen Erfinders des nach ihm benannten Maschinengewehrs, Hiram Maxim, neuerdings ein Gewehr konstruiert habe, das beim Abfeuern gar keinen Knall hören lässt. Er soll dies dadurch erreicht haben, dass er auf den Lauf an der Mündung einen Hohlzylinder aufschraubte, dessen Höhlung turbinenartig geformte Zellen enthält. Da der Knall durch die plötzlich aus dem Lauf in die Luft tretenden Pulvergase entsteht, so kann er in der Tat beseitigt werden, wenn die Gase, durch den Apparat aufgehalten, nur langsam entweichen. Der Erfinder soll sein Gewehr einer Versammlung von Sachverständigen vorgeführt und in einem geschlossenen Zimmer abgefeuert haben, wobei in der Tat nicht der mindeste Knall gehört wurde.

So weit die der Tagespresse entnommenen Mitteilungen. Es ist von Interesse, zu erwägen, welchen Einfluss die knallfreien Feuerwaffen auf den Krieg haben können. Es sei zunächst angenommen, dass die Erfindung sich für alle Kriegswaffen — Gewehre und Geschütze — eigne; am Schluss mögen einige Bedenken gegen ihre Anwendung ausgesprochen werden.

Man kann sagen, dass der Einfluss dieser Erfindung sich in etwa derselben Richtung bewegen würde, wie der der Rauchlosigkeit des Pulvers. Als dieses vor zwanzig Jahren auftrat, war merkwürdigerweise die Ansicht verbreitet, das neue Pulver wirke auch ohne Knall, und es wurde bei den Betrachtungen über den Einfluss der neuen Erfindung auf die Taktik dieser Eigenschaft fast eine grössere Bedeutung zugemessen als der Abwesenheit des Rauchs. Im allgemeinen steigert das rauch- und knallfreie Pulver die Feuerwirkung, erschwert dagegen die Führung.

Bei den modernen Schnellfeuerwaffen ist mit deren Feuer ein solcher Lärm verbunden, dass dadurch die Feuerleitung ausserordentlich erschwert wird. In welchem Maße, davon kann man sich im Frieden kaum eine Vorstellung machen, da die Übungen, bei denen lebhaft geschossen wird, stets nur kurze Zeit dauern; bei den grossen

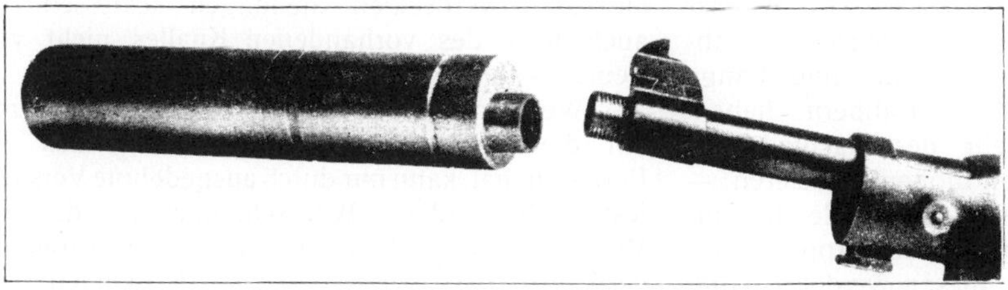

Abb. 1. **Befestigungsweise des Maximschen Knalldämpfers.**

Manövern wird aber aus Mangel an Munition stets nur langsam geschossen. Aus den Augustschlachten des Jahres 1870 ist bekannt, dass schon damals den Kanonieren die Befehle in die Ohren geschrieen werden mussten, um sich ihnen verständlich zu machen. Inzwischen ist die Zahl der Geschütze um mehr als die Hälfte vermehrt, die Munitionsausrüstung und die Feuergeschwindigkeit erheblich gesteigert. In der Mandschurei haben einzelne Batterien in einer Schlacht mehr als dreimal so viel Schüsse verfeuert als die deutschen Batterien, die die grössten Schusszahlen aufzuweisen hatten. Dabei sind die Ladungen grösser, der Knall also stärker geworden, und der Feind wendet jetzt nur noch Geschosse an, die mit starkem Knall zerspringen. Man rechnet aber heute damit, Befehle durch den Fernsprecher bis in die feuernden Batterien zu leiten; meiner Ansicht nach eine ganz aussichtslose Sache, solange der Knall der Geschütze nicht beseitigt ist. Tritt dieser Fall aber ein, dann wird die Feuerleitung in der Tat sehr erleichtert; man kann dann von dem Fernsprecher Gebrauch machen. Es ist denkbar, dass das Feuer der Batterie von einem entfernten Punkte aus, der eine gute Übersicht gewährt, geleitet wird, während die Geschütze selbst in verdeckter Stellung vom Feinde gar nicht gesehen werden. Sie erhalten dann auch kein Feuer und können mit fast derselben Ruhe wie bei Friedensübungen schiessen. — Ähnlich liegen die Dinge in der Schützenlinie, da auch hier die Feuergeschwindigkeit gesteigert ist. Dazu kommt jedoch noch, dass man heute von der Feuerleitung viel mehr verlangt als im Jahre 1870 (Kommando der Visiere usw.). Das Beherrschen der Schützenlinie mit der Stimme ist geradezu unmöglich, solange der Knall nicht beseitigt ist.

Dass die Führung erschwert würde, erklärt sich daraus, dass der Knall eines Schusses oft die erste Nachricht von der Anwesenheit des Feindes gibt, wie zum Beispiel ein von der Spitze oder einem Doppelposten abgegebener Signalschuss. Den Patrouillen wurde schon durch das rauchschwache Pulver die Erkundung in hohem Grade erschwert; immerhin konnten sie nach dem Knall auf die Intensität des Feuers und dadurch auf die Stärke des Feindes, wenn auch nicht ganz sicher, schliessen. Bei Anwendung knallfreier Gewehre würde das fortfallen. — Welch eine Rolle der Kanonendonner als Magnet in vielen Schlachten gespielt hat, ist bekannt. Bei Spichern lockte er die deutschen Truppen von allen Seiten auf das Gefechtsfeld, um die 14. Division in ihrem heissen Kampfe zu unterstützen. Die Schlacht bei Wörth entwickelte sich bekanntlich daraus, dass das II. bayerische Korps infolge des beim Nachbarkorps gehörten Geschützfeuers zum Angriff vorging.

Solche Beispiele liessen sich in Masse anführen. Oft wird das Oberkommando aus der Richtung und Stärke des Schalls auf den Stand des Gefechtes an entfernten Flügeln einen Schluss ziehen können. — Bei einem Überfall wird durch den Donner der Geschütze und das Knattern des Gewehrfeuers die ganze Armee sofort alarmiert (Vionville, Beaumont). Da das bei Verwendung knallfreier Waffen fortfallen würde, dauert die Wirkung der Überraschung dann länger. Hier würde die Abwesenheit des Knalls für den Angreifer von Vorteil sein; es gibt aber auch Fälle, wo der Knall sehr vermisst werden könnte. So z. B. bringt der Donner der zu ihrer Seite auffahrenden Geschütze der angreifenden Infanterie, die in schwerem Kampfe in eine feindliche Stellung eingedrungen ist, die erste Nachricht, dass sie nicht mehr allein auszuharren braucht, dass vielmehr die Schwesterwaffe ihr zur Seite steht und sie zum zähen Festhalten ermutigt. Eine ähnliche moralische Wirkung hat das eigene Gewehrfeuer auf die im feindlichen Feuer liegenden Schützen. Man spricht oft davon, dass der Soldat sich Mut schiesst, und dabei spielt der Knall sicher eine grosse Rolle.

Ob der Apparat zur Verminderung des Knalls mit Vorteil bei Kriegswaffen angebracht werden kann, ist noch eine offene Frage. Von der damit verbundenen Gewichtsvermehrung, die bei

Abb. 2. **Schnitt durch den Maximschen Knalldämpfer.**

den Waffen der Feldtruppen doch von grosser Bedeutung sein kann, möge zunächst ganz abgesehen sein. Der Apparat dürfte eine Länge von wohl mindestens zehn Kalibern haben. Damit würde beim Gewehr der Nachteil verbunden sein, dass bei den höheren Visieren — vielleicht schon bei solchen der mittleren Entfernungen — die Visierlinie in den Apparat verläuft und das Ziel durch diesen verdeckt wird.

Bei Geschützen ist dieser Nachteil zu vermeiden, da die Visierlinie auf einer Seite liegt. Dafür treten aber zwei andere, schwerwiegende Übelstände auf. Durch die damit verbundene Verlängerung des Geschützrohrs würde das Fahren in unebenem Gelände wenigstens bei den Kanonen in höchstem Maße erschwert, da der Apparat zu dicht am Erdboden liegt, er würde auch den Rücklauf des Rohres unmöglich machen, oder man müsste ihn gerade umgekehrt wie beim Gewehr anbringen. Hier liegt die Seelenachse über der Mittellinie des Apparates; beim Geschütz müsste diese über der Seelenachse liegen. Bei Kanonen ist die Anbringung des Apparates daher so gut wie unmöglich; bei Steilfeuergeschützen mit kurzen Rohren scheint sie möglich, ist hier aber ohne Wert, da diese meist aus ganz verdeckten Stellungen schiessen, die auch trotz des vorhandenen Knalles nicht vom Feinde aufgefunden werden.

Welchen Einfluss die Anbringung des Apparates auf die ballistische Leistung, namentlich die Präzision, hat, kann nur durch ausgedehnte Versuche festgestellt werden. Wahrscheinlich ist, dass der Vibrationswinkel beim Gewehr sich verändern wird, und dass bei Abgabe von Schnellfeuer die Präzision sinkt.

Jedenfalls wird noch viel Wasser den Rhein hinabfliessen, bis diese Erfindung sich bei Kriegswaffen einbürgert.

Neuerdings wurde ein solches Gewehr von dem Hofbüchsenmacher Herrn Barella in Berlin gezeigt. Die aus einem mit dem Apparat versehenen 6,5-mm-Mannlicher-Gewehr abgefeuerten Schüsse knallten nicht stärker als die eines Teschings. Bei Abgabe einer kurzen Serie von Schüssen auf 80 m war die Streuung nicht grösser als sonst, dagegen lag das Trefferbild etwas höher. Nach Abgabe von einigen Schüssen war der Apparat bereits so erhitzt, dass man ihn kaum anfassen konnte; es erscheint daher zweifelhaft, ob die Haltbarkeit des Apparates nicht durch Schnellfeuer in Frage gestellt wird. H. Rohne.

sonstige Verschmutzungen mitgerissen, was die Waffen schon nach kurzen Schußserien blockieren kann.

Vaime

Mitte der achtziger Jahre gingen die „Vaime"-(finnisch: dämpfen) Dämpfer der finnischen Vaimennin Metalli Oy durch die Fachpresse. Neben der Ausführung für KK-Waffen gibt es sie u. a. auch für das Kaliber .30.

Das Gehäuse der konzentrisch aufgebauten Dämpfer besteht aus Leichtmetall. Der prizipielle Aufbau ist identisch, nur die Dimensionen unterscheiden sich je nach Kaliber.

Der Lapua „Submax" ist ein kompakter und effektiver Dämpfer für Langwaffen in .22 lfB

Die einzelnen Dämpfersegmente - aus Kunststoff für KK-Modelle, aus Leichtmetall bei stärkeren Kalibern - sind im wesentlichen zylindrische Rohrstücke, in die eine zur Längsrichtung etwa 75 Grad geneigte Prallfläche mit einem mittigen Geschoßdurchlaß eingearbeitet ist. Nasenförmige Ausbuchtungen am vorderen und dazu korrespondierende Aussparungen am hinteren Ende eines jeden Segmentes gewährleisten beim Zusammenbau, daß die einzelnen Segmente immer auf eine definierte Weise zueinander angeordnet werden. Die einzelnen Prallflächen stehen dann nicht parallel, sondern windschief zueinander.

Auf diese Weise wird immer ein Teil des Gasstrahls an der Schräge entlang in den Hauptgasstrahl geleitet, was diesen „aus der Bahn" wirft (ähnlich den Maxim- oder Parker-Hale-Modellen). Die Verdrehung der Flächen zueinander verbessert die Strahlstörung wie auch die Raumausnutzung, weil Strömungstoträume reduziert werden.

Sachgemäße Montage vorausgesetzt, bewirken diese Dämpfer angabegemäß weder eine Verlagerung der Treffpunktlage noch eine merkliche Verschlechterung der Präzision: So findet man sie in Norwegen häufiger für Trainingszwecke auf 300 m-Matchwaffen.

Abgesehen von den Modellen für die Montage auf ein Mündungsgewinde baut Vaime auch Waffen mit integriertem Schalldämpfern, vorzugsweise in den Kalibern .22 lfB und .308 Winchester.

Bei beiden Waffentypen ist der Lauf stark gekürzt (.308 Win.: 400mm, .22 lfB: 250 mm), die Dämpfersegmente befinden sich in einem Hüllrohr, welches an der Laufwurzel beginnt und ca. 200 mm über die Mündung hinausragt.

Schnitt und Ansicht einer Vaime-Dämpferblende

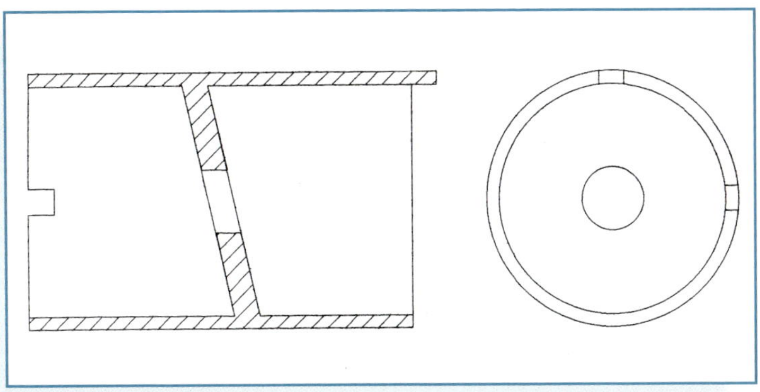

Aus der Zusammenarbeit von Vaime mit Sako ging die Vaime-Sako SSR Mk 1 (Silenced Sniper Rifle) hervor. Besonders bemerkenswert an diesem Kooperationsprodukt des Waffen- und Munitionsherstellers Sako sowie des Dämpferherstellers Vaime ist die Tatsache, daß hier erstmals in der neueren Geschichte der

schallgedämpften Scharfschützengewehre Waffe, Dämpfer und Munition aufeinander zugeschnitten wurden. Ähnliche Optimierungsversuche sind vergleichsweise spärlich.

Das System der Vaime-Sako lehnt sich an den Mauser-Verschluß an, d. h. ein Zweiwarzen-Verschluß und ein fest eingebautes Magazin mit nach vorn abschwenkbarem Magazinboden.
Der Dämpfer ist in Integralbauweise ausgeführt, d. h. er reicht von der Systemhülse des 465 mm langen Laufes bis ca. 180 mm über die Mündung hinaus. Normallauf und gedämpfter Lauf mit Dämpfer weisen so annähernd gleiche Dimensionen (ca. 640 mm Länge) und Gewicht auf.
Der Dämpfer verträgt auch Normalgeschwindigkeitslaborierungen, die sich beim Abschuß wie eine kräftige KK-Patrone anhören.
Mit der speziell für diese Waffen-/Dämpferkombination entwickelten Sako-Subsonic-Munition in .308 Winchester (12 g Vollmantel Geschoß mit sog. sabotted Boattail = abgesetztes Bootsheck, V_0 ca. 320 m/s) sind Geräuschpegel in der Größenordnung eines starken Luftgewehres bzw. knapp darüber zu erreichen. Die Schußleistung lag bei knapp unter 4 cm/100 m bzw. 7,5 cm auf 200 m. Die Tatsache, daß die Streuung sich bei verdoppelter Schußentfernung nicht auch mindestens verdoppelt, scheint auf eine ausgeprägte Nutations-/Präzessionsbewegung des Projektiles hinzudeuten und damit auf ein Verbesserungspotential im Bereich der Geschoßstabilisierung/Drall.
Mittlerweile gibt es auch eine Mk 2 Ausführung, die sich aber hinsichtlich Dämpfer und ballistischer Parameter nicht von der Mk 1 unterscheidet.

SAPL

In Frankreich stößt man hauptsächlich auf die Produkte der Firmen SAPL und Stopson.
Neben einer Vielzahl von Dämpfern in den unterschiedlichsten Ausführungen (konzentrisch, exzentrisch) umfaßt die Produktpalette von SAPL auch Komplettumbauten sowohl von Zylinderverschlußpistolen wie auch Gewehren.

Der Innenaufbau der Dämpfer variiert je nach Kaliber. Man findet in den SAPL-Dämpfern sowohl die bekannten, kegelförmigen Einsätze wie auch komplizierte Gebilde aus Metall und Kunststoff, kombiniert mit Auskleidungen des Außenmantels mit Absorptionsmaterial usw.

Das MK-3, ein KK-Repetierer mit fest integriertem Dämpfer, bringt auf 50 m 5-Schuß-Streukreise um die 30 mm; der Schußknall wird bei der Verwendung von Subsonic-Munition nach Herstellerangabe auf Werte zwischen 49 und 54 dB reduziert.
Das MK-2, ein Halbautomat, ebenfalls im Kaliber .22 lfb, ist nur geringfügig lauter und vergleichbar präzise (Firmenauskunft).
Diese Werte erscheinen sehr niedrig, da aber keine Aussage über die Entfernung und Meßanordnung gemacht werden, sind sie durchaus möglich.

Stopson Creations

Stopson belieferte ursprünglich nur die französiche Armee; dies spiegelt sich auch in der Produktpalette wieder: Dämpfer für MP's, Großkaliberpistolen, Sturm- und Scharfschützengewehre. Seit geraumer Zeit findet man diese Dämpfer auch auf dem Zivilmarkt. Langwaffen und MP's werden bei Verwendung von Subsonic-Munition angabegemäß auf Luftgewehrniveau gedämpft; Selbstladepistolen unter der gleichen munitionstechnischen Voraussetzungen auf Luftpistolenniveau (Firmenprospekt).

Das Stopson „ANTHIS" im Kaliber 12,7 x 57 mm Anthis

Eine wesentliche Maxime bei Stopson lautet: Leichtgewichtigkeit bei maximaler Stabilität - kein Wunder, daß sich hier auch Titan als Werkstoff findet (Kürzel „T" nach der eigentlichen Dämpferbezeichnung).
Diese „light"-Philosophie merkt man den Dämpfern auch optisch an. Wo Material nicht zwingend nötig ist, wird es eingespart: So sind die Außenrohre einiger Modelle dort auf einen kleineren Durchmesser abgedreht, wo eine dickere Rohrwandung nur mehr Gewicht und nicht mehr Festigkeit bringen würde.
Die meisten Langwaffendämpfer wiegen u. a. aufgrund dieser Besonderheiten auch nur 700-850 g, die Modelle mit Titanaußenrohr 500-620 g.

Die Dämpferelemente der 42 mm durchmessenden und 230-320 mm langen Dämpfer für Gewehre in .17 Remington bis .50 Browning bestehen entweder aus einem Spiralsystem à la MAC und nachgeschalteten Ablenkkegeln oder nur aus letzteren.
Bei neueren Modellen (für MP's wie auch Präzisionswaffen) findet sich im hinteren Expansionsraum eine starke Spiralfeder in Verbindung mit einem mündungsseitigen Tauchrohr (Rückströmung!). Auf die Wirkungsweise und Besonderheiten dieses Dämpfertyps wurde beim SR 100 Silenced bereits eingegangen.
Stopson beschränkt sich nicht nur auf die Herstellung von Dämpfern bzw. Umbauten, sondern produziert auch eine Waffe: die Anthis, ein Präzisionsgewehr im eigens dafür geschaffenen Spezialkaliber 12,7 x 57 mm. Dieses Long-Range-Scharfschützengewehr ist 1,2 m lang und 7,7 kg schwer. Seine balli-

Stopson Sturmgewehr-Dämpfer

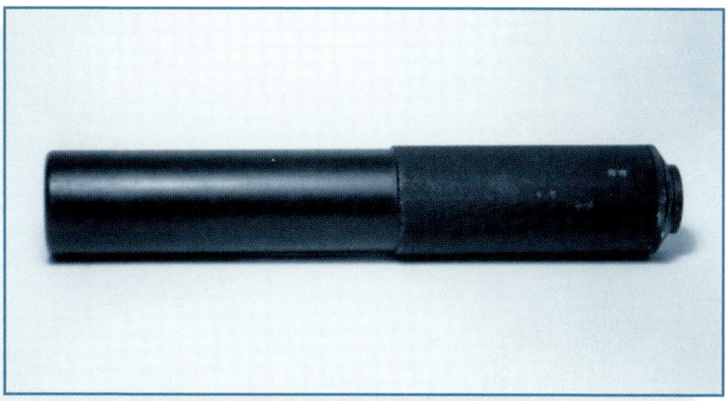

stische bzw. akustische Leistung deckt sich weitestgehend mit dem kalibergleichen Erma SR 100 (siehe dort).
Betrachtet man die Abmessungen und Gewichte der Stopson-Dämpfer, fragt man sich, ob die Mitanbieter von Monsieur Belladen nicht samt und sonders zu groß bzw. zu schwer bauen. Einschränkend muß allerdings auch festgehalten werden, daß dem Verfasser keine Zahlenwerte hinsichtlich der Haltbarkeit bzw. Dämpfung zugänglich gemacht wurden, ebensowenig Vergleichsmessungen mit anderen Dämpfertypen.

Neben den beschriebenen Dämpfern gibt es auch interessante Waffenumbauten von Stopson. Interessant deswegen, weil bei diesen Waffenumbauten die Dämpfer in die entsprechend ausgehöhlten Originalläufe eingebaut werden. Abgesehen von einer möglichen Veränderung der Mündungspartie (Verschlußschraube) ist die Veränderung äußerlich nicht erkennbar, die Außenabmessungen verändern sich nicht, die Balance der Waffe kaum merklich.
Dieses Integraldesign ist für Langwaffen von .22 lfB bis .500 Whisper erhältlich. Daß aufgrund des doch sehr geringen Volumens nicht der selbe Dämpfungseffekt wie bei den großvolumigen Aufsatzdämpfern erwartet werden kann, liegt auf der Hand.

IML Precisions

Auch ein weiterer französischer Hersteller setzt auf Leichtbauweise. Die Dämpfer bzw. SD-Umbauten der IML Precisions weisen Außenrohre aus kohlfaserverstärktem Kunststoff (CFK) auf. Die Endstücke sind fest eingeklebt, so daß die ultraleichten Dämpfer (.22 lfB: ca. 70 g!) nicht zerlegt werden können. Der Innenaufbau der untersuchten Dämpfer ist konventionell (plane Blendenscheiben und Distanzstücke), lediglich der abnehmbare .22er Dämpfer ist nach dem Tauchrohrprinzip aufgebaut.

Kanadischer Schalldämpfer im Schnitt darunter: Die Kegellamellen im Detail

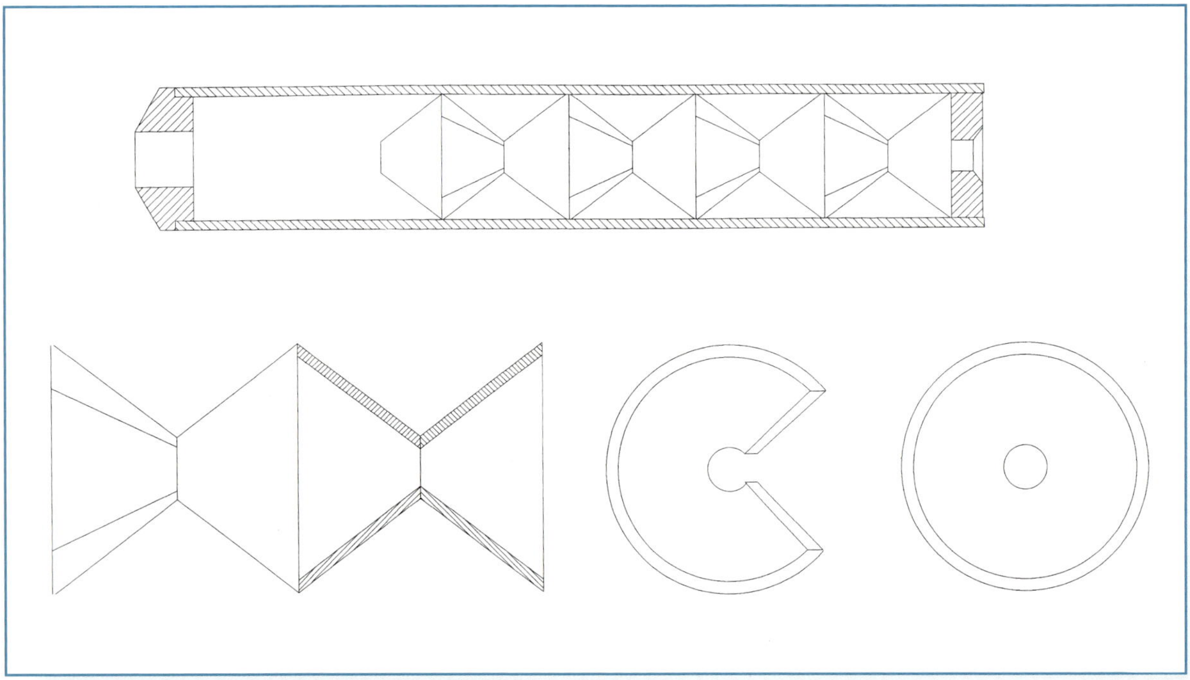

Geheimnisvolles aus Kanada

Aus dem kanadischen Raum kommen einige interessante Vollkunststoff-(!)dämpfer mit kegelförmigen Einbauten.
Die kegelstumpfförmigen Einbauten stehen abwechselnd mit der kleinen bzw. der großen Öffnung aufeinander. Asymetrisch eingebrachte Ausklinkungen im Mantel der sich in Schußrichtung verjüngenden Kegel bringen eine vorteilhafte Asymetrie (seitliche Ablenkung des Gasstrahles) in das Innenleben dieser Dämpfer; darüber hinaus wird durch diese Öffnungen der Hohlraum zwischen Ablenkkörpern und Außenrohr zugänglich.
Die Lebensdauer der Kunststoffkonstruktion ist stark begrenzt und wird mit einer bis wenigen Magazinfüllungen bezeichnet.

In diese Kategorie fallen auch die „Snap-Together"-Dämpfer aus der gleichen geographischen Region: Die einzelnen Dämpfersegmente sind bei diesen Modellen einzeln nicht als solche zu erkennen, sondern können mit Abstandshaltern, Verpackungsmaterial etc. verwechselt werden. Erst unmittelbar vor dem Gebrauch findet eine Montage durch einfaches zusammenstecken (engl.: to snap together) statt. Nach Gebrauch kann die gesamte Vorrichtung schnell wieder in unauffällige Kunststofformteile zurückverwandelt werden.
Aufgrund der Raffinesse des Designs sowie des nötigen aufwendigen Herstellungsverfahrens (Kunststoffspritzguß) wurden diese Dämpfer mit höchster Wahrscheinlichkeit für den offiziellen Dienstgebrauch industriell gefertigt.

Brügger & Thomet

Die Schweiz war aufgrund der dortigen Gesetzgebung ein echtes Dorado im Bezug auf Schalldämpfertechnik. Die Tatsache, daß zur Zeit des Manuskriptgeginne noch in 16 Schweizer Kantonen gegen entsprechende Bewilligung Schalldämpfer und -waffen erhältlich waren, ließ ein inneres Absatzpotential bestehen, welches sich positiv auf die Entwicklung auswirkte. Die so erarbeiteten technischen Fortschritte lassen sich dann auch recht gut exportieren, wie nachfolgendes Beispiel zeigt.
Gerade in jüngster Zeit stößt man verstärkt auf die Produkte der Firma Brügger & Thomet aus Spiez am Thuner See. Dort setzt man neben gewohnter Schweizer Präzisionsarbeit in erster Linie auf Erfahrungswerte und weniger auf theoretische Überlegungen - allein die verworfenen Prototypen und Versuchsmodelle seit der Anfangszeit der 1991 gegründeten Firma würden Altmetallcontainer füllen.
Und was die Innovationsfreudigkeit dieser Firma angeht, fällt es schwer, wirklich topaktuell zu berichten - bis die Sache gedruckt ist, ist man in Spiez schon wieder eine Generation weiter. Nicht, daß die Produkte so schlecht wären, daß sie dauernd verbessert werden müßten - permanente Verbesserung (kleiner, leichter, leistungsfähiger) der bestehenden Designs gehört zur Firmenpolitik. Die Modifikationen bleiben meist auf das Innenleben der Dämpfer beschränkt bzw. begründen eine neue Modellreihe. So bleibt das Gesamtprogramm bei aller Vielfalt übersichtlich.

Die KK- wie auch die SUC-Dämpfer dieser Firma unterscheiden sich hinsichtlich ihres Innenaufbaues grundlegend von den anderen B&T-Modellen. Auf die nur für Selbstladepistolen vorgesehenen SUC-Dämpfer wird im entsprechenden Kapitel noch näher eingegangen.

Findet man in den größerkalibrigen Geräten u. a. kegelförmige Einsätze, so sind die Einbauten der für KK-Waffen vorgesehenen Aufsatz-Modelle zylindrisch.

Integral gedämpfte Ruger Pistole à la B&T in .22 lfB

Jeder der insgesamt sieben aus vollem Aluminium (!) CNC-gedrehten Blendenkörper ist als rotationssymetrischer, zylindrischer Becher bzw. Napf ausgeformt; mit einer genau mittigen Geschoßdurchlaßöffnung im Boden. Der Bechermantel dient als Distanzelement von Boden zu Boden, er umschließt den eigentlichen Expansionsraum.

Der Dämpfungseffekt, der nach Firmenauskunft keinem anderen kommerziellen KK-Dämpfer nachsteht, beruht auf dem empirisch als optimal ermittelten Verhältnis aller Abmessungen zueinander. Bei einem Durchmesser von 30 mm und einer Länge von rund 180 mm ist der B&T KK-Dämpfer nicht ganz so klein wie der Parker-Hale o.ä., dafür aber halbautomatenfreundlicher.

Beim Zusammenbau des Dämpfers ist darauf zu achten, daß der erste Becher mit der offenen Seite in das Gehäuse eingeführt wird, alle folgenden mit der geschlossenen Seite zuerst. So ergibt sich für die erste Dämpferkammer eine doppelte Stirnwanddicke, was die Möglichkeit einer Deformation praktisch ausschließt.

Dieser Dämpfer-Innenaufbau ist auch in integralen KK-Gewehrsystemen zu finden. Hier kommt meist noch eine Kürzung des Laufes auf ca. 25 cm hinzu, um u. a. die Waffendimensionen auf einem vernünftigen Maß zu halten. Ferner bleibt die Mündungsgeschwindigkeit vieler Standard-KK-Patronen bei einer so kurzen Lauflänge subsonisch.

Superkompakte .22er Integralsysteme, etwa bei KK-Pistolen mit integriertem Dämpfer, erfordern einen Mehraufwand gegenüber den Langwaffendämpfern. Solche Dämpfer weisen besonders geformte Blenden auf, die im Geschoßdurchgang zusätzlich einen schräg zur Flugbahn gerichteten Gasvorhang erzeugen. In Aufbau und Wirkung ähnliche Einbauten findet man auch in Pistolen- und MP-Dämpfern neuerer Bauart. Diese sehr aufwendige Blendentyp ist nur dort sinnvoll, wo bei konstant hoher Dämpfungleistung Platz gespart werden soll bzw. muß. Die Dämpfungsleistung eines effektiv nur ca. 120 mm langen und außen 25 mm durchmessenden Dämpfers dieses Typs für eine integral gedämpfte KK-Pistole steht der Leistung seines vom Volumen vielfach größeren Kollegen mit einfachen, planen Blenden nicht nach. Freilich gehören dazu noch ein paar andere konstruktive Kniffe, die hier aber aus nachvollziehbaren Gründen nicht genannt sein wollen.

Verschiedene B&T Blenden (h. R. v.l): Kegelblende, Distanzstück, K-Blende (v. R. v.l): Blende für .22er SD, Kegelblende mit Ausnehmungen, Spezialblende für zweiachsigen Gasdurchlaß

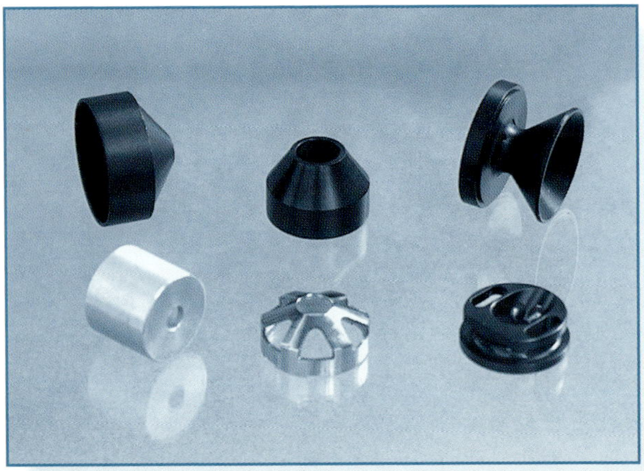

B&T Langwaffendämpfer verbessern die jeweilige Waffenpräzision nicht zwangsläufig. Die Aussage von Karl Brügger, daß ein Dämpfer nicht gutmachen kann, was die Waffe selbst nicht bringt, ist nachvollziehbar. Allerdings lassen diese Dämpfer auch Präzi-

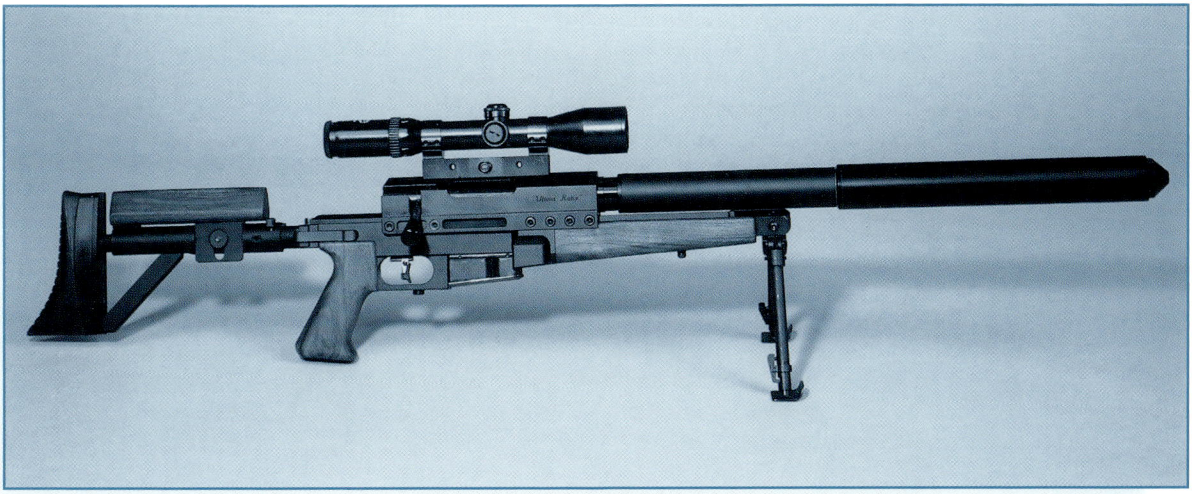

PGM Ultima Ratio in .308 Winchester mit B&T Schalldämpferlauf

sion auf höchster Ebene unbeeinträchtigt: Von der französischen Firma PGM hergestellte Ultima-Ratio-Präzisionsgewehre im Kaliber .308 Winchester bringen - mit Handlaborierungen im Normalgeschwindigkeitsbereich - nach der Ausrüstung mit B&T-Lauf- / Dämpfereinheiten immer noch reproduzierbare Streukreise von 15 mm (und darunter) auf 100 m.
Für diesen Präzisionserhalt zeichnet nicht nur die exakte Ausführung von Einsätzen, Montageteilen und Mantelrohr, sondern auch ganz wesentlich die Ausgestaltung der unterschiedlichen Einsätze innerhalb eines Dämpfers verantwortlich. Alle Blenden und Einsätze sind aus dem Vollen gearbeitet (CNC-gedreht bzw.-gefräst). Nur so kann die für die Präzision so wichtige Rundlaufgenauigkeit - insbesondere der Geschoßdurchlässe - gewährleistet werden. Je nach Kaliber, vorgesehener Waffe und Verwendungszweck sind die Blenden der einzelnen Dämpferfamilien verschieden geformt; vom Kegelstumpf über K-förmig (im Längsschnitt) bis hin zu komplex geformten Geometrien.

Zunächst zum alten, aber immer noch gebauten Kegellamellendämpfer.
Die von der Waffenmündung aus gesehen ersten Dämpferelemente weisen an der Kegelmantelfläche langlochförmige Ausnehmungen radial zur Seelenachse auf. So müssen die Verbrennungsgase nicht nur durch das Geschoßdurchgangsloch, sondern können auch durch die beschriebenen Öffnungen in Richtung Schalldämpfermündung strö-

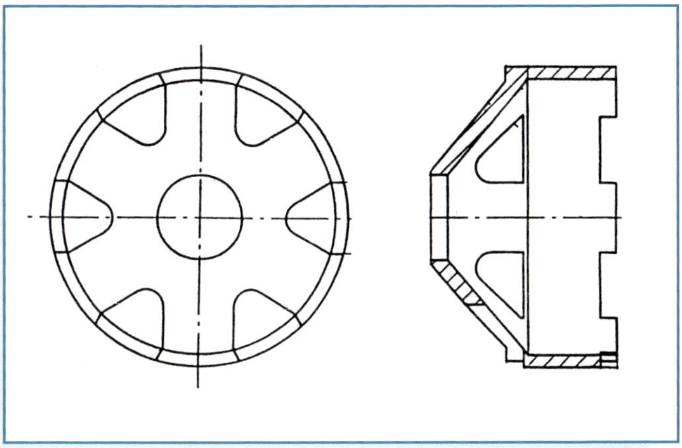

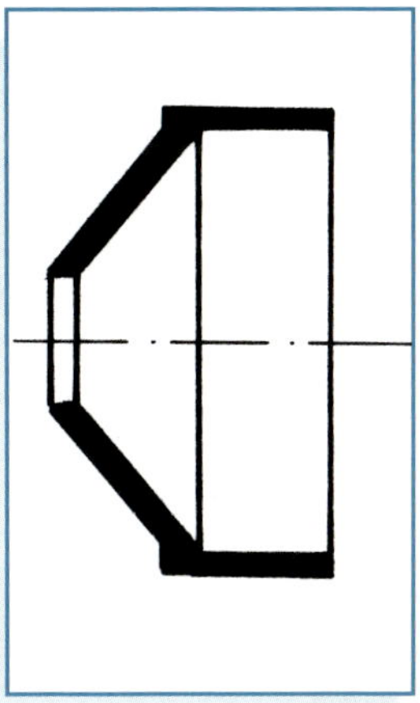

Abb. links: Detailansicht der ausgeklinkten Kegelstumpfblende in Aufsicht und Schnitt

Abb. rechts: Detail der Kegelstumpfblende im Schnitt

men. Die Zusatzöffnungen reduzieren zwar die Drosselwirkung dieser Einbauten, die Schußpräzision wird dafür weniger beeinträchtigt, als es ohne der Fall wäre.
Bei den nachfolgenden Kegellamellen fehlen die Ausnehmungen in der Mantelfläche. Gasdruck und Wirbelbildung sind dort schon so weit reduziert, daß nachhaltige Beeinträchtigungen des Projektils unterbleiben.

Ein ähnliches Prinzip - sukzessiver Druckabbau hinter dem Geschoß, Ableitung der Gaswirbel vom Geschoß - wird bei einigen Matchwaffen-Tuningteilen zur gezielten Präzisionsverbesserung genutzt. Diese u. a. von ehja-Tuning bzw. Anschütz angebotenen Vorrichtungen werden als Gasweichen bezeichnet. Sie bestehen aus einem auf die Mündung aufgesetzten Rohr, in dem sich ein besonders geformter Einbau mit mittigem Geschoßdurchlaß befindet. Die Verbesserung der Schußleistung vor allem „ab Schulter" resultiert neben dem psychologischen Effekt auch aus der Beruhigung der Strömung vor der Mündung und der Abschirmung des Geschosses vor seitlichen Einflüssen durch expandierende Treibgase.

„Gasweiche" zur Verbesserung der Schußpräzision durch Ableitung der Treibgase vom Geschoß unmittelbar nach Verlassen der Mündung

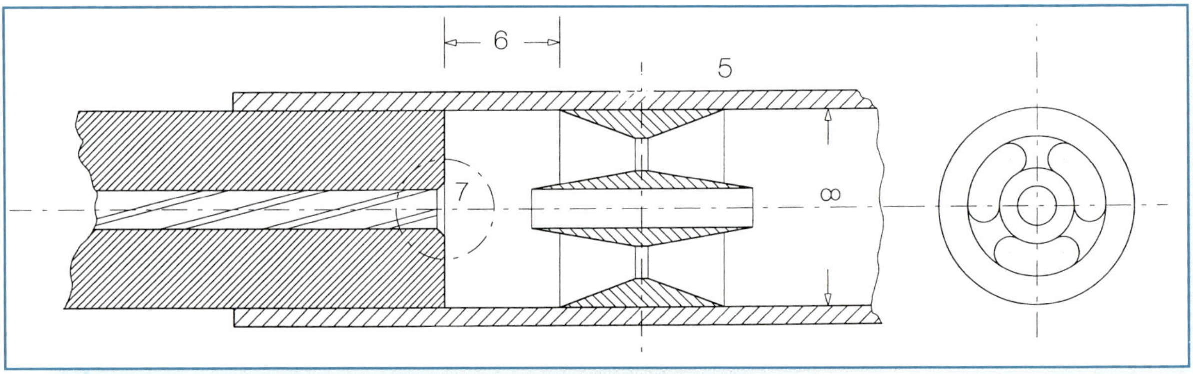

Damit zurück zu den B&T-Langwaffendämpfern. Anstatt der beschriebenen Kegellamellen finden in jüngerer Zeit auch sogenannte K-Blenden Anwendung. Diese Blenden haben sich vor allem bei Langwaffendämpfern bewährt, die auch mit Normalgeschwindigkeits- (Überschall-)-munition geschossen werden.

B&T „K-Blende" im Schnitt

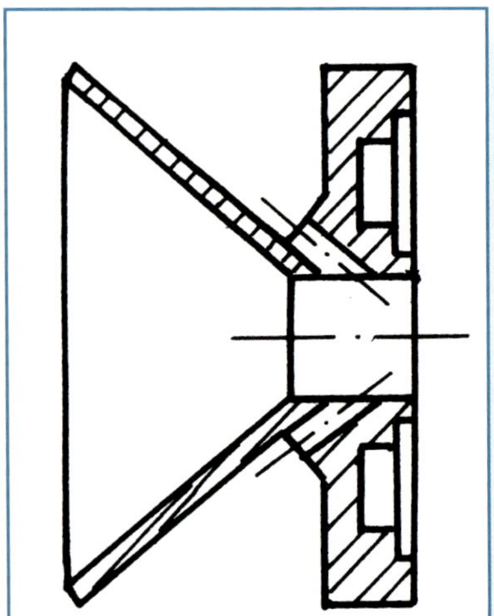

Kurz vor Manuskriptabschluß konnte der Verfasser den Prototypen eines neuen Dämpfers für .30-kalibrige Gewehre testen (Zusammen mit einer Erma SR 100).
Der 310 mm lange und nur noch 35 mm dünne Dämpfer ist bis auf die hintere Abschlußkappe ganz aus hochfestem Aluminium, neben anderen Dämpfern für .308-Büchsen wirkt er zierlich. Die Dämpfungsleistung ist frappierend: Der Abschuß einer .308 Subsonic-Patrone wirkt nicht mehr lauter als ein gedämpftes KK-Gewehr bzw. eine Luftpistole. Auch die Klangfärbung des Abschusses hört sich nicht mehr nach Großkaliber an. Das „Geheimnis" dieses Dämpfers besteht aus einer Anzahl identischer, äußerst komplex geformter Blendenkörper, die durch Paß- und Distanzstücke hinsichtlich Abstand und Position exakt zueinander festgelegt werden. Jeder Blendenkörper bietet Prallflächen in verschiedenen Ebenen, Kegel sowie separate Expansionskammern bzw. Strömungsleitkanäle.

Dieser Dämpfertyp wird auch an einem von B&T gebauten Repetiergewehr im Kaliber .300 Whisper verwendet. Die auf Basis eines italieni-

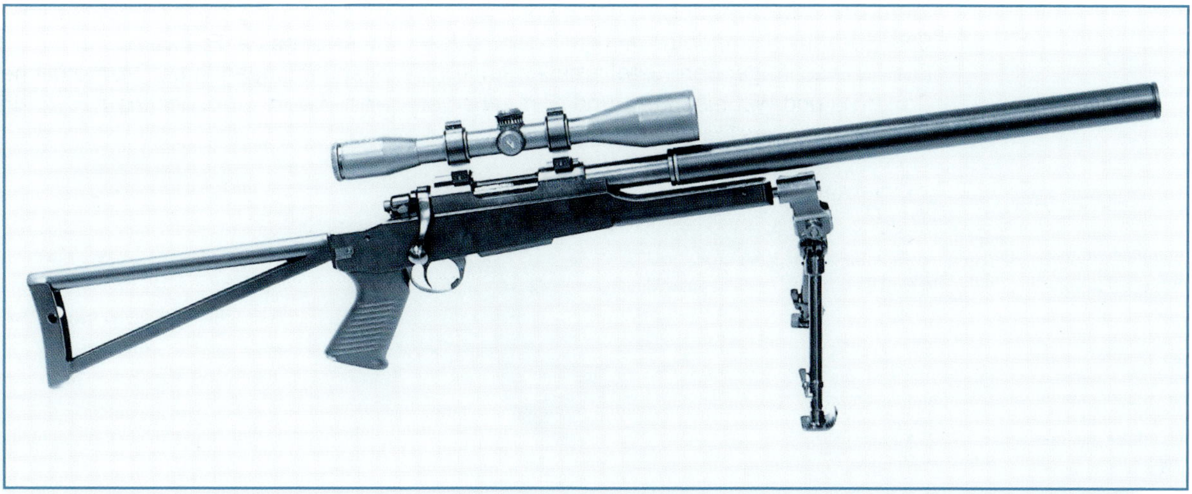

schen Sabbatti-Gewehres aufgebaute, klappbare Kompaktwaffe hat einen 250 mm kurzen Lauf, der zur Hälfte von einer Schutzhülse umgeben ist. Der vordere Teil dieser Hülse ist als Mündungsbremse ausgebildet, diese dient als vordere Montagebasis für den Dämpfer (radiale Zentrierung, axiale Verschiebbarkeit). Die eigentliche axiale Befestigung des Dämpfers erfolgt durch Verschraubung an einer Muffe am hinteren Ende der Schutzhülse, etwa in der Mitte des Laufes.

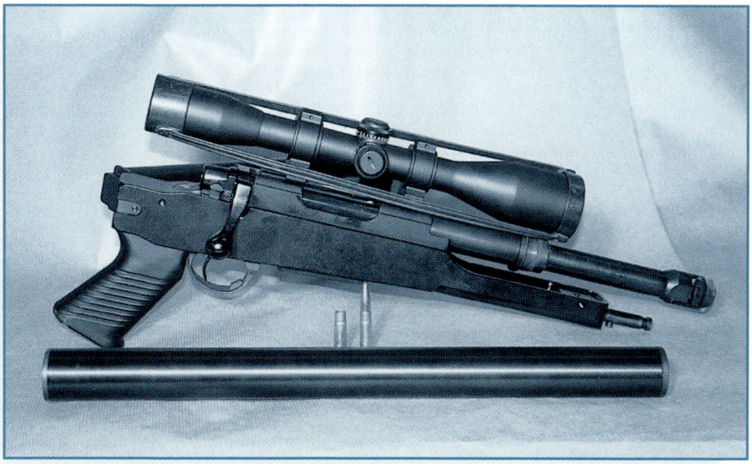

Durch die Mündungsbremse werden Gase beim Abschuß in den hinter der Mündung liegenden Expansionsraum umgeleitet. Die Außenseite des Laufes wird nicht mit Pulvergasen beaufschlagt.
Mit Handlaborierungen und Matchgeschossen sind mit dieser so ausgestatteten Waffe 5-Schuß-Trefferbilder in der Größenordnung von 20 mm / 100 m erzielbar.

Kompaktrepetierer auf Basis einer .223er Sabbatti, umgebaut auf .300 Whisper, oben einsatzbereit und unten transportbereit mit angeklapptem Schaft und demontiertem B&T Slimline-Dämpfer sowie Munition

Trotz (oder wegen?) des kurzen 250 mm Laufes mit 8" Drall sind mit dieser Waffe 10-Schuß-Streukreise von unter 25 mm auf 100 m möglich

Aufgrund der besonderen Vorzüge dieser Dämpfer- / Montagekombination werden beide auch an hochwertigen Präzisionswaffen eingesetzt, die mit und ohne Schalldämpfer Spitzenleistungen erbringen sollen, wie hier an einem umgebauten Präzisionsgewehr vom Typ AW. Der Hersteller der Basiswaffe ist die britische Firma Accuracy International, die auch das neue Scharfschützengewehr der Bundeswehr G22 liefert.

Der Stahl, aus welchem die meisten B&T-Dämpferrohre wie auch Blendenkörper hergestellt werden, wurde früher verchromt, heute hat das sog. QPQ-Verfahren die Verchromung abgelöst.
Das QPQ-(Quench-Polish-Quench)-Verfahren erzeugt nicht nur eine vom Korrosionsverhalten her günstige, glatte Oberfläche; auch das Materialgefüge wird oberflächlich verändert: Während der Materialkern durch die Oberflächenveredlung unbeeinflußt bleibt, werden die obersten 5-7 Hundertstel Millimeter in eine glasharte chemische Verbindung überführt.

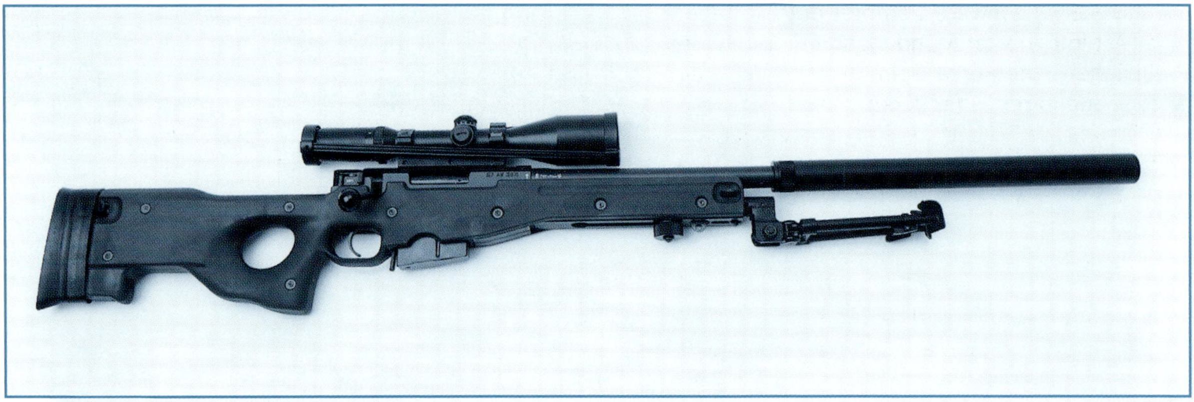

B&T Schalldämpferkonversion des Repetiergewehres AW von Accuracy International in .308 Winchester.
Die Waffe ist mit einem Lauf mit 10“-Drall ausgestattet und sowohl mit als auch ohne Dämpfer eine erstklassige Präzisionswaffe mit Sub-MOA-Präzision (MOA - minute of an angle = engl. „Winkelminute“, entspricht etwa 25 mm/ 100m)

Die Kaliberpalette bei B&T Langwaffendämpfern reicht von .22 lfB bis zur .50 Browning (.50 BMG oder metrisch 12.7 x 99 mm).
Bei diesem Kaliber ist nicht nur der lärmreduzierende Aspekt von taktischer Bedeutung, Munitions-Monster wie die .50 Browning wirbeln im wahrsten Sinne des Wortes viel Staub - oder Schnee - auf. Was eine .50er aus ihrer Mündungsbremse nach hinten abläßt, kann eine volle 0,3 l Getränkedose 1 m hinter und seitlich der Mündung wegpusten! Die aus einem solchen Gasstoß resultierende Partikelwolke verrät den Schützenstandort nachhaltiger als Kurzzeiterscheinungen wie Mündungsfeuer etc. Mit einem Dämpfer sind solche Effekte viel weniger spektakulär, sofern sie nicht völlig unterdrückt werden.
Die Nebeneffekte des Schalldämpfers wie den beträchtlich reduzierten Rückstoß (u. a. wegen der um einige Kilogramm erhöhten Waffenmasse) nimmt man dankbar in Kauf - ein passabler Dämpfer reduziert den Rückstoß einer .50 Browning etwa auf das Niveau einer kräftigen .308 Winchester oder .30-06.
Neben dem McGarrett-Halbautomaten werden auch PGM Gewehre in diesem beeindruckenden Kaliber (Modellbezeichnung „Hecate“) von B&T mit Dämpfern ausgestattet. Diese Dämpfer sind innen wie außen maßstäbliche Vergrößerungen (62 cm Länge) der Modelle für Normalkaliber, lediglich bei den Halbautomatendämpfern in .50 ist das Außenrohr mit einigen kleinen Gasentlastungsbohrungen versehen.

Lasercon

Zum Vergleich: Links der Diffusor am Lasercon - Schalldämpfer und rechts die McMillan-Mündungsbremse

Auch die deutsche Firma Lasercon, die sonst eher für Faustfeuerwaffenzubehör bekannt ist, stellt einen Schalldämpfer für das McMillan-Repetiergewehr in .50 BMG her.
Der anstatt der Mündungsbremse aufzuschraubende, 53 cm lange, 6 cm durchmessen-

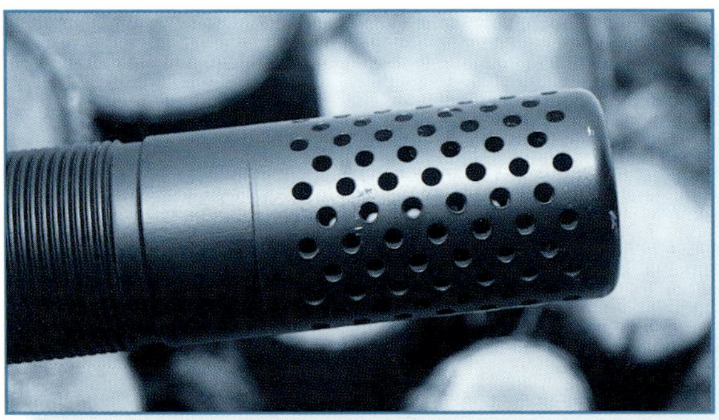

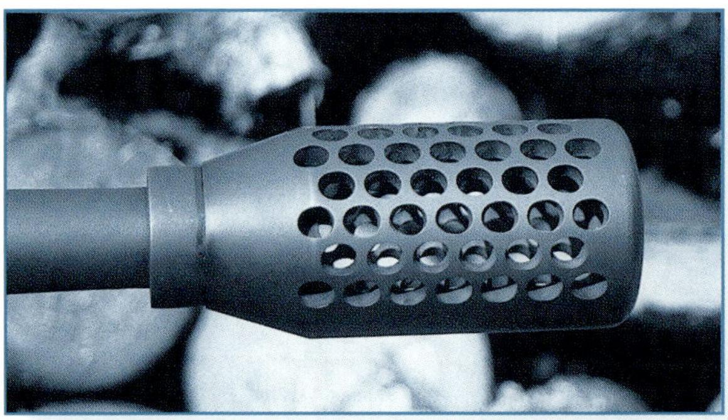

de und 3,3 kg schwere Dämpfer enthält neben einer Art integrierter Mündungsbremse mit vier Prallflächen eine kurze Spiralfeder, welche die 14 Blendenkörper unter Vorspannung hält.
Die Ränder der Geschoßdurchlaßöffnungen in den Blendenkörpern stehen der Waffenmündung entgegen, der zylindrisch hochgezogene Rand der aus dem Vollen gearbeiteten Einsätze bildet das Distanzstück zum jeweils nächsten Einsatz.
Den vorderen Abschluß des Dämpferrohres bildet der 10 cm lange sog. Diffusor. Dieses sehr massive Bauteil gleicht äußerlich - aufgrund der über 100 schräg nach hinten weisenden Bohrungen - der normalen McMillan-Mündungsbremse. Im Gegensatz zur ausschließlichen Mündungsfeuerdeckung und Rückstoßminderung bei der Mündungsbremse, soll dieses Dämpferbauteil in der Hauptsache geräuschverringernd wirken: Durch die Bohrungen können die Gase auch radial zur Seite bzw. nach oben und unten und nicht nur axial nach vorne ausströmen. Daraus resultiert eine Verminderung des Lautstärkeeindruckes der Strömungsgeräusche in Schußrichtung, weil sich der Gasstoß in fast alle Richtungen aufteilen kann.

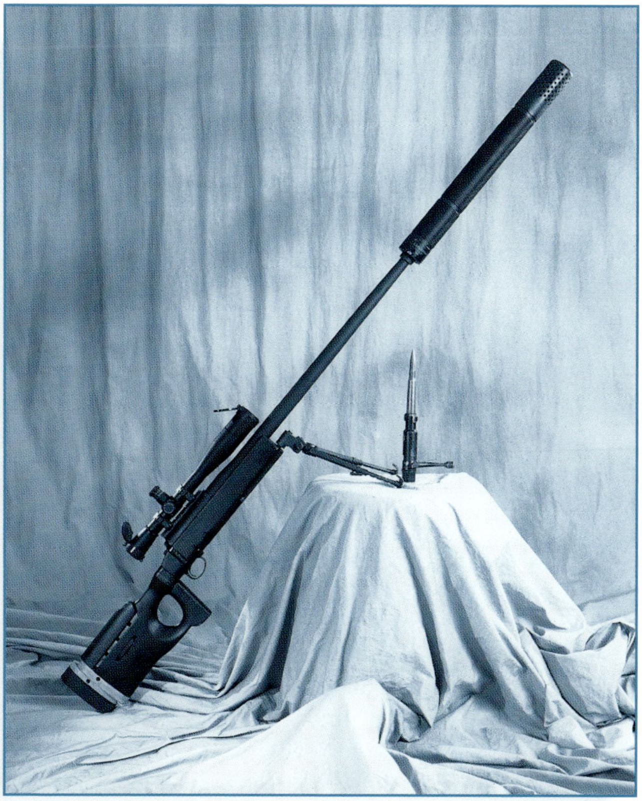
McMillan Einzellader im Kaliber .50 BMG (12,7 x 99 mm) mit Lasercon -Schalldämpfer, daneben der mit einer Patrone bestückte Verschluß

Im Inneren des Diffusors sind um den Geschoßdurchlaß sechs Sacklöcher angeordnet, die die letzte Dämpferkammer über die Radialbohrungen mit der Außenatmosphäre verbinden. Während das Projektil die Mittelbohrung durcheilt und damit verschließt, gelangen die expandierenden Gase über sechs Zusatzbohrungen und die radialen Öffnungen ins Freie.
In das Hüllrohr des Dämpfers (Hochdruckhydraulikstahlrohr) ist ein Trapezgewinde eingeschnitten, um die wärmeabgebende Oberfläche zu vergrößern.
Nach Firmenangaben ist bei solchen Dämpfern der Einsatz von Metallgewebe nicht sehr sinnvoll; versuchsweise eingelegte Metallpackungen wurden durch den Gasdruck zerstört und durch die Öffnungen in der waffenseitigen Abschlußkappe des Schalldämpfers geblasen.

Mit einer Gesamtlänge von fast 180 cm sieht die Lasercon-gedämpfte McMillan beeindruckend aus.
Diese Länge, die die Waffe auch im tiefen Anschlag deutlich in das Gesichtsfeld ragen läßt, macht die McMillan mit Dämpfer besonders für den Hüftschuß geeignet - ebenso, wie die durch den Schalldämpfer erzielte Vorderlastigkeit das Mitschwingen auf fliegende Ziele verbessert.
Nach den Zielen für die geschilderten schießtechnischen Aktivitäten mit einer .50 BMG befragt, erkärte der Schützenkollege, von dem diese Ausführungen stammen, lächelnd: „Dinosaurier!“.
Ernsthaft: Die starke Rückstoßminderung (Dämpfergewicht und Prallflächen im Dämpfer) ermöglicht es, das Präzisionspotential dieser Waffe über längere Schußserien zu nutzen. Mit einem 3-Schußstreukreis von umschlossen 35 mm auf 100 m ist die Präzision sehr gut, dies spricht auch für die beim Test verwendete Lasercon-Laborierung mit ei-

nem 750 grs. / 48,6 g Matchgeschoß (Diese Laborierung knackt übrigens, obwohl ohne Hartkerngeschoß, rund 40 mm Werkzeugstahl. Mit dieser Durchschlagsleistung sind sogar viele Schützenpanzermodelle wirksam zu bekämpfen.). Auf 300 m verteilen sich die Treffer in einem Quadrat von ca. 8 cm Kantenlänge. Der Schußknall mit Dämpfer und Normalgeschwindigkeitsmunition liegt in der Größenordnung einer .308 Win. Den Rückstoß empfindet man mehr schiebend als stoßend, er ähnelt sehr dem Verschießen von 12/76er Flintenlaufgeschoßen aus Vorderschaftrepetierern.
Ohne Schalldämpfer bzw. Mündungsbremse ist die Frage nach engen Streukreisen weniger waffen-, als vielmehr schützentechnisch relevant. Spätestens nach einem halben Dutzend „Maultiertritte“ in die Schulter läßt die Konzentration in dem selben Maße nach, wie das Mucken zunimmt - 15.000 Joule Mündungs- und über 40 Joule Rückstoßenergie (.308 Gewehr: ca. 10 J Rückstoß) mit Normalgeschwindigkeitsmunition wollen verkraftet werden.
Herstellerangaben zufolge soll die McMillan nicht ohne Mündungsbremse oder Schalldämpfer geschossen werden - neben den üblichen Verletzungen im Schulterbereich drohen Schleudertraumata der Halswirbelsäule bis hin zu Netzhautablösungen im Auge!
Die im Dämpferbetrieb verbleibende Druckwelle ist immer noch spürbar, aber bei weitem nicht so gewalttätig wie ohne - beim deutschen Beschuß pustete der Gasstoß aus der Mündungsbremse die vor und über der Waffe angebrachte Neonröhre einfach von der Decke!

Mit Schalldämpfermunition (320 m/s, 800 grs. / 51,8 g) öffnen sich die 100 m Streukreise auf umschlossen etwa 70 mm bzw. ca. Kopfzielgröße auf 300 m. Aufgrund des nicht auf niedrige Geschoßgeschwindigkeiten und hohe Geschoßgewichte abgestimmten Dralles ist diese Präzisionseinbuße nachvollziehbar. Der mit Dämpfer verbleibende dumpfe Abschußknall ist mit dem wuchtigen Schließen einer Autotür zu vergleichen - und dies, obwohl immer noch deutlich über 2.500 Joule Mündungsenergie zur Verfügung stehen. Ein Hochschlag oder Rückstoß ist kaum mehr zu bemerken.
Auf einem Bundeswehrschießstand geschossen, war auf der gegenüberliegenden Seite des Längswalles der Geschoßeinschlag das am lautesten empfundene Einzelgeräusch beim Schuß.

Sturmgewehrdämpfer

Im regulären Truppengebrauch fand bzw. findet man kaum Schalldämpfer an Sturmgewehren, obwohl sie in einigen Bereichen (Häuserkampf, Rekrutenausbildung, Standortschießanlage etc.) durchaus Sinn hätten.

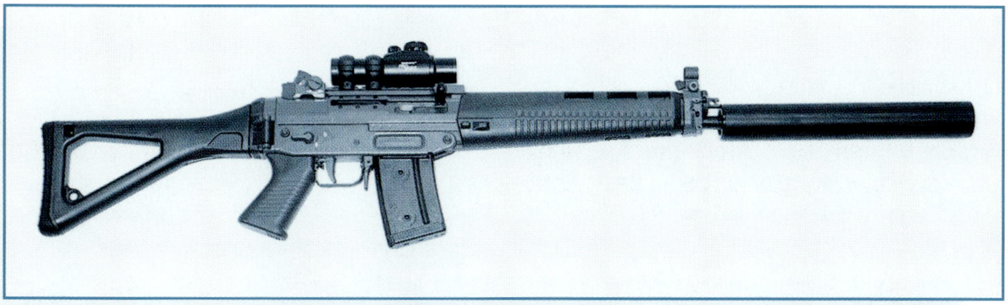

SIG-Sturmgewehr mit Schalldämpfer

Kalashnikow Kurzversion AKR74 im Kaliber 5,45 x 39 mm für Fallschirmjäger und Spezialeinheiten mit Schalldämpfer

MAC

Eines der weltweit verbreitetsten Sturmgewehre, das M16 wurde vergleichsweise häufig mit SD's ausgestattet - vorzugsweise für die Kampfgebiete in Fernost.
In diesen Gebieten mit dem permanenten Halbdunkel im Dschungel, bei Nacht oder Regen fiel das ausgeprägte Mündungsfeuer der M16 Sturmgewehre besonders auf. Hier waren u. a. auch die mündungsfeuerdeckenden Eigenschaften der Schalldämpfer gefordert; bei dem hohen Schallabsorptionsgrad der mit tropischer Vegetation bewachsenen Kampfgebiete verlor sich auch der Geschoßknall der sehr schnellen .223er Projektile rasch.

HEL M4

Neben den schon beschriebenen MAC-Dämpfern wurde das M16 auch mit der HEL M4-Vorrichtung ausgestattet. Von seinem Innenleben her ist dieser von den Aberdeen Human Engineering Laboratories entworfene SD ein etwas vereinfachter, konzentrischer Blendendämpfer mit trompetenförmigen Leitblechen, einer Expansionskammer und einem „verkehrt" herum eingebauten Blendeneinsatz vor der Waffenmündung.
Der „falsch" herum eingebaute Einsatz hatte einen bestimmten Grund: Wenn der Verschluß eines Selbstladers öffnet, können im Dämpfer gespeicherte Gase auch entgegen

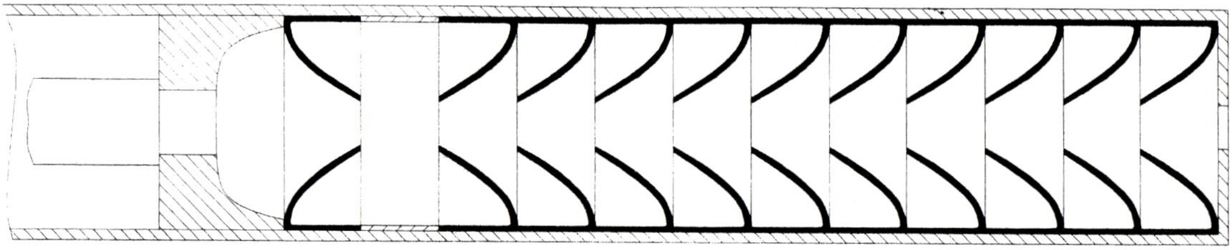

Schitt durch HEL-M4 Schalldämpfer für das M16

der Schußrichtung, nach hinten, durch Lauf und Patronenlager entweichen. Dieser Gasschlupf hat einige Nachteile (Verfrachtung von Verbrennungsrückständen in den Mechanismus, zusätzliches Geräusch beim Entweichen aus dem Auswurffenster etc.) und sollte deshalb minimiert werden. Der Ablenkkörper ist nun so eingebaut, daß er diesem Rückblasen maximalen Durchströmungswiderstand entgegensetzt. Die in der Expansionskammer gespeicherten Gase erfahren so bei der Rückströmung eine stärkere Drosselung, was den Rückblaseffekt deutlich mindert - dafür bleibt der Restgasdruck im Dämpfer höher als bei den Dämpfern ohne diese „Rückstrombremse".

M16A1 Carbine mit einschiebbarer Schulterstütze, Zielfernrohr und Schalldämpfer

Über die Verbreitung und Effizienz dieses Dämpfer ist leider nichts bekannt.

Auch das Frankford Arsenal hatte einen Schalldämpfer für das M16 entwickelt, der vom Innenleben her allerdings sehr an Maxim erinnerte.

Die beschriebenen Typen wurden vorzugsweise während des Vietnamkrieges eingesetzt. In den letzten Jahren sind MP-Versionen des M16 in den Kalibern .45 ACP bzw. 9 mm

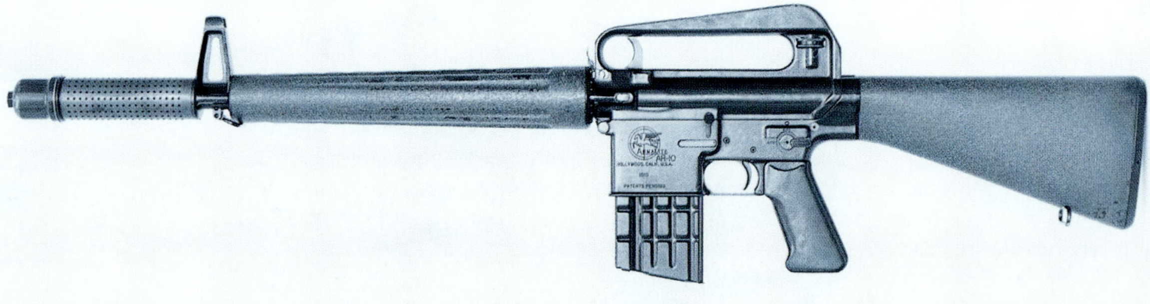

Armalite AR10 - der direkte M16 Vorgänger mit Schalldämpfer (Foto: BWB/WTS)

Parabellum auf dem Markt. Diese vor allem bei Sondereinheiten verwendeten Waffen sind zum Teil mit Schalldämpfern ausgestattet.
Eines dieser SD-Designs weist in der letzten Dämpferkammer große Öffnungen nach außen auf, was die Gase nach oben und hinten lenken und so den Rückstoß gezielt vermindern soll.

Im Gegensatz zum HEL- oder Frankford Arsenal-Modell ist bei der Verwendung eines MAC-Dämpfers keine Veränderung an dem jeweiligen M16 erforderlich. Die Anbringung erfolgt über eine Spannzangenmontage am Mündungsfeuerdämpfer, der dann in den Schalldämpfer hineinragt.

B&T Mil Spec

Auch die MIL-SPEC Dämpfer von Brügger & Thomet setzen mit ihrer Spannzangenmontage am Feuerdämpfer an. Sie passen ohne Nacharbeit auf alle Sturmgewehre mit einem 22 mm durchmessenden Feuerdämpfer, der Militärspezifikationen entspricht. Daneben gibt es auch Versionen, bei denen die Spannzange in ein entsprechendes Laufprofil - wie etwa beim SIG-Sturmgewehr - greift.

H&K G3A3 mit MIL-SPEC Dämpfer

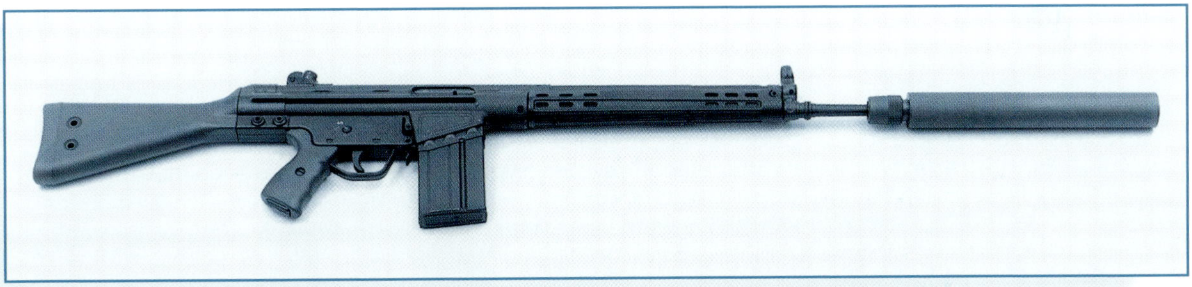

Der Innenaufbau des in zwei Baulängen erhältlichen Sturmgewehrdämpfer von B&T entspricht den bereits beschriebenen Langwaffendämpfern. Im älteren, 340 mm langen MIL-SPEC II befinden sich Kegellamellen. Der auch in Titanausführung (490 g!) erhältliche, halb so lange MIL-SPEC III verdankt seine Wirksamkeit besonderen K-Blenden.
Ventile zum Gasablaß à la MAC sucht man bei beiden Modellen vergeblich, dafür stößt man auf andere, nützliche Details wie den umlaufenden Handschutz oder eine kleine Einfräsung an der Überwurfmutter der Spannzange. In diese Einfräsung läßt sich der Boden einer leeren Hülse einschieben, so daß die Hülse als Hebel zum Öffnen der Montage benutzt werden kann. Jeder, der schon einmal versucht hat, den durch Rückstoß und Rückstände so richtig festgegangenen und dabei noch heißen Dämpfer von seiner

Schnitt durch einen B&T-Schalldämpfer u. a. für das SIG-Sturmgewehr, dessen Spannzangenmontage am besonders profilierten Lauf ansetzt

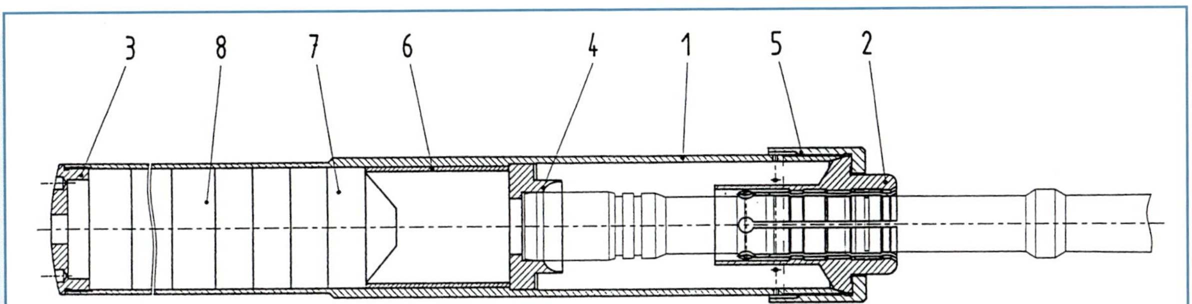

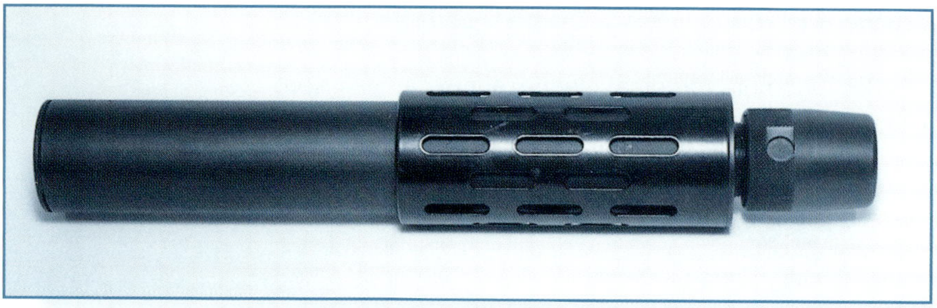

Waffe zu fummeln, wird diese kleinen Extras zu schätzen wissen!
Um die Treffpunktverlagerung nach der Montage des MIL-SPEC II zu kompensieren, muß beim SIG-Sturmgewehr (bei der Verwendung von Normalgeschwindigkeitsmunition) das Visier um drei Klick hochgestellt werden. Nach den vorliegenden Schußbildern lassen sich mit dem SIG-Sturmgewehr (mit B&T-Dämpfer und Ordonnanzmunition) auf 300 m reproduzierbar 9 von 10 Schuß innerhalb eines DIN A5-großen Zieles (ca. 200 x 140 mm) plazieren.

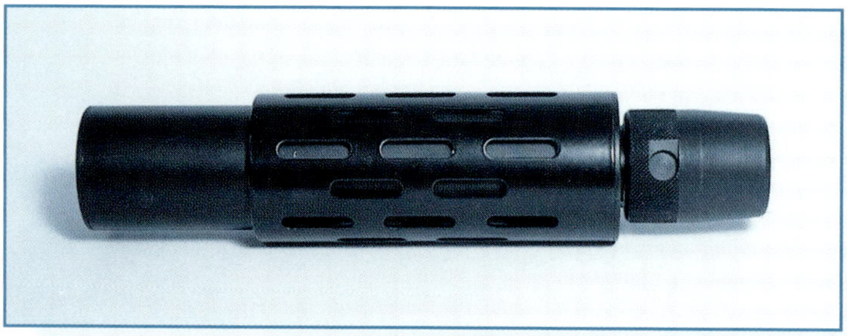

Oben: B&T Mil-Spec II-SD für Sturmgewehre im Kaliber 5,56 / 7,62 mm
Unten: Taktischer B&T Mil-Spec III-Schalldämpfer

Daneben gibt es auch noch die sog. CQB-Dämpfer (Close Quarter Battle, engl. etwa „Nahkampf"), vor allem für kompakte Sturmgewehre.
Diese kompakten Modelle werden auf das Laufgewinde für die Mündungsbremse geschraubt.

Ein brandneuer Sturmgewehrdämpfer ist an der Rohrinnenseite mit einem durchgehenden Innengewinde versehen, die entsprechenden Blenden mit Außengewinde lassen sich in das Gehäuse einschrauben. Durch das beim Einbringen des Gewindes entnommene Material wie auch die entfallenden Distanzstücke zwischen den Blenden wird hier nochmals Gewicht eingespart.

Heckler & Koch Halbautomat in .223 Remington mit CQB-Dämpfer, die Schraubmontage setzt am Gewinde des Mündungsfeuerdämpfers an

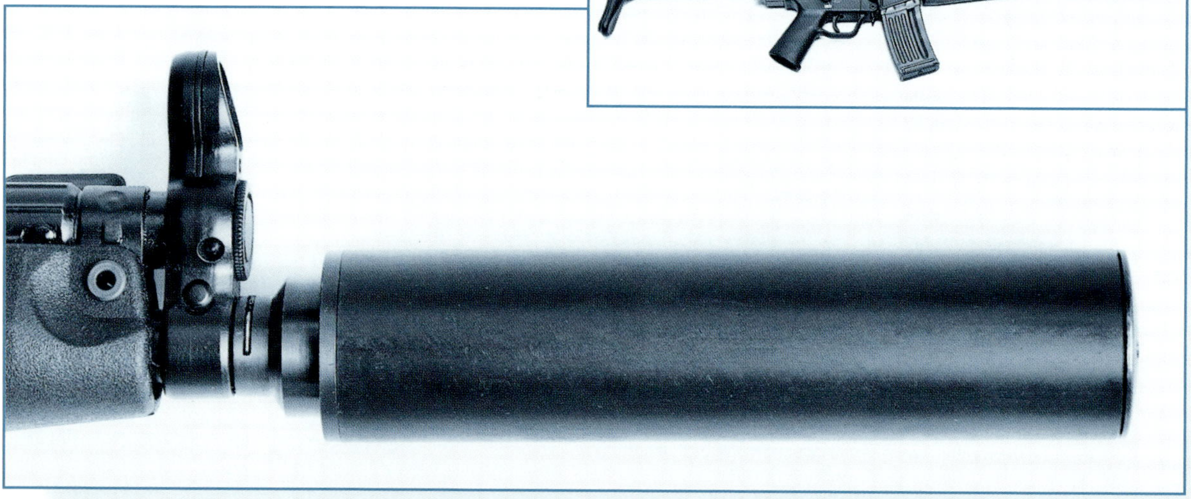

VAL Assault Rifle / VSS Silent Sniper Rifle

Selbstverständlich existieren auch Schalldämpfer für eines der bekanntesten bzw. verbreitetsten Sturmgewehre der Welt, die russische Kalashnikow. Die Dämpfer selbst geben nicht allzuviel erwähnenswertes her, viel interessanter sind die Leiseversionen auf Kalashnikow-Basis, die VAL Silent Assault Rifle bzw. die VSS Silent Sniper Rifle.
Beide Waffen unterscheiden sich optisch und technisch im wesentlichen nur durch die Schaftform. Während die vom Hersteller als „Rampart" bezeichnete Sturmgewehrversion einen Klappschaft und normale, mechanische Visierung aufweist, verfügt die „Thread Cutter" genannte Scharfschützenausführung über einen Skelettschaft und Montagemöglichkeiten für optische bzw. opto-elektronische Zielhilfen. Der „Thread Cutter" ist besonders einfach und klein zerlegbar; inclusive Nachtzielgerät läßt er sich in einem 450 x 370 x 140 mm großen Koffer unterbringen und in 30-60 Sekunden feuerbereit montieren.

Beide Waffen schiessen sowohl halb- wie auch vollautomatisch.
Der Dämpfer ist fest montiert, er umschließt den angebohrten Lauf ab dem Vorderschaft, vor der Mündung befinden sich zwei Expansionskammern.
Die Dämpfung ist ausgezeichnet; das verbleibende Abschußgeräusch entspricht einem kräftigen Händeklatschen und geht praktisch vollständig in den Mechanikgeräuschen unter.

VAL und VSS sind für das auf Durchschlagsleistung optimierte Sonderkaliber 9 x 39 mm eingerichtet. Die Basis dieser Patrone ist eine randlose Schulterhülse, vermutlich aus einer umgeformten und aufgeweiteten 7,62 x 39 mm. In der als SP-6 bezeichneten Laborierung ist ein 200 grs. / 13 g schweres Ogival-Spitzprojektil verladen, welches auf rund 295 m/s beschleunigt wird. Aufgrund des Projektilaufbaues und der Materialauswahl durchschlägt ein solches Geschoß bis 400 m Entfernung alle gängigen Schutzkleidungsstücke der Protection Levels (Schutzklassen) I, II und III. Darunter fallen viele Splitterschutzwesten, aber auch sog. beschußhemmende bzw. -sichere Ausrüstungsgegenstände. Die Restenergie reicht angabegemäß für verläßliche Stoppwirkung aus. Auf 500 m wird angabegemäß noch 2 mm Stahlblech (Stahlhelm!) durchschlagen, auch hier verbleibt genügend Restenergie für verläßliche Mannstopwirkung.

Heckler & Koch Sturmgewehr G3

Auf das Innenleben des modular aufgebauten Dämpfers für das G3 wurde bereits eingegangen. Die praktische Ausführung dieses Dämpfers lehnt sich recht eng an das Patent an, so daß hier weitere Beschreibungen entfallen können. Laut Firmenauskunft hält dieser aus Leichtmetall gefertigte Dämpfer sogar ein volles 30-Schuß-Magazin im Dauerfeuer aus! Die dabei entstehende Geräuschkulisse aus mechanischen Geräuschen sowie dem Geschoß-Überschallknall läßt den Abschuß selbst (aku-

Modular aufgebauter H&K Dämpfe für das G3

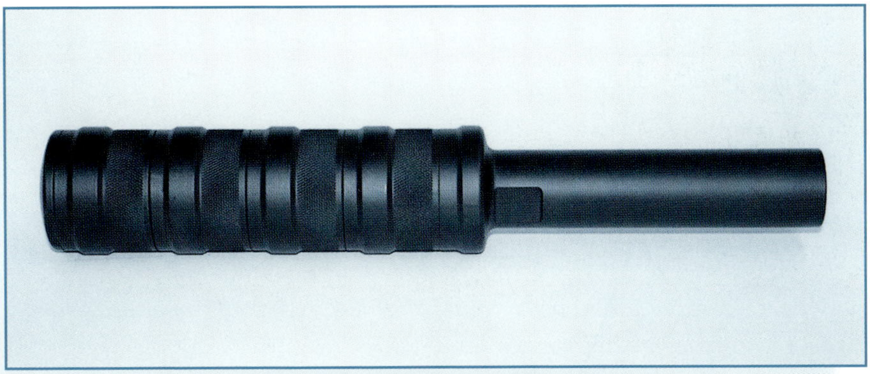

H&K-Sturmgewehr mit Dämpfer, alte Dämpfer-Version mit Außenrohr (Foto: BWB/WTS)

stisch) völlig untergehen. Trotzdem empfiehlt sich auch mit Dämpfer das Tragen eines Gehörschutzes.
Neben dem Moduldämpfer gibt es auch noch ein konventionell aufgebautes Modell, also mit Außenrohr und eingesetzten Blenden. Diese Ausführung besteht allerdings aus Stahl.

Steyr AUG

Das Steyr AUG war noch vor dem britischen SA-80 oder französischen FAMAS eines der ersten Bullpup-Sturmgewehre, welches 1978 Serienreife erlangte. Von Steyr selbst gibt es keinen Werkseigenen SD, man vertraut hier auf entsprechend spezialisierte Firmen wie Stopson oder B&T. Das konstruktionsbedingt etwas hecklastige AUG gewinnt mit SD - das Zusatzgewicht verlagert den Schwerpunkt zur Mündung hin, was der Waffe nahezu ideale Balance verleiht und sie im Dauerfeuer „wie ein Brett" liegen läßt. Dies gilt auch für die auf dem AUG basierenden MP-Versionen.

Steyr AUG mit Brügger & Thomet Mil-Spec-Dämpfer (Foto: B&T)

Maschinenpistolen & Dämpfer

Wie bereits angeführt, sah es in Deutschland mit der Entwicklung von SD's, auch für MP's, in der Vergangenheit ziemlich schwach aus. Auf diesen Sektoren hatten Briten und Amerikaner lange Zeit die Nase vorn.

Sten-MP

Eine sehr interessante, schallgedämpfte MP-Familie waren bzw sind die englischen Sten-MP's. Häßlich wie eine Vollmondnacht finster, überzeugen diese Waffen von der Mk IIS bis zur MK VI durch Zuverlässigkeit, Unabhängigkeit von SD-Munition und Dämpfungsleistung. Jede Neuentwicklung auf dem MP-Dämpfersektor muß sich an diesen WK II-Veteranen messen lassen.

Der Urahn: Die gedämpfte Sten-MP Mk II im Kaliber 9 x 19 mm (Foto: BWB/WTS)

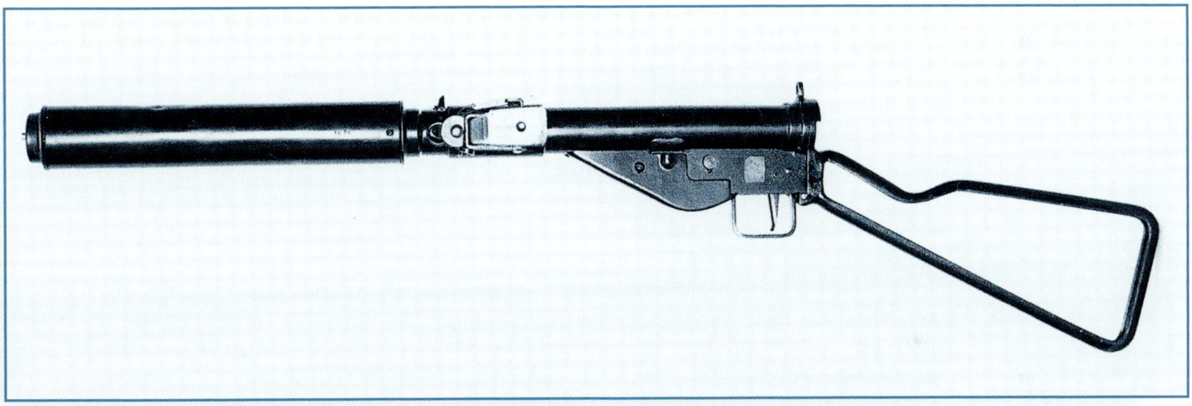

Das Hauptmanko der ersten Generation der SD-Sten (MK IIS) war der Dämpferaufbau - in acht der rund 20 von Scheiben und Ringen gebildeten Expansionskammern vor der Mündung befinden sich zu durchschießende Gummischeiben, was die Präzision der Waffen im Einzelschuß stark vermindert. Interessanterweise bestand dieser Dämpfer-Innenaufbau zu einem großen Teil aus nichtmetallischen Kunststoffen, wie Asbest bzw. Bakelit. Der spiralig parallel zu den Zügen bzw. Feldern angebohrte Lauf ist innerhalb des mit Asbest isolierten Doppelmantels von Scheiben umgeben, die zusammen mit entsprechenden Distanzstücken zylindrische Expansionsräume um den Lauf bilden. Neben den Laufbohrungen weisen diese gedämpften Stens auch leichtere Verschlüsse und weiche-

Querschnitt durch einen Sten-Dämpfer des ersten Modells

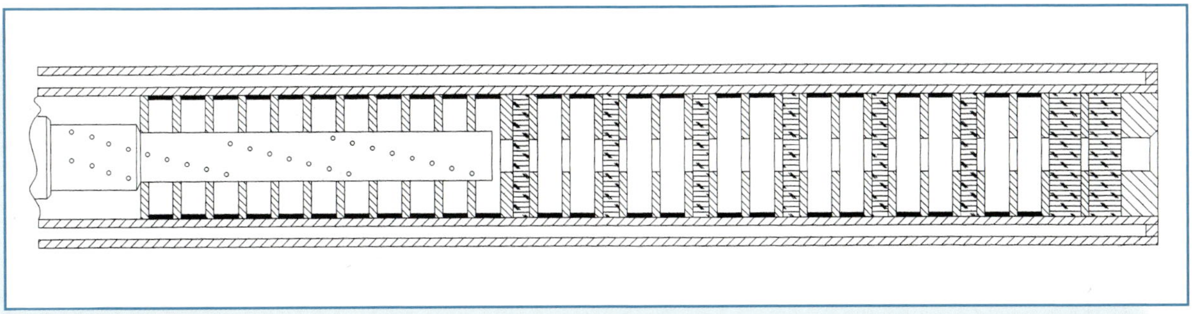

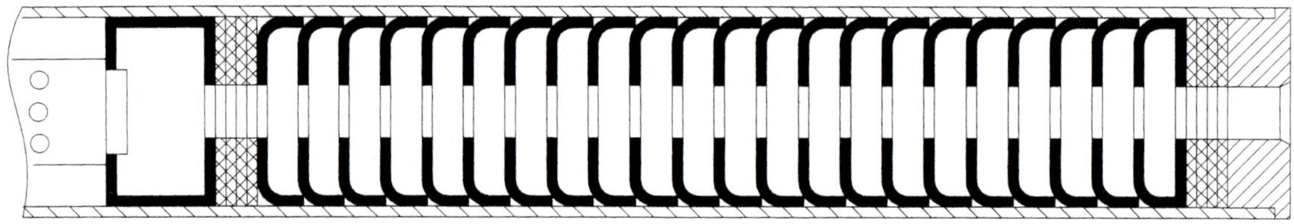

Querschnitt durch Sten-Dämpfer, zweites Modell

re Schließfedern auf, damit sie trotz des geringeren Munitionsimpulses funktionieren. Diese frühen Modelle konnten nur im Einzelfeuer über längere Zeit mit guter Dämpfung geschossen werden; Dauerfeuer führte zum übermäßig schnellem Verschleiß des Innenlebens. Die beschriebenen „Innereien" hielten den Quellen zufolge höchstens zwei Magazine (ca. 60 Schuß) Dauerfeuer aus.
Ein weiteres Problem des Dauerfeuers aus diesen Waffen stellte die starke Dämpfererwärmung dar. Erst eine auf das Außenrohr geschnürte Canvas-Isolierung machte ein Handling der Waffe ohne Verbrenungsgefahr möglich.
Diese Isolierung wurde auch für die nächste Dämpfergeneration übernommen. Hier waren keine Gummischeiben mehr vorgesehen, dafür fanden sich unmittelbar vor bzw. nach den fast dreißig Blenden kurze Metallgewebepackungen.
Beim dritten Dämpfertyp kehrte man zu der Verwendung von Elastomerkörpern zurück. Am Dämpferende befanden sich drei zu einer Packung vereinte Scheiben vor den kegelförmigen Leitblechen und dem auf rund 8 cm gekürzten, nach dem Patronenlager angebohrten Lauf.
Später ersetzte man diese Gummischeiben wieder durch Messinggewebepackungen, erst dann war die Dauerfeuertauglichkeit dieser Dämpfer endgültig gegeben.

Der Vorteil der Stens liegt in der Funktionssicherheit und der Unabhängigkeit von Subsonic-Munition. Aufgrund der Gasdruckentlastungsbohrungen im Lauf in Verbindung mit einer sehr kurzen Lauflänge wird die Geschoßgeschwindigkeit bei den so modifizierten Ausführungen zuverlässig unter Schall reduziert.

AMFCO-Dämpfer

Der AMFCO-Dämpfer für die Sten bestand aus einem Rohr, in welchem sich Metallgittergewebepackungen und Elastomerscheiben befanden. Damit war er praktisch baugleich mit den später noch beschriebenen OSS-Entwicklungen für die Grease-Gun, der wesent-

Querschnitt durch Sten-Dämpfer, drittes Modell

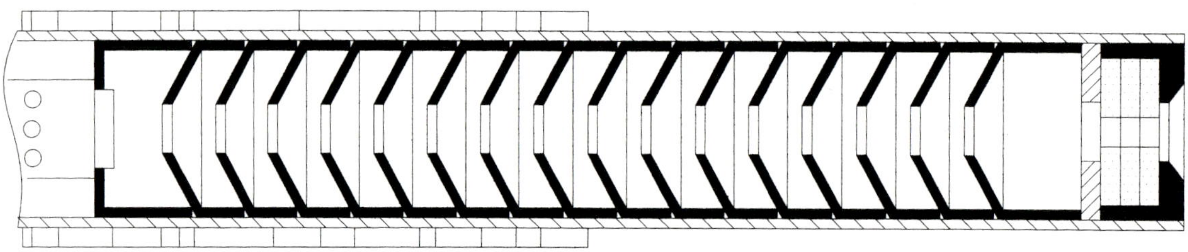

liche Unterschied zu letzterem lag im gleichbleibenden Durchmesser der Gehäuse um bzw. vor dem Lauf.

Sterling-Patchett

Schnittbild einer Sterling MP (offizielle Bezeichnung: L34A1) mit untergeklappter Schulterstütze

Der letzte Beitrag Großbritanniens auf dem SD-MP-Sektor ist die 9 mm Sterling-Patchett. Auch bei dieser Waffe ist der Lauf angebohrt. Eine durch perforierte Metallrohre stabilisierte Gewebepackung umhüllt den Lauf, allerdings mt einem kleinen Ringspalt. Vor dem Lauf findet ein „Spiraldiffusor" benanntes Bauteil Verwendung. Dabei handelt es sich um eine Spirale à la DeLisle-Karabiner, allerdings mit konzentrischem Geschoßdurchgang. Den Abschluß bildet ein großzügig bemessener Expansionsraum. Diese MP stellt nach Meinung praktisch aller Fachleute hinsichtlich Zuverlässigkeit und Schalldämpfung einen Maßstab dar, an dem sich auch neuere und „modernere" Konstruktionen heute noch messen lassen müssen.

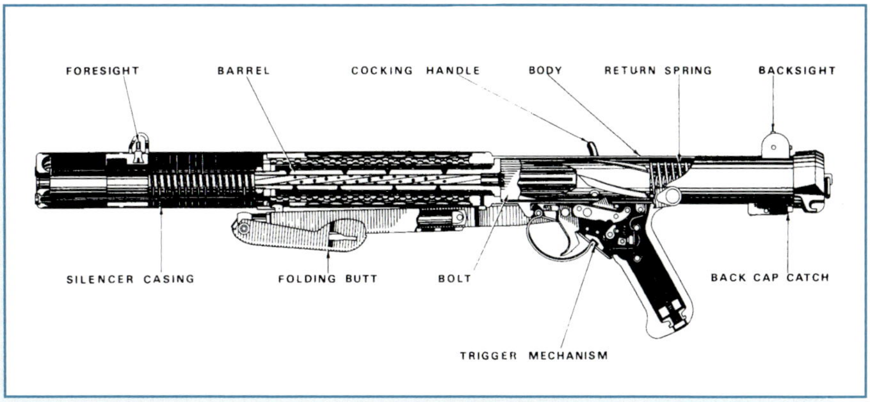

Thompson-MP's und ihre Dämpfer

Neben Fort Benning und den Aberdeen Proving Grounds galt das Frankford Arsenal auf US-amerikanischer Seite als eine der Kapazitäten auf dem SD-Entwicklungs- und Test-Sektor.

Interessanterweise wurde hier im Rahmen eines großen SD-Waffentests einmal konstatiert, daß die Dämpfung bei allen überprüften Waffen effektiv sei, die Waffen sich aber für „normalen" Dienstgebrauch nicht eignen. Zwischen den Zeilen wollte man damit wohl zu verstehen geben, daß SD's nur etwas für besondere Anlässe sind.

Thompson-Maschinenpistole in .45 ACP mit OSS-Dämpfer (oben) und das Modell M 1928 A1-BS (unten)

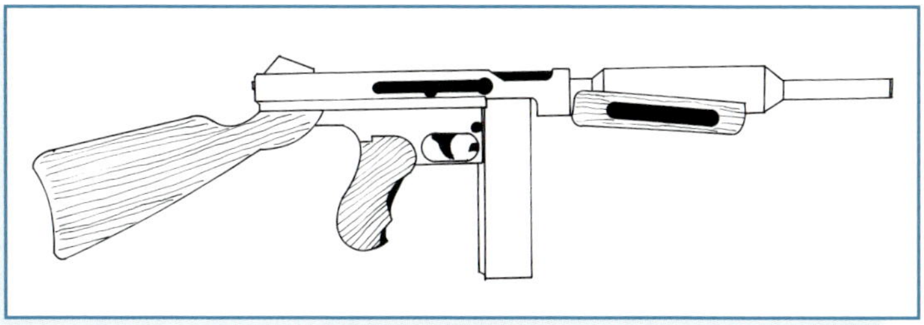

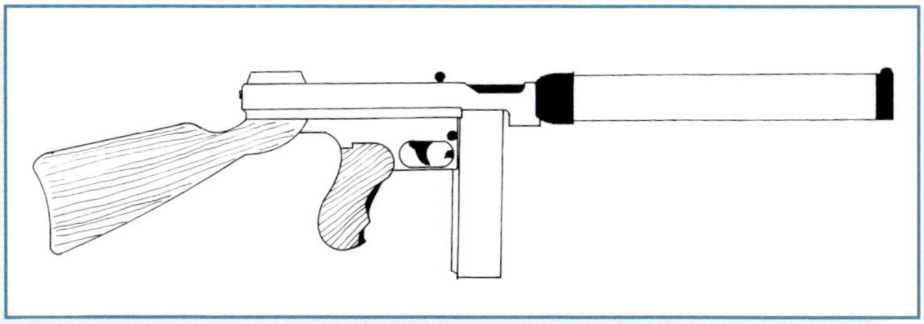

Die Thompson-MP - mit Trommelmagazin die Waffe von Gangstern wie auch FBI gleichermaßen - konnte sich in keiner bekanntgewordenen Version als Schalldämpferwaffe wirklich durchsetzen, obwohl sie sich vom Kaliber - .45 ACP - her angeboten hätte. Die ohnehin schon recht schwere, gewehrähnliche Waffe wurde in der jeweiligen SD-Version - OSS M1A1, M 1928 A1-BS oder mit Enfield-Dämpfer - noch größer und unhandlicher.

Das Design des OSS-Dämpfers läßt Anleihen beim DeLisle Karabiner (angebohrter Lauf und Gasumlenkung) wie auch bei der SD-Sten (abwechselnd Elastomer- und nor-

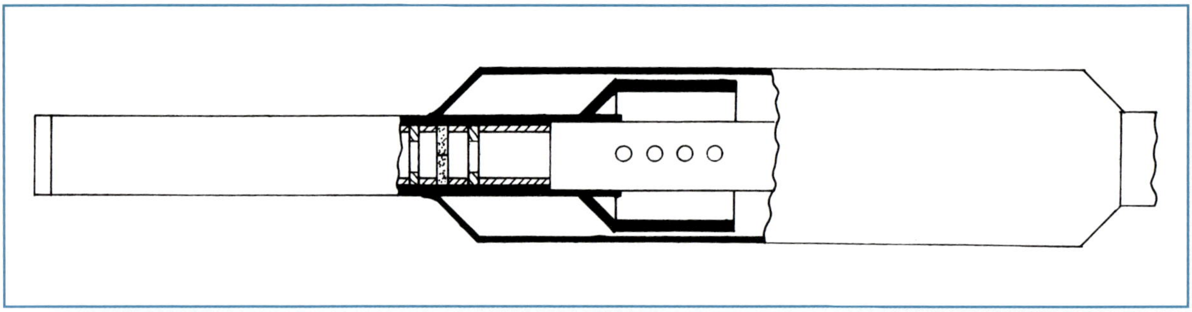

Schnitt durch den OSS-Dämpfer für die Thompson-MP

male Blenden) deutlich erkennen. Untypisch für US-amerikanische MP-Dämpfer dieser Zeit ist das fehlen jeglicher Absorptionskörper wie Metallgewebepackungen etc.

M3 Grease-Gun

Wegen der Unhandlichkeit der Thompson verpaßte man in den USA auch fast ausschließlich der M3-MP, der sog. „Grease-Gun“ (Fettspritze, Fettpresse) ab ca. 1942 verschiedene Dämpfer. Die wegen ihrer Form nach einer Abschmiervorrichtung benannte MP eignete sich aufgrund ihres Kalibers - der von Hause aus subsonischen .45 ACP - ebensogut für eine Dämpfung wie die Thompson.

M3A1 „Grease-Gun“ in .45 ACP mit OSS Schalldämpfer

Nach jetzigem Kenntnisstand wurde die M3 bis auf wenige, MAC-gedämpfte Ausführungen ausschließlich mit Labyrinth- / Absorptionsdämpfern mit verschieden ausgeführten Drahtgewebepackungen ausgestattet. Der angeführte MAC-Dämpfer weist eine leicht auswechselbare Baugruppe an der Mündungspartie (mit elastischen Einsätzen) auf, ansonsten entspricht er im Aufbau den später beschriebenen MAC-Baumustern.

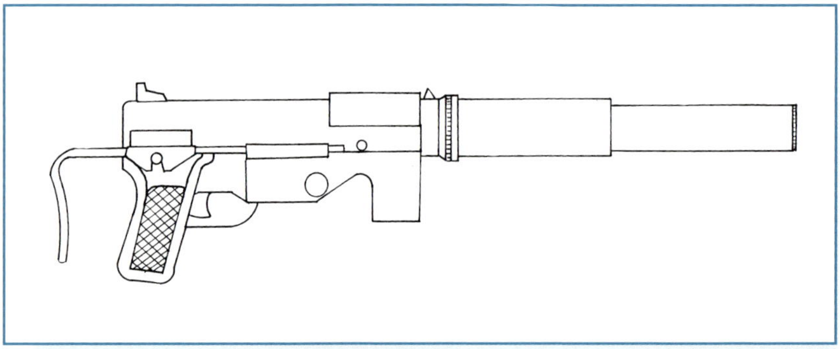

Ein von der OSS kreierter Dämpfertyp arbeitete mit einer Metallgewebewicklung um den angebohrten Lauf und 230-250 einzelnen Metallgewebescheiben in der Röhre vor der Laufmündung. Dieser Dämpfer ließ vom Schußgeräusch angeblich nur noch das Geräusch eines schwachen Händeklatschens übrig; diese Dämpfungsleistung wird von einigen Quellen mit -30 dB beziffert.

Pikanterweise zog ein nicht unwesentlicher Teil des OSS-Personals die handlichere, prä-

Schnitt durch den M3A1 „Grease-Gun“ Schalldämpfer des OSS

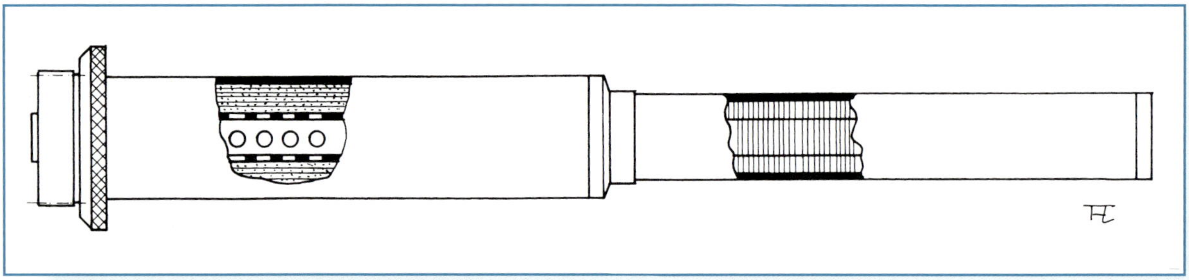

zisere und leichtere, aber im Vereinigten Königreich gebaute 9 mm SD-Sten dieser Eigenentwicklung vor.

M3-AMFCO

Der AMFCO-Dämpfer für die M3 war abnehmbar bzw. konnte auf den mit einem Gewinde versehenen Lauf aufgeschraubt werden. Die Vorrichtung bestand praktisch nur aus einer den Lauf verlängernden Röhre mit darin befindlichen Metallgewebescheiben; zwischen diesen Elementen waren fünf Elastomerscheiben plaziert. Ob diese Scheiben unterkalibrig vorgelocht waren und sich nach dem Projektil schließen sollten oder (überkalibrig gelocht) nur die Aufgabe hatten, die einzelnen Packungssegmente voneinander zu separieren, läßt sich heute nicht mehr nachvollziehen.

Schnitt durch den M3A1 „Grease-Gun“ Schalldämpfer der Firma AMFCO

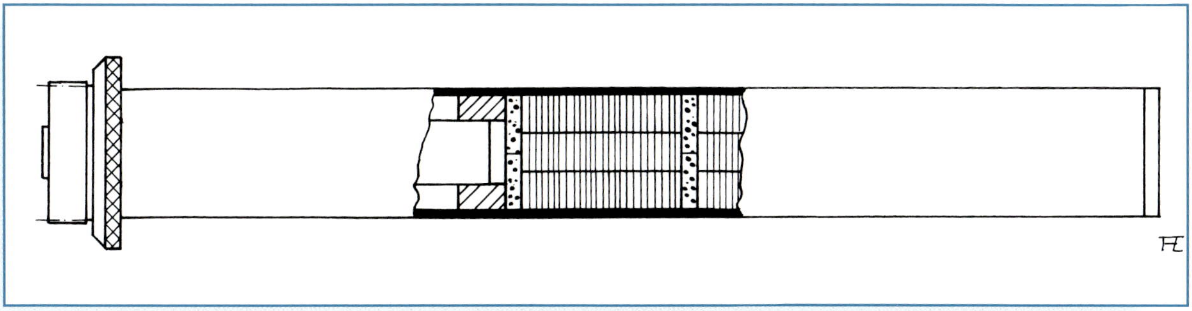

OSS- wie AMFCO-Dämpfer waren dauerfeuertauglich, angeblich präzisionsneutral und wirksam - ein Schuß aus einer so gedämpften Grease-Gun war angabegemäß 200 yards (ca. 185 m) vom Schützen entfernt überhaupt nicht mehr hörbar.

LAUTSTÄRKEVERGLEICH

Bei einem Test am 27.1.1944 wurden die mechanischen Geräusche einer gedämpften M3 mit 68 dB gemessen (Abschlagen ohne Patrone), der scharfe Schuß mit 72 dB. Über die Meßanordnung ist leider nichts bekannt, die Lautstärkepegel scheinen aus heutiger Sicht sehr niedrig. Es liegt der Verdacht nahe, daß die Meßapparatur recht weit entfernt oder hinter der Mündung angebracht war. Auch eine Messung des gemittelten Pegels anstatt des Spitzenpegels scheint denkbar.
Im Rahmen dieses Tests wurde auch die Thompson meßtechnisch ausgewertet: 68 dB beim Abschlagen ohne Patrone, ca 71 dB im scharfen Schuß mit Dämpfer und 79 dB beim 2-Schuß-Feuerstoß.
Der höhere Geräuschpegel beim Feuerstoß ist auf verschiedene Arten erklärbar:
Sehr schnell aufeinanderfolgende, ähnliche Geräusche können oft nicht mehr klar in Einzellaute aufgelöst wurden und verschmelzen zu einem Gesamtgeräuschpegel.
Es wäre auch denkbar, daß der Dämpfer beim zweiten Schuß noch mit unter Druck stehenden Gasen gefüllt war und die Pulvergase des zweiten Schusses nicht mehr genügend unbeaufschlagten Expansionsraum fanden. So gelangten noch verhältnismäßig hochgespannte Gase in die Außenatmosphäre.

INGRAM-MP UND MAC-SD

Diese Erscheinung versuchten andere Erfinder über zusätzliche Wirkkomponenten im Dämpfer zu verringern. Bei den MAC-Dämpfern für die MPs aus gleichem Hause ist dem

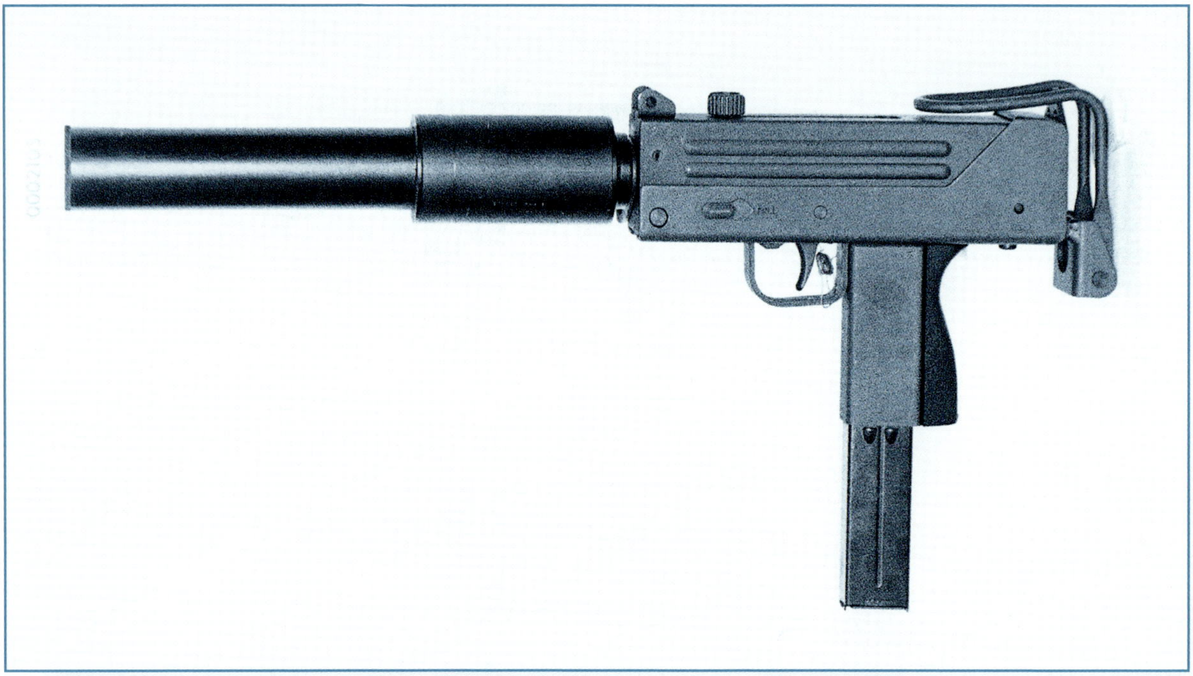

Subkompakte Maschinenpistole, Typ Ingram MAC-10 in 9 x 19 mm mit MAC-Schalldämpfer (Foto: BWB/WTS)

charakteristischen Spiralenpaar ein Geschoßführungsrohr mit Gasentlastungsbohrungen vorgeschaltet. In dem Ringraum zwischen diesem Innen- und dem Dämpferaußenrohr befindet sich eine Schüttung aus Absorptionskörpern, meist Aluminium- oder Kupfernieten. Durch diese Schüttung wird ein ähnlicher Kühl- und damit Dämpfeffekt wie bei Metallgewebepackungen erzielt. Die größere Masse der Nieten kann aber mehr Wärme aufnehmen, außerdem bieten sie mehr Hohl- und damit Expansionsraum.

Nach WerBell ist die präzisionsverbessernde Wirkung dieser MAC-Dämpfer u. a. auf die Laufverlängerung mit den umgebenden Absorptionskörpern zurückzuführen.
Dieses Rohr trägt nach WerBells Ausführungen zur Stabilisierung des Geschosses bei: Der abrupte Übergang auf einen absolut führungslosen Flug unmittelbar nach Verlassen der Mündung wird hinausgezögert und der Gasdruck hinter dem Geschoß allmählich vermindert. Weiterhin können in dem engen Ringspalt kaum Gase das Projektil überholen und dabei seinen Flug beeinträchtigen.
Darüber hinaus macht nach WerBells Ausführungen ein teilweise über den Lauf greifender Dämpfer den Lauf steifer und erhöht sein Eigengewicht, was das Schwingungsverhalten verbessert. Selbstverständlich macht dieses Zusatzgewicht und die daraus resultierende Kopflastigkeit die ganze Waffe auch beherrschbarer. Der so gesteigerte Komfort schlägt sich auch in besseren Trefferleistungen nieder.

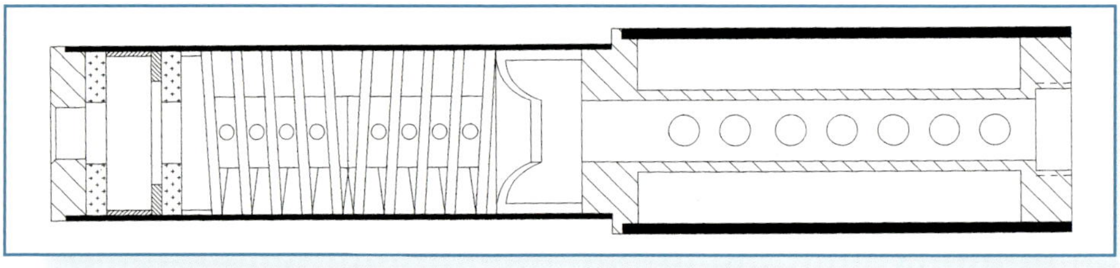

Schnitt durch den MAC-MP-Schalldämpfer

Skorpion-Maschinenpistole im Kaliber 7,65 Browning mit Original-Schalldämpfer (Foto: BWB/WTS)

VZ 61 Scorpion

Ursprünglich für Panzer- und Hubschrauberbesatzungen des Warschauer Paktes gedacht, erfreut sich die unter der Bezeichnug „Scorpion" bekanntgewordene, tschechische Kompaktmaschinenpistole großer Beliebtheit bei Terroristen in aller Welt.
Folgende Modelle sind bekannt geworden: die M-61 in 7,65 mm Browning, M-64 in 9 mm kurz, M-65 in 9 mm Makarov sowie die M-68 in 9 x 19 mm.
Die mit einem raffinierten Kadenzbremssystem ausgestattete Waffe ist u. a. aufgrund der zur Verfügung stehenden Kaliber für eine Dämpfung geeignet, um nicht zu sagen, prädestiniert.
Weiterhin läßt sich der Verschluß dieser Mini-MP sperren, indem man den Verschlußfanghebel in fertiggeladenem Zustand eindrückt. So kann ein Schuß ohne Verschlußbewegung abgefeuert werden - also auch ohne Verschlußgeräusch und Hülsenauswurf.

Die Originaldämpfer für die Scorpions beruhen im wesentlichen auf dem Patent von Eissfeldt, d. h. ein Teil ihres Innenlebens besteht aus porösem bzw. elastischem Material innerhalb der leicht auswechselbaren Dämpfer-Abschlußkappe.
Im Dämpferrohr finden sich einige Blenden und Distanzkörper. Bei der Verwendung des Originaldämpfers, der mit einer Spannzangenmontage auf dem Lauf befestigt wird, muß die Schulterstütze abgeklappt bleiben.
Bei der 7,65er Skorpion fällt der Lautstärkepegel im Einzelfeuer von ungedämpften ca. 110 dB um 20-28 dB (mit Original-Dämpfer).
Eine ähnliche Geräuschminderung von deutlich über 20 dB weist auch das insgesamt etwas lautere 9 mm kurz-Modell auf, mit einer Dämpfungsleistung von 112 dB bis auf knapp unter 90 dB.

Schnitt durch den Skorpion-MP-Schalldämpfer

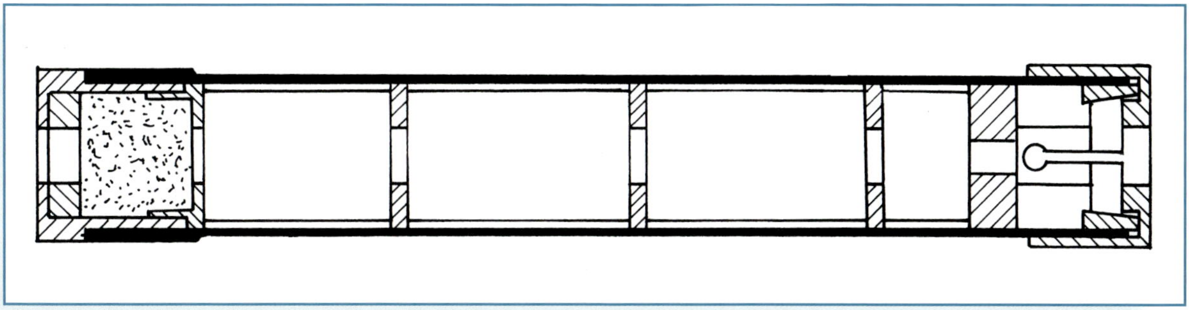

Es gibt für diese MP's auch einige Dämpfer-„Fremdfabrikate", wie etwa von Brügger & Thomet, die dem Orginal in nichts nachstehen bzw. im Detail eher besser sind. Der B&T Dämpfer etwa kommt ohne Absorptionskörper bzw. Gummischeiben aus, daneben erlaubt auch der montierte Dämpfer das Einklappen der Schulterstütze über den Lauf. Speziell bei gesperrtem Verschluß vermindert sich das Schußgeräusch auf Luftpistolenniveau.

Schalldämpfer-Maschinenpistole H&K MP5SD in 9 x 19 mm (Foto: BWB/WTS)

H&K MP5SD

Der alte Heckler & Koch MP5-SD wurde bereits im Kapitel „Patente" erläutert. Da sich die tatsächliche Ausführung nach Firmenauskunft eng an die Patentbeschreibungen anlehnt, kann hier eine nochmalige Erläuterung entfallen.

Die neueren MP5SD verwenden das ebenfalls bereits beschriebene Prinzip mit dem Quadratrohr, aus dessen Mantelfläche die eigentlichen Ablenkflächen abgebogen werden. Dieser Dämpfer steht dem alten hinsichtlich Leistung in nichts nach, ist aber (noch) robuster.

Der Schußknall mit B2-Munition beträgt 1 m seitlich der Mündung gemessen 135 dB(A) bei der ungedämpften und nur noch 113,8 dB(A) bei der gedämpften Version. Diese -21 dB sind ganz ordentlich bis hervorragend für einen Dämpfer, der neben Dauerfeuer auch für eine Lebensdauer von 10.000 Schuß ausgelegt ist. Wie der alte Dämpfer muß auch hier der Lauf angebohrt werden, um Gasdruck und Geschoßgeschwindigkeit noch hinter der Mündung abzubauen.

Schnitt durch den Dämpfer für die MP5, altes Modell

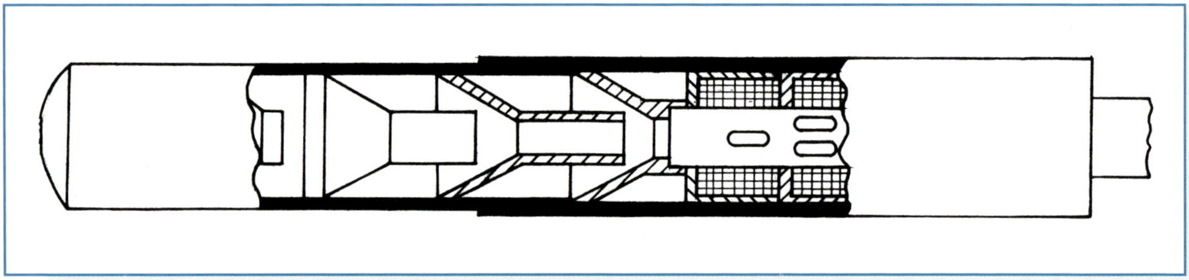

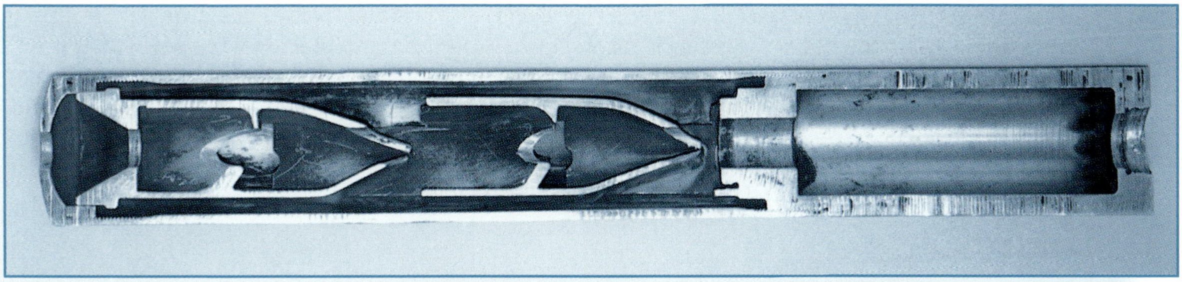

Neuer MP5-Dämpfer als nicht maßstäbliches Schnittmodell

Mit einem Verschlußgeräusch von rund 90 dB hat die MP5SD - ebensowenig wie jeder andere Selbstlader auch - allerdings keine Chance, wirklich leise im Schuß zu sein, was andererseits einsatztaktisch ja auch kaum nötig ist. Andere MP's „scheppern" von der Mechanik her allerdings noch schlimmer! Der Rollenverschluß der verriegelten MP5 mit seinen geringen bewegten Massen bietet neben der Präzision hier einen wenn auch kleinen Vorteil aufgrund der geringeren Mechanikgeräusche.

Aus informierten Kreisen war zu hören, daß künftig vielleicht eine externe Firma für die H&K SD-MP-Umbauten verantwortlich zeichnen wird, da die dortigen Entwicklungen Vorteile gegenüber den H&K-eigenen Produkten aufweisen.

Besonders interessant für den Schalldämpferbetrieb dürften die neuen MP5-Modelle in 10 mm Auto bzw. .40 S&W sein, da in diesen Kalibern wesentlich höhere Geschoßgewichte verschossen werden können. Dies gilt besonders auch für die Ausführungen der MP5 in .45 ACP, über die aber noch keine qualifizierten Angaben erhältlich waren.

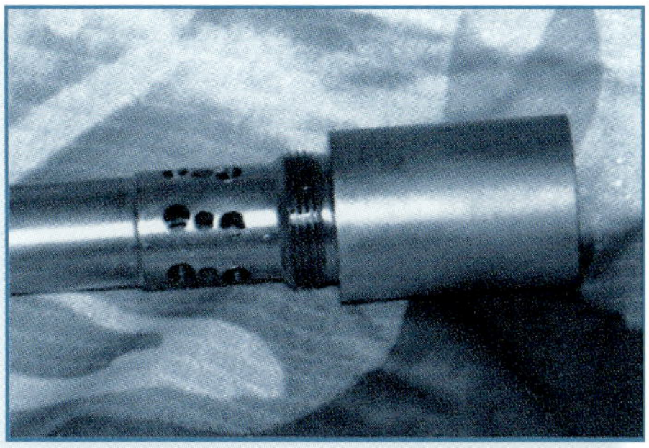

Lauf einer MP5SD vor dem Einbau. Man beachte die parallel zu den Zügen / Feldern eingebrachten Bohrungen im Bereich kurz nach dem Patronenlager

MP5-Familienfoto: mit integriertem Schalldämpfer, mit aufgesetztem Schalldämpfer, MP5k mit aufgesetztem Schalldämpfer

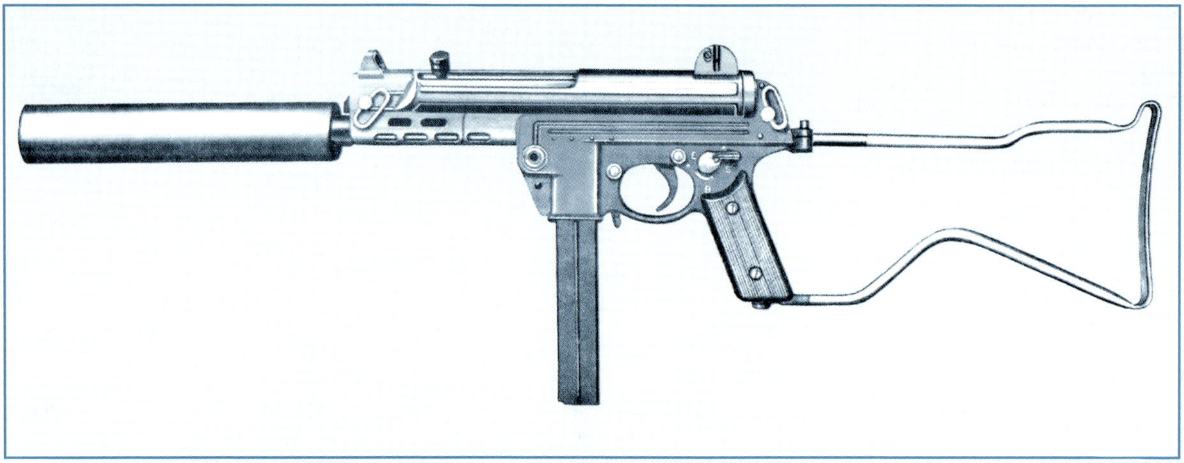

Walther MPk (kurz) mit SD - Walther MP's wurden sowohl für verschiedene Länderpolizeien als auch für den Export gebaut

Walther-MP

Neben H&K stellte auch die Firma Walther ihre Maschinenpistolen samt den dazu gehörigen Dämpfern u. a. nach Behördenanforderungen, den sog. Pflichtenheften, her. Neben den bereits beschriebenen Patenten kam ein recht komplex zusammengesetzter Dämpfer zur Ausführung.

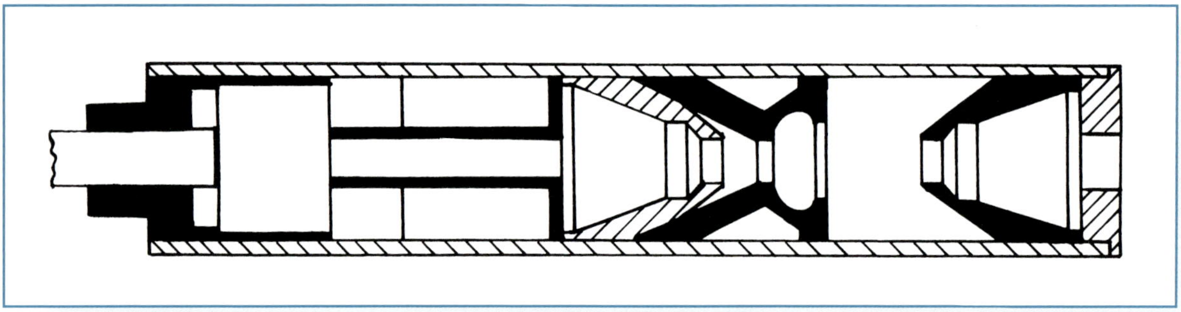

Schnitt durch einen Schalldämpfer für die Walther-MP in 9 x 19 mm

Eine echte Serienproduktion hinsichtlich der SD-MP's fand bei Walther nie statt, es finden sich nach Firmenauskunft mehr Versuchsmodelle als gleiche Ausführungen eines bestimmten Typs.

Brügger & Thomet MP-Dämpfer

Brügger & Thomet produzieren neben speziellen SD-Umbauten auch optional aufzusetzende Dämpfer für unterschiedliche MP's. Für MP5, UZI und andere Vollautomaten sind Schalldämpfer erhältlich, die z. T. Änderungen an der Waffe (Gewinde am Lauf) bedingen, teilweise aber auch an vorhandenen Befestigungsmöglichkeiten an der Waffe ansetzen. UZI-Schalldämpfer lassen sich etwa anstelle der Laufhaltemutter an der Waffe befestigen, außerdem bietet die Spannzangenmontage hier Befestigungmöglichkeiten.

Der hohe Standard der B&T Produkte dokumentiert sich u. a. darin, daß diese Dämpfer wie auch Komplettumbauten teilweise bessere Dämpfungswerte erbringen als die originalen Firmenmodelle! Je nach Kaliber sind die Abmessungen der Dämpfer unterschiedlich: Das Modell K für Waffen von .25 ACP bis 9mm Parabellum mißt 252 mm in der Län-

ge, das Modell L für das Kaliber 9mm Parabellum ist 300mm lang.
Bei einem Test der jeweiligen Dämpfer in Verbindung mit einer MP5 zeigte sich (wieder einmal), daß Meßwerte nicht alles sind: Im Rahmen der Meßstreuung sind die Dämpfungsleistung des kurzen bzw. langen Dämpfers laut Anzeige praktisch identisch. Doch während der kompaktere Dämpfer ein für das geschulte Ohr noch als Schuß erkennbares Restgeräusch lieferte, ließ der längere Dämpfer nur noch ein filmmäßiges „Pfft“ übrig, welches fast völlig in Verschlußgeräusch und Kugelschlag unterging.

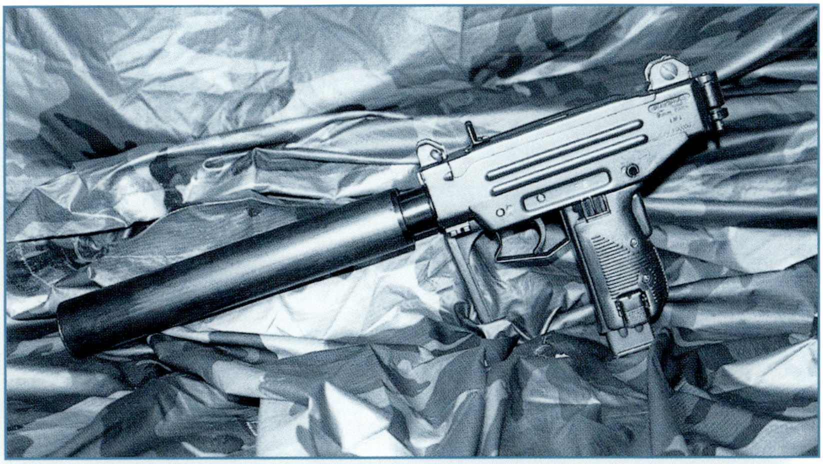

Die kompakte Micro-Uzi in 9 x 19 mm mit B&T-SD Durch den aufgesetzten Dämpfer wird die Waffe zwar unhandlicher, dafür ist es aber möglich, diese „Feuerspritze“ mit einer Kadenz von rund 1000 Schuß/Minute wesentlich besser zu beherrschen

Bei einem neuen Kompaktmodell (für die MP5 nur 170 mm ab Mündung) im Gehäuse der alten Kurzversion werden nicht mehr die bekannten Kegelstumpfblenden, sondern neuentwickelte Blendenscheiben eingesetzt. Die Ausformung dieser Scheiben erzeugt in der Geschoßdurchtrittsöffnung einen schräg bzw. senkrecht zur Hauptströmung gerichteten Gasvorhang und damit eine seitliche Ablenkung des Gasstrahls.
Neben der seitlichen Ablenkung des Gasstrahls, der dem Geschoß nicht mehr ungehindert folgen kann, erfolgt so auch eine Veränderung des Frequenzspektrums des Mündungsknalles: Das bei den konventionellen Kegelblenden eher helle, scharfe Restgeräusch wird wesentlich dumpfer. Klingen die alten Dämpfer im ungünstigsten Fall eher noch nach einer Spielzeugwaffe, hören sich diese neuen Dämpfer eher nach dem Öffnen einer Sektflasche oder einem Luftgewehr an.

Ein derzeit in der Entwicklung / Optimierung befindlicher Lamellentyp bringt weitere -6 dB gegenüber dem eben beschriebenen Typ und ermöglicht die Verringerung des Dämpferdurchmessers von 42 auf 35 mm - bessere Dämpfung bei geringerer Größe! Vom Aufbau her ist diese Blende schon bei den B&T Gewehr-SD beschrieben worden.

Beretta MP12 im Kaliber 9 x 19 mm ebenfalls mit B&T- Dämpfer

Steyr-Mannlicher-MP's

Die Firma Steyr bietet zwei SD-Maschinenpistolentypen an; neben einer „echten“ Maschinenpistole, der TMP, auch eine 9 mm Parabellum-Konversion des AUG-Sturmgewehres.

Die TMP, die als halbautomatische SPP in einigen Ländern erhältlich ist, fällt in die Klasse der superkompakten MP's wie die MP5k, die MAC-M10/11, die Mini- bzw- Micro-Uzi etc. Wie die H&K MP5 schießt die TMP aus geschlossener Verschlußstellung, was ein ruhigeres und präziseres Schießen, aber einen Cook-Off (unbeabsichtigte Selbstzündung der Patrone in der heißen Kammer) nach längeren Schußfolgen ermöglicht.

Der auf den Lauf aufschraubbare Steyr-Originaldämpfer für die TMP enthält neben einem perforierten Rohr in der ersten Dämpferkammer vier der bereits beim SSG beschriebenen Kegellamellen. Der Dämpfer ist 261 mm lang und wiegt 700 g.
Mit Normalmunition verursacht die gedämpfte TMP einen Restknall von 67-70 dB im Einzelschuß (5 m querab zur Schußrichtung, Freigelände). Die Verwendung von Subsonic-Munition senkt den Geräuschpegel auf 63-65 dB.

Das AUG ist eigentlich ein .223er Sturmgewehr in Bullpup-Bauweise, d. h. Verschlußgehäuse und Lauf sind weitestmöglich nach hinten in den Schaft verlagert. So liegt das Magazin hinter Pistolengriff und Abzug. Mit einem entsprechenden Umrüstsatz - Lauf, Magazinadapter, Magazin und Verschluß - konnte das AUG aber in eine MP im Kaliber 9 x 19 mm konvertiert werden. Diese MP ist unter der Bezeichnung MP 88 ab Werk erhältlich.
Auch die MP88 schießt aus geschlossener Verschlußstellung, was in Verbindung mit dem 420 mm-Lauf sowohl der Kontrollierbarkeit wie auch der Präzision sehr förderlich ist (laut Hersteller 5-Schuß-Feuerstöße auf 100 m innerhalb eines 125 mm Kreises).
Im MP88-Dämpfer sind acht Kegel eingebaut - zwei mehr als im Gewehrdämpfer für das

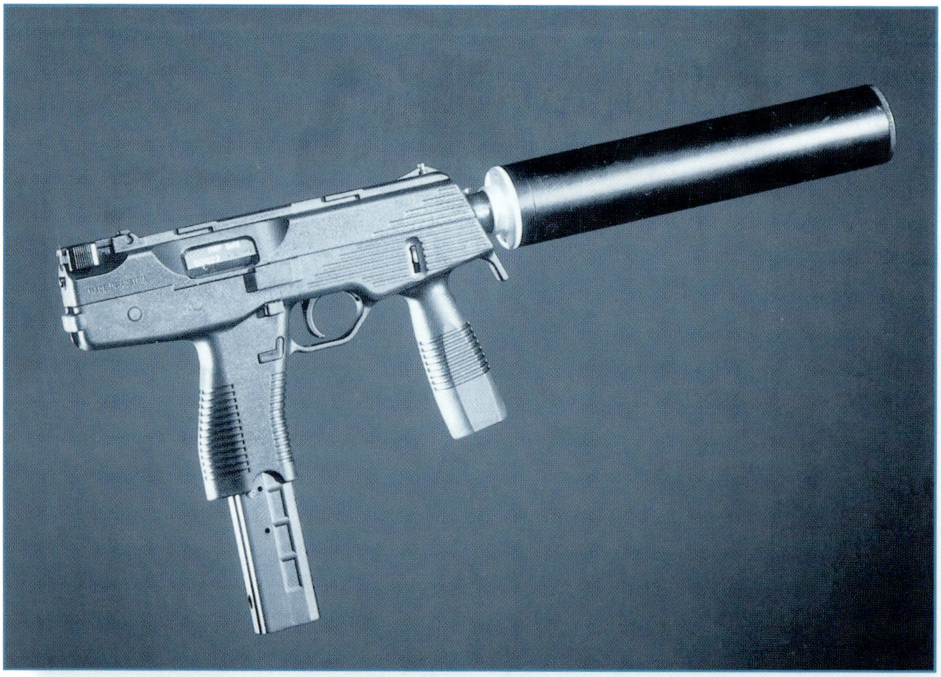

Steyr TMP in 9 x 19 mm mit original Steyr-Dämpfer (Foto: Steyr-Mannl. AG)

SSG-P IV! Daß das MP-Dämpfermodell trotzdem nur 336 mm lang ist, liegt an dem gegenüber dem Gewehrdämpfer verkürzten Expansionsraum hinter der Mündung.
Notwendig wird dieser Mehraufwand an Kegellamellen durch den größeren Geschoßdurchmesser und das beim 9 Para-Geschoß dämpfertechnisch ungünstigere Verhältnis von Länge und Durchmesser gegenüber dem schlankeren 7,62er Geschoß. Bei gleicher Geschwindigkeit versperrt das 9 Para-Geschoß die Durchgangsöffnung in der Lamelle nicht so lange wie das längere .308er Projektil. So können die Gase eher in die nächste Kammer gelangen. Um den Druck weit genug für eine effektive Dämpfung abzubauen, sind also mehr Lamellen nötig.

Steyr MP 88 (auf der Basis des Sturmgewehrs AUG in 5,56 NATO) in 9 x 19 mm, mit original Schalldämpfer (Foto: Steyr-Mannl. AG)

Steyr MP 88, Dämpfer separat Foto: Steyr-Mannl. AG)

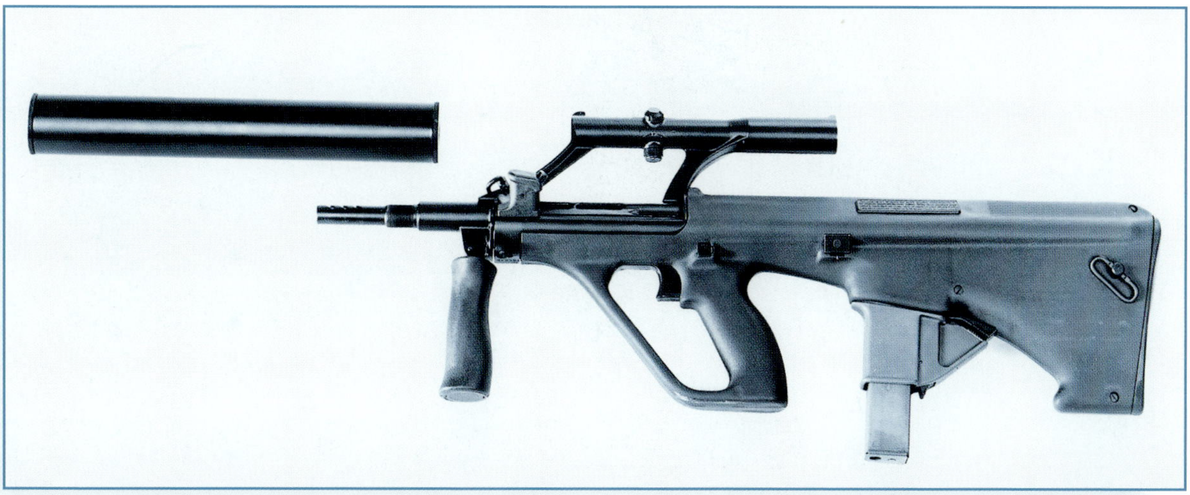

Schallgedämpfte Kurzwaffen

Oldtimer und Klassiker

Wer kennt sie nicht, die gedämpfte 7,65er Walther PPK des besten Geheimagenten Ihrer Majestät, 007 James Bond? Neben den später noch beschriebenen Walther-Originaldämpfern baut fast jeder Hersteller, das Image dieser Waffe nutzend, eine Leiseversion der PPK bzw. einen Dämpfer dafür.
Hinsichtlich der Popularität kann höchstens noch die HD-Military mit dem „Waltherchen" mithalten. Spätestens seit dem Abschuß des U2-Spionagepiloten Gary Powers über Rußland und der folgenden Präsentation seiner Ausrüstung vor der Weltöffentlichkeit erfreut sich diese Waffe einiger Bekanntheit.

HD Military

Die HD-Military weist ein an bestimmte Grease-Gun-Dämpfer erinnerndes System auf: angebohrter Lauf mit Metallgewebeumwicklung, Gewebescheiben vor dem Lauf und eine Leichtmetallhülse um die Gewebepackung.
Diese Ähnlichkeit verwundert nicht, wenn man weiß, daß auch die HD Military vom OSS, dem Office for Strategic Services, einem Vorläufer der CIA entwickelt, wurden. Die beschriebenen Pistolen, die gegenüber der Normalausführung um weit über 20 dB leiser sind, knallen beim Abschuß nicht lauter als eine schwache Luftpistole. Die Gasentlastungsbohrungen reduzieren die Geschwindigkeit praktisch aller Laborierungen auf Unterschall, so daß sich die Verwendung spezieller Subsonic-Munition erübrigt. Bei Schußleistungstests wurden mit zehn Schuß Trefferbilder von ca. 8 x 12 cm auf 50 m erzielt, so daß die Waffe auch als recht präzise gelten kann.

Nein, ihr Name ist nicht Bond, James Bond sondern PPK, Walther PPK - hier ist auch deutlich der verlängerte Lauf mit dem SD-Gewinde zu erkennen (Foto: B&T)

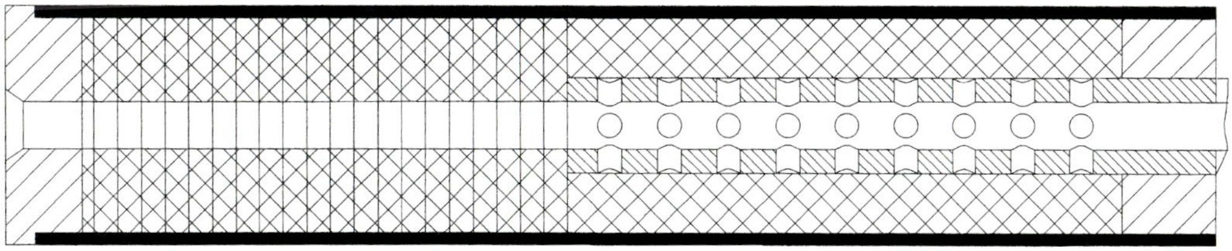

Schnitt durch den Dämpfer der .22er HD-Military des OSS

Mit der Zeit stellte sich heraus, daß durch die durch Züge und Felder gehenden Laufanbohrungen sehr viel Material von den Bleigeschossen abgeschert wurde. Gerade die kleinen .22er Bleigeschoße haben eine ausgeprägte Höhlung - die sog. Kalotte - im Geschoßboden. Diese Höhlung wird durch den Gasdruck aufgeweitet, so daß sich der Geschoßbodenrand eng an die Laufwandung anschmiegt bzw. sich in die Züge preßt. Dies ist im Hinblick auf Abdichtung wie auch Führung erwünscht. Entzieht man allerdings dem Geschoßbodenrand beim Passieren einer Bohrung im Lauf die Abstützung durch das Laufmaterial, wird der dünne Rand in die Bohrung hineingedrückt und bei der Weiterbewegung des Geschoßes am vorderen Lochrand abgeschert. Die heißen Bleipartikel „verlöten“ die Gitterpackung in kürzester Zeit regelrecht von innen heraus.
Bei anderen Konstruktionen versuchte man dies zu umgehen, indem man die Bohrungen verkleinerte oder sie spiralig (parallel zu den Zügen) um die Laufachse und nicht mehr in geraden Reihen anordnete. Beide Möglichkeiten erwiesen sich als nur unzureichende Verbesserungen.
Eine erfolgreichere Methode, die geschilderten Effekte zu vermindern, besteht darin, den Lauf im perforierten Teil auf Zugdurchmesser oder knapp darüber aufzubohren. Allerdings bewirkt dies einen nicht unerheblichen Gasschlupf durch den entstehenden Ringspalt, und die Geschosse werden in diesem glatten Laufteil auch nicht mehr geführt.
Die Nachteile der Laufanbohrung ließen sich durch Verbesserungen am Lauf selbst nur unzureichend lösen, weswegen man spezielle KK-SD-Munition mit dick kupferplattiertem Geschoß fertigte. Diese Munition zeichnete sich auch durch eine geringere Deformationsbereitschaft und damit eine bessere Tiefenwirkung aus.
Nachdem diese Munition verfügbar war, wurde dem uniformierten OSS-Personal verboten, normale Bleigeschosse aus den Pistolen mit angebohrtem Lauf zu verschießen

French-Dämpfer

Es existiert ein weiterer, allerdings auf dem Blendenprinzip basierender Typ für die High-Standard Pistole, der sog. French-Dämpfer. Dieser wird auf die Laufmündung ge-

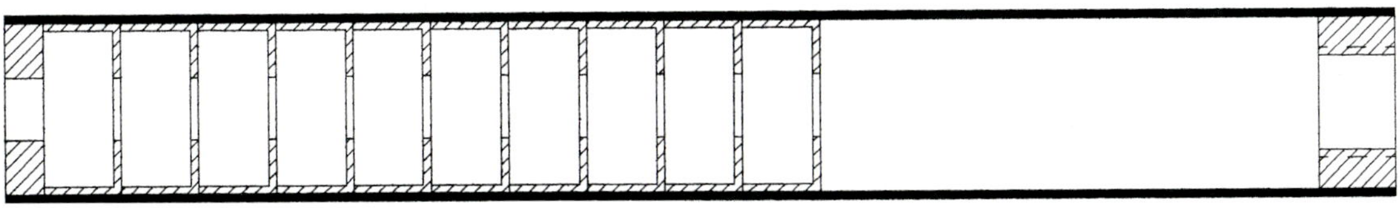

Schnitt durch den French-Dämpfer für die .22er High-Standard-Pistole

schraubt. Die Dämpfungsleistung dieses Modells liegt etwas unterhalb der der HD Military, dafür ist das Konzept weniger wartungsaufwendig. Den Nachteil der größeren Baulänge im montierten Zustand steht der Vorteil der schnellen Demontierbarkeit des Dämpfers gegenüber. Bei der Munitionsauswahl muß darauf geachtet werden, daß nur Sorten mit subsonischer V_0 verwendet werden. Der Lauf der jeweiligen Waffe ist nicht angebohrt, so daß die entsprechenden Probleme entfallen.

Colt Woodsman / Mason

Ebenfalls nach dem Absorptionsprinzip wie bei der HD-Military, allerdings nach dem Patent von Mason, arbeitet der Dämpfer auf einigen Colt Woodsman Pistolen. Aufgrund der Exzentrizität des Gehäuses wird die normale Visierlinie nicht verdeckt.
Die gedämpfte Waffe wurde bei offiziellen Tests mit 75 dB gegenüber 110 dB in ungedämpfter Ausführung gemessen; die Geschoßgeschwindigkeiten betrugen - bei unverminderter Präzision - ca. 290 (gedämpfte Version) bzw. 330 m/s (Normalversion).
Für diese Waffen experimentierte man mit einer .22er Sondermunition mit 3,9 g / 60grs. schwerem Geschoß und einem äußerst schnell brennenden Treiladungspulver. Um mit dieser Munition die Selbstladefunktion aufrecht zu erhalten, erwies sich eine Erhöhung

Ansicht einer nach dem Patent von Mason gedämpften .22er Colt Woodsman

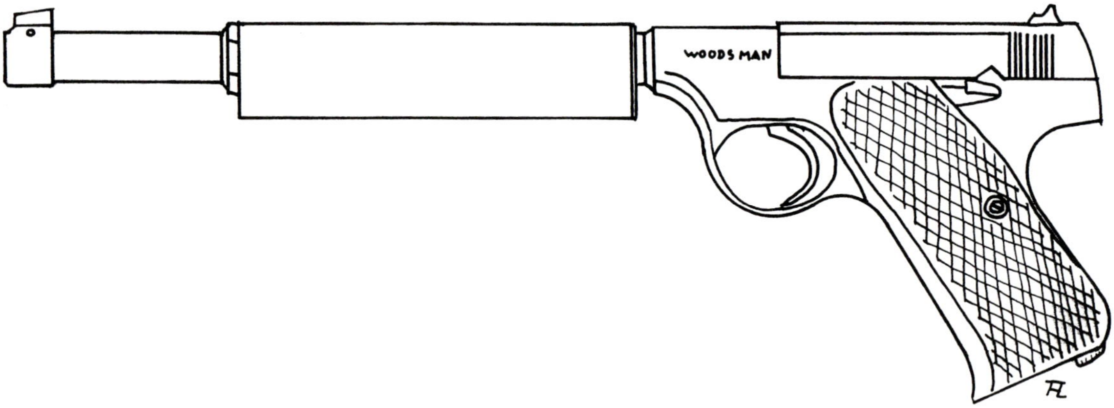

des Verschlußgewichtes als notwendig: Der Verschluß brauchte eine höhere träge Masse, um den Widerstand der Schließfeder über die gesamte Rücklaufstrecke zu überwinden.

Makarov PB

Eine Art taktisches Gegenstück zu den eben beschriebenen Waffen stellt die Makarov PB (PB = Pistoljet Besschumnii, russ.: „lautlose Pistole") dar. Mit dieser Konversion der normalen Makarov-Pistole im Kaliber 9 mm Makarov (etwa 9 x 18 mm) waren und sind u. a. Angehörige der Russenmafia, Einsatzkräfte von GRU, KGB sowie der Speznas (eine russische Sondereinheit ähnlich den Special Forces) ausgerüstet.
Der schalldämpfende Umbau umfaßt zwei Baugruppen: den Lauf mit Absorptionspackung sowie den eigentlichen SD.
Der Originallauf der PB ist in den vier Zügen mit ingesamt zehn Bohrungen von etwas

über 4 mm versehen und mit einer Absorptionspackung aus Metallgitter umwickelt, die ihrerseits von einer Feder gehalten wird. Diese Spiralfeder fungiert auch als Distanzstück zu dem dünnwandigen Außenrohr um den Lauf. So verbleibt zwischen Packung und Außenhülle ein, wenn auch minimaler, Expansionsraum.
Bei der Normalausführung der Makarov ist die Schließfeder um den Lauf angeordnet. Da bei der SD-Konversion die Absorptionspackung diesen Platz beansprucht, wurde die Schließfeder in die einteilige Griffschale verlegt; ein am Magazinschacht drehbar gelagerter Winkelhebel sorgt für die Momentenübertragung zwischen Feder und Verschluß.
Der eigentliche Schalldämpfer ist in Abmessungen und Ausführung minimalistisch: Im Inneren des 30 mm durchmessenden und nur gut 130 mm langen, mit einem Bajonettverschluß auf dem Lauf befestigten Rohres befinden sich lediglich drei plane Blendenscheiben, die ca. 25° zur Dämpferlängsachse geneigt sind. Mit knapp 11 mm sind die Geschoßdurchlässe in diesen Scheiben recht eng bemessen.
Trotz - oder wegen - des minimalen Aufwandes ist die Dämpfungwirkung der Waffe nicht schlecht: subjektiv klingt der Abschuß u. a. durch die Frequenzverschiebung des Geräusches nur etwas lauter, aber dumpfer und voller als eine leer abgeschossene Luftpistole. Die Selbstladefunktion der Waffe bleibt erhalten und kann nicht - wie bei anderen Pistolen bzw. Dämpfern - stillgelegt werden. Wegen des angebohrten Laufes ist die Waffe von spezieller Subsonic-Munition unabhängig. Sie ist vergleichsweise kompakt, leise und weist gegenüber den nur unwesentlich besser gedämpften Kleinkaliberwaffen aufgrund des höheren Geschoßgewichtes (ca. 6 g) eine wesentlich höhere Auftreffenergie (300-350 gegenüber 100-150 J bei KK's) auf.
Unter der Voraussetzung, daß sich die Art der geänderten Schließfederanbringung und Kraftübertragung im laufenden Betrieb als dauerhaft und zweckmäßig erweist, ist die PB den bekannten westlichen SD-Waffen aus dem gleichen Zeitraum (späte sechziger bis in die neunziger Jahre) zumindest ebenbürtig.

Unique-SD

In einigen älteren Unique-Dämpfern findet man anstatt der herkömmlichen, starren Distanzstücke kurze Spiralfedern zwischen den Blenden.
Das Konzept ist herstellungstechnisch gut (Toleranzausgleich, zusätzliche Wärmeabsorption durch die Federn), weist aber einen spezifischen Nachteil auf: durch die mögliche axiale Verschiebbarkeit der Innenwände (bei der Kompression der recht weichen Federn) wird der „Stopfeneffekt" des Geschoßes nicht vollständig ausgenutzt: Die das Geschoß überholenden Gase drücken die Einsätze nach vorn und können nach Passieren der Durchgangsbohrung so noch vor dem Geschoß weitgehend unentspannt aus dem Dämpfer austreten.
Den wichtigen Einfluß eines Projektils auf die Dämpfungswirkung kann man sich veranschaulichen, wenn man nach einer scharfen Patrone eine Platzpatrone aus der Waffe mit Dämpfer abschießt: der Platzpatronenabschuß erscheint wesentlich lauter als der scharfe Schuß.

Pistole 08 Luger

Versuche, die bekannte Pistole 08, die Luger, zu dämpfen, führten aufgrund massiver Störungen hinsichtlich der Selbstladefunktion zu keinem befriedigenden Ergebnis, weshalb die 08 damals als undämpfbar erachtet wurde. Mit ihrem linearen Rohrrücklauf wäre sie beim heutigen Stand der Schalldämpfertechnik (Impuls-Schalldämpfer!) für einen Dämpferumbau prädestiniert. Wie sich die Zeiten ändern!
Es sind zwei Arten von Dämpfern für die Luger bekannt gewordenen: Expansions-

kammermodelle und AMFCO-Dämpfer. Die Expansionskammermodelle bestehen aus einem verlängerten, perforierten Lauf mit einem Doppelmantel oder aus einer großen Kammer um und vor dem Lauf. Bei letzteren gibt es auch Ausführungen mit Gummischeiben anstatt starrer Blenden.

08-AMFCO

AMFCO-Dämpfer für die Pistole 08

Die Geräte der American Machine & Foundry Co. (AMFCO), die sich auf die Patente von Bell stützen, verwenden in bekannter Weise Messing- bzw. Kupfernetzpackungen zusammen mit Gummilamellen.

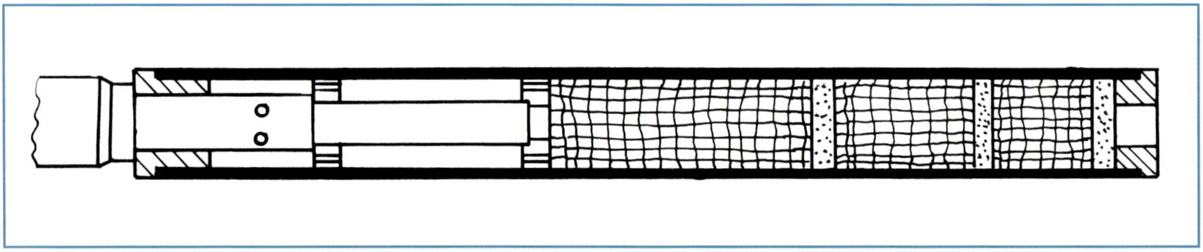

Im Rahmen der Montage einiger AMFCO-Dämpfer auf die 08 - auffällig langen und schlanken Modellen, die die Gesamtlinie der Waffen kaum stören - wurde der Lauf abgedreht und angebohrt.

Walther P1

Vom 08-Nachfolgemodell, der Walther P38 (zivil) bzw. P1 (Behörde) gibt es einige gedämpfte Ausführungen.

AAI

AAI Experimental-Schalldämpfer für die P38

Bei einigen dieser Waffen ist der Dämpfer auf den unveränderten Lauf aufgesetzt (AAI-Versuchsmodelle), bei anderen Ausführungen wurde der Lauf kurz nach der Verschluß-

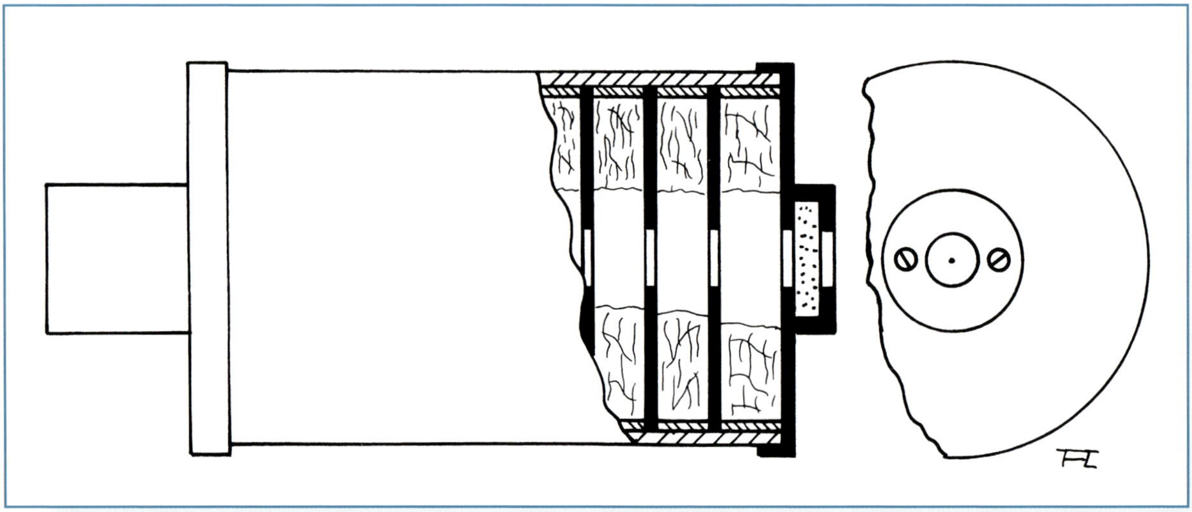

brücke gekürzt und der Stumpf mit einem Gewinde versehen. Neben der Verringerung der V_0 durch den kurzen Lauf sparte man so auch einen Teil der rücklaufenden Masse.
Trotz der großen Geschoßdurchgangsbohrungen und dem eigentlich ungünstigen Aufbau (großer Durchmesser, kurze Baulänge) dämpfte der vom Volumen her riesige AAI-Experimentaldämpfer um weit über 30 dB! Dies rückte die so gedämpfte P1 akustisch in Luftpistolennähe.

Hübner & Walther

Bei zumindest einer dem Verfasser bekannten Ausführung der P1 (von Hübner und Walther) kann die Selbstladefunktion durch einen besonders geformten Schlittenfanghebel stillgelegt werden. So fallen auch die Verschlußgeräusche weg.
Der Dämpfer dieses Waffensystems ist konzentrisch ausgeführt; das zylindrische Gehäuse enthält einen leicht auswechselbaren Einsatz mit zu durchschießenden Gummischeiben. Der Hohlraum zwischen Außenrohr und dem Einsatz mit den vier Elastomerscheiben dient als Expansionskammer und Gasspeicher. Der Dämpfungseffekt ist gut; bei Bedarf, also nach etwa 20 Schuß, kann der Einsatz mitsamt der Scheiben schnell und einfach ausgetauscht werden. Schalldämpfer diese Bauart wurden auch auf die Walther-Pistolen PP bzw. PPK montiert.

Nach Hübner gedämpfte Walther P1 (Foto: BWB/WTS)

Interessanterweise gab es auch P38-Dämpfer, bei denen Elastomerkörper mit starken Spiralfedern (als Distanzstücke) kombiniert sind. Die Federn werden kaum vom Gasdruck komprimiert, so daß übermäßiger Blow-by nicht auftritt.
Die zu durchschießenden Elastomerscheiben sind aufwendig in Metallhülsen hinein vulkanisiert. Diese Metallhülsen erlaubten eine exakte Führung / Zentrierung im Mantelrohr.

Brünner Mod. 27

In der Zeit des 3. Reiches fanden auf deutscher Seite vor allem schallgedämpfte 7,65er Brünner Pistolen, Modell 27, Verwendung.
Der Dämpfer ließ sich mittels eines Spannzangenverschlusses am verlängerten und mit einem entsprechenden „Kropf" versehenen Lauf befestigen. Über die Wirksamkeit dieser Dämpfer ist leider nichts bekannt. Aufgrund Ihres Aufbaues à la Scorpion-Dämpfer - Expansionsraum, der von einem Elastomerkörper abgeschlossen wird - dürfte die Wirkung für ein bis zwei Magazinfüllungen gut gewesen sein.

Tokarev/Stechkin

Aus dem gleichen Zeitraum stammt ein Dämpfertyp für die Tokarev-Pistole, der später auch für die Stechkin verwendet wurde.
Neben einigen Kegelstumpf-Ablenkkörpern beinhalteten diese Dämpfer einen Gasspeicher mit einem Tauchrohr an der der Waffenmündung gegenüberliegenden Seite in der ersten Dämpferkammer.

Schnitt durch den russischen Dämpfer für die Tokarev bzw. Stechkin-Pistole

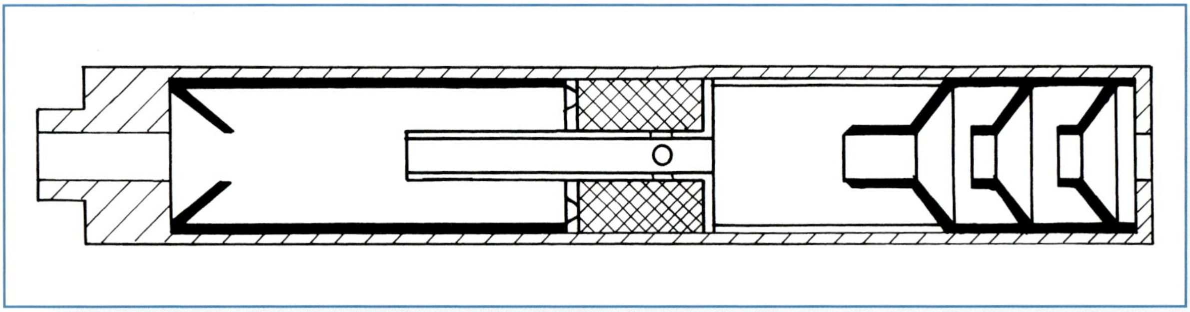

Der kegelförmig nach innen gezogene Rand des ersten Distanzstückes soll das Zurückströmen von gespeicherten Gasen durch den Lauf nach hinten vermindern, wenn der Verschluß öffnet.

Beretta SM 37, SM 55

Der Beretta-Pistolenschalldämpfer SM 37, u. a. für die Beretta M34, erinnert an den Parker-Hale. Seine Innereien bestehen aus sechzehn napfförmigen Elementen, in deren Boden jeweils zwei sich gegenüberliegende, halbmond- bzw. tropfenförmige Sicken geprägt sind. Die Sicken münden in den Geschoßdurchlaß. Dies soll eine bessere Verwirbelung und Ablenkung der durchtretenden Gase bewirken.

Der SM 55 Dämpfer von Beretta ist vollkommen anders aufgebaut: Auf eine Expansionskammer folgt ein garnrollenähnliches, perforiertes Bauteil, dem sich eine Elastomerscheibe sowie ein teils kegeliges, teils zylindrisches Distanzstück anschließt.

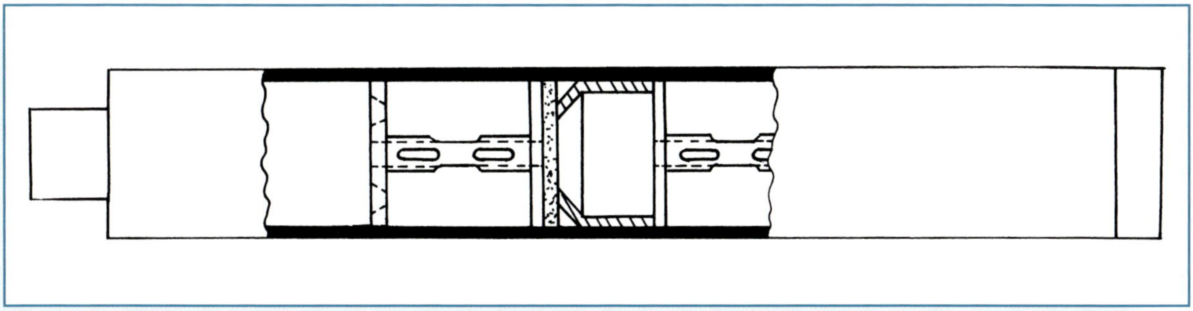

Dieses stützt sich wieder auf eine „Garnrolle“ usw.

Beretta SM 55-Dämpfer

S&W Mark 22 mit WOX 1 Dämpfer

Die im folgenden Kapitel über Impuls-SD beschriebene H&K SOCOM Mark 23 löst die bisher u. a. bei den SEALS geführte, modifizierte S&W-Pistole Mark 22 mit Schalldämpfer (WOX 1-A) ab.
Der Schalldämpfer für diese, im Jargon „Hush Puppie“ genannten S&W's, beruht auf einer gemeinsamen Entwicklung von Walther und Hübner - um nicht zu sagen, er ist eine mehr oder weniger exakte Kopie des bereits erwähnten Dämpfers für eine P38 Sonderausführung. Auch die Möglichkeit an den SEAL-Waffen den Schlitten über einen besonders geformten Schlittenfanghebel sperren zu können, erinnert irgendwie sehr an das erwähnte P38 Sondermodell.
Zurück zur Mark 22. Die Basis für diese Waffen ist die S&W M-39 in 9 mm Luger - ein frühes, indirektes Zugeständnis der USA an die Überlegenheit dieser Patrone gegenüber der .45 ACP zumindest im militärischen Bereich. Da die 9 mm Luger in der Normallaborierung mit 7,5 - 8 Gramm-Geschoßen allerdings eine überschallschnelle V_0 aufweist, wurde eine Subsonic-Laborierung für die Schalldämpferversion nötig. Auf diese wird im entsprechenden Kapitel separat eingegangen.
Die Unterschiede zwischen der Standard-M 39 und der Mark 22 bestehen im wesentlichen aus einem um knapp einen Zoll längeren Lauf mit Mündungsgewinde, dem Sperr

Mark 22 Mod. 0 Silenced Pistol mit zerlegtem SD. Da Navy SEALs u.U. mit der Waffe auch tauchen mußten, gehörten Dichtungen (obere Reihe im Bild) für Patronenlager und Mündung sowie den SD zur Sonderausstattung der Kampfschwimmer

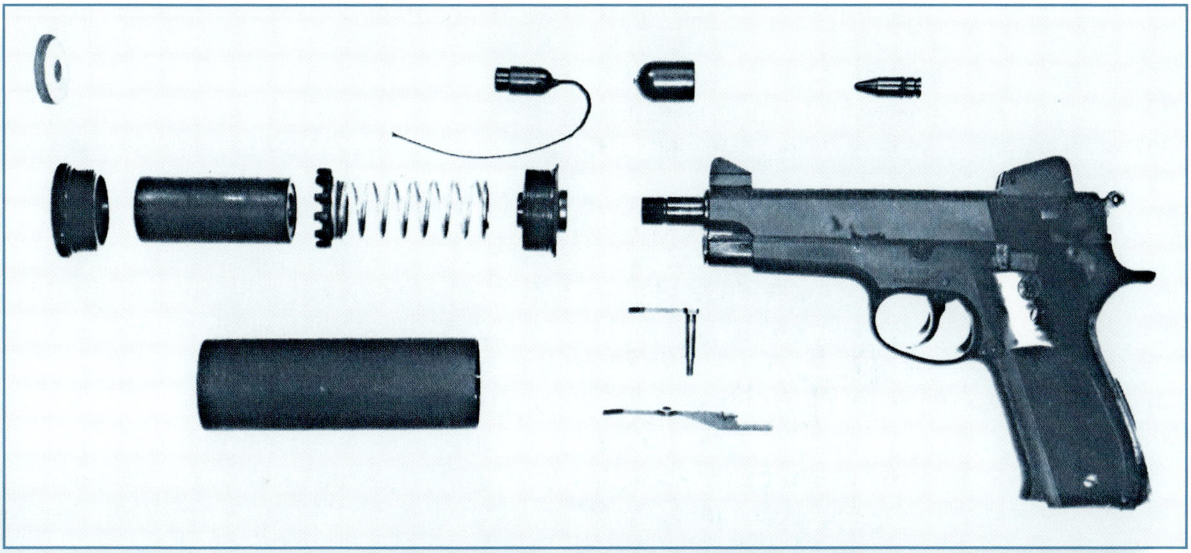

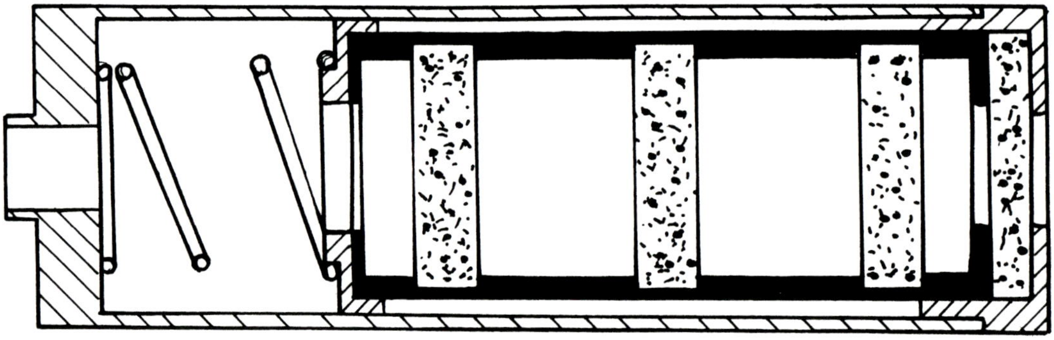

Schnitt durch den WOX-1A-Dämpfer für die Mark 22 Pistole der SEALs

hebel für den Verschluß (eine Art vergrößerter Verschlußfang) sowie einer höher gelegten Visiervorrichtung. Diese Höherlegung von Kimme und Korn ermöglicht die Benutzung der Visierung, auch wenn der Schalldämpfer auf den Lauf geschraubt ist.
Der Dämpfer weist neben einer Expansionskammer mit einer Spiralfeder ein leicht auswechselbares Modul auf, welches drei scheibenförmige Elastomerelemente enthält. Eine vierte Scheibe wird zwischen Modul und Abschlußschraube gelegt. Das Anziehen der Abschlußschraube bewirkt eine elastische Verformung dieser Scheibe und der Feder. Diese Vorspannung in Verbindung mit der erhöhten Reibung zwischen Gummi und Metall wirkt dem Lockern der Abschlußschraube entgegen.
Über die ballistische bzw. akustische Leistung liegen keine Angaben vor.

Moderne Kurzwaffen-SD

Probleme der Dämpfung verriegelter Pistolen

Pistolen mit einem feststehenden Lauf (KK-Pistolen; Walther PP oder PPK; Heckler&Koch P7, P9; Steyr GB; Ultramatic etc.) machen bei der Dämpfung in aller Regel kaum Schwierigkeiten hinsichtlich der Waffenfunktion. Schraubt man aber einen Dämpfer auf eine Selbstladepistole mit einem an der Verriegelung beteiligten, beweglichen Lauf (u. a. Browning-Verriegelung wie bei der 1911er Colt Government, aber auch Schwenkriegelverschluß wie bei der Beretta 92 oder der P 38), sind Funktionsstörungen vorprogrammiert. Meist unterbleibt die Selbstladefunktion (Siehe Kapitel über Impulssatz). Entweder reicht der Impuls der Patrone nicht aus, den Schlitten voll nach hinten zu bewegen oder die Schließfeder ist zu schwach, Lauf, Verschluß und Dämpfer so nach vorne zu beschleunigen, daß die Zuführung der neuen Patrone und die vollständige Verriegelung erfolgen.

Heckler&Koch P7K3 im Kaliber 7,65 Browning Durch den feststehenden Lauf eignet sich diese Pistole besonders für die Ausstattung mit Dämpfer

In einigen Fällen kann es erwünscht sein, nach jedem Schuß manuell repetieren zu müssen; dann nämlich, wenn es besonders leise abgehen muß (Wegfall der Mechanikgeräusche). Meist will man jedoch auch im gedämpften Modus nicht auf die Feuerkraft einer Selbstladepistole verzichten. Ein bisher praktizierter Kompromiß bestand aus sehr kleinen und leichten Dämpfern - das „Grenzgewicht“ für funktionserhaltende Schalldämpfer liegt für 9 mm Luger bzw. .45 ACP deutlich unter 200 g. Solche Mini-Dämpfer lassen meist mangels Baugröße bzw. Expansionsraum hinsichtlich ihrer Dämpfungsleistung zu wünschen übrig oder beeinflussen aufgrund des Dämpferprinzipes (zu durchschießende Scheiben) den Projektilflug.

Glock 19 mit superkompaktem und leichtem B&T-Dämpfer. Dieses Modell stellt hinsichtlich seines Gewichtes die Grenze für eine zuverlässige Selbstladefunktion dar Die äußerst aufwendigen Blenden bewirken eine gute Dämpfung (Foto: B&T)

Die nächste Generation - Impuls-Schalldämpfer

Ein effektiver Dämpfer muß zwangsläufig gewisse Abmessungen aufweisen und damit auch ein bestimmtes Gewicht. Wollte man bei effektiver Dämpfung und gleichbleibender Präzision eine Selbstladefunktion mit Dämpfer, war die Pistole aufwendig zu modifizieren: Leichterer Lauf und Verschluß, schwächere Schließfeder etc. Dies konnte aber zu Funktionsbeeinträchtigungen beim Verschießen von Normalmunition bzw. beim Einsatz ohne Dämpfer führen. Ein schwer zu durchbrechender, technisch-taktischer Teufelskreis.

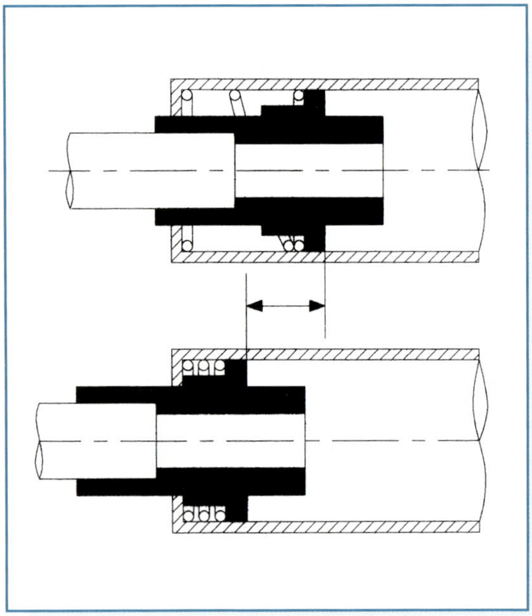

Funtkionsschema des B&T-Impulsgebers für den Impulsschalldämpfer
Beim Schuß kann die Muffe, in die der Lauf geschraubt wird, gegen den Widerstand der Feder nach hinten zurückgleiten - damit hat der Lauf den zur störungsfreien Entriegelung nötigen, ungestörten Rücklauf

Findige Entwickler, u. a. Brügger & Thomet, schafften die Quadratur dieses Kreises: Die Eidgenossen entwickelten und bauen sogenannte „Impuls-Schalldämpfer", bei deren Verwendung die Selbstladefunktion verriegelter Pistolen ohne weiteren Umbau erhalten bleibt. Wie und warum es funktioniert, darüber sind sich nicht einmal die Erfinder einig bzw. bis ins letzte Detail sicher. Es reicht ihnen, daß das Prinzip funktioniert - und das tut es!

Bei diesen Geräten wird der Waffenlauf nicht wie bisher starr mit dem Dämpfergehäuse verbunden, die Verbindung zwischen Lauf und Dämpfer ist vielmehr so gestaltet, daß eine axiale Verschiebbarkeit zueinander in Längsrichtung gegeben ist.
Dazu ist innerhalb des Dämpferkörpers eine federbelastete Muffe montiert, in die der Lauf geschraubt wird. Der Dämpferkörper ist auf dieser Muffe in Schußrichtung verschiebbar, die Verschiebung erfolgt gegen den Widerstand einer Spiralfeder. Ein entsprechender Absatz auf der Muffe stoppt den Vorwärtstrend des Dämpfers bzw. die Rückwärtsbewegung von Muffe und Lauf. Nach dem Ende der äußeren Kraft- / Impulseinwirkung sorgt die Federspannung für die Repositionierung aller vorher verschobenen Teile.

Zwei Ansätze für die Erklärung der Funktion des Impuls-Systems erscheinen plausibel: Gemäß der ersten Theorie passiert folgendes: Beim Schuß treten die Gase in den Dämpfer ein. Der allseitig wirkende Gasdruck ist nun bestrebt, den Dämpfer nach vorne zu beschleunigen. Dies verleiht dem Dämpfer einen Bewegungsimpuls nach vorne, der einen entgegen gerichteten Impuls, einen dämpferspezifischen zusätzlichen Rückstoß, initiiert. Dieser Zusatzrückstoß ermöglicht die Selbstladefunktion.

Die zweite (wahrscheinlichere) Theorie läßt den Schalldämpfer einfach in der Luft hängen: Während der Lauf mit dem Verschluß (und der Muffe) beim Schuß zurückgleitet, verharrt der Dämpfer selber aufgrund seiner Massenträgheit mehr oder weniger an Ort und Stelle. Die Muffe, in die der Lauf geschraubt ist, fährt aus dem Dämpfergehäuse nach hinten und gibt dem Lauf so den nötigen axialen Spielraum. Bis Dämpfer / Impulsgeber „merken", daß sich etwas getan hat, ist der Nachladevorgang abgeschlossen und der Lauf wieder in seiner vorderen Position.

Beide Überlegungen sind nachvollziehbar, wahrscheinlich kommen auch beide Effekte anteilig mehr oder minder deutlich zum Tragen und steuern je nach Detailausführung des Impulsprinzips ihren Anteil zur Aufrechterhaltung der Selbstladefunktion bei.

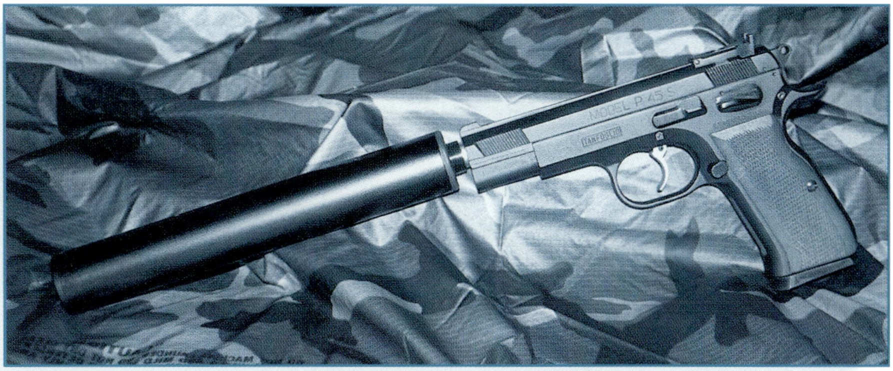

Tanfoglio-Pistole in .45 ACP mit B&T-Impuls-Schalldämpfer. Mit dieser Waffe wurden Schieß-versuche in einem geschlossenen Raum durchgeführt, ohne daß nur wenige Meter entfernte Passanten etwas davon mitbekamen

Die Impulsfunktion läßt sich durch Vorschieben und Drehen des Dämpfers, der in dieser Stellung verriegelt, ausschalten. Durch die so blockierte Selbstladefunktion verbessert sich die Dämpfungswirkung noch um einige Dezibel. Die durchgeführten Tests konnten die von schon einigen Testern konstatierte einwandfreie Funktion und gute bis sehr gute Dämpfungsleistung nur bestätigen. Die u. a. getestete Beretta 92 F in 9 x 19 mm funktionierte einwandfrei, das Restgeräusch (im Freien geschossen) erinnerte eher an eine Spielzeugpistole. Präzision und Treffpunktlage blieben, soweit dies kontrollierbar war, unverändert (Die als Ziel gewählte Getränkedose konnte auf Entfernungen zwischen 15-35 m verläßlich getroffen werden).

Noch deutlicher wurde die Dämpfungsleistung an einer in den B&T Geschäftsräumen (!) getesteten .45er Tanfoglio mit Impuls-Schalldämpfer: Während hinten in der Werkstatt (in einen Kugelfangkasten) geschossen wurde, unterhielten sich in den Geschäftsräumen anwesende Kunden (nur durch einen vorhangverhängten Durchgang abgetrennt) ungestört weiter. Eine entsprechende Nachfrage zeigte: Man hatte wohl „irgendetwas" gehört, dies aber mit betriebsüblichen Geräuschen erklärt. Daß hier scharf geschossen worden war, nahm man eher ungläubig zur Kenntnis.
Der innere Aufbau des eigentlichen Dämpferteiles der Impuls-Dämpfer ist, wie bei den B&T Langwaffendämpfern, unterschiedlich: So findet man kegelförmige Einsätze aus einer vergüteten Leichtmetallegierung bzw. Stahl (QPQ-beschichtet) oder die bei den MP's bereits geschilderten Spezialblenden.

Beretta 92 F im Kaliber 9 x 19 mm mit Brügger & Thomet Impuls I Schalldämpfer

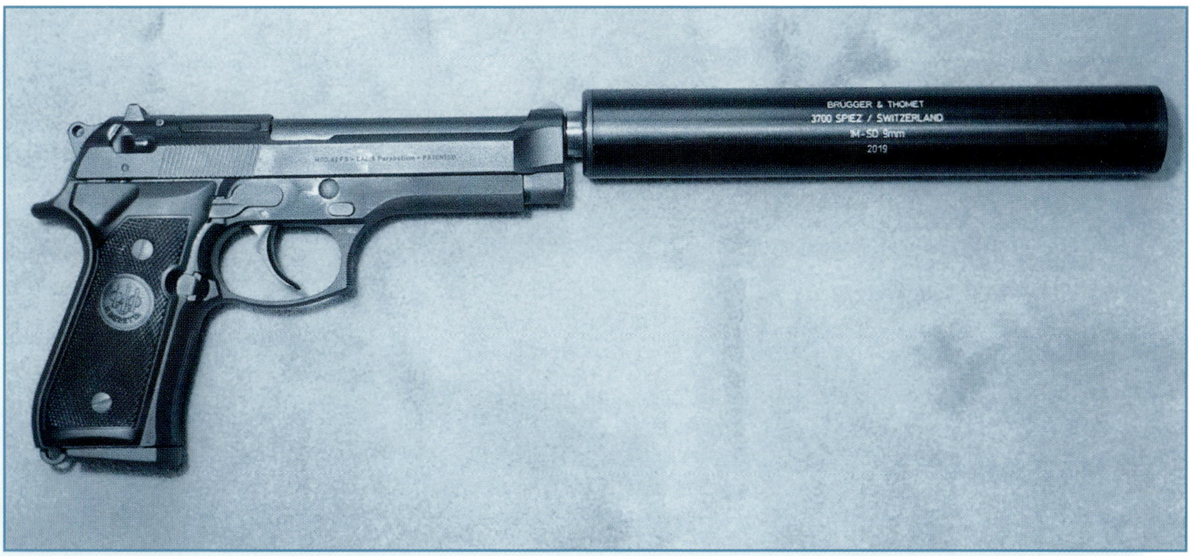

H&K USP in 9 x 19 mm mit B&T Impuls II-Dämpfer, Dämpferteil vom Impulsgeber separiert (Foto: B&T)

Bei der zweiten Generation von Impuls-Dämpfern sind Impulsgeber und SD-Einheit voneinander separiert, der Dämpfer ist auf den Impulsgeber aufgeschraubt. Dies ermöglicht sowohl eine einfachere Zerlegung in Hauptbaugruppen zur Reinigung wie auch eine Vereinfachung der zusätzlichen Verwendung von flüssigen Hilfsstoffen zur Gaskühlung und Dämpfungsverbesserung: Der große Expansionsraum am Dämpfereingang läßt sich nach dem Abschrauben des Impulsgebers leicht mit Fett, Öl etc befüllen.

Für diese Dämpfergeneration erscheint die zweite Theorie (träges Verharren beim Schuß) hinsichtlich der Funktionsweise plausibler. Die Waffen funktionieren nämlich auch ohne den eigentlichen Schalldämpfer, nur mit dem schweren (ca. 250 g) Impulsgeber auf der Mündung. Eine Drosselung der Gase, die eine Beschleunigung des Impulsgebers nach vorne bewirkt, findet bei der Anordnung ohne Dämpfer kaum statt. Es unterbleibt also auch der Gegenimpuls, der aus der Dämpferbeschleunigung resultiert.
Vor diesem Hintergrund ist eher anzunehmen, daß der Impulsgeber (jeweils mit bzw. ohne Dämpfer) aufgrund seiner Masse träge verharrt, während sich der Lauf bewegt.

Die Impuls-III- Serie von B&T kombiniert den Impuls-II-Dämpfer mit Elementen der weiter

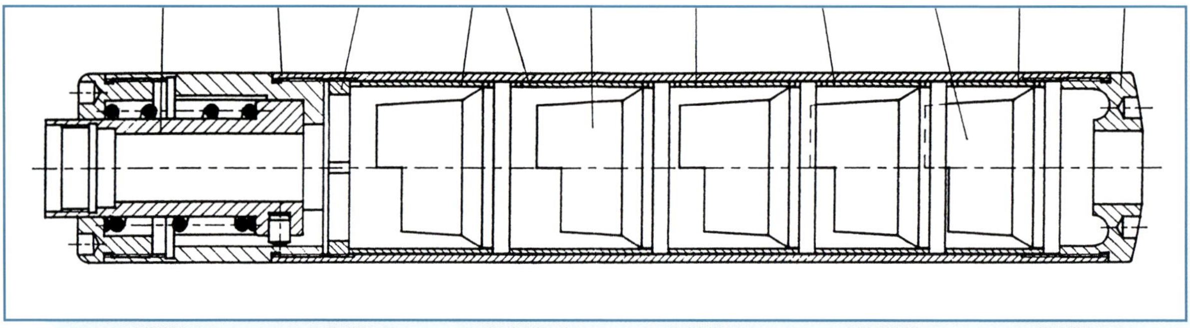

Schnitt durch B&T Impuls Dämpfer neuester Bauart

unten beschriebenen SUC-SD und liefert nach Firmenauskunft die beste derzeit auf dem Markt erhältliche Schallreduktion für Kurzwaffen bei gleichzeitigem Selbstlade-Funktionserhalt.

B&T-Impuls-SD im Größenvergleich
Von oben: Impuls I, Impuls II, Impuls IV

Bei den Impuls IV-Dämpfern handelt es sich um flache (l x b x h: 140 x 24 x 40 mm), exzentrisch zu montierende Dämpfer, die die Visierung nicht verdecken. Für diese Modelle ist auch kein besonderer, längerer Lauf mehr erforderlich, es reicht der mit einem Mündungsgewinde versehene Standardlauf der Waffe. Das Dämpfergehäuse ist dazu am waffenseitigen Ende um ein Gewindeteil verlängert, dessen Außendurchmesser dem des Laufes entspricht. Bei aufgeschraubtem Dämpfer ragt diese Gewindehülse in den Schlitten der Waffe hinein und übernimmt so die Laufführung- bzw. -zentrierung. Die Verwendung hochwertiger Werkstoffe erlaubt diese Verbesserung in dem doch recht beanspruchten Bereich der Laufmündung. Bei Gebrauch der Pistole ohne Dämpfer verdeckt eine Buchse das Gewinde am Lauf. Das Innenleben dieses Dämpfers besteht neben dem Impulsgeber (Muffe und Feder) aus einer Spirale mit Geschoßdurchgangsöffnungen.

Einen Haken hat die Sache mit den trotz Dämpfer funktionierenden Pistolen: Bei Waffen mit sog. „abkippendem Lauf" (also speziell die à la Browning verriegelten) wird der Lauf an seinem hinteren Ende bekanntermaßen nach einer bestimmten Rücklaufstrecke durch die Steuerkurve oder die Kette nach unten gezogen, was die Verriegelung zwischen Verschluß und Lauf aufhebt. Zu diesem Zeitpunkt muß das Geschoß den Lauf

An dem Winkel zwischen Verschluß und Lauf bzw. Dämpfer bei dieser Glock 17 in 9 mm Luger ist deutlich zu erkennen, wie weit der Lauf abkippt

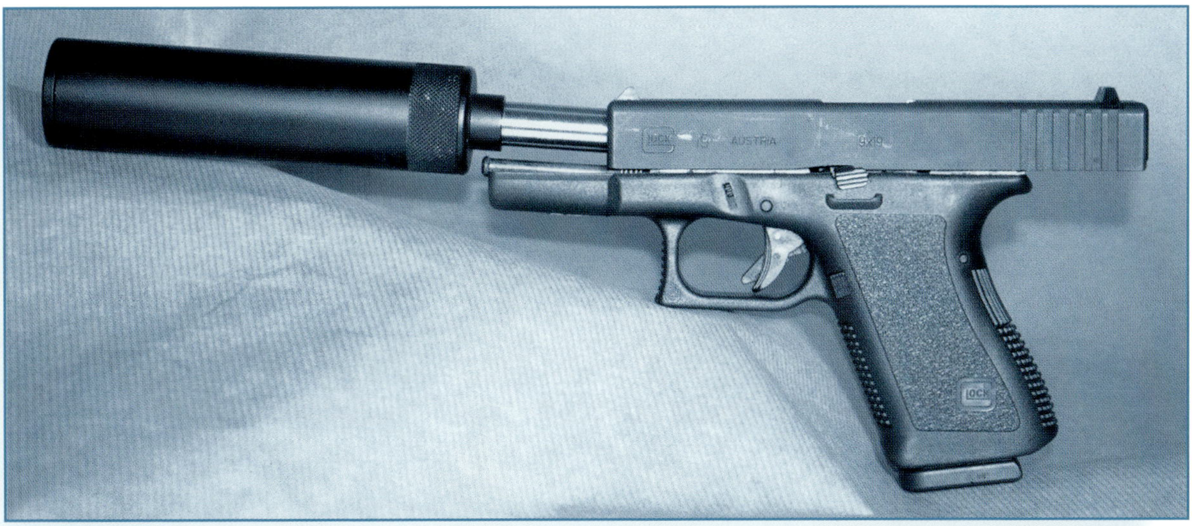

bereits verlassen haben, da es sonst eine Ablenkung in Höhenrichtung erfährt. Ein aufgesetzter Schalldämpfer (der eine koaxiale Verlängerung des Laufes darstellt) macht die aus dem Abkippen resultierende Aufwärtsbewegung des Laufes bzw. der Mündung natürlich mit. Je länger der Dämpfer, umso ausgeprägter die Verschiebung zwischen Geschoßflugbahn und Mittelachse des Lauf / Schalldämpfersystems in entriegeltem / abgekippten Zustand. Durch diese Verschiebung kann es passieren, daß die Geschoßdurchgangsöffnungen aus der Flugbahn des Projektiles geschwenkt werden. Folge: Das Geschoß prallt an die Blenden und wird - im günstigsten Fall - nur abgelenkt, schlimmstenfalls kommt es zu einer Zerstörung des Dämpfers. Waffen mit nur linearem Rohrücklauf wie die Beretta 92/93, Walther P1/P38, Luger Pistole 08 etc. haben dieses Problem nicht, weil bei ihnen der Lauf nicht abkippt.

Shit happens: Hier waren die Durchgangsöffnungen deutlich zu klein

Um das beschriebene Problem zu umgehen, gibt es verschiedene, teils miteinander kombinierbare Möglichkeiten:

- sehr kurze Dämpfer
- Blendenscheiben mit entsprechend großen bzw. nach unten erweiterten Geschoßdurchgangsöffnungen.
- elastische, zu durchschießende Blendenscheiben

Zumindest die ersten beiden Optionen gehen zu Lasten der Schalldämpfung. Außerdem ist es mit zusätzlichem Aufwand verbunden, die mit Langlöchern versehenen Blenden dauerhaft so zu positionieren, daß die erweiterten Öffnungen miteinander fluchten und auch die richtige Ausrichtung (größere Lochweite unter der Mitte) haben.
Dämpfer mit elastischen Blendenscheiben wurden bereits beschrieben, auf einige besondere Modelle wird später noch eingegangen.

Wenn der Lauf zur Entriegelung abkippt, können bei falscher Auslegung von Dämpfer oder Impulsgeber die Geschoßdurchlässe aus der Flugbahn geschwenkt werden

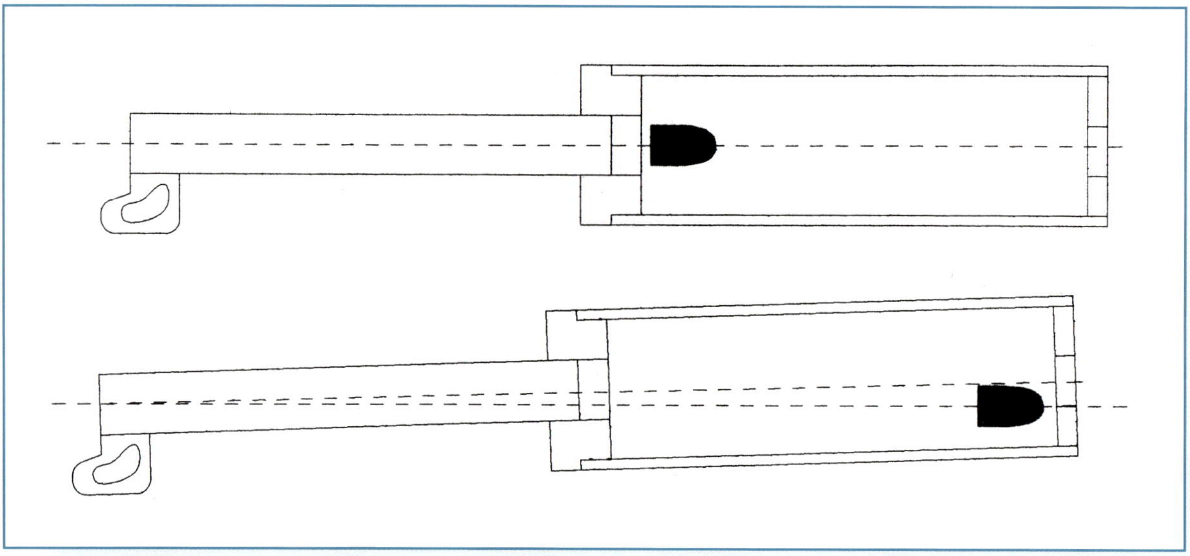

Exkurs - SD und Waffenverschleiss

Man muß sich beim Einsatz von Schalldämpfern, bei denen die Selbstladefunktion der verriegelten Pistole erhalten bleibt, vergegenwärtigen, daß die zusätzliche bewegte Masse des Dämpfers auch eine zusätzliche Belastung der Waffe bedeutet.
Wenn der Lauf abkippt, wird der Dämpfer auch vertikal bewegt. Die daraus resultierenden Kräfte sowohl beim Beschleunigen wie auch beim Abbremsen des Dämpfers wirken über den Lauf und seine Führung (Mündungsbuchse, Steuerkurve, Schlittenfanghebel) auf Verschluß und Griffstück. Alle diese Teile werden dabei verstärkt beansprucht.
Dem Schützen wird dies weniger bewußt, weil Hoch- und Rückschlag mit Dämpfer wesentlich geringer erscheinen.

Ähnlich, wenn auch in geringerem Maße, verhält es sich bei den Waffen mit linear zurücklaufendem Rohr. Auch hier stellt der Dämpfer am Laufende eine träge Masse dar, welche durch den Waffenhochschlag nach oben beschleunigt wird. Durch das Verharren des Dämpfers erfährt der Lauf eine Verbiegung, über seine Führung im Verschluß bzw. Griffstück fließen zusätzliche Kräfte, die sich in Form von Reibung oder Materialverformung äußern.

Bei Waffen mit feststehendem Lauf hat hauptsächlich die Laufbefestigung diese zusätzlich auftretenden Kräfte aufzufangen.

Bei Dämpfern, die die Selbstladefunktion durch die Erhöhung der rücklaufenden Masse abwürgen, ist die Gesamtbeanspruchung der Waffe geringer als ohne Dämpfer. Im wesentlichen wird hier nur der den Dämpfer tragende Lauf sowie die Verbindung Dämpfer-Lauf bzw. Lauf-Griffstück beansprucht. Verschleiß an den bewegten Teilen - außer Abzug und Schlageinrichtung - tritt nicht auf, weil sich ja nichts bewegt.

Für alle Dämpferarten gilt: Eine mit einem Dämpfer versehene Pistole ist deutlich vorderlastig, was den empfundenen Hochschlag aufgrund des erhöhten Massenträgheitsmomentes reduziert.
Diese Hochschlagminderung muß voll von der Waffe aufgefangen werden; d. h. alle Teile, die den Dämpfer (träge Masse) mit der Lagerung (Schützenhand) verbinden, werden stärker als üblich beansprucht (Reibung, elastische Verformung).

Für kleinkalibrige Waffen bis etwa 9 mm kurz sind diese Überlegungen zweitrangig. In der Regel besteht bei diesen Waffen keine Bedrohung der Gesamtlebensdauer durch den dauernden Einsatz mit Schalldämpfer - doch auch hier: Keine Regel ohne Ausnahme!
Bei starken Kalibern ab etwa 9 x 19 mm kann ein Schalldämpfer zur Reduzierung der Gesamtlebensdauer bzw. zumindest zur signifikanten Zunahme von Verschleiß führen - außer, die Waffe wurde extra auch für Dämpferbetrieb konstruiert (etwa die u. a. aus diesem Grund sehr massive H&K Mark 23 SOCOM).

Diese Ausführungen gelten sinngemäß auch für Langwaffendämpfer.

Suc, Jet & Co.

Ein weiterer, funktionserhaltender Pistolendämpfer von B&T ist der weiter oben schon angesprochene SUC-Schalldämpfer (square, ultra compact = rechteckig, ultrakompakt). Dieser Dämpfertyp ist im Querschnitt rechteckig, nur rund 200 g schwer und sitzt exzentrisch auf dem Waffenlauf. So erlaubt er den Gebrauch der Standardvisierung der Waffe.

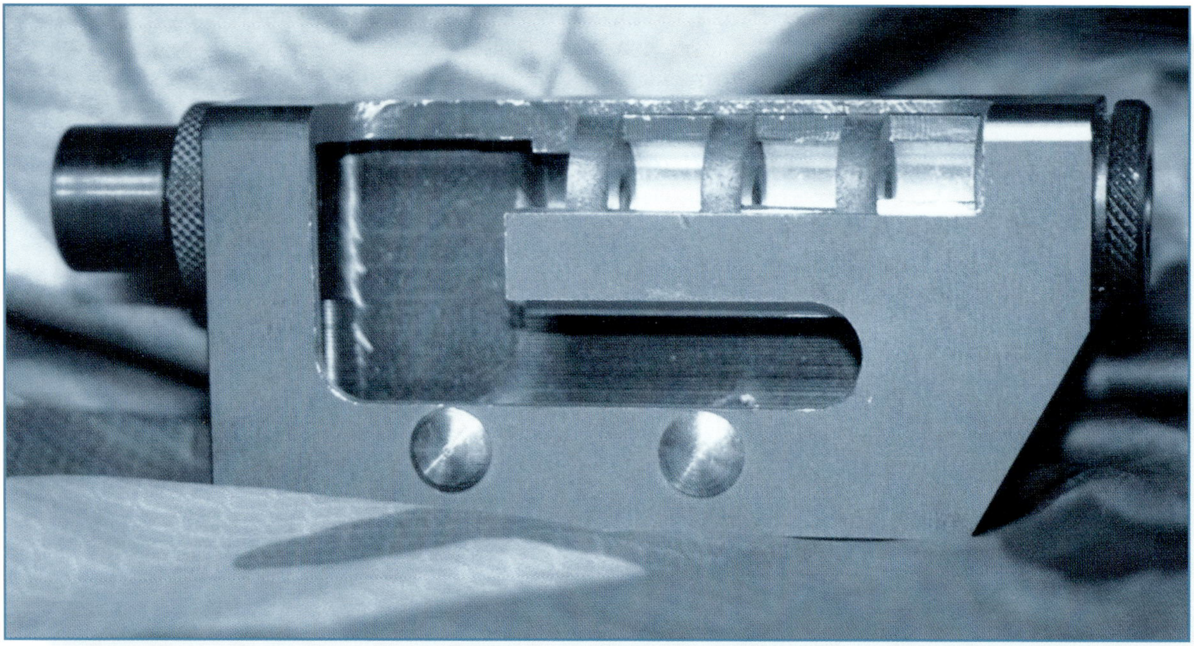

Modell eines Brügger & Thomet-SUC-SD im Schnitt

Das geringe Gewicht stört den Selbstlademechanismus kaum.
Das Dämpfungsprinzip beruht auf der Verwendung von hochresistenten Gummielementen, die zu durchschießen sind. B&T raten bei der Verwendung dieses Dämpfers zu einer Verminderung der Einsatzreichweite auf 15 m, u. a. weil die Präzision der so ausgestatteten Waffe verschlechtert wird. Desweiteren kann sich die Treffpunktlage gegenüber dem dämpferlosen Betrieb deutlich verschieben. Diese Effekte lassen aber mit zunehmendem Kaliber nach - hier gilt: je .45 ACP, desto besser.
Die „Präzisionsverschlechterung" und „Treffpunktverlagerung" wird ein Durchschnittsschütze in Verbindung mit einer Gebrauchswaffe u. U. nicht oder kaum bemerken; die obigen Angaben beziehen sich u. a. auf Erfahrungen mit der SIG P210, bekannterweise einem Standard hinsichtlich Präzision!
Die vorgelochten Elastomereinsätze des SUC sind spätestens nach 3-5 Schuß deutlich „angeknabbert", eine effektive Schalldämpfung ist für ca. 20 Schuß gegeben. Zumindest bei B&T läuft dieser Dämpfertyp allmählich aus, da er - abgesehen von der Größe - gegenüber anderen Modellen aus gleichem Hause keine Vorzüge bietet.

Jet

Endgültig abgelöst wurde der SUC von der neuesten Entwicklung, dem B&T „JET"-Schalldämpfer.
Der Jet besteht aus einem zylindrischen Gehäuse, in dem sich eine Metallblende, Distanzstücke und Kunststoffscheiben befinden. Das Geheimnis dieses hocheffektiven Dämpfertyps liegt in der Art und Verarbeitung der eingesetzten Materialien. Bei einer Baugröße von 31 mm Durchmesser, knapp 150 mm Länge und rund 150 g Gewicht dämpft der Jet mindestens genauso gut wie seine großen Brüder aus gleichem Hause. Und auch ohne aufwendige Impuls-Mechanik bleibt die Waffenfunktion voll erhalten. Hätten die verwendeten Materialien für die elastischen Blenden bzw. die spezifischen Verarbeitungsmethoden schon früher zur Verfügung gestanden, wäre es erst viel später zu einem Impuls-Dämpfer gekommen.

Der hochresistente PU-Verbundwerkstoff, aus dem die elastischen Blenden geschnitten sind, hält 20-30 Schuß aus. Innerhalb dieser Lebensdauer dichten die Elastomerblenden mit ihrer ausgetüftelten Lochgeometrie den Dämpfer gut genug ab, um ein Austreten eines dazwischenliegenden Hilfsmediums aus dem Dämpfer zuverlässig zu verhindern. Dieses Hilfsmedium - ein besonderes Fett - ist ebenso als Ersatzteil erhältlich wie die zur Wiederbestückung des Dämpfer nötigen Ersatz-Elastomerblenden.

Auf die Präzision und die Treffpunktlage hat dieser Dämpfer nur einen minimalen Einfluß; allerdings vermindert sich die Geschoßgeschwindigkeit aufgrund des Durchtrittswiderstandes leicht. Von einer Destabilisierung der Projektile war bei den durchgeführten Tests nichts zu bemerken. Die Dämpfungleistung ist frappierend; selbst 9 mm Luger-Pistolen sind akustisch kaum noch von einer leer abgeschossenen Luftpistole zu unterscheiden.
Das sinnvolle Einsatzspektrum für diesen Dämpfertyp reicht von Waffen im Kaliber 7,65 mm bis zu den .40er Kalibern. KK-Munition wird bei der üblichen Bestückung mit vier Dämpferelementen zu stark abgebremst, u. U. kommt es hier schon zu einer deutlichen Verformung bzw. Ablenkung des Geschosses. In .45 ACP ist der Dämpfungseffekt bei den geschilderten Abmessungen nicht mehr ganz so überragend, aber immer noch deutlich. Für dieses Kaliber ist ein etwas größeres Gehäuse erforderlich.
Geringe Baugröße und Gewicht, Funktionserhalt und sehr gute Dämpfung machen diesen Dämpfertyp besonders für Kompakt- und Ultrakompakt-Pistolen in leistungsfähigen Kalibern geeignet.

H&K USP im Kaliber 9 x 19 mm mit einem Jet-Schalldämpfer von Brügger & Thomet Deutlich zu erkennen sind die hier separat fotografierten Elastomerblenden (Foto: B&T)

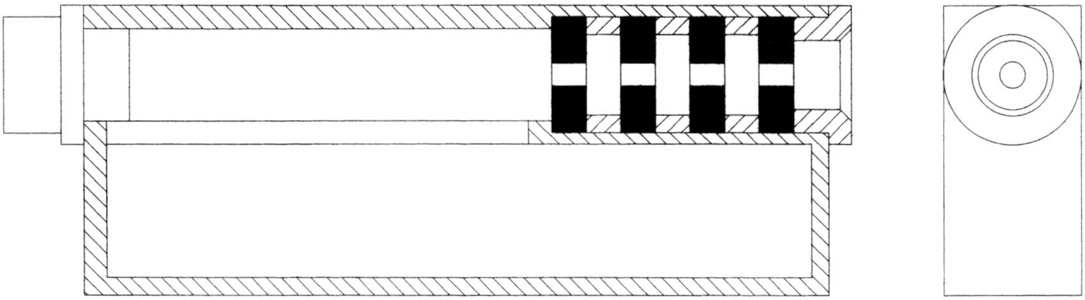

Schema des subkompakten, exzentrischen Pistolen-SD SP-1 mit zu durchschießenden Gummischeiben und untenliegendem Expansionsraum

Der Stopson SP-1 für Selbstladepistolen von .22lfB bis .45ACP. Zum Größenvergleich eine Kleinbildfilm-Dose

Stopson-Pistolen-SD

Praktisch identisch aufgebaut wie der SUC ist eine Baureihe von Pistolenschalldämpfern von Stopson Creations, allerdings sind diese sog. SP-1 Dämpfer noch kleiner als bei B&T und bringen 50-100 g weniger auf die Waage als die beschriebenen SUC-Dämpfer. Je nach Waffenkaliber werden verschiedene Modellbaureihen angeboten. Die Dämpfer für Pistolen in .22 lfB bis .32 ACP messen 105 x 45 x 23 mm und sind 100 g (!) leicht; ein Dämpfer für die Kalibergruppe .32 ACP bis .45 ACP ist bei gleichen Abmessungen 50 g schwerer. Das alte Modell für .45 ACP-Waffen war nicht rechteckig, sondern zylindrisch und wog bei einem Durchmesser von 42 mm und 150 mm Länge ganze 120 g.

Das geringe Gewicht der jeweiligen Dämpfer erlaubt angabegemäß bei allen Waffenmodellen die Aufrechterhaltung der Selbstladefunktion.
Die Elastomereinsätze, die für die Gasrückhaltung im Dämpfer sorgen, sollen laut Firmenprospekt 50-70 Schuß aushalten. Auf eine Präzisionsänderung durch diese Dämp-

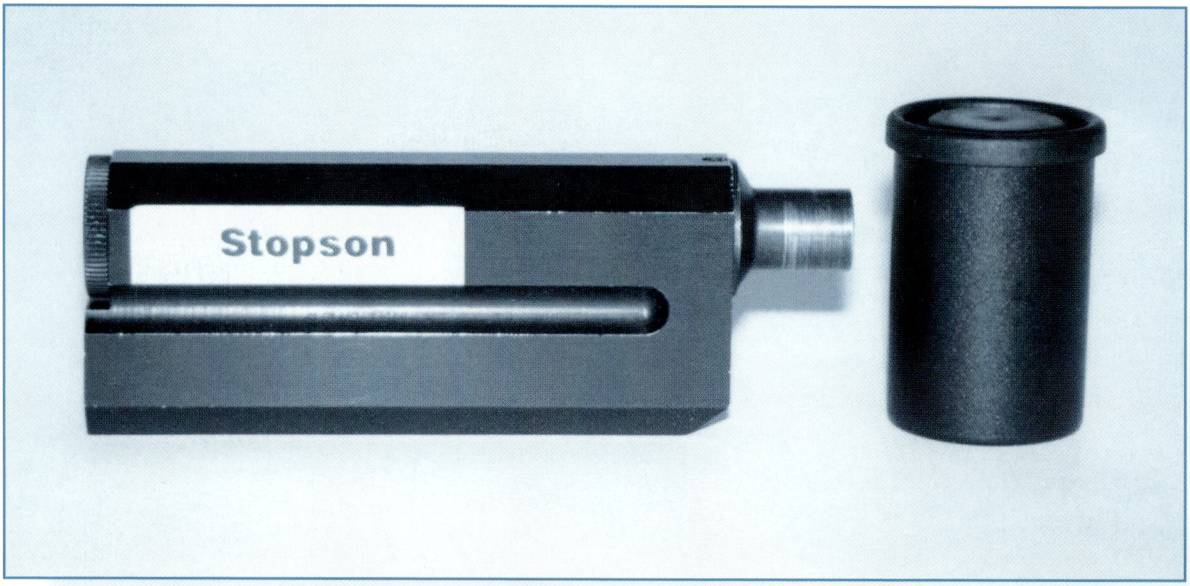

fer wird in den Firmenunterlagen nicht explizit hingewiesen, doch ist anzunehmen, daß das zugrundeliegende Prinzip auch hier nicht gerade streukreisverkleinernd wirkt.
Nach Firmenunterlagen wird der Schußknall auf das Niveau einer Luftpistole gedrückt.
Auf der Suche nach dem Idealschalldämpfer für die Ausstattung von Sondereinheiten wurde der Stopson-Dämpfer bei einem deutschen Waffenhersteller intensiv im Vergleich zu anderen Modellen geprüft. Die von einem dortigen Werksschützen geäußerte Meinung: „E feins Dämpferle!". Allerdings räumte der Tester auf die Frage nach der Dämpfungsleistung ein, daß ihm keine so lauten Luftpistolen bekannt sind. Beim Schießen mit einer derart aufgerüsteten Pistole kann auf einen Gehörschutz verzichtet werden. Die Treffpunktlage sowie die Präzision bleiben angabegemäß weitgehend erhalten.

Bei diesen Dämpfertypen - und das gilt nicht nur für die beschriebenen Fabrikate - empfiehlt es sich, nach dem Einsetzen neuer Gummischeiben die aktuelle Treffpunktlage mit 3-5 Schuß zu ermitteln.
Der Zustand der Gummischeiben wirkt sich nicht nur auf die Effektivität des Dämpfers aus, sondern auch auf den Erhalt der Selbstladefunktion; je neuer die Einsätze, umso geringer die Fehlfunktionsquote.

H&K Socom Mark 23

Äußerlich gleichen die SUC bzw. Stopson-Dämpfer den ersten von H&K vorgestellten Dämpfern für die H&K SOCOM-Pistole Mk 23. Aufgrund Ihrer Form werden diese Dämpfer intern als „Pelikan"-Modelle bezeichnet.
Dieser Dämpfer arbeitet hinsichtlich des Selbstladefunktionserhaltes ebenfalls mit mechanischer Entkoppelung von Lauf und Dämpfer, funktioniert aber nach dem Trägheits-

H&K SOCOM mit Vorserien-SD (Pelikan) und montiertem LAM (Laser Aiming Modul) (Foto: Manfred Kersten)

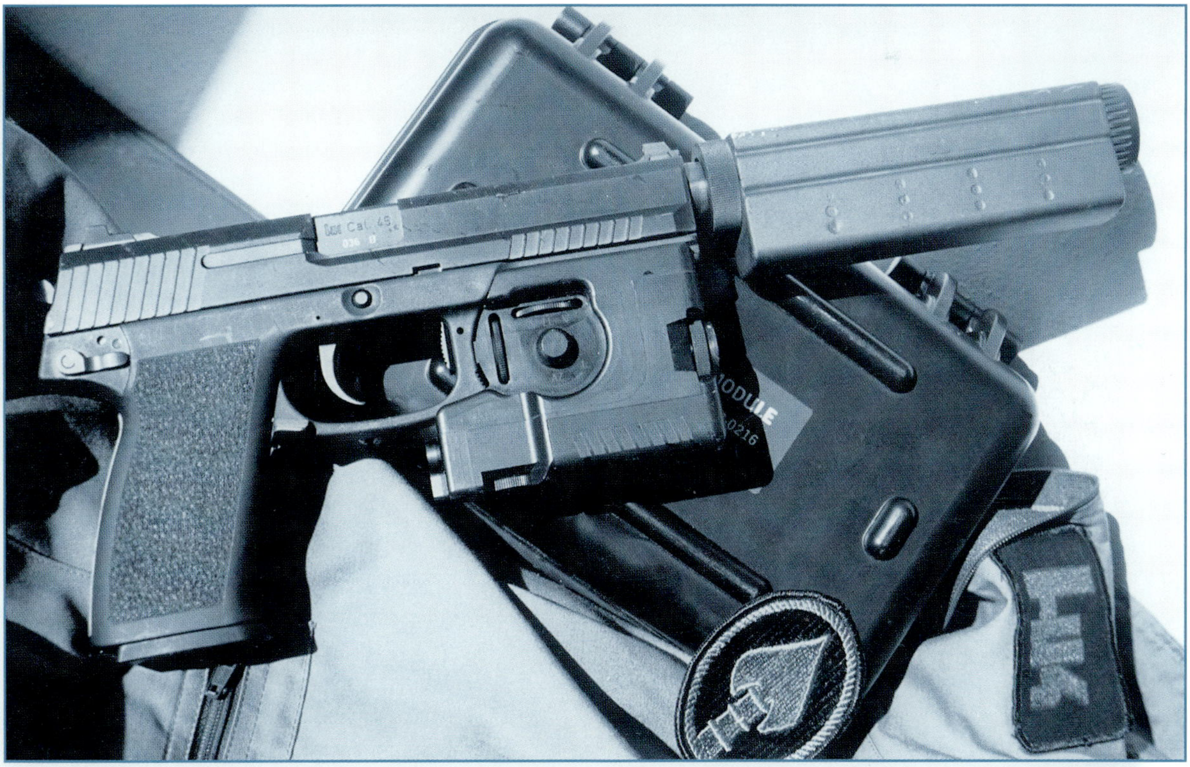

Größenvergleich von oben: Stopson-Dämpfer, B&T Impuls IV-SD, Knight SOCOM-Dämpfer

prinzip, dem Verharren beim Schuß. Ein Tellerfedernpaket sorgt hier für die Repositionierung der Teile nach dem Schuß. Eine besondere Verstellvorrichtung erlaubt es, die Exzentrizität des Dämperinnenlebens so zu justieren, daß Normallaborierung und Subsonic weitestgehend „zusammenschießen", also die gleiche Treffpunktlage haben.

Der Zuschlag für die Lieferung der SOCOM-Pistole Mark 23 ging zwar an H&K, der Dämpferauftrag stand aber noch aus. In die engere Wahl kam ein Modell der US-amerikanischen Firma Knight Armaments. Mittlerweile steht Knight als Lieferant fest!

Vergleicht man den schön gefinishten, rechteckig-exzentrischen Dämpfer von H&K mit dem zylindrischen Knight-Dämpfer, bleibt nur zu hoffen, daß bei letzterem die Funktion besser ist, als das Äußere es vermuten läßt: Dieses Gerät ähnelt eher einem Stück Wasserleitungsrohr mit verschweißten Löchern als einem Stück waffentechnischer High-Tech.

Blick in die Mündung des H&K-Vorserien-dämpfers wie er auch während der Tests durch die US-Streitkräfte verwendet wurde (Foto: Manfred Kersten)

Der Knight-Dämpfer für die Mk 23 SOCOM ist bei einem Außendurchmesser von ca. 35 mm etwa 192 mm lang und knapp 500 g schwer. Dämpfergehäuse und Laufaufnahme sind voneinander entkoppelt. Wie bei den Impuls-Schalldämpfern wird dem Lauf über ein aus dem Gehäuse teleskopierenden Rohrstück der nötige axiale Spielraum gegeben. Die einzelnen Blenden des Dämpfers bestehen aus je einem Rohrstück, welches an einem Ende zugefaltet, verschweißt und mit einer Geschoßdurchlaßöffnung sowie einer ausmittigen Einfräsung versehen wird. Die zugefalteten Enden sind der Laufmündung zugewendet. Distanzstücke sind nicht nötig; Schweißpunkte halten die einzelnen Blenden innerhalb des Außenrohres.

Angbegemäß braucht man bei Verwendung des Dämpfers auch in geschlossenen Ständen keinen Gehörschutz.

Der Schalldämpfer von Knight Armaments für die H&K SOCOM Mk 23

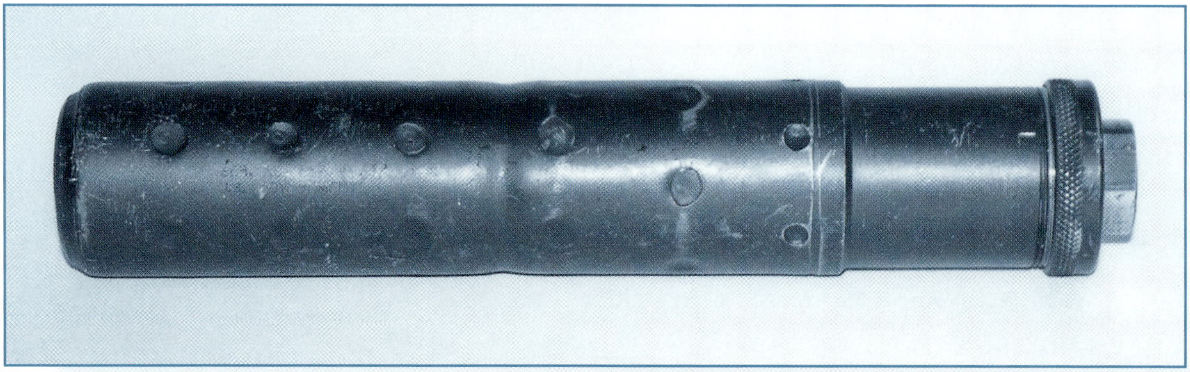

Einer der wenigen deutschen Schalldämpferhersteller ist die Firma Waffentechnik in Allmersbach bei Backnang.
Die Kurzwaffendämpfer lassen sich in zwei Generationen einteilen, die sich im wesentlichen durch ihr Innenleben unterscheiden.
Die älteren Konstruktionen verdanken Ihre besondere Wirksamkeit u. a. der Ausgestaltung der Geschoßdurchlässe: die Ränder der Öffnungen in den Blenden strecken sich der Waffenmündung entgegen. Dadurch erhöht sich der Widerstandsbeiwert einer solchen Blende um ein vielfaches gegenüber dem einer einfachen, planen Öffnung. So erfahren die Gase eine stärkere Drosselung. Darüber hinaus erfolgt durch diesen Aufbau auch eine bessere Gasspeicherung im Dämpfer. Beide Effekte, unterstützt durch den Doppelmantel, bewirken eine gute Dämpfung.
Bei einem Test unter gleichbleibenden Umgebungsbedingungen wurde unter Verwendung von Joniskeit-Dämpfern eine KK-Pistole um etwa -29 dB auf ca. 88 dB gedämpft, eine Walther PPK in 7,65 Browning auf 89 dB. Als Referenzschallquelle diente eine Luftpistole, die leer abgeschossen 88 dB erzielte.

Schema des alten Jonsikeit-Dämpfers

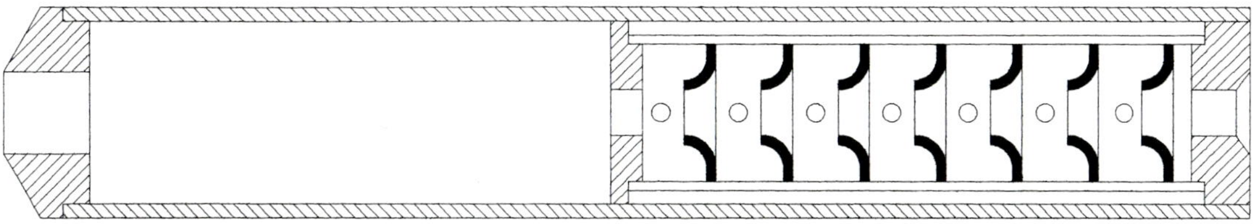

Bei neueren Generationen ist der Innenaufbau der Dämpfer ein gänzlich anderer. Die Einbauten dieser Dämpfer bestehen aus schrägen, zick-zack-förmig angeordneten Ablenkflächen innerhalb des Außenrohres.
An diesen mit Geschoßdurchlässen ausgestatteten Ablenkflächen erfolgt sowohl die Gasumleitung wie auch -drosselung, darüber hinaus erfährt der Hauptgasstrahl eine seitliche Ablenkung. Bei verringerter Baugröße und reduziertem Gewicht sollen diese Dämpfer eine mindestens ebenso gute Gerräuschverringerung bewirken wie die alten Modelle.

Bei der jüngsten Dämpfergeneration (ab '98), die auch ein anderes Innenleben aufweist, bestehen Dämpfer und Teleskopverbindung (Impulsgeber) aus zwei im Außendurchmesser identischen Teilen. Der Dämpfer ist dabei auf den Impulsgeber geschraubt und

Schema der zweiten Generation Jonsikeit-Dämpfer mit „Zick-Zack"-Blenden

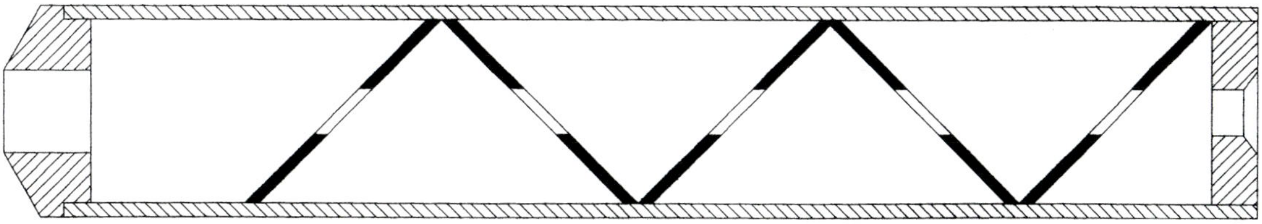

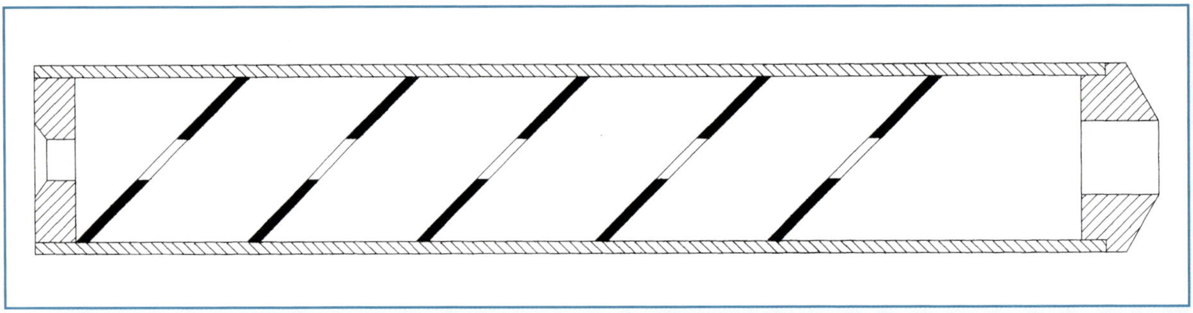

Neuester Joniskeit-SD mit parallelen Blenden

kann auch ohne diesen verwendet werden.
Die Lamellen bei diesem verkleinerten Dämpfertyp (d ca 34 , l ca. 220) sind flach und stehen parallel zueinander ca. 70° gegen die Längsachse schräg geneigt. Die Dämpfungsleistung dieser neuesten Generation ist gegenüber den Vorgängern deutlich verbessert.
Da der enge Lamellenabstand eine weitgehend laminare Strömung bewirkt, werden Turbulenzen und damit verbundene Unwägbarkeiten und Zufallseffekte stark reduziert. Die volle Dämpfungsleistung steht vom ersten Schuß an zur Verfügung, diese Dämpfer müssen nicht, wie manche anderen, erst „warmgeschossen" werden, um die volle Wirkung zu entfalten.

Jonsikeit SD .22lfB

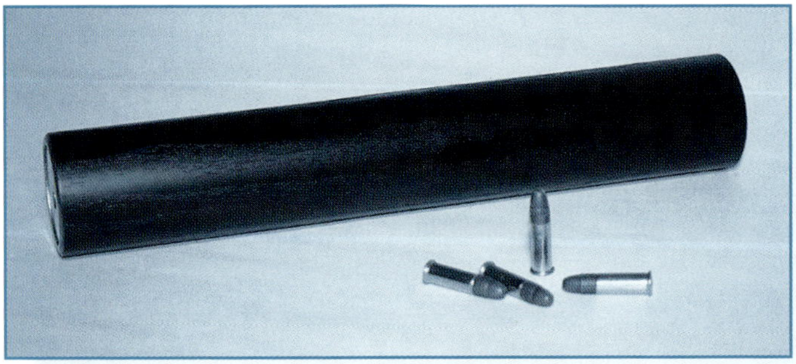

Waffentechnik liefert sowohl herkömmliche Pistolenschalldämpfer, als auch solche, mit denen die Selbstladefunktion bei Browning-verriegelten Waffen erhalten bleibt. Die dazu nötige Entkoppelung von Lauf und Dämpfer besorgt eine teleskopierende Konstruktion, ähnlich wie bereits beschriebenen Impulsschalldämpfern von B&T bzw. Knight Industries.
Mit ca. 20 mm Durchmesser und 60 mm Länge ist die fast vollständig in gewichtssparender Aluminiumbauweise ausgeführte, alte Impulsmechanik äußerst kompakt ausgeführt. Verschleiß scheint kein Thema zu sein; und für den Fall des Falles ist diese Baugruppe, welche in die rückwärtige Dämpferendkappe eingeschraubt ist, schnell und einfach auszuwechseln.
Eine anzusprechende Besonderheit ist die Oberflächenbehandlung: Auf die Dämpfer wird anstatt einer Eloxalschicht o. ä. eine besonders strukturierte Kunststoffolie aufgeklebt. Dies ergibt nicht nur eine griffige und dekorative Oberfläche, die Dämpfer fühlen sich auch nicht metallisch-kalt an und verursachen wegen der relativ weichen Umhüllung auch weniger Geräusch, wenn sie mit anderen Gegenständen in Berührung kommen (Geräuschtarnung).

Joniskeit SD 9 x 19 mm Dieser Dämpfer erhält die Selbstladefunktion der Pistole

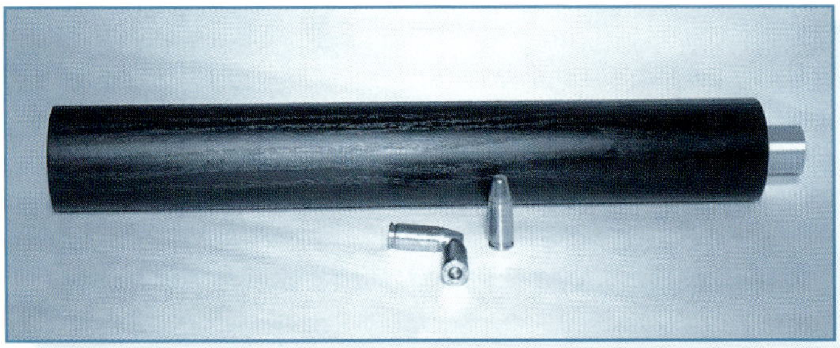

Neben den beschriebenen Kurzwaffendämpfern sind auch gedämpfte Langwaffen im Programm, die aus Standard-Modellen wie dem Sauer 80 vom Kaliber .308 Winchester auf .45 ACP konvertiert werden; generell kann man fast jedes .308 Gewehr

nach dem Joniskeit-System umbauen. Da die .45 ACP praktisch dieselbe Hülsenbodengeometrie wie die .308 Winchester besitzt, brauchen Stoßboden, Ausstoßer, Auszieher etc. nicht oder kaum geändert werden. Eine konstruktive Besonderheit müssen die umzubauenden Waffen allerdings aufweisen, wenn sie nicht nur als Einzellader, sondern auch als magazinzuführender Repetierer funktionieren sollen: der Verschluß darf keine vorneliegenden Verriegelungswarzen haben. Vorneliegende Verriegelungswarzen bedingen entsprechend korrespondierende Ausnehmungen in der Verschlußhülse, die sog. Verriegelungsnuten. Die gegenüber einer .308 Win. relativ kurze und stumpfe .45 ACP Patrone würde sich beim Einrepetieren in diesen Nuten mit ziemlicher Sicherheit verhaken. Als weitere Umbaumaßnahme wird in den bestehenden Magazinschacht eine Aufnahmemöglichkeit für .45er Magazine, zumeist Colt-Government-Magazine, eingebaut. Ein rund 300 mm langer, angebohrter .45 Lauf und ein von der Verschlußhülse bis über die Laufmündung reichender Dämpfer komplettieren den Umbau.

Die so konvertierten Waffen liegen geräuschmäßig auf dem Niveau eines starken Luftgewehres bzw. einer sanft entkorkt werdenden Sektflasche; die Geräuschminderung mit Dämpfer beträgt ca. -32 dB gegenüber dem dämpferlosen Betrieb.

Nach einem - allerdings der Geheimhaltung unterliegenden - Gutachten, welches Mitte der 70er Jahre von verschiedenen Dienststellen in Auftrag gegeben wurde, schnitt dieser Waffentyp hinsichtlich Präzision und Zielballistik besser ab als die anderen, damals parallel getesteten SD-Präzisionswaffen.

Abgerundet wird das gesamte Angebot durch besondere Läufe für verschiedene Waffen (die die Mündungsgeschwindigkeit auf subsonisch reduzieren), die notwendigen Umbauarbeiten und -teile für SD-Umrüstungen und Kompensatoren.

Steyr GB mit Schalldämpfer

Hinsichtlich der Montage des Steyr-Originaldämpfers an der Waffe beschritt man einen ebenso ungewöhnlichen wie effektiven Weg. Der Dämpfer ist nicht am Lauf, sondern am Verschluß montiert. Genauer gesagt ist das rückwärtige Ende des SD so ausgeformt, daß es die normale Laufführungsbuchse im Schlittenvorderteil ersetzt. Bei montiertem Dämpfer wird so aus der Selbstladepistole GB ein gedämpftes Waffensystem, welches nach Art der amerikanischen Repetierschrotflinten zu bedienen ist: Die Schußhand umfaßt wie gewohnt den Pistolengriff, die zweite Hand den als Vorderschaft dienenden Schalldämpfer. Nach dem Schuß wird durch zurückschieben von SD und Verschluß die leere Hülse ausgeworfen und gleichzeitig das Schlagstück gespannt. Beim vorschieben wird eine neue Patrone zugeführt und der Verschluß verriegelt. Durch die so mögliche, relativ hohe Schußfolge wird ein Teil der

Pistole Steyr-GB im Kaliber 9 x 19 mm (Foto: Steyr Mannlicher AG)

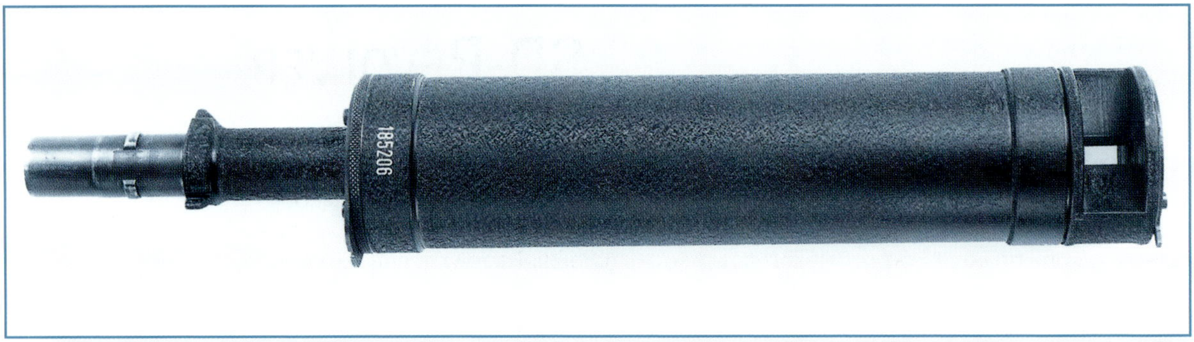

Lauf für die Steyr GB mit aufgesetzter Laufführungsbuchse und darauf montiertem Steyr-Schalldämpfer
(Foto: Steyr Mannlicher AG)

durch den manuellen Betrieb verloren gegangenen Firepower ausgeglichen - darüber hinaus ist die Dämpfung wegen der festen Verriegelung beim Schuß hervorragend.
Die beschriebene, ungewöhnliche Lösung wurde aus folgenden Erwägungen gewählt: Grundsätzlich eignet sich die GB wegen des starren Laufes gut für die Dämpfung mittels Mündungsdämpfer, weil unabhängig von Größe und Gewicht des Schalldämpfers keine Beeinträchtigung der Selbstladefunktion zu befürchten ist.
Allerdings steht das Verriegelungsprinzip der GB einer hocheffektiven Dämpfung entgegen. Wie bei der H&K P7 handelt es sich bei der Steyr GB um einen sog. gasdruckverzögerten, unverriegelten Masseverschluß. Dies bedeutet, daß bei der Schußabgabe durch Bohrungen im Lauf Gasdruck abgezapft wird, der auf eine entsprechende Ringkolbenfläche im Inneren des Verschlußes wirkt. Die resultierende Kraft bremst den Verschlußrücklauf und macht so eine Verriegelung entbehrlich.
Bei Verwendung eines auf die Laufmündung aufgeschraubten Dämpfers würde diese Gasleckage beim Selbstladevorgang den Abschuß übertönen bzw. den Hauptanteil am Schußgeräusch ausmachen. Durch die beschriebene Montageart am Schlitten unterbleibt die Selbstladefunktion aufgrund der Masseträgheit des Dämpfers, die abgezapften Gase bleiben innerhalb des Verschlusses und können nicht ungestört in die Atmosphäre gelangen; außerdem entfallen die mechanischen Geräusche.

Das Konzept ist auch hinsichtlich der Verteilung der zusätzlichen Grifstückbelastung durch den Schalldämpfer vorteilhaft. Aufgrund der vorgegebenen Waffenhaltung (eine Hand am Griffstück, eine am Dämpfer) wird ein wesentlicher Teil der beim Schuß auftretenden Rückstoßkräfte schon durch die am Dämpfer angreifende Hand auf den Schützen übertragen. Dies entlastet das Griffstück selbst.
Außerdem fließen die verbleibenden Kräfte nicht primär über die Lauflagerung in das Griffstück, sondern über die wesentlich größeren Anlageflächen zwischen Verschluß und Griffstück, was die entscheidene Beanspruchung pro Flächeneinheit vermindert.

Lasercon

Diese Firma wandelt mit ihrem Pistolen-SD Design auf den Pfaden von Maxim. In dem dünnen Gehäuse stecken identische Blenden, die so aufgebaut sind, daß sich Expansionskammern ergeben, die im Querschnitt sehr an die Maxim-Dämpfer erinnern. Die Geometrie der Blendenkörper wurde allerdings nicht nur hinsichtlich guter Serienfertigung überarbeitet, sondern auch strömungtechnisch bzw. gasdynamisch.

SD-Revolver

Revolver sind bauartbedingt - Stichwort Trommelspalt - nur schlecht zu dämpfen, vom Nagant-Modell einmal abgesehen. Wie bereits ausgeführt, schiebt sich bei diesem Revolvertyp die Trommel beim Spannen so weit nach vorne, daß in Verbindung mit der Liderungswirkung der Hülse ein praktisch gasdichter Abschluß erfolgt.

Nagant-SD

Der Originaldämpfer für den Nagant bestand aus neun Gummischeiben innerhalb eines zylindrischen Gehäuses. Distanzringe sorgten für den richtigen Abstand zwischen den von Stützscheiben gehaltenen elastischen Elementen.

Im heutigen Rußland gibt es für eine besondere Polizei-Einheit eine SD-Version des Nagants. Bei dieser Ausführung ist der Lauf nicht an der Mündung, sondern am rahmenseitigen Laufende mit einem Gewinde versehen. Der Dämpfer umschließt den Lauf und nutzt den Raum zwischen Lauf und Außenrohr als Expansionskammer. Vor der Mündung befinden sich nur wenige Gummilamellen; insgesamt ist dieser Umbau recht kompakt und effektiv.

Peters

Bei modernen Revolvern ohne das Nagant-Gasdichtungssystem muß man das Problem mit dem Trommelspalt auf konstruktivem Wege umgehen, indem man die Trommel oder

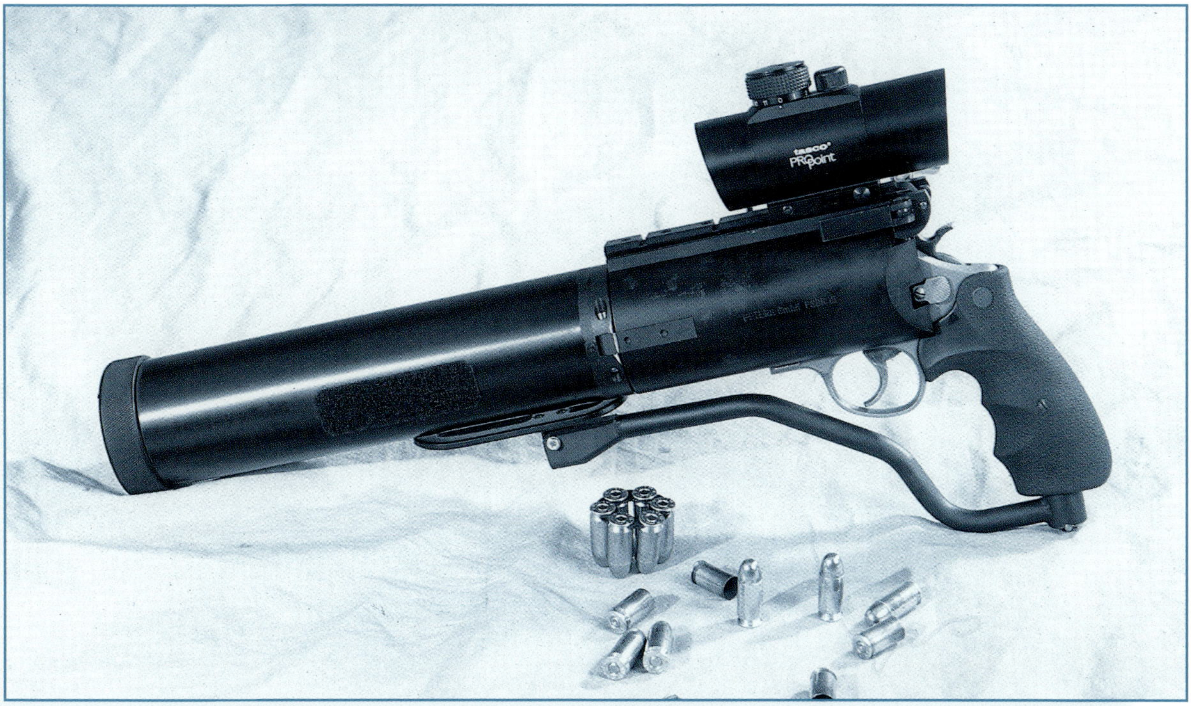

PSDR III Schalldämpferrevolver mit Tasco-ProPoint-Rotpunktvisier und angeklappter Schulterstütze, im Vordergrund lose und geclipste Munition

sogar die ganze Waffe kapselt. Der Paderborner Franz-Josef „Joe“ Peters hat ersteres Prinzip in den schallgedämpften Waffen PSDR III bzw. PSDG I realisiert.

Beide Waffen basieren auf den Smith & Wesson-Revolvern 625 im Kaliber .45 ACP.
Die Waffen sehen aufgrund der voluminösen Dämpfereinrichtung recht beeindruckend aus: Der 60 mm durchmessende Dämpferkörper ist optisch eine Fortsetzung der Trommelverkleidung und sitzt exzentrisch überwiegend unter dem Lauf.
Die über die Trommel ragenden Halbschalen sind gegen den Waffenrahmen hin abgedichtet, innen mit schallisolierendem Material ausgekleidet und können zum Laden seitlich abgeklappt werden.

Beim Abklappen der Trommelverkleidung stößt man auf eine weitere konstruktive Besonderheit: In jeder entsprechend erweiterten Trommelbohrung sitzt vor der Patrone eine schwimmend gelagerte, in Schußrichtung verschiebbare Hülse.
Beim Abfeuern schiebt der Gasdruck diese gegen Verdrehung gesicherte Hülse nach vorne, bis sie am Rahmen bzw. Lauf anliegt. So entsteht eine weitestgehend gasdichte Verbindung zwischen Trommel und Lauf. Nach Absinken des Gasdruckes kehrt die Hülse - Sauberkeit und dünnen Ölfilm vorausgesetzt - in die Ausgangsposition zurück. So wird die Rotation der Trommel vor dem nächsten Schuß nicht behindert.

Der eigentliche Dämpfer besteht aus einem voluminösen Titanrohr, welches innen mit einem Schaumstoff aus Siliconpolymer ausgeschlagen ist. In der vorderen, mehrfach gelochten Abschlußkappe befindet sich eine einige Zentimeter dicke Scheibe aus demselben Werkstoff.
Dieses unterkalibrig vorgelochte Kissen, welches gut 100 Schuß aushält, ist im Bedarfsfall auch schnell und einfach auszuwechseln.

Detail des PSDR III-Revolvers: Trommel mit den schwimmend gelagerten Hülsen

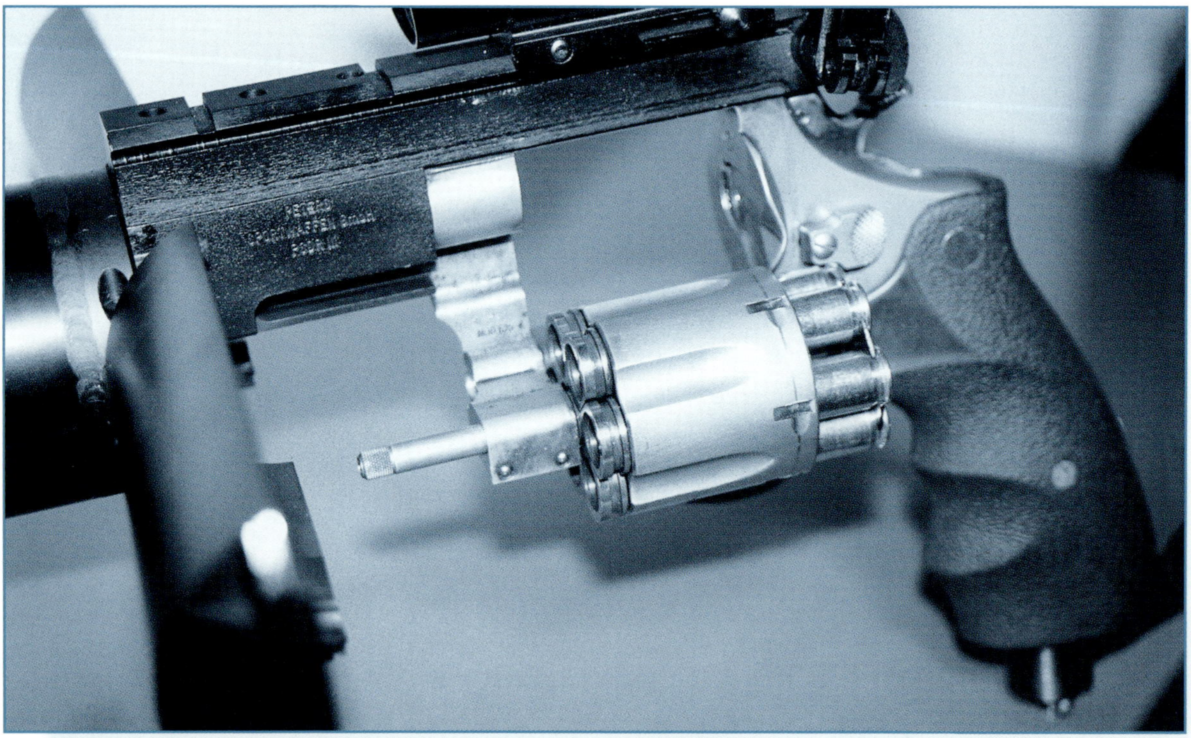

Im Dämpfer findet sich nur noch eine im Firmenjargon „Auspuff“ genannte Rohrleitung; sie geht vom Raum innerhalb der Trommelummantelung aus und mündet in der Dämpferabschlußkappe. Diese Verbindung mit der Außenatmosphäre sorgt für zusätzliche Druckausgleichsmöglichkeiten. Weitere Einbauten bzw. Blenden im klassichen Sinne finden sich in diesem eng an das Nöthiger-Molz-Patent angelehnten Dämpfer nicht; die Dämpfungswirkung beruht auf der isolierten Expansionskammer mit dem zu durchschießenden Kissen sowie der gezielten Gasabführung über den „Auspuff“.

PSDR III-Schalldämpfer von vorne
Deutlich zu erkennen: Das dicke, hellblaue Polymerschaumkissen in der vorderen Dämpferabschlußkappe

Als Schußleistung wurden firmenseitig für die alte Version des PSDR III 70 mm auf 50 m angegeben, die Langwaffenversion PSDG I weist ähnliche Trefferbilder auf 100 m auf. Der getestete PSDR III lieferte Sechs-Schuß-Streukreise von 35-45 mm auf 25 bzw. 70-100 mm auf 50 m. Berücksichtigt man die von den entsprechenden Herstellern empfohlene Verkürzung der Einsatzdistanz auf 15 m bei Verwendung eines Dämpfers mit zu durchschießenden Scheiben, wundert man sich, daß die Peters-Modelle auf 50 oder gar 100 m überhaupt noch treffen. Der ausgewählte Silicon-Polymer-Schaumstoff scheint äußerst geringe Auswirkungen auf den Geschoßflug zu haben. Trotzdem kann man über die schon beim DeLisle-Karabiner konstatierte Flugbahnunempfindlichkeit der schweren .45 ACP-Geschosse wiederum nur staunen.

Für die Waffen ist eine besondere Munition erforderlich, um das jeweilige ballistische und akustische Potential voll auszuschöpfen. Die SD-Kurzwaffe mit 8”-Lauf bringt ihr 260 grs. schweres Vollmantel-Rundkopfgeschoß auf 255 m/s, die Langwaffe mit 400 mm-Lauf beschleunigt das 300 grs. Teilmantel Soft-Point auf 295 m/s. Damit stehen 520 bzw. 845 J Mündungsenergie zur Verfügung.
Von den rund 88 dB Abschußgeräusch entfallen etwa 78 dB auf das Klicken des auf das Zündhütchen schlagenden Hammers. Das Schußgeräusch ist für eine Schalldämpferwaffe untypisch dumpf; ähnlich einer heftig zugeschlagenen Autotür oder einem defekten Auspuff. Beim Nachtschießen zeigte sich in einigen Fällen ein ausgeprägtes First-Shot-Fire bzw. eine deutliche Mündungsflamme. Durch die Öffnung im Stoßboden für die Schlagnase des Hammers entweichen beim Schuß Gase nach hinten; im Schulteranschlag pustet die Waffe deswegen dem Schützen ins Gesicht.

Der PSDR III wurde - auf Behördenwunsch - mit klappbarer Schulterstütze, sichtbarem und unsichtbarem (Infrarot-) Laser, Sure-Fire-Lampe als Zielscheinwerfer und einem 40 mm-Leuchtpunktvisier ausgestattet (Nach Herstellerauskunft wäre auch noch ein Kaffeeautomat einbaubar, wenn der Wasserbehälter auf den Schützenrücken verlegt werden darf...). Die beschriebenen Zusatzgeräte tragen nicht unbedingt zur Handlichkeit des PSDR III bei, verleihen ihm aber volle Nachtkampftauglichkeit und ein ausgeprägtes Drohpotential.

Mit dem PSDR III lassen sich sechs Schuß nacheinander abfeuern, ohne eine Repetierbewegung durchführen oder aus dem Anschlag gehen zu müssen. In der Polizei- bzw. SEK-Praxis spielt die vergleichsweise lange Nachladezeit von rund acht Sekunden keine Rolle, weil man hier kaum einmal sechs, geschweige denn noch mehr gedämpfte Schüsse von einem Schützen unmittelbar nacheinander braucht.

Knight Armament

Auch im klassischen Revolverland, den USA, gibt es spezielle Schalldämpferrevolver: Die Produkte der Knight Armament.
Diese Revolver kommen ohne die aufwendige Ummantelung der Trommel aus, die eigentliche Abdichtung des Trommel- / Laufüberganges geschieht durch die spezielle Teleskop-Munition.
Bei dieser Munition ist das Geschoß innerhalb der Hülse in einem besonderen, überkalibrigen Treibkäfig verladen (beispielsweise .44er Hülse / .38er Geschoß). Beim Schuß dichtet der nach vorne verschobene Treibkäfig den Trommelspalt ab und führt das Geschoß praktisch gasdicht in den Lauf ein. Der Lauf hält den Treibkäfig zurück; nach dem Abfall des Gasdruckes zieht sich der Käfig aufgrund seiner Elastizität etwas in die Hülse zurück und ermöglicht so ein Weiterdrehen der Trommel.
Dieses Prinzip kommt, wie auch der Nagant-Revolver, mit einem einfachen Mündungsschalldämpfer aus.

Flinten mit SD

Schrotflinten sind aufgrund der Wirkung von Schrot auf einen lebenden Organismus die effektivsten Jagd- und Nahkampfwaffen (bis ca. 35m), die es gibt.
Aufgrund der Möglichkeit, neben Schrot auch massive Flintenlaufgeschosse oder Spezialmunition zu verschießem, gehören Flinten zu den universellsten Handfeuerwaffensystemen überhaupt - leider auch zu den lautesten.
Gerade die laute Abschußsignatur von Flinten war in jüngerer Vergangenheit der Auslöser für die Schließung einiger Wurfscheibenstände. Nachdem die Schützen bereits auf wasser- und bodenverträglichere Nicht-Bleimunition mit Nickel-, Zink, Wismut- oder Stahlschrot umgestiegen waren, hatte man ihnen aus der Lärmbelästigung einen Strick gedreht und entsprechende behördliche Genehmigungen für Schallabsorber bzw. -dämpfer verweigert.

Besonderheiten

Schon aus diesen Erwägungen heraus sind Flinten für eine Dämpfung geradezu prädestiniert. Einige weitere Besonderheiten von Flinten und -munition kommen der Dämpfbarkeit sehr entgegen:

- relativ niedriger Gebrauchsgasdruck
- zum Erreichen von 300 m/s nur sehr kurze Lauflängen erforderlich
- steiler Gasdruckabfall nach 30-40 cm Lauflänge
- hohe mögliche Geschoßgewichte (bis über 50 Gramm im Kaliber 12)

Flintendämpfer bzw. gedämpfte Flinten waren bis vor kurzem vergleichsweise selten. Ein Grund für das spärliche vorliegende Material liegt einmal mit Sicherheit bei den konstruktiven Schwierigkeiten, eine Schrot verschießende Waffe unter Einhaltung sinnvoller Maße und Gewichte zu dämpfen.
Zum anderen - für leise Jagd- bzw. Sportflinten bestand kaum Bedarf und in den militärisch-polizeilichen Bereichen ist die Ächtung bzw. das Verbot von Flinten eine wirksame Informationsbremse - hat man sie, schweigt man.

Die technischen Schwierigkeiten bei der Dämpfung des Schrotschusses sind groß: Eine Schrotgarbe hat die Tendenz, nach dem Verlassen der Laufmündung auseinanderzudriften. Diese gewollte Streuung, über den Daumen gepeilt etwa 2-3 cm pro Meter Flugweite, erhöht die Trefferwahrscheinlichkeit.
Diese Expansion muß in der Dämpferkonstruktion Niederschlag finden: ein 25 cm über die Mündung reichender, schrottauglicher (nicht schrott-tauglicher) Dämpfer müßte also eine mindestens 5 mm über Kaliber durchmessende Austrittsöffnung haben. Bei einem Laufinnendurchmesser von 18,2 mm im Kaliber 12 bedeutet das einen Auslaß von fast 24 mm! Eine so große Öffnung in Verbindung mit der durchlässigen Schrotgarbe (im Gegensatz zu einem dichten, massiven Geschoß) ermöglicht einen sehr großen blow-by. Auch die anderen erforderlichen Abmessungen eines solchen Dämpfers sind enorm, auch wenn aufgrund der relativ niedrigen Drücke nicht unbedingt vier Kaliber Durchmesser und 30 Kaliber Länge erforderlich sind.

Ein weiteres Problem bei der Dämpfung von Schrotschüssen sind die sog. Zwischen-

mittel von Schrotpatronen. Darunter versteht man das Patronenbauteil zwischen Pulverladung und Vorlage (Schrot). Waren es früher einfache Filzpfropfen, sind es heute ausgefeilte, becherförmige Kunststofformkörper, die den Lauf vor Verbleiung schützen und die Streuung der Schrotgarbe maßgeblich mit beeinflussen.
Es ist sehr leicht vorstellbar, daß sich ein solcher Kunststoffbecher unmittelbar nach der Mündung entlang seiner konstruktionstechnisch nötigen Längsschlitze öffnet und sich im Dämpfer verfängt. Dies kann für den nächsten Schuß verheerende Folgen haben.

Darüber hinaus verschließt eine Schrotgarbe eine Blende beim Durchfliegen nicht in dem Maße, wie ein massives Geschoß. Der „Stopfeneffekt" ist also ebenfalls geringer.

Dem Verfasser sind einige Flintendämpfer bekannt geworden, die die Summe dieser Probleme mehr oder minder in den Griff bekamen. Meist gingen diese Modelle aber nicht über das Vor- bzw. Kleinserienstadium hinaus.

CBC-Dämpfer

Bei einem Modell für eine Flinte im Kaliber 20 wird ein Teil des Gasdruckes über Laufbohrungen in einen mit Fiberglasvlies gefüllten Expansionsraum geleitet. In dem Dämpferteil vor der Mündung des angebohrten Laufes sollen die Einsätze mit dem sich konisch in Schußrichtung verjüngenden Durchgang die Zwischenmittel an der Expansion hindern und die Schrotgarbe bzw. Randschrote immer wieder in die Durchgangsöffnung zwingen. Die Distanzstücke mit dem nach innen stehenden Kragen sollen die Gase einfangen und zum Verwirbeln zwingen.

Prinzipskizze eines Schalldämpfers für eine Kaliber 20 Schrotflinte

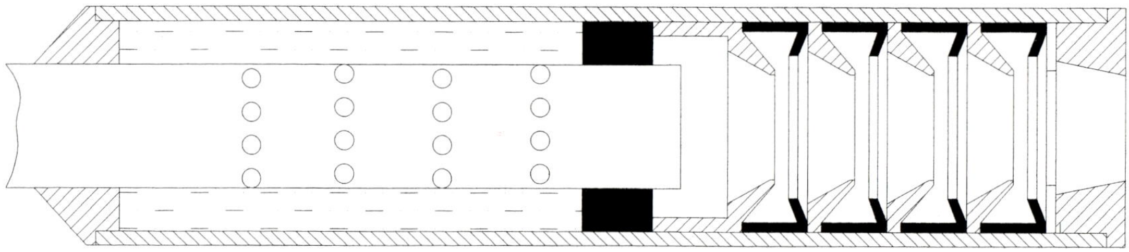

Ob und mit welchem Erfolg diese Vorrichtung realisiert wurde, ist dem Verfasser nicht bekannt.
Vom Prinzip her müßte eine spürbare Dämpfung erfolgen, allerdings nur, wenn die Garbengeschwindigkeit unter Schall bleibt. Auch werden mit an Sicherheit grenzender Wahrscheinlichkeit immer wieder Schrote im Dämpfer zurückbleiben.

Rottweil Sonic

Dynamit Nobel und Heckler & Koch entwickelten auf der Basis einer Rottweil 700 Bockdoppelflinte eine schallreduzierte Schrotflinte, die Rottweil Sonic.
Die Waffe wurde vor allem für Sportschützen konzipiert, um die von Schießanlagen ausgehenden Lärmemissionen wirksam mindern zu können.

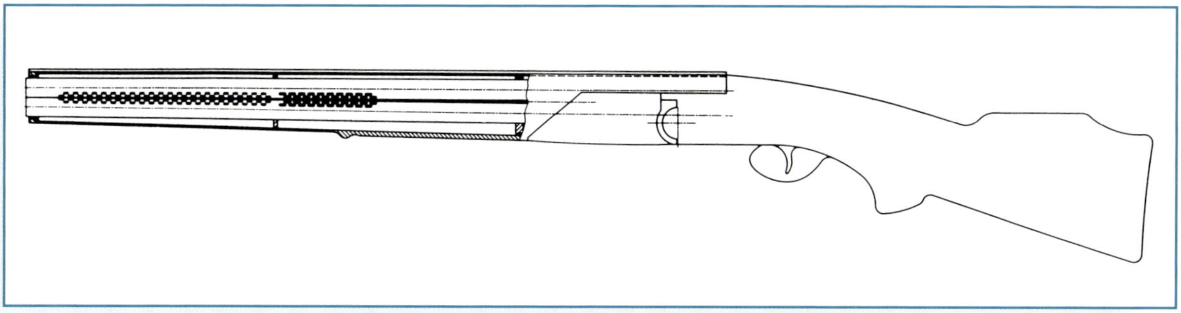

Schema der integral gedämpften Rottweil Sonic in 12/70 auf der Basis einer 700er Rottweil

Umfangreiche Vergleichsmessungen in Zusammenarbeit mit dem bayrischen Landesamt für Umweltschutz (!) und der DEVA ergaben, daß ein Schuß aus der Rottweil Sonic im Mittel ca. 10 dB(A) unter der Lautstärke eines normalen Schrotschusses (400 m/s) liegt.

Bei der Rottweil Sonic nutzen sich die übereinander liegenden und in einen gemeinsamen Laufmantel eingebetteten Läufe gegenseitig als Expansionsraum.
Jeder Lauf ist ab etwa 20 cm nach dem Patronenlager mit je zwei Doppelreihen besonders geformter Öffnungen versehen. Die Öffnungen sind aus der unteren Hälfte des oberen bzw. der oberen Hälfte des unteren Laufes herauserodiert, so daß sie sich fast gegenüberliegen. Etwa auf halber Länge des Laufbündels umschließt eine Brille die Läufe, welche so den Raum innerhalb des Laufmantels in zwei Kammern aufteilt.
In der hinteren Hälfte sind die Öffnungen etwas größer als die Langlöcher vor der Brille. Die Öffnungen reichen bis einige Zentimeter an die Mündung; so konnten die Chokebohrungen unverändert und voll wirksam bleiben.
Der Vorderschaft ist unmittelbar vor dem Schnäpper abgetrennt; der aus einem faserverstärkten Kunststoff hergestellte Laufmantel, welcher auch die Visierschiene trägt, setzt optisch die Linie des Vorderschaftes fort.
Beim Schuß können die Pulvergase aus dem einen Lauf durch die Bohrungen austreten und den Hohlraum im Laufmantel sowie den zweiten Lauf füllen.

Der besondere Vorteil der Konstruktion liegt u. a. darin, daß systembedingt bereits vorhandenes Volumen - der zweite Lauf - ausgenutzt wird. Auch können streuungsbeeinflussende Manipulationen (Verengung, Profilierung) im Mündungsbereich der Flinte, der sog. Choke, erhalten bleiben.
Für diese Flinte ist eine Sondermuniton erforderlich, die in ihrer Geschwindigkeit über der handelsüblichen Subsonic-, aber unterhalb der Normalpatronen liegt.
Die Rottweil Sonic unterscheidet sich hinsichtlich Gesamtgewicht und Balance nicht spürbar von der Normalausführung, da der aus kohlfaserverstärktem Kunststoff bestehende Laufmantel kaum schwerer ist als die eingesparte Masse des teilweise entfallenden Vorderschaftes sowie des entnommenen Laufmaterials.

Hushpower

Neben aufschraubbaren Dämpfern für Flinten bietet die englische Firma Gunsport auch Vollumbauten an, bevorzugt an einläufigen Kipplaufflinten in den Kalibern 20 und .410. Bei diesen „Hushpower"-Umbauten ist der Lauf angebohrt, wobei die Bohrungsabstände zur Mündung hin abnehmen. Das Mantelrohr setzt unmittelbar nach dem Patronenlager an, der über die Mündung hinausragende Teil beeinhaltet herkömmliche Kegellamellen. Die eher zierlichen Flinten im Kaliber 20 gewinnen durch den Um- bzw. Anbau des Mantelrohres rein ästhetisch keine Pluspunkte.

„Hushpower"-Umbau einer Kipplauf-Flinte, bei abgenommenem Mantelrohr ist der angebohrte Lauf deutlich zu erkennen

Vergleichsmessungen ergaben folgende Ergebnisse (Zahlenwerte in dB):

	100m	200m	300m
Normalflinte, Kal. 12	90	80	73
Hushpower Doppelflinte, Kal. 20	65	49	-
Hushpower Einlaufflinte, Kal. .410	45	-	-

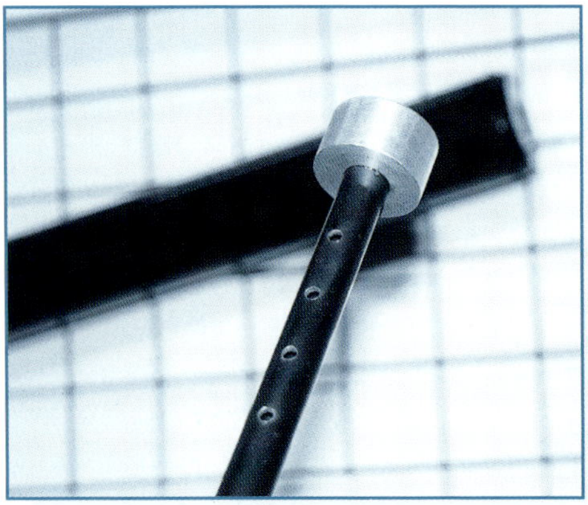

Bei diesen Messungen in freiem, ebenen Gelände betrug der Hintergrundgeräuschpegel 42-44 dB.
Als Nebeneffekt zur Geräuschdämpfung wird der Rückstoß fast vollständig eliminiert.

Speziell die einläufigen .410er Modelle sind für den Schützen nicht viel lauter als ein starkes Luftgewehr; auch bei der 12er Doppelflinte ist das Auftreffgeräusch der Schrote deutlich zu hören. Geräuschdämpfung wie Rückstoßminderung machen diese Geräte als Trainingswaffen für den Schützennachwuchs in Wurftaubendisziplinen besonders geeignet. Zumindest im Herstellerland trainieren bereits 8-jährige unter Aufsicht mit diesen Flinten - und das auch noch ohne Gehörschutz!

Silma

Bei der SILMA-Dämpferflinte beginnt der Dämpfer erst nach dem Vorderschaft, der zylindrische Dämpfer überragt das Laufbündel. Er ist von seinem Durchmesser so gewählt, daß er optisch die Linie des Vorderschaftes fortsetzt.
Über Innenaufbau und Dämpfungswerte waren leider keine Informationen zu beschaffen. Dieses interessante Gerät blieb wegen der in Italien rigiden Gesetzeslage hinsichtlich Schalldämpfern (hat das eigentlich noch keiner der Mafia erzählt, oder glauben die es nicht, daß SD verboten sind?) auf der Strecke.

Silma-Schallabsorberflinte im Kaliber 12/70

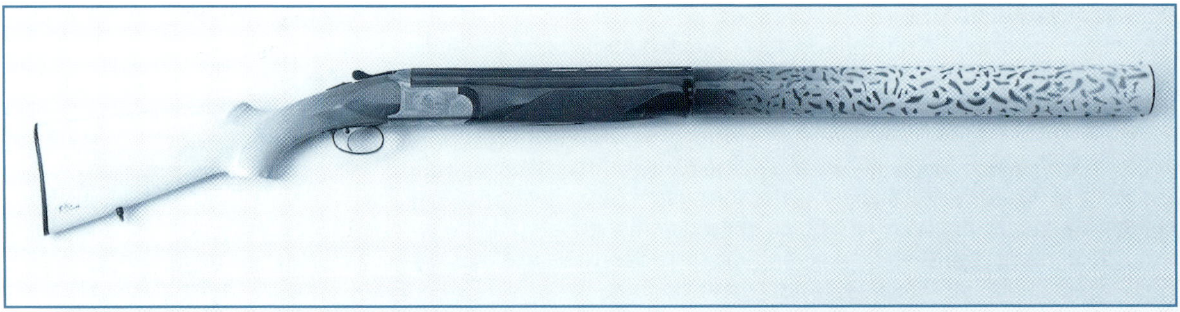

Sapl

Der Flintendämpfer von SAPL war von Anfang an nur für Slugs ausgelegt. Eine Serienherstellung unterblieb nicht etwa wegen mangelnder Effektivität, sondern weil die komplette Waffe (eine Selbstladeflinte) mit Dämpfer zu groß und unhandlich für den vorgesehenen Verwendungszweck wurde. Da es sich bei der Selbstladeflinte um ein typisches Polizei- / Militärmodell handelte, muß das „zu groß" für jagdliche Zwecke durchaus nicht gelten. Aus verständlichen Gründen - es handelt sich um eine ursprünglich ausschließlich militärisch / polizeiliche Entwicklung - können hier keine weiteren Angaben erfolgen.

Brügger & Thomet

Ebenfalls nur für Slugs, allerdings für die Verwendung auf einer Jagdwaffe, konzipierten auch Brügger & Thomet schon einen effektiven Flintendämpfer. Das Innenleben besteht aus den von B&T-Dämpfern bekannten Kegeln, die hier „verkehrt", also sich in Schußrichtung verjüngend, eingebaut wurden. Ein damit gedämpfter Schuß hört sich angabegemäß etwa wie ein Kleinkaliberschuß ohne SD an.

Swingtrap

Gedämpfte „Swingtrap"-Flintentypen der Firma Nobel-Sport

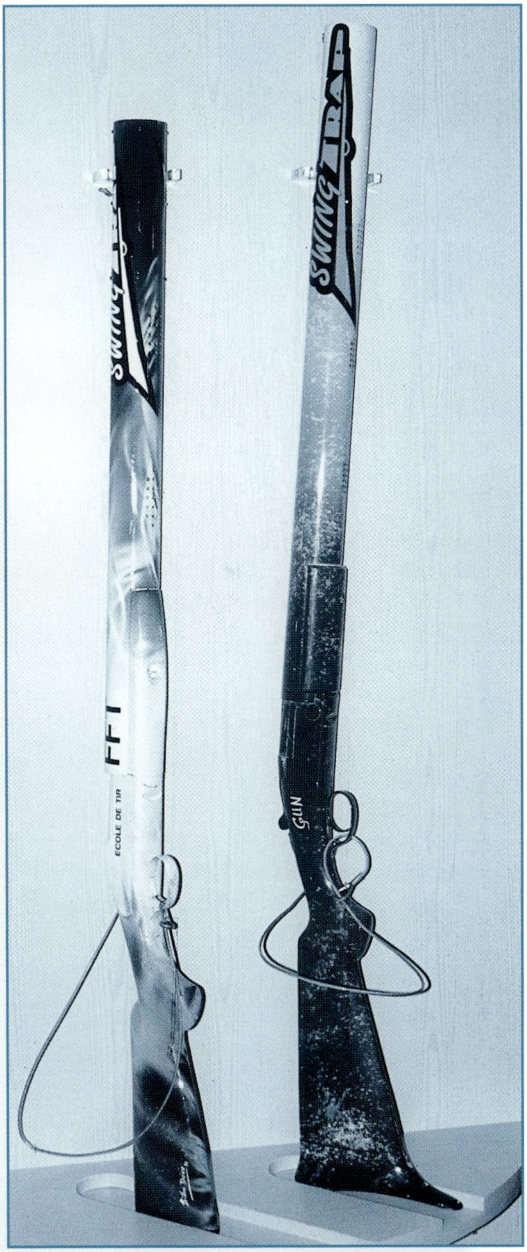

Unter der Bezeichnung „Swingtrap" bietet die Firma NobelSport, Paris, eine ganze SD-Flintenfamilie an. Das Sortiment umfaßt neben Bockdoppelflinten für Trap bzw. Skeet auch einläufige Waffen wie einschüssige Kipplaufflinten oder Pump-Guns.

Die Dämpfer sind immer ähnlich aufgebaut: Der ungekürzte Lauf (so bleiben Choke-Bohrungen erhalten) ist ab einer Entfernung von ca. 40 cm vom Patronenlager mit mindestens zwei Reihen von Bohrungen von je ca. 3 mm Durchmesser versehen. Der jeweilige Lauf bzw. das Laufbündel ist ab dem Patronenlager von einem Außenrohr umgeben, welches über die Mündung hinausragt. Innerhalb dieses Außenrohres ist der Mündung mindestens eine Blendenscheibe mit einer Durchlaßöffnung vorgelagert. Bei einläufigen Flinten ist diese Öffnung kreisrund, bei Bockwaffen hat sie die Form einer „8". In (Schützenhand-) sicherer Entfernung vom Vorderschaft sind die Außenrohre nach unten hin angebohrt, so daß beim Schuß auch hier Gase austreten können, was die dünnwandigen Konstruktionen von möglichen Druckspitzen entlastet.

Mit firmeneigener Munition ergaben sich gegenüber einer ungedämpften Flinte mit Normalmunition Dämpfungswerte bis zu -25 dB sowie eine Verringerung des Rückstoßes um ca. 50 %. Auf dem '96er IWA-Stand gezeigte Videos von Kindern (!), die sich teilweise ohne Gehörschutz (!) unter der Anleitung Erwachsener im Schießen mit diesen Flinten üben, lassen diese Angaben durchaus glaubhaft erscheinen.

Die auf der Shot Show '96 als Innovation des Jahres ausgezeichneten Waffen gehören mittlerweile zur offiziellen Ausstattung des französischen Schießsportverbandes. Da Swingtraps auf Wettkämpfen parallel zu Normalwaffen eingesetzt werden, ist anzunehmen, daß die Leistungsfähigkeit der Waffen nicht signifikant von Normalwaffen abweicht.

In Frankreich bietet die Firma Rivolier in ihrem Katalog u. a. auch Dämpfer für herkömmliche Flinten an, die mittels einer Klemmontage am Laufbündel zu befestigen sind. Über Innenaufbau und Dämpfungswerte werden leider keine Angaben gemacht.

Spezialwaffen

Bei vielen Firmen, Dienststellen und Behörden gibt man sich schon sehr schamhaft, wenn es um normale Schalldämpferwaffen geht. Bei Fragen zu Einsatzgebieten und Herstellern der nachfolgend beschriebenen Waffen stößt, nein, kracht der Fragesteller geradezu auf eine Mauer des Schweigens. Wen man auch fragt: Solche reinrassigen Meuchelmordgeräte hatte und hat nur die jeweilige (politische bzw. kriminaltechnische) Gegenseite.
Einige dieser Waffen wurden trotzdem näher bekannt.

Welrod

Die Welrod-Pistole, eigentlich „Hand-Firing-Device", verdankt ihren Spitznamen angeblich der Zusammenziehung eines Herstellungsortes - Wells in Großbritannien - und einem amerikanischen Slang-Ausdruck für Schießprügel: rod (eigentlich Stock, Stab). Die Namensgebung scheint darauf hinzudeuten, daß es sich um eine britisch-amerikanische Co-Produktion gehandelt haben muß.

Das Konzept der Welrod läßt einen Hauptverwendungszweck annehmen: Die lautlose Exekution aus allernächster Nähe, evtl. sogar durch aufgesetzten Schuß. Dies geht auch aus entsprechenden Schreiben bezüglich dieser Waffe, z. B. der British Security Coordination an das National Defence Research Comittee, zweifelsfrei hervor. Trotzdem verfügen alle bekannten Ausführungen über eine herkömmliche Kimme/Korn-Visierung, was auch eine Verwendung auf Distanz zuläßt.
Vom Aufbau her ist die Welrod eine mehrschüssige Repetierwaffe mit Zylinderverschluß und einem üblicherweise voll integrierten Schalldämpfer. Die Kaliberpalette umfaßte Ausführungen in .32 und .45 ACP wie auch 9 mm Parabellum.

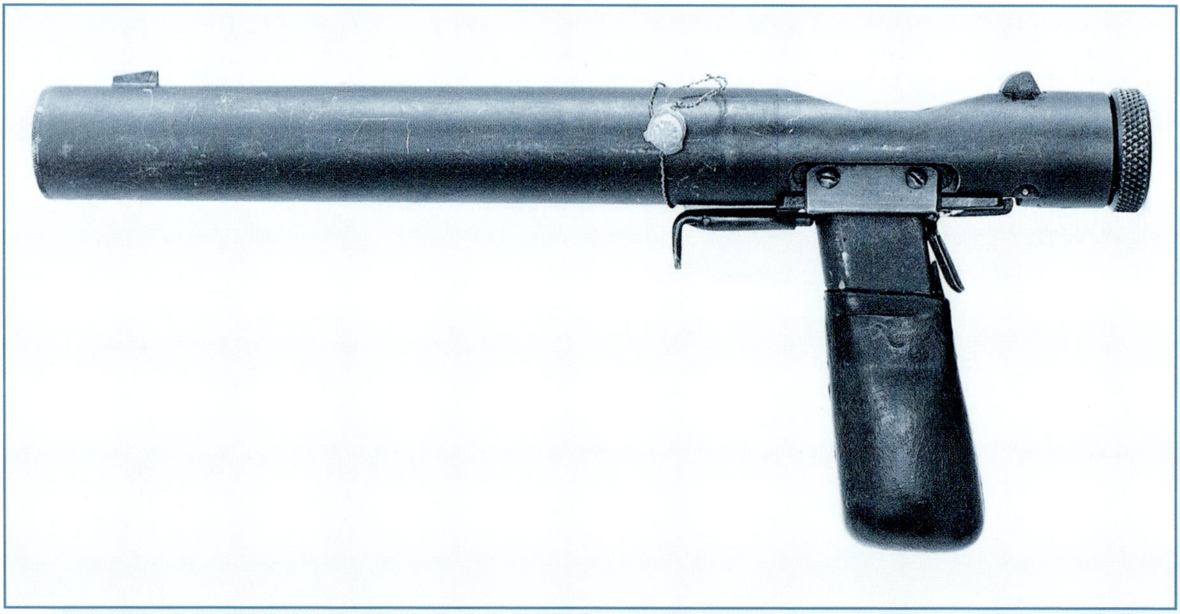

Hand-Firing-Device bzw. Welrod-Pistole (Foto: BWB/WTS)

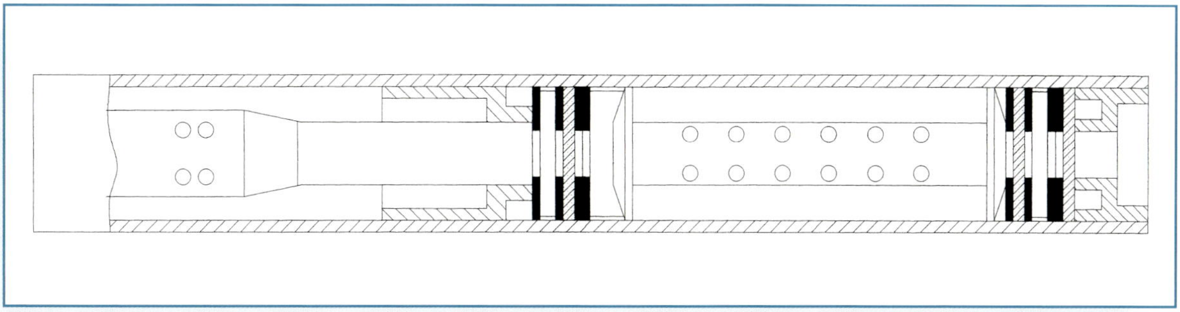

Schema der Welrod im Kaliber 9 x 19 mm

Während frühere Versionen mit einem voll integrierten Schalldämpfer ausgestattet waren, tragen einige neue Modelle einen teilweise abnehmbaren MAC-Dämpfer.
Charakteristisch für alte Welrod-Dämpfer sind neben dem angebohrten Lauf die Gummischeiben mit stark unterkalibrigen oder nur X-förmig eingeschnittenen Geschoßdurchlässen.
Der wenig präzisionsfördernde Aufbau deutet auf eine Verwendung auf kürzere Distanz hin. Weiterhin neigt dieses Dämpferprinzip zur Destabilisierung der Geschosse, d. h. die Projektile können nach dem Verlassen des Dämpfers um eine Querachse pendeln oder sich sogar im Flug überschlagen. Einschußlöcher in Scheiben zeigen dies: Neben den üblichen runden Einschlägen finden sich auch längliche, sog. Schlüssellöcher. Dieser Effekt war nicht immer unerwünscht, weil ein instabiles Geschoß in einem Ziel seine Energie schneller abgibt und schlimmere Verletzungen verursacht.

Geht man von verbürgten Berichten aus, wonach der erfolgreiche und unbemerkte Einsatz der Welrod u. a. in vollbesetzten Lokalen erfolgte, dürfte der Dämpfungseffekt - zumindest aufgesetzt und bei hohem Grundgeräuschpegel - recht gut gewesen sein. Im Gegensatz dazu berichten einige Quellen von einer nicht allzu guten Dämpfung in der Größenordnung von nur -11dB bis -20 dB.
Unter Berücksichtigung des jeweiligen Zustandes der verwendeten Gummischeiben ist beides möglich. Bei noch nicht ausgeschossenen Scheiben müßte die Welrod auch frei abgefeuert eigentlich vorzüglich dämpfen. Aufgesetzte Schüsse sind bis auf die mechanischen Geräusche ohnehin praktisch lautlos, u. a. weil das Ziel selbst als Schalldämpfer dient und auch das Aufschlaggeräusch nahezu wegfällt.

Da es sich bei der Welrod heute eher um eine Sammlerwaffe handelt, entzieht sie sich momentan leider einer Überprüfung. Dies könte sich ändern, wenn sich derzeit im Umlauf befindliche Gerüchte bewahrheiten, nach denen die Neuauflage einiger Welrodmodelle - für Sammler bzw. Liebhaber - geplant ist. Man wird sehen.

Schema der Welrod-Pistole in .32 ACP (7,65 Browning)

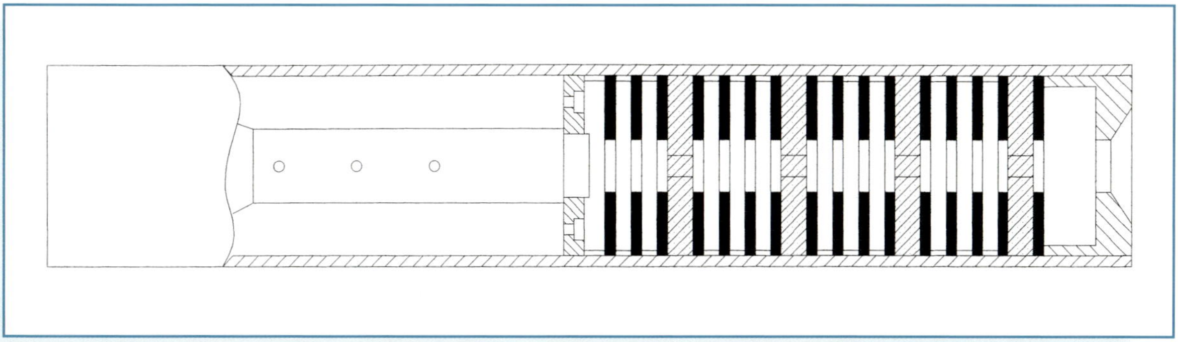

Sleeve-Gun

In die selbe Kategorie wie die Welrod fällt auch die sog."Sleeve-Gun". Die Herkunft dieser Waffe bleibt im Dunkel der Geschichte verborgen. Aufbau und Einsatzzweck sind der Welrod sehr ähnlich, nur daß hier eine Verwendung auf Distanz u. a. aufgrund der fehlenden Visierung wie auch der Handhabungsmöglichkeiten noch unwahrscheinlicher ist.

Die Öse am Gehäuseende läßt verschiedene Deutungsmöglichkeiten zu: Die Anbringung einer Handschlaufe, um die gesamte Vorrichtung auch als Schlagstock zu ge- (oder eher: miß-) brauchen oder eine Befestigungsmöglichkeit im Ärmel einer Jacke.
Die Quellen zu diesem Mordwerkzeug sind äußerst spärlich, so daß hier auch nicht weiter spekuliert werden soll.

Schema des Dämpfers der .32er „Sleeve-Gun"

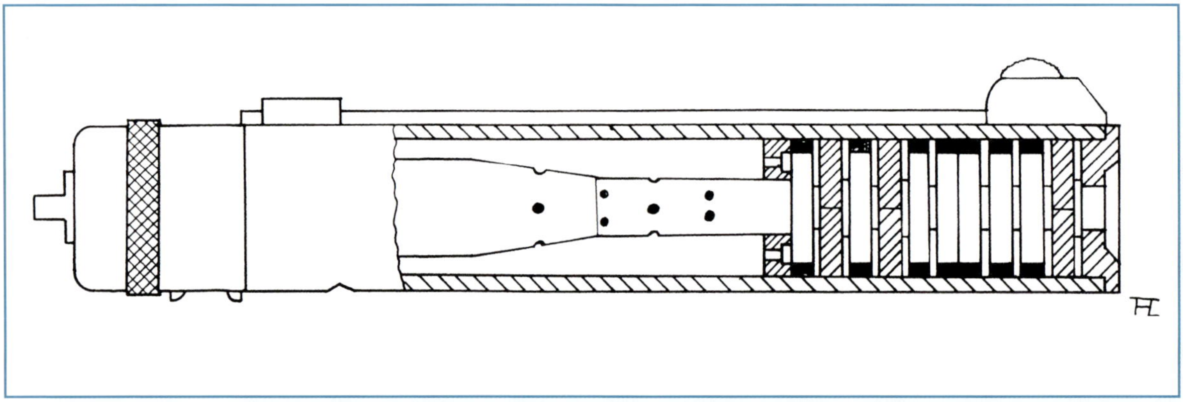

Dem Verfasser liegt keine einzige Zeichnung oder Photografie vor, aufgrund deren eine Funktion des Mechanismus nachvollziehbar wäre, vor diesem Hintergrund beschränkt sich die Skizze auf den Dämpfer. Die Dämpfungswerte dürften in der Größenordnung der Welrod gelegen haben.

OSS Stinger

Ein waffentechnisches Kuriosum stellt der gedämpfte OSS „Stinger", eine einschüssige .22er Waffe in Kugelschreiberformat, dar. Neben den „Wegwerfausführungen" des Stinger gab es auch nachladbare Ausführungen. Einige wenige davon konnten mit einem speziellen MAC-Dämpfer ausgerüstet werden. Kurios hierbei ist, daß der Dämpfer wesentlich größer und schwerer war als der Schießstift selber. Speziell diese Waffen / Dämpferkombination eignet sich aufgrund der Art der Schußauslösung sowie der fehlenden Visierung eigentlich für kaum etwas anderes als den praktisch aufgesetzten Schuß.

Irgendwie schien man in den USA mit diesen Entwicklungen nicht sehr glücklich zu sein. Ein sehr moderner Vertreter des Waffentyps „Schießstift" wurde in Deutschland - angeblich auf Kosten und im Auftrag der CIA - entworfen und zumindest in einigen Prototypen gebaut. Sämtliche Pläne, Prototypen und auch Fotos gingen bei Auftragsabschluß an die Auftraggeber, so daß kaum etwas über das Gerät bekannt wurde. Nach Verwendung oder vor einer möglichen Verhaftung sollte die Waffe durch Einstechen in weichen Boden unauffällig „entsorgt" werden, was ihr den Spitznamen „CIA-Pflanzstock" einbrachte.
Der Schießstift im Kaliber .22lfB konnte nicht nur mit einem Mini-Schalldämpfer, sondern auch noch mit einem optionalen Griff mit integriertem Abzug versehen werden, was

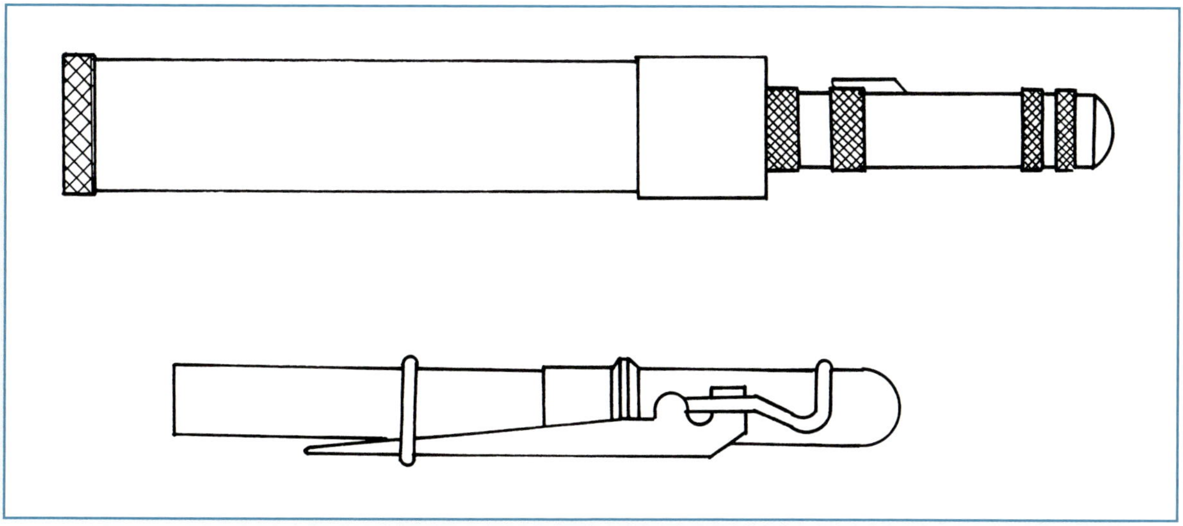

Der „Stinger“, eine einschüssige Waffe in Kugelschreiberform Oben: nachladbare Ausführung mit MAC-Schalldämpfer unten: Wegwerfmodell

den Stift so zu einer einschüssigen Pistole machte.
Der Dämpfer wurde als einfacher Mehrkammerdämpfer mit zu durchschießenden Elastikelementen ausgeführt - eine besondere Lebensdauer war ebensoweing gefordert wie eine unbeeinträchtigte Schußleistung.

Liebesgrüsse aus Moskau

Auch auf der anderen seite des Eisernen Vorhanges baute und baut man ähnliche Spezialgeräte - oder Meuchelmordwaffen. Vor einiger Zeit gingen die Bilder der nachfolgend skizzierten Waffen durch einen Teil der Fachpresse.

Ein recht klobiger Schießstift oder eher -Prügel kommt aus den KGB-Werkstätten. Der Dämpfer der kurzläufigen Waffe besteht im wesentlichen aus einem mit Metallnetz gefülltem Rohr. Die Dienstanweisung sieht vor, die Waffe nur mit gegen das Ziel gepreßter Mündung abzufeuern, so daß der verbleibende, reduzierte Abschußknall vom Körper des Ziels gedämpft wird.
Interessant sind die Details an der recht grobschlächtig erscheinenden Waffe, die am ehesten einem sog. Viehbetäubungsapparat ähnelt. So befindet sich ein ringförmiger Gummipuffer auf dem Schlagstück, welches zum Spannen aus dem Schießgerät gezogen werden muß. Dieser Puffer verhindert den direkten Aufschlag des Schlagstückes auf dem Gehäuse - und damit das so möglicherweise entstehende metallische Geräusch.
Über Dämpfung und Effizienz der Waffe sind keine Zahlenwerte bekannt.

ChiCom T64

Die als ChiCom T 64 bezeichnete Pistole ist angabegemäß für eine spezielle, randlose 7,65 x 17 mm Patrone eingerichtet, die aber nicht mit der 7,65 Browning (.32 ACP) zu verwechseln ist.
Der Selbstlademechanismus der fast eineinhalb Kilo schweren Waffe ist über einen Querstift im Schlitten blockierbar, so daß die Mechanikgeräusche in gesperrtem Zustand weitgehend entfallen.
Den perforierten Lauf umgibt eine Absorptionspackung, die außen von einem perforierten Metallrohr gestützt wird. Vor der Laufmündung befinden sich zwei von einem

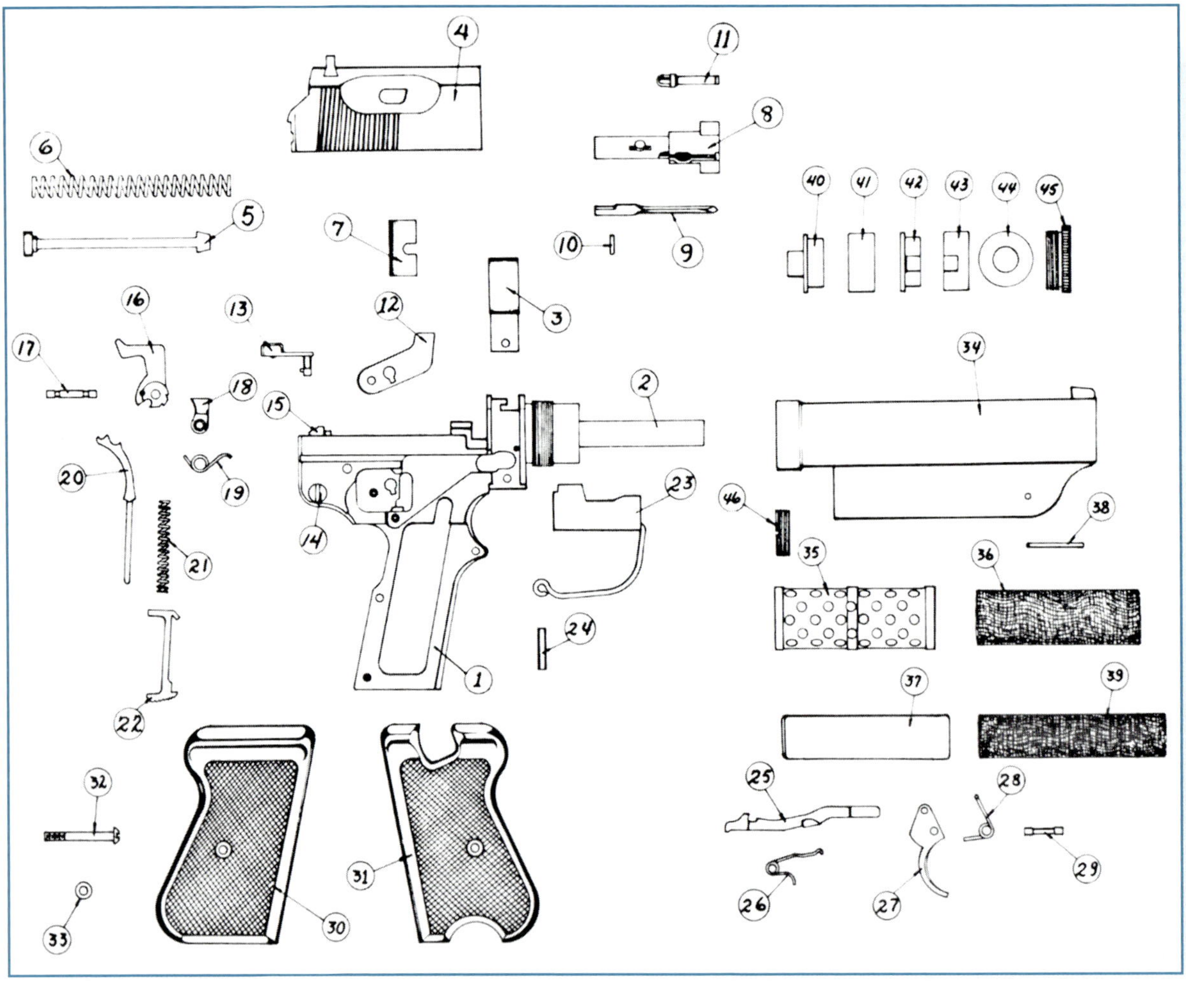

Die ChiCom T64 Pistole zerlegt sowie Schema des Dämpferaufbaus

Distanzelement getrennte Hülsen, in die je eine Elastomerscheibe (vermutlich) einvulkanisiert ist. Die der Laufmündung nachgeschalteten Einbauten sind an ihrem Umfang so ausgeklinkt, daß Gase nach unten, in eine weitere Expansionskammer, entweichen können. Die Packung in dieser Kammer unter dem Lauf besteht aus gerolltem Metallgewebe. Es existieren auch Ausführungen ohne diese Dämpferkammer unter dem Lauf.

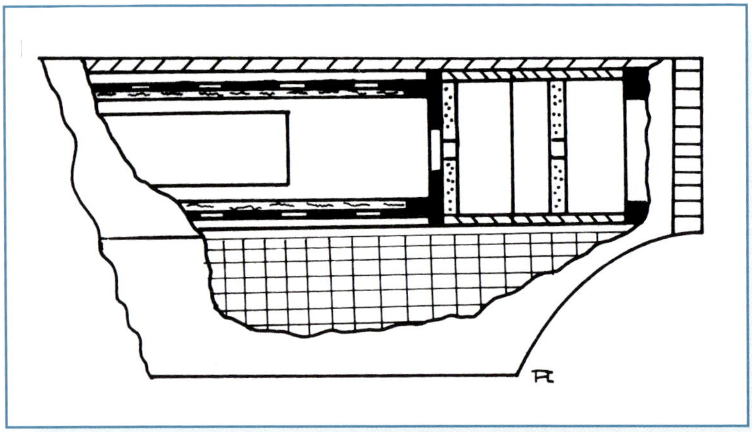

Dämpferwirkungsgrad und ballistische Leistung sind nicht präzise bekannt, allerdings lassen die Dämpferkomponenten hinsichtlich ihrer Art und Dimensionierung und in Verbindung mit der doch eher kleinkalibrigen Munition eine sehr gute Dämpfung erwarten.

Ein Nachfolgemodell, die T 67, ist klei-

Chi Com T 67 im Kaliber 7,65 x 17 mm (Foto: E. C. Ezell)

ner, leichter und angabegemäß auch besser verarbeitet. Es existieren nach Kenntnis des Verfassers nur wenige Detailaufnahme dieser Waffe, die nicht mit der Makarov PB verwechselt werden darf.

Scout-Knife

Interessant ist in diesem Zusammenhang ein ebenfalls aus dem ehemaligen Ostblock stammendes sog. „Scout-Messer". Im Griffstück des im Stile eines robusten Feldmessers / Bajonettes gehaltenen Schneidwerkzeuges ist eine Abfeuerungsvorrichtung für eine 7,62 x 42 mm Pistonpatrone untergebracht. Dieser auch ohne Schalldämpfer äußerst lautarme Munitionstyp, der später noch eingehend behandelt wird, erlaubt den gezielten Einsatz des Messers als Schußwaffe bis weit über die üblichen Messerkampfentfernungen - auch hinsichtlich Wurfmesser - hinaus (angebl. bis 25 m!).

Das Scout-Knife hat nichts mit dem sogenannten KGB-Ballistic-Knife zu tun. Bei diesen wird die Klinge via Federdruck aus dem Griff geschossen (ähnlich einer Harpune).

Ballistisches Messer neueren Modells, gerüchteweise für polnische Fallschirmjäger gefertigt (Foto: VS-BOOKS)

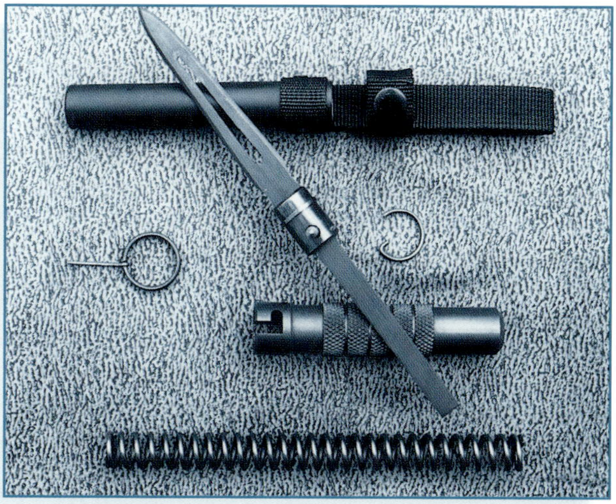

Moderne US-Schalldämpfer

Larand

Der aus New Orleans stammende und heute in Bangkok ansässige Don Walsh wandelt mit seinen Larand-Schalldämpfern auf den Spuren von Mason, der in seinem Patent Drahtgeflecht als Absorptionskörper vorschlug.
Das „Geheimnis“ der Walsh‘schen Vorrichtungen sind aufgrund ihrer Form „Donuts“ genannte Metallgespinstkörper aus gezogenem Kupferdraht (Donuts sind ein typisch amerikanisches Gebäck: Kringel aus einem lockeren Teig mit einem Loch in der Mitte). Zusammen mit Distanzstücken bilden die Donuts ein höchst wirksames Innenleben: In der einschlägigen amerikanischen Fachpresse wird von einem gegenüber den MAC-Dämpfern um etwa 30-40 % reduzierten Lautstärkeeindruck gesprochen.

Der studierte Politwissenschaftler und Chemiker Walsh bevorzugt die geschilderten porösen Packungen gegenüber dem herkömmlichen Aufbau mit Distanz- und Blendenscheiben bzw. Ablenkkörpern. Ein starrer Aufbau ermöglicht seinen Angaben zufolge keine Interaktion mit dem strömenden Gas. Weiterhin können dabei Schockwellen an der Außenwandung ungehindert reflektiert werden, und den Gasen wird nur wenig oder keine Wärme entzogen.
Auch lehnt Walsh zu durchschießende und sich hinter dem Projektil wieder schließende Scheiben aufgrund ihres negativen Einflusses auf die Präzision ab, ebenso wie Bohrungen im Lauf - es sei denn, diese dienen nur zur Verringerung der Geschoß-geschwindigkeit unter Schall.

Die Donuts weisen den klassischen Nachteil der ürsprünglichen Metallgewebescheiben - die möglichen losen Drähtchen - nicht auf, da sie in sich stabil, form- und kraftschlüssig aus einem Drahtstück hergestellt sind.
Larand-Dämpfer sind für alle gängigen Lang- und Kurzwaffen erhältlich, außer für die Voere KK-MP AM 180 und das AR-7.

Dater

Auch Walshs Branchenkollege, der Radiologe Dr. med. Phillip Dater setzt Metallgewebe ein, wenn auch nicht so exzessiv und raffiniert wie Walsh. Neben Geschirreinigern aus Metallgeflecht findet man in den Produkten seiner Automatic Weapons Corporation auch herkömmliche Distanzringe und die bekannten Blendeneinsätze in Form einfacher Scheiben oder angedeuteter Kegelstümpfe.
Der Aufbau der Dämpfer, die für praktisch alle Waffen erhältlich sind, ist relativ konventionell: Je nach Modell finden sich teilweise oder vollständig gewebegefüllte Expansionskammern oder eine perforierte Laufverlängerung mit einer Metallgewebepackung, gefolgt von Distanzringen und Blendenscheiben. Bei fest installierten Dämpfern ist oft auch noch der Lauf angebohrt.
Die Anzahl der „Baffles“ genannten Blendenscheiben erscheint recht hoch, eigenen Angaben zufolge verwendet Dr. Dater über 20 Stück in einem Dämpfer für das Kaliber .223.

Neben den aufsetzbaren Modellen werden bei AWC auch komplette SD-Waffensysteme auf den Basis normaler Waffen gebaut, so etwa eine KK-Pistole von Ruger, die eine Re-

duzierung um 27 dB (zu einem Vergleichsmodell ohne SD) erbringen und so auf dem Geräuschlevel einer schwachen Luftpistole liegen soll.
Auch die Wirksamkeit der anderen Dämpfer wird auf Werte zwischen -19 bis -28 dB beziffert. Dies entspricht einer Reduktion des Lautstärkeeindrucks auf je knapp ein Hundertstel bzw. Tausendstel des Ursprungsgeräusches!

Eine Besonderheit einiger Dater'schen Designs sei hier noch angeführt: der „Port-Blocking-Collar", frei übersetzt etwa „Bohrungsverschlußring".
Mit diesem Gewindering können die Bohrungen im Lauf einer Waffe teilweise verschlossen werden, um die Gasleckage und damit die Mündungsgeschwindigkeit zu manipulieren. So läßt sich innerhalb gewisser Grenzen die Mündungsgeschwindigkeit je nach Munitionssorte auf knapp unter Schall regulieren.

Bemerkenswert erscheinen vor allem die bis zu 40 cm langen und über zwei Kilo schweren Ausführungen für .30-kalibrige Gewehre (wie etwa die 7,62 x 51 NATO oder die 7,62 x 63, besser bekannt unter 30-06 Springfield) oder für die AM 180, einer Kleinkaliber-MP der österreichischen Firma Voere mit einer Kadenz von bis zu 2100 Schuß/Minute.

Ciener

Auch von Johnathan Arthur Ciener, dem nach eigenen Angaben Hersteller der weltbesten Schalldämpfer, ist ein Modell für die AM180 erhältlich.
Für diese Waffe besteht der Dämpfer aus einem Mantelrohr über dem perforierten Lauf, wobei die Bohrungen im Lauf mit den Expansionsräumen im Dämpferrohr um den Lauf korrespondieren.
Diese Dämpfereinsätze um den Lauf sind napfförmig und weisen diverse Bohrungen im Bodenteil auf: Eine konzentrische Durchgangsöffnung für den Lauf und einen Lochkreis um diese Mittelbohrung herum.
Die Einsätze im vorderen, über die Laufmündung ragenden Teil sehen ähnlich aus, nur ist der Boden kegelförmig der Mündung entgegen geneigt und nur mit einer Geschoßdurchgangsöffnung versehen.

Von einigen neueren Entwicklungen hält Ciener nichts, so dem seinen Ausführungen zufolge wenig effektiven und aufwendigen Spiraldiffusor, Druckentlastungsventilen oder den schon mehrfach angeführten „Wipes", den zu durchschießenden Gummischeiben.
Das Druckentlastungsventil, wie etwa bei den MAC-Dämpfern, stellt angeblich eine zusätzliche Geräuschquelle dar. Außerdem könne man an diesen Ventilen in der Dunkelheit Leuchterscheinungen feststellen.

Spezialmunition für SD-Waffen

Ziele von schallgedämpften Schüssen waren und sind - auch - lebende, menschliche Ziele. Mit dieser Realität muß man sich abfinden. Letztendlich geht es in den nachfolgenden Abschnitten neben Problemen der Ballistik auch um die Verbesserung der Tötungs- bzw. Verletzungswirkung von schallgedämpft verschossenen Projektilen.
Vor diesem Hintergrund können einige Formulierungen in diesem Kapitel zynisch wirken. Der Verfasser legt Wert auf die Feststellung, daß dies nicht beabsichtigt ist. Die vermittelten Informationen sind wertfrei zu betrachten, über den Hintergrund zu grübeln oder zu urteilen, ist müßig. Diese Dinge sind Fakt, daran ist nun mal nicht zu rütteln.

Probleme von Subsonic-Munition

Ohne geeignete Munition ist eine effektive Schalldämpfung von Schußwaffen überhaupt nicht möglich; eine gute Dämpfung bedingt die Abstimmung von Waffe, Dämpfer und Munition aufeinander.
Wie bereits mehrfach angeführt, ist spezielle Schalldämpfermunition so laboriert, daß die Geschoßgeschwindigkeit unterhalb der Schallgeschwindigkeit liegt.
Das Geschwindigkeitsspektrum heutiger Munition reicht von ca. 250 - 700 m/s bei Kurzwaffen und 300 - 1300 m/s bei Langwaffen. Es ergeben sich also für subsonische SD-Munition im Vergleich zu normaler Munition u. U. folgende Nachteile:

- geringerer Rückstoß (Selbstlader)
- geringere Geschoßenergie
- geringerer Geschoßimpuls
- stärkere Krümmung der Flugbahn
- geringere Deformationsbereitschaft = schlechtere Energieabgabe

Diese Nachteile lassen sich zwar nicht vollständig ausgleichen, aber zumindest einschränken.

Schalldämpfer-Munition sollte nach Möglichkeit folgendem Eigenschaftsprofil weitestgehendst entsprechen:

- günstiger Gasdruckverlauf, geringer Mündungsgasdruck
- vollständiger Pulverabbrand im Rohr (wenig feste Partikel im Gas)
- (angepaßt) hohe Geschoßenergie
- kleines Kaliber
- hohe Querschnittsbelastung
- gute Aerodynamik des Geschosses
- gute Energieabgabe durch leichte Zerlegung bzw. Aufpilzen oder
- gutes Eindring- und Penetrationsvermögen bei erwünschter Tiefenwirkung
- Verträglichkeit mit dem Dämpferprinzip

Wirkungssteigerung von Subsonics

Hinsichtlich der Beeinflussung der Geschoßenergie ist man auf die Parameter Geschwindigkeit und Masse festgelegt. Bei der Geschwindigkeit kann man sich der Schallgeschwindigkeit nähern, in der Praxis zeigt sich eine Mündungsgeschwindigkeit von um die 300 m/s bei einer Umgebungstemperatur von 20°C besonders günstig. So wird gewährleistet, daß auch bei höheren Temperaturen und entsprechend schnellerem Abbrandverhalten der Treibladung das Geschoß im Unterschallbereich bleibt.

Es bleibt also nur die Energieerhöhung des Projektils durch Steigerung seiner Masse. Dies trägt bekannterweise auch dazu bei, den für die Funktion von Selbstladewaffen wichtigen Rückstoßimpuls zu erhöhen. So kann auch ein Teil des durch die Geschwindigkeitsreduktion bedingten Impulsverlustes ausgeglichen werden.

Geschossgewichterhöhung und Innenballistik

Die Geschoßmasse läßt sich bei der Beibehaltung des Kalibers nur über die Länge oder Materialauswahl beeinflußen. Hinsichtlich der Länge stößt man aber schon recht früh an innen- und außenballistische Grenzen.
Die maximale, drallstabilisierbare Geschoßlänge beträgt 5-6 Kaliber. Längere Geschosse sind nicht mehr ausreichend nur über den Drall stabilisierbar, das Projektil fliegt nicht mehr stabil, sondern taumelnd. Will man dies vermeiden, müssen Leitwerke o. ä. angebracht werden.
Bei kurzen Entfernungen ist der Präzisionsverlust durch ein unterstabilisiertes, taumelndes Geschoß nicht allzu schlimm, es gäbe allerdings Nachteile hinsichtlich der Wirksamkeit des Dämpfers: Die Geschoßdurchlässe müßten für taumelnde Projektile stark vergrößert werden, um ein Anprallen an die Einbauten zu vermeiden. Die so notwendig gewordene Vergrößerung der Öffnungen würde zu größeren Gasleckagen am Projektil vorbei führen - was wiederum einen höheren Geräuschpegel verursacht.

Auch innenballistisch ist die Geschoßlänge Beschränkungen unterworfen. Ein Geschoß ragt ab einer bestimmten Länge entweder zu weit aus oder in die Hülse. Ersteres ist nur so weit tolerierbar, wie die höchstzulässige Patronenlänge nicht überschritten wird. Im Extremfall wäre die Patrone nicht mehr ladbar bzw. die geladene Waffe nicht mehr zu schließen.
Das Geschoß in einem solchen Falle einfach tiefer zu setzen, also so weit in die Hülse zu schieben, bis die zulässige Gesamtlänge wieder stimmt, stellt keine Lösung dar, weil dadurch der Verbrennungsraum möglicherweise unzulässig verkleinert wird.
Der zur Verfügung stehende Verbrennungsraum beeinflußt das Abbrandverhalten der Treibladung sowohl im Hinblick auf den Gasdruckverlauf wie auch Spitzengasdruck.
Die allermeisten Treibladungspulver brennen druckabhängig ab, d. h. die Abbrandgeschwindigkeit hängt u. a. vom Umgebungsdruck ab. Selbst hochrasante Treibladungspulver brennen, lose entzündet, vergleichsweise langsam. In der Verdämmung der Hülse steigt der Gasdruck allerdings recht schnell, was die Abbrandgeschwindigkeit steigert bzw. bei einem bestimmten Maximalwert auch wieder vermindert Hier kommen auch noch weitere Feinheiten wie Pulverart (einbasig, mehrbasig) oder Geometrie (Röhrchen-, Blättchen-, Kugelpulver etc.) dazu, die aber aus Platzgründen nicht aufgeführt werden und für das Gesamtverständnis auch nicht so wichtig sind.

Ein zu geringes oder zu großes vorhandenes Leervolumen in der Hülse kann also starke Gasdruckschwankungen zur Folge haben.
Der Fachmann spricht in diesem Zusammenhang von der sog. „Ladedichte“. Beträgt die Ladedichte genau „1“, ist die Hülse vollständig gefüllt; beträgt sie 0,8, so sind 80 % des zur Verfügung stehenden Volumens gefüllt usw. Ladedichten über 1 besagen, daß das Treibladungspulver in die Hülse gepreßt wird.

Aus den angeführten Gründen kann man Subsonic-Ladungen i. d. R. nicht einfach aus verminderten, sog. „abgebrochenen", Normalladungen herstellen. Solche stark abgebrochenen Ladungen können zu Sprüngen im Gasdruck bis weit über die zulässigen Grenzen hinaus führen.
Auch die Präzision ladungsmäßig stark „abgebrochener" Munition kann sich aufgrund des unregelmäßigen Abbrandverhaltens deutlich verschlechtern, weil der Antrieb des Projektils durch den Gasdruck unregelmäßig wird.
Hier spielen dann auch noch Einflüsse aus dem Bereich der Anzündung herein: In einer Patrone mit sehr geringer Ladungsdichte ist das Treibladungspulver je nach Lage der Hülse unterschiedlich zur Zündung positioniert. Bei Schüssen „bergauf" oder nach dem Heben der Waffe liegt das Pulver eher am Patronenboden und damit sehr nahe der Zündung, beim Feuern „bergab" (oder analog nach dem Senken der Waffe) befindet sich die Treibladung eher im Hülsenhals- oder Schulterbereich und damit weit von der Zündung weg. Dies bewirkt ein unterschiedliches, schlecht reproduzierbares Abbrennverhalten der Treibladung, was sich in schwankenden Gasdrücken und erhöhter Streuung auswirkt.

Daß dies nicht nur graue Theorie ist, beweist die Praxis. Bei Ladungen, deren Hülsen nur wenig Pulver enthalten, lassen sich durch entsprechende Positionierungen der Patrone vor dem Verladen (vorsichtiges Aufklopfen mit Geschoß oder Patronenboden auf eine weiche Unterlage) oder dem Heben/Senken der Waffe vor dem Schuß vorhersagbare Ausreißer produzieren. Bei Munitionssorten, bei denen die Ladedichte nahe „1" liegt (wo die Hülse also mehr oder minder vollständig mit Pulver aufgefüllt ist) läßt sich dieser Effekt nicht so deutlich, wenn überhaupt, provozieren.
Wiederlader, die diese Probleme vermindern wollen, füllen bei entspechenden Munitionssorten den Leerraum über dem Treibladungspulver mit verbrennbarem Material (Kapok, nitriertes Baumwollvlies, Gries, Sägemehl etc.).

Interdynamic-Munition

Schema der Interdynamic-Munition. Das Innere der .223er Originalhülse wurde nachträglich bis auf einen kegelstumpfförmigen Hohlraum ausgefüllt

Die schwedische Firma Interdynamic umging die Probleme der extrem geringen Ladungsdichte von stark unterladenen Subsonic-Laborierungen: Die Anfang der 80er u. a. in den USA angebotenen Interdynamic-Komplettsets für .223er Halbautomaten à la M16 beinhalteten neben Dämpfer und Magazinen auch eine besondere .223er Munition. Äußerlich deutet nur das ungewöhnliche Kegelstumpfgeschoß auf die Besonderheiten dieser Patronen hin.
Beim Querschnitt durch eine Hülse wird der aufwendige, aber elegante Kniff erkennbar, mit dem das Hauptproblem gelöst wurde: Der Verbrennungsraum wurde gegenüber der

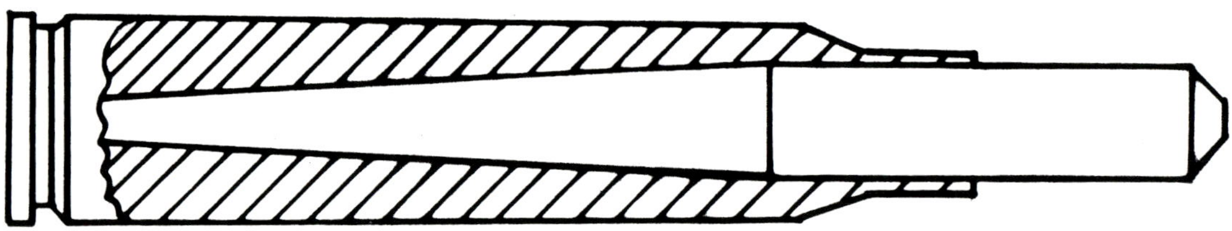

Standardhülse erheblich reduziert. Der verbleibende Leerraum erweitert sich kegelförmig vom Zündloch bis zum Ansatz der Hülsenschulter (auf Innendurchmesser des Hülsenhalses), wo der zylindrische Endbereich den Boden des Projektiles aufnimmt. Das Innenvolumen wurde so auf rund ein Drittel reduziert. Diese Reduktion bewirkte eine deutliche Erhöhung der Ladedichte bei den reduzierten Ladungen.
Über den Dämpfer bzw. die Wirksamkeit des gesamten Systems liegen keine gesicherten Erkenntnisse vor, angeblich wies die Munition eine V_0 von ca. 290 m/s auf und war bis auf ca. 200 yds. „ausreichend präzise". Der Präzisionsverlust gegenüber Normalmunition dürfte vor allem aus der unzureichenden Geschoßstabilisierung resultieren, da die Drallänge der jeweiligen Waffen auf die (wesentlich höheren) Standard-Geschoßgeschwindigkeiten bzw. niedrigeren Geschoßgewichte ausgelegt, und damit zu lang ist. Das langsame, schwere Interdynamic-Projektil wird also ungenügend stabilisiert.

Samereier Reduzierhülsen

Eine Verfeinerung des Interdynamic-Prinzips, ursprünglich allerdings für einen ganz anderen Anwendungsbereich, bietet die Firma Samereier an: die Reduzierhülse bzw. Reduziermunition.
Kernstück der mit „RED" hinter der Kaliberbezeichnung gekennzeichneten Spezialpatronen in Langwaffenkalibern von 5,56 bis 12,7 mm ist die aus dem vollen (!) gearbeitete Messinghülse, die drei charakteristische Kennzeichnungsrillen aufweist. Der Pulver- bzw. Verbrennungsraum wird hier von einer kalibergroßen Sackbohrung bis etwa in Längsmitte der ansonsten massiven Hülse gebildet. Ein zwangsläufig dünner und langer Zündkanal verbindet die Zündhütchenbohrung mit dem Pulverraum.
Neben einem drastisch reduzierten Innenvolumen mit dem entsprechenden Vorteil der hohen Ladedichte bei abgebrochenen Ladungen hat diese Konstruktion einen weiteren Vorteil: Die Bündelung und Richtung des Zündstrahles (wie es durch entsprechende Flammleitrohre bei Größtkalibern schon lange üblich ist).

Ursprüglich sollte mit diesen Patronen eine Alternative zum Einstecklauf bei Jagdwaffen geboten werden, mittlerweile wissen u. a. auch Sportschützen die Vorteile präziser, rückstoßarmer sowie geräuscharmer Reduzier-Laborierungen bis in Unterschallbereiche hinein zu schätzen. Präzisionsenthusiasten können speziell für ihre Waffe maßgeschneiderte „Benchmade" Hülsen bekommen, die innerhalb der CIP-Maßtabellenwerte den waffentechnischen Besonderheiten angepaßt werden (Hülsenhalsdurchmesser, besondere Geometrie etc.). Die jeweiligen Maße werden auch auf den Schachteln vermerkt.

Durch Abstimmung der Laborierungskomponenten lassen sich für die meisten Kaliber

Samereier-Reduzierhülsen. Die aus dem Vollen gearbeiteten Hülsen entsprechen in ihren äußeren Abmessungen normalen Paronenhülsen, das Innenvolumen liegt auf dem Niveau einer .22 Hornet

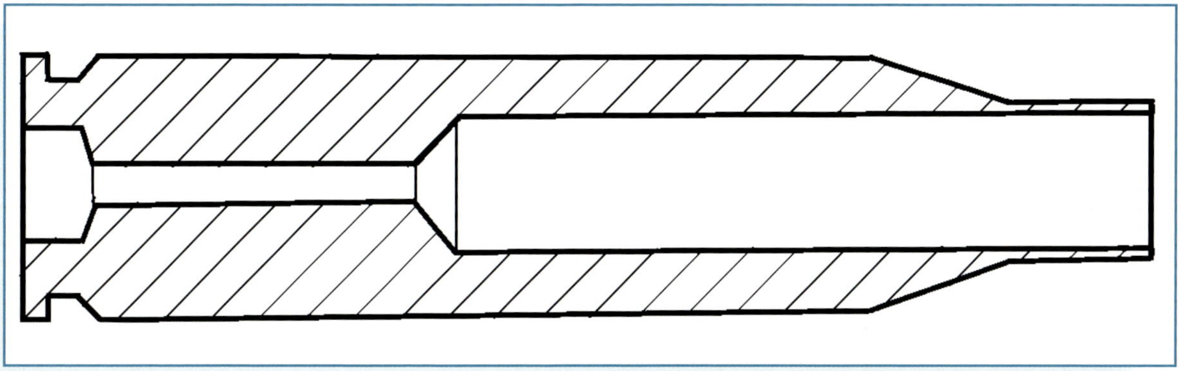

RED-Patronen herstellen, die auf eine bestimmte Entfernung mit einer vollen Ladung zusammenschießen - ein Vorteil, der bei flexiblen SD-Waffensystemen mit aufsetzbarem bzw. abnehmbaren Dämpfer besonders schwer wiegt. So muß weder die Visierung verstellt noch ein neuer Haltepunkt gewählt werden. Dämpfer aufsetzen, Spezialpatrone laden und wieder Fleck halten - noch einfacher kann man es sich wohl kaum noch wünschen.

Sowohl für den Verfasser wie auch für einige Dienststellen haben sich diese Patronen schon als Problemlöser erwiesen, wenn es darum ging, bestimmte Phänomene insbesondere an Schalldämpfer-Präzisionswaffen (spontane Ausreißer, mangelhafte Präzision etc.) zu klären.

Die Reduzierhülsen wurden aufgrund der augenscheinlichen Vorteile schon von verschiedenen großen Munitionsherstellern für die Herstellung von nicht näher spezifizierten Spezial- (wahrscheinlich: Subsonic-) Laborierungen getestet - die entsprechenden Ergebnisse sind allerdings nicht zugänglich.

Ein Nachteil des verblüffend einfachen und funktionellen Designs liegt in dem herstellungsbedingt hohen Preis: hochwertiges Material, CNC-Fertigung in relativ geringen Stückzahlen und hohe Materialverluste rücken den Hülsen-Stückpreis in den 5 DM-Bereich (Stand 1997).
Für Wiederlader relativiert sich dieser Preis durch die zigmalige Wiederladbarkeit.

Fabrikgeladene Subsonics mit RED-Hülsen

Seit geraumer Zeit werden auch fertige Subsonic-Laborierungen angeboten - anscheinend erkennen immer mehr Jäger (und Wildgatterinhaber) die Vorzüge unterschallschneller Geschosse. Die Vorteile, die dieser Munitionstyp bietet (siehe Einleitung), scheinen die klassischen Nachteile von Subsonics, die aus Normalwaffen verschossen werden, zu überwiegen. Und nicht zuletzt finden sich in den angesprochenen Kreisen viele Schalldämpferbesitzer, denen die handelsüblichen (Vollmantel-) Laborierungen zielballistisch nicht ausreichen oder die „mehr" wollen als die üblicherweise von Behördenseite verordneten Kleinkaliberwaffen.

Bei Vergleichstests zwischen serienmäßiger .308 Winchester-Subsonicmunition und Laborierungen auf der Basis dieser Hülsen konnten neben geringerer Ausreißerquote und vergleichbarer, eher besserer (statistisch nicht abgesichert!) Präzision weitere positive Nebeneffekte konstatiert werden: Gegenüber der Standard-Subsonic-Munition mit Normalhülse zeigte sich bei praktisch identischer Geschoßgeschwindigkeit und -energie ein um 2-3 db verringerter Geräuschpegel beim Schuß sowie ein deutlich anders moduliertes Geräusch. Dies dürfte auf die geringere entstehende Treibgasmenge sowie das kleinere, druckerfüllte Volumen zurückzuführen sein.
Durch die höhere Ladedichte ergibt sich die bessere Ausnutzung des Pulvers und ein sauberer Abbrand.
Die in der Reduzierhülse zur Verfügung stehende, wärmeabführende Innenfläche ist geringer als bei der Normalhülse. Daraus resultieren geringere Kühlungsverluste und ein höherer innenballistischer Wirkungsgrad. Ähnliches wird u. a. auch in der Verbrennungsmotorentechnik beschrieben. Eine Verbesserung des innenballistischen Wirkungsgrades durch Erhöhung der Ladedichte hatte auch schon Jürgen Krüger anhand seiner vergleichenden Untersuchungen an 7,62 x 51 mm Subsonic und 9 mm Mauser Subsonic konstatiert.

Alternative Geschossmaterialien

Nach diesem Exkurs in die Innenballistik zurück zu den eng gesteckten Grenzen der Geschoßmassenerhöhung unter Beibehaltung des Kalibers.
Eine noch verbleibende Möglichkeit, die Projektilmasse bei bleibenden Abmessungen zu erhöhen, ist die Verwendung von Metallen mit extrem hoher Dichte: Uran, Silber, Gold (James Bond läßt grüßen!), Platin, Wolfram und deren Legierungen wie Wolframcarbid, Platiniridium usw.

Neben den Rohstoffkosten sprechen der mögliche Aufwand sowohl bei der Geschoßherstellung wie bei der nötigen Waffenmodifikation (z. B. bei extrem hartem und damit laufverschleißendem Material) zunächst gegen solche Werkstoffe. In Einzelfällen finden diese Werkstoffe trotzdem als Kern- oder Mantelmaterial Anwendung, wenn auch nicht nur im Bereich der Schalldämpfertechnologie: Die Projektile der Bordkanone der Fairchild FA10 (auch bekannt als „Warzenschwein“ oder „Thunderbolt“) enthalten u. a. inaktives Uran, wodurch sich erstaunliche Erhöhungen der Querschnittsbelastung und damit der Durchschlagsleistung ergeben. Projektile aus radioaktivem Material können natürlich auch die Zielwirkung (bei lebenden Zielen) verbessern.
Auch Platin-Iridium wurde (wird?) als Projektilmaterial für Mikro-Projektile eingesetzt, bekannt sind u. a. 2-mm-Kügelchen mit Hohlräumen für Gift.

Mit den beschriebenen Maßnahmen(Verlängerung, Materialauswahl) sind die Möglichkeiten zur Erhöhung der Projektilmasse und damit Energierhöhung von Subsonic-Munition ausgeschöpft. Nun gilt es, diese Energie bestmöglich ins Ziel zu bringen.

Optimierte Aussenballistik

Ein niedriger c_w-Wert des Geschoßes hilft dabei, er reduziert den Strömungswiderstand und vemindert so Geschwindigkeitsverluste. Sogar die Fluggeräusche sinken durch einen günstigen Widerstandsbeiwert, weil die Wirbelbildung vermindert bzw. in niedrigfrequentere Bereiche verlegt wird. Dies macht den Geschoßflug leiser bzw. vermindert seine Hörbarkeit.

Ein im Unterschallbereich ideal strömungsgünstiges Geschoß hätte Tropfenform (Water Drop Ammo im Kapitel über Schalldämpfermunition). Diese Form ist aber in herkömmlichen Hülsen kaum ohne Mehraufwand (Treibkäfig) verladbar; außerdem braucht ein Geschoß einen zylindrischen Führungsteil, evtl. Fettrillen o. ä.

Was die Spitzenausformung angeht, unterscheiden sich die herkömmlichen Rundkopf, Ogival-, Newton- oder Haackformen im Unterschallbereich nicht allzustark hinsichtlich ihrer jeweiligen Widerstandsbeiwerte, bei den betrachteten Geschwindigkeiten um die 300 m/s sind die Effekte am Heck viel wesentlicher.

Heckkonus

Bei Unterschallgeschwindigkeiten bewirkt der am Geschoßheck durch Umströmung, Verwirbelungen und Strömungsabriß entstehende Unterdruck, der sog. Bodensog, nämlich über 80 % des gesamten Strömungswiderstandes, im Gegensatz zu nur rund 35 % beim Überschallflug.

Dieser Bodensog wirkt als Kraft auf die Bodenfläche des Projektiles; es ist etwa so, als

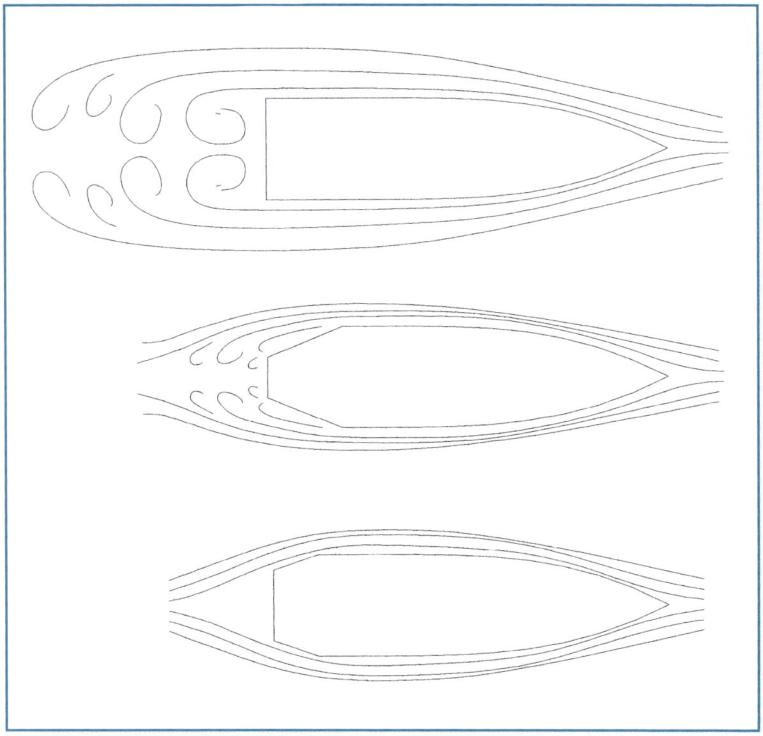

Bei richtiger Ausbildung des Heckkonuswinkels reduzieren sich die Verwirbelungen am Geschoßheck, was den gesamten Strömungswiderstand reduziert

würde ein laufendes Pferd am Schwanz festgehalten werden. Um diese Rückhaltekraft zu verkleinern, muß die Heckfläche verringert werden. Die Natur macht es uns vor: Ein Tropfen, der ja die strömungsgünstige Form hat, ist „hinten" spitz, weist also praktisch keine Heckfläche auf.

Die Verringerung der Heck- bzw. Bodenfläche geschieht bei Geschossen durch eine „Anspitzung" in Richtung Heck, eine Abschrägung des zylindrischen Geschoßteils nach hinten zu. Der Winkel dieser Abschrägung, man spricht vom Heckkonuswinkel, sollte idealerweise < 11 Grad zur Längsachse betragen. Bei so kleinen Winkeln kann sich die Strömung noch an die Geschoßkontur anlegen und ihr folgen, ohne daß es zu Ablösungen und ablösebedingten Verwirbelungen - dem „Strömungsabriß" - kommt.

Bei diesen kleinen möglichen Winkeln muß der Ansatz des Konus aber schon relativ weit vorne erfolgen, um die Bodenfläche spürbar zu verkleinern.
Ein allzu langer Konus kann allerdings eine Präzisionsverminderung bewirken: Die das Projektil überholenden Gase haben bei einem weit Richtung Geschoßspitze gezogenen Heckkonus eine günstigere Angriffsfläche. Damit ergeben sich größere seitliche Störkräfte, das Geschoß kann pendeln. Folge: Eine höhere Streuung. Der nutzbare und sinnvolle Grat hinsichtlich des Länge des Heckkonus ist also vergleichsweise schmal (ca. 0,75 Kaliber). Schalldämpfertechnisch resultiert aus einem Heckkonus ein Nachteil: Treibmittelgase können ein Geschoß „mit" Heckkonus im Dämpfer besser überholen als eines „ohne" Heckkonus. Dies erhöht den geräuscherzeugenden blow-by.

Wie die obigen Ausführungen zeigen, ist die Palette der Munitionsgestaltungsmöglichkeiten zur Steigerung bzw. Erhaltung der Auftreffenergie also vergleichsweise klein und diffizil. Man muß immer Kompromisse zwischen Dämpfungsleistung, Power und Präzision eingehen.

Verbesserte Zielballistik

Die Formgebung eines Projektils wird neben beabsichtigter Präzision und Reichweite auch vom Einsatzzweck bzw. der gewünschten Zielballistik bestimmt: Bei einem für weite Schußdistanzen gedachten Projektil wird man sich eher an den flugbahntechnischen Erfordernissen orientieren. Ganz anders bei Projektilen für Nahschüsse oder bei ohnehin präzisionsmindernden Dämpfersystemen à la Welrod für praktisch aufgesetzte Schüsse. Hier kann man nahezu ausschließlich auf Zielballistik optimieren. Weiterhin bestimmt auch das Dämpferprinzip die Art der zu verwendenden Projektile mit - und umgekehrt. Doch dazu später mehr.

Die Wirkung eines Geschosses auf ein Ziel ist primär, aber nicht ausschließlich von der abgegebenen Energie bzw. dem Impuls abhängig. Es gibt Möglichkeiten, die Zielwirkung, unabhängig von den rein physikalischen Geschoßparametern Energie und Impuls, zu verbessern.

Damit kommen wir zur Verbesserung der Wirkung im Ziel. Um Energie ans Ziel abgeben zu können, muß ein Geschoß im Ziel abgebremst werden. Dies funktioniert dann am besten, wenn ein Projektil seine Querschnittsbelastung vermindert, sich also entweder zerlegt oder seinen Durchmesser vergrößert . Man spricht wegen der sich dabei meist ergebenden Geschoßrestformen vom „aufpilzen" eines Geschosses.
Mit konstruktiv relativ einfachen Möglichkeiten wie etwa Hohlspitzen oder weichem Geschoßmaterial etc. lassen sich auch langsame Projektile deformierungs- bzw. zerlegungsfreundlicher gestalten; durch die Zerlegung bzw. Aufpilzung ist eine bessere Abbremsung im Zielmedium und damit Energieabgabe gewährleistet.
Daneben erzeugt ein Geschoß mit großem Querschnitt einen größeren Wundkanal mit allen zielballistischen Vorteilen: Größere Organbeschädigungen, mehr verletzte Blutgefäße, stärkere Irritation des Nervensystems etc. Geschoßsplitter bei einem sich zerlegenden Geschoß können neben dem eigentlichen Wundkanal den Schrotschuß- bzw. Multiple-Hit-Effect erzielen

Wie die Praxis zeigt, muß ein Geschoß mindestens 250 m/s schnell sein, um in Gewebe wirksam aufzupilzen. Gerade bei weiteren Entfernungen zum Ziel oder einer notwendigen hocheffektiven Dämpfung liegen die Auftreffgeschwindigkeiten von Subsonic-Projektilen darunter. Das Projektil muß also weitergehende Modifikationen erfahren, um seine Energie gut abzugeben. Denkbar sind folgende Möglichkeiten:

Geschossfüllung mit fluiden Medien

Was beim „Schakal" im gleichnamigen Film (film-like übertrieben) zu funktionieren scheint, sind flüssige Füllungen wie etwa Quecksilber in Geschoßhohlräumen.
Der Grundgedanke scheint logisch: Da Flüssigkeiten praktisch unkompressibel sind, entsteht sofort beim Aufprall und der beginnenden Verformung des Geschosses ein sehr hoher Druck im Geschoßkörper, welcher letztendlich den Mantel auseinanderreißt und so die gewünschte Zerlegung ergibt.

In der Praxis ist die Füllung von Geschossen mit Flüssigkeiten wenig sinnvoll: Ähnlich wie sich rohe Eier nur unpräzise werfen lassen, weil die Bewegung des Dotters und des Eiklars ihren Beitrag auf die Gesamtbewegung leisten, stört ein flüssiges Innenleben den Flug eines drallstabilisierten Projektils.
Außerdem sind die meisten Füllungen - außer dem erwähnten Quecksilber - relativ leicht und setzen so die wirksame Geschoßmasse herab. Und zu guter letzt schwächt ein solcher Inhalt das Geschoß hinsichtlich seiner mechanischen Stabilität, da die Flüssigkeit keinen Beitrag hierzu leistet.

Etwas günstiger sieht es bei Füllungen aus, die flüssigkeitsähnliches Verhalten aufweisen, aber in sich fest sind: hochverdichtete Metallstäube etwa oder kleinste, miteinander verklebte Schrotkügelchen wie beim Glaser Safety-Slug-Geschoß (normale Glaser-Munition ist allerdings über 400 m/s schnell).
Hier ist das Geschoß prakisch schon vorzerkleinert und wird nur noch durch einen äußeren Mantel zusammengehalten. Beim Aufprall reißt der Mantel; seine Fragmente sowie der Inhalt verteilen sich schlagartig im Ziel, werden dort abgebremst (kleine

Patrone im Kaliber .357 Magnum mit Glaser-Safety-Slug-Geschoß. Die blaue Kunststoffkugel schließt den mit Bleipartikeln gefüllten Geschoßhohlraum nach vorne ab

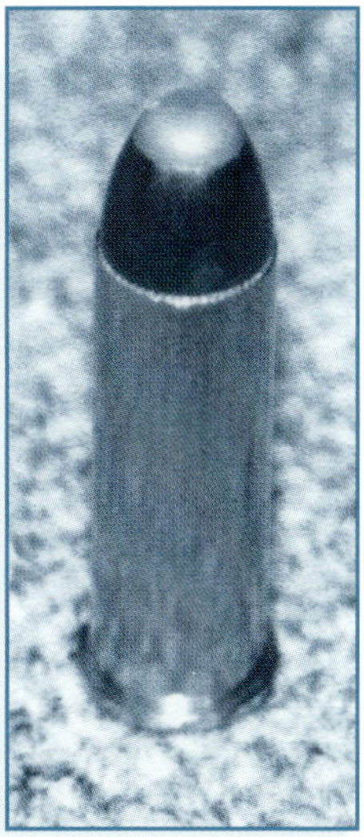

Querschnittsbelastung der Partikel) und geben so Ihre gesamte Energie schnell ab. Mit solchen Projektilen läßt sich mit einem Treffer ein Multiple-Hit-Effect erzielen.
Nachteilig ist die praktisch kaum gegebene Durchschlagsfähigkeit gegenüber Hartzielen.

Explosivgeschosse

Im angeführten Film (Der Schakal) handelte es sich um einen Verständnisfehler des Autors: Gemeint war nicht die Geschoßfüllung mit metallischem Quecksilber, sondern mit dem Primärsprengstoff Quecksilberfulminat.
Die wirksame Aufpilzung bzw. Geschoßzerlegung kann nämlich auch durch kleine Sprengladungen in den Projektilen erreicht werden. Diese Ladungen sind quasi Wirk-Energie in fester Form, die man solchen Projektilen mitgibt.

Das Attentat auf Ronald Reagan wurde mit einem Explosivgeschoß, einer .22er „Devastator", verübt. Der damalige Präsident der Vereinigten Staaten überlebte eigentlich nur, weil die Bleiazidladung nicht zündete und das kleine .22er Geschoß keine lebenswichtigen Organe zu sehr in Mitleidenschaft zog.

Bei der Energiedichte der üblicherweise verwendeten Primärsprengstoffe wie Bleiazid etc. reichen kleine Mengen, um eine zufriedenstellende Querschnittsvergrößerung oder Fragmentierung des Geschosses zu erzielen. Bleiazid hat eine Explosionsenergie von 1540 kJ/kg bei einer Dichte von 4,8 kg/l. Ersetzt man ein Fünftel des Geschoßvolumens durch Beiazid, verringert man die Masse des Projektils auf etwas über 90 % der Ausgangsmasse, erhöht aber die Energie beträchtlich: Ein 2,3 g schweres KK-Bleiprojektil weist bei einer Geschwindigkeit von 300 m/s eine kinetische Energie von 103,5 Joule auf. Das um 7 % leichtere Subsonic-Explosivgeschoß hat zwar nur 96 J Bewegungsenergie, bringt aber zusätzliche 200 J (chemische) Wirk-Energie ins Ziel (Diese Überlegung ist thermodynamisch nicht ganz korrekt, weil hier von 100% Wirkungsgrad des Sprengstoffes ausgegangen wird, ebenso von der 100%-igen Umsetzung von chemischer bzw. thermischer in mechanische Energie, was in der Praxis nicht möglich ist.)
Diese Gesamtenergie von rund 300 J ließe sich allerdings auch durch eine Erhöhung der Geschoßgeschwindigkeit auf etwa 500 m/s bewerkstelligen. Es ist einzusehen, warum diese riskante und präzisionsvermindernde Wirkungssteigerung durch Sprengmittel zumindest im Handfeuerwaffenbereich nur bei Sondermunition halbwegs vertretbar ist.

Solche Geschosse sind sehr aufwendig und teuer in der Herstellung - der Sprengstoff muß separat gekapselt und in Geschoßhohlräume (Hohlspitze) eingebracht werden. Auch der Umgang mit dieser Munition ist nicht ganz ohne - sowohl bei der Handhabung wie beim Verschießen. Bei Dämpfern mit zu durchschießenden Einbauten kann dieser Geschoßtyp natürlich nicht eingesetzt werden. Ein weiterer Nachteil - vom Schalldämpferstandpunkt aus gesehen - liegt im verstärkten Einschlaggeräusch: Verfehlt man das Ziel, explodiert das Projektil mit lautem Knall - im ungünstigsten Fall unmittelbar daneben...

Auch bei diesen Projektilen ist die Durchschlagsleistung stark vermindert, eine durchschlagsstarke Ausführung der Sprengladung als Hohlladung wie etwa bei einer Panzerabwehrwaffe ist erst bei vergleichsweise großen Projektildurchmessern (ab etwa Flintenkaliber 12, ca. 18 mm) möglich und sinnvoll.
Bei Munition gegen Sachziele wie z.B. Fahrzeuge oder elektronische Anlagen ist der Ersatz der Spreng- gegen eine Brandladung vorstellbar, und kommt auch bei besonderer Militärmunition zur Anwendung.

Der Vollständigkeit halber sei hier auch die Möglichkeit der (geächteten bzw. verbotenen) Vergiftung von Geschossen angeführt. Was die Wirkung der kleinen und ballistisch relativ harmlosen Blasrohrpfeile u. a. der Amazonasindianer erhöht, läßt sich auch für Feuerwaffenmunition anwenden.
Typische Agentenmunition (Platin-Iridiumkugeln mit Rizin oder Kampfstoffen wie Milzbrandsporen; Pfeile für den Bio-Inoculator etc.) ist allerdings nicht Gegenstand dieser Betrachtung.
Auf dem Feuerwaffensektor kommen für die Modifikation eigentlich nur besondere Hohlspitzgeschosse in Frage, in deren Höhlung Gift plaziert wird. In einem Film aus der „Jaws"-Reihe (Bei uns: „Der weiße Hai") wurde dies schon gezeigt. Allerdings hätte das in dem angeführten Beispiel verwendete flüssige Toxin in der Hohlspitze der .357 Magnum-Geschoße zusammen mit dem Verschluß aus Kerzenwachs für eine erhebliche Präzisionsverminderung gesorgt.

Die verfügbaren Quellen belegen drei tatsächlich in Serie produzierte und zumindest getestete Arten von Giftprojektilen: russische und deutsche 7,65 mm Geschosse sowie Projektile für die 9 x 19 mm und die .45 ACP.
Der Grundaufbau ist bei allen Geschoßtypen gleich: Ein Mantelgeschoß mit Bleikern und konisch erweiterter Hohlspitze; Sollbruchstellen im Mantel und ein kegelförmiger Stahlstößel, der die Höhlung im Geschoßkopf nach vorne abschließt, sie aber nicht ganz ausfüllt.
Im verbleibenden Hohlraumvolumen befand sich das jeweilige Gift.
Während die Russen das Nervengift Aconitin, ein Alkaloid aus Pflanzenteilen von Ranunkulaceen (wie etwa dem blauen Eisenhut) einsetzten, verwendete man auf deutscher Seite Cyanwasserstoff, also Blausäure (u. a. aus Korrosionsschutzgründen in einer Mini-Glasphiole). Die Blausäure hat den Vorteil der unmittelbaren Wirkung gegenüber der bis zu 20 Minuten verzögert eintretenden Wirkung des Aconitins.
Angeblich forcierte Skorzeny auf deutscher Seite die Entwicklung dieser Munition; er führte nicht weiter verbürgten Quellen zufolge eine Blausäurepatrone als letzten Schuß in seiner Pistole.
Die Herstellung dieser Munition über Versuchsmodelle hinaus ist auf deutscher Seite nicht belegbar.

Problematisch dürfte der Einfluß des Geschoßaufbaues auf die Präzision sein - je weiter hinten der Geschoßschwerpunkt, desto außenballistisch ungünstiger (wegen dem Moment, das zwischen Schwerpunkt und Luftangriffspunkt entsteht).

Schema eines Giftgeschosses

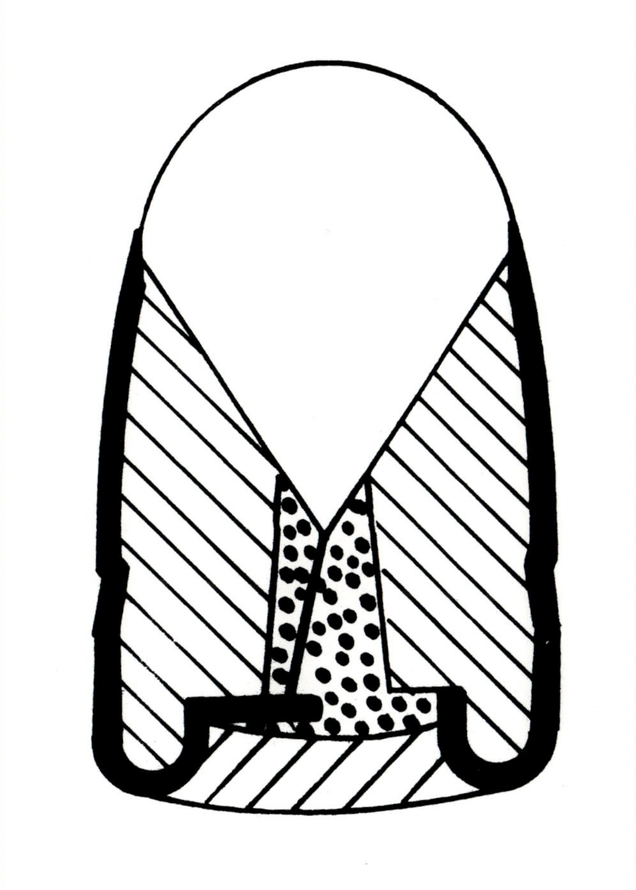

Auch die Auswahl des Toxins war bzw. ist nicht ganz ohne: Es sollte in den unterzubringenden Mini-Mengen von höchstens einigen Milligramm mehr oder minder schnell töten (bei Mordanschlägen ist eine verzögerte Wirkung nicht weiter schlimm, während zum Ausschalten von Wachposten oder Geiselnehmern eine schlagartige Wirksamkeit zwingend notwendig ist), nicht übermäßig korrosiv sein, mit dem Geschoßmaterial verträglich und natürlich handhabungssicher, usw.
Heute sind wesentlich mehr und wirksamere Toxine verfügbar, die aufgrund der besseren verarbeitungstechnischen Möglichkeiten (Microdragierung, Granulierung etc.) auch die werkstofftechnischen Anforderungen besser erfüllen.
Ein in diesem Zusammenhang erwähnenswertes Gift ist das Extrakt aus der südamerikanischen Kegelschnecke *conus purpurascens*. Dieses hochwirksame Neurotoxin wirkt nahezu mit der Geschwindigkeit der Signalfortpflanzung in den Nervenbahnen, d. h. das getroffene Opfer ist angeblich neurologisch tot, bevor es sich des Geschoßeinschlages bewußt wird!

Giftprojektile eignen sich, wie auch Sprenggeschosse oder allzu verformungs- / zerlegungsfreudige Konstruktionen, kaum oder nur mit Einschränkungen für Dämpfertypen mit zu durchschießenden Einbauten.

Ummantelung

Bei der vergleichsweise schwachen .22lfB., die bevorzugt für Kopfschüsse eingesetzt wurde bzw. wird, ist Quellen zufolge gelegentlich ein Abprallen von den besonders im Stirnbereich massiven Schädelknochen zu beobachten bzw. nach dem Durchschlag derselben nur noch eine drastisch verminderte Tiefenwirkung vorhanden. Außerdem verformen die aus relativ weichem Blei hergestellten Geschosse, was nach Genfer Kovention bzw. Haager Landkriegsordnung bei Kriegswaffenmunition nicht sein darf.
Auch deshalb - und nicht nur aufgrund der materialtechnischen Anforderungen, die angebohrte Läufe an das Geschoß stellten - wurden und werden auch .22er Mantelgeschosse gefertigt. Der relativ zum Blei härtere und festere Geschoßmantel aus Kupfer bzw. hochkupferhaltigem Tombak verhindert ein vorzeitiges Aufpilzen und ermöglicht die Konstruktion von Projektilen mit gutem Eindringvermögen auch in harte Zielmedien.

Die angeführten Möglichkeiten sind praktisch ausschließlich in Munitionssorten realisiert, auf die heute selbst militärische oder ordnungsbehördliche Stellen kaum Zugriff haben, geschweige denn der Normalbürger - und das ist gut so. Darüber hinaus sind gerade Giftgeschoße etc. fast überall auf der Welt geächtet.

Man wird kaum eine Dienststelle - oder gar Privatbesitzer - finden, die den Besitz solcher Munition zugeben oder sie gar zur Besichtigung / Dokumentation zur Verfügung stellen. Ähnliches gilt für Hersteller. Deshalb sind hier auch keine aktuellen Beispiele oder Bildbelege angeführt, es sollten nur die denk- bzw. machbaren Optionen aufgezeigt werden - die es aber trotzdem auch und gerade heute noch gibt!

Handelsübliche Subsonicmunition

Nun wollen wir uns den belegbar ausgeführten Konstruktionen zuwenden. Den mei sten SD-Laborierungen eigen sind eine grüne oder blaue Kennzeichnung an Hülse oder Geschoß, für das jeweilige Kaliber untypisch hohe Geschoßgewichte und die Verwendung schnellbrennender Pulver. Dies stellt sicher, daß die Verbrennung abgeschlossen ist, bevor das Geschoß den Lauf verläßt; so wird ein Nachbrennen oder die Emission unverbrannter Partikel weitgehend vermieden. Gleichzeitig erreicht man, daß der Gasdruck bei Erreichen der Mündung schon deutlich stärker abgefallen ist, als es bei der Verwendung langsamer Pulver der Fall wäre.

Die .45 ACP braucht ebenso wie die 6,35 mm Browning oder die normale 7,65 mm Browning keine Subsonic-Laborierung, da diese Munition in der Regel ohnehin unter 300 m/s bleibt. Gleiches gilt für die 9 mm kurz oder die .44 Special, wie auch einige Laborierungen in .38 Special.
Für manche Kaliber werden serienmäßig besondere Subsonic-Laborierungen gefertigt, etwa in .22 lfB, 9 mm Parabellum (9 x 19 mm, 9 mm Luger), .223 Rem. und .308 Winchester. Allerdings sind diese Munitionssorten hierzulande im Handel meist nur sehr schwer erhältlich. Allerdings bieten gewerbliche Wiederlader u. U. „maßgefertigte" Subsonics auch noch in anderen Kalibern an.

Subsonicmunition verschiedener Kaliber, von links: .22lfb RWS Subsonic mit Hohlspitzgeschoß; .22lfB Lapua Scoremax mit Vollgeschoß; 9 x 19 mm Winchester mit Kegelstumpfgeschoß; 9 x 19 mm RWS mit 10 g Ogival-Vollmantel-projektil; 7,62 x 51 mm Lapua mit 200 grs. / 13 g Vollmantel-Spitzgeschoß

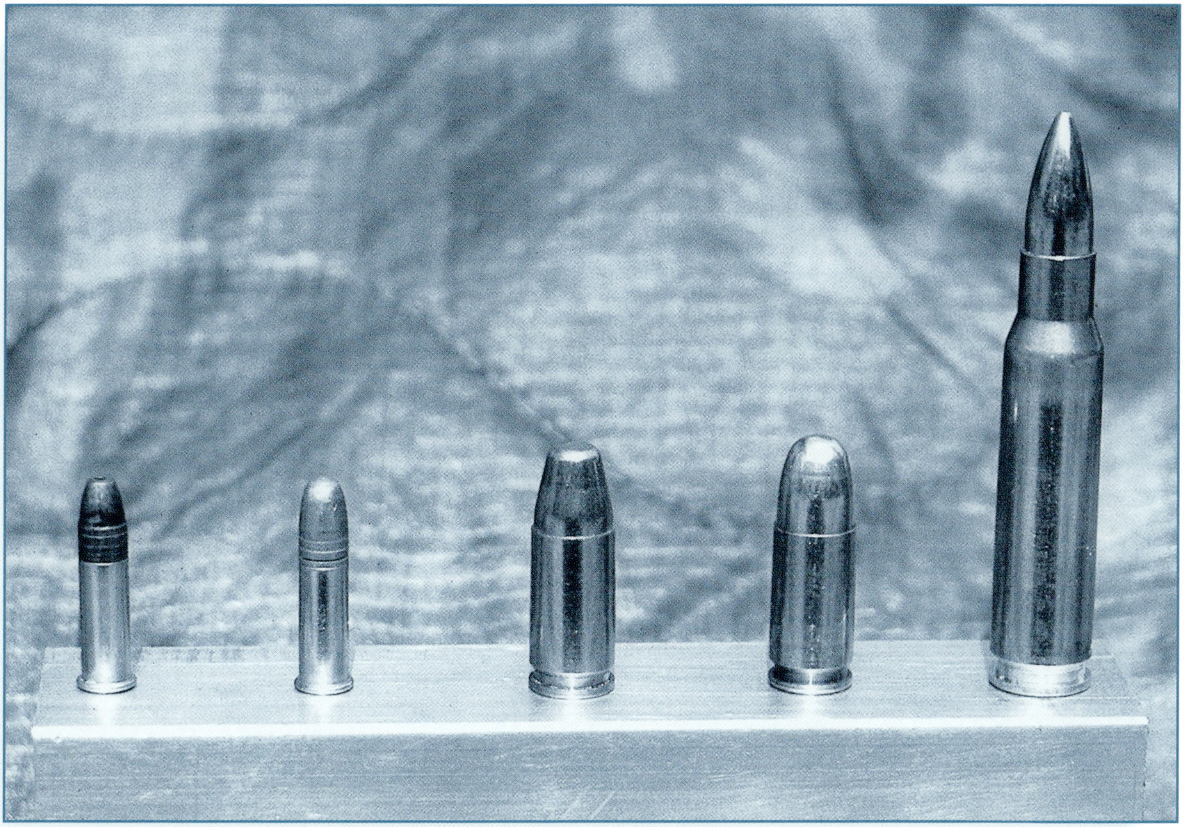

Selbstverständlich konnten nachfolgend nicht alle Hersteller bzw. Fabrikate berücksichtigt werden - die Auflistung erhebt keinen Anspruch auf Vollständigkeit. Ebensowenig sind die Ausführungen in irgendeiner Form als Werbung zu verstehen. Alle genannten technischen Daten sind Werksangaben bzw. beziehen sich auf die getesteten Waffen- / Munitionspaarungen und können nicht verallgemeinert werden.

.22LFB

Die verbreitetste, praktisch handelsübliche Unterschallaborierung einer Standardpatrone ist die .22 lfB (lang für Büchsen) Subsonic. Die meisten Munitionshersteller haben zumindest eine als solche gekennzeichnete Subsonic-Laborierung im Programm.
Eine heutige .22 lfB Subsonic-Patrone unterscheidet sich äußerlich kaum von den Normalgeschwindigkeitslaborierungen - meist gibt nur der Packungsaufdruck einen Hinweis auf die Besonderheit des Inhaltes.
Den meisten KK-Subsonic eigen ist das Hohlspitzgeschoß. Selbst beim Verschießen aus langen Büchsenläufen bleibt die Geschwindigkeit der üblicherweise 2,35-2,6 g / 36-40 grs. schweren Projektile unter Schallgeschwindigkeit, meist sogar unterhalb 300 m/s.

Viele „dämpferlose" Schützen und Jäger greifen gerne auf diesen Munitionstyp zurück: Neben einem geringeren Schußgeräusch zeichnet sich KK-Subsonic-Mun meist auch durch eine den Standard- oder gar Hochgeschwindigkeitslaborierungen überlegene Präzision aus.
Der steigende Bedarf veranlaßt die Hersteller dazu, diese lange stiefmütterlich behandelten Sorten zu verbessern. So erfuhr beispielsweise die .22er Subsonic eines bekannten deutschen Herstellers vor einiger Zeit eine Änderung der Geschoßform; die bis dato verladene Flachkopf-Hohlspitzform hatte speziell in einigen Selbstladern zu Ladehemmungen geführt. Mit der neuen, runderen Form wurde diese Schwachstelle der ansonsten hervorragenden Munition beseitigt.

Aufgrund einiger Besonderheiten soll hier die Lapua „Scoremax" besonders erwähnt werden. Die urspünglich für Sportschiessen und Biathlon konzipierte Munition hat ein schweres, „dickköpfiges" 3,1g / 48 grs. Voll-Geschoß ohne Hohlspitze. In Verbindung mit

Verschiedene Laborierungen im Kaliber .22lfB, von links: RWS Standard; Lapua Scoremax; RWS Subsonic, alte Geschoßform; RWS Subsonic, neue Geschoßform; RWS Z22 Zimmerpatrone mit .22 kurz Geschoß

der besonderen Treibladung resultiert daraus auch aus langen Läufen eine Maximalgeschwindigkeit von 315 m/s (Eine ähnliche Patrone wurde bereits einmal während der 60er Jahre in den USA konzipiert und hergestellt, und zwar für die nach Mason gedämpfte Colt Woodsman mit 3,9 g / 60 grs. Geschoßgewicht).
Die sehr präzise Scoremax (10 Schuß / 50 m: 7 mm Streuung aus Meßlauf nach Werksangabe) ist wegen des schweren Projektiles weniger windabdriftempfindlich als normale KK-Subsonic-Munition und weist auch eine höhere Auftreffenergie als diese auf. Die Summe dieser Eigenschaften macht die Scoremax sogar der KK-Subsonicmunition aus eigenem Hause überlegen. Dafür ist der Rückstoß, sofern man bei KK-Munition überhaupt davon sprechen kann, stärker. In jagdlicher Hinsicht mag die gegenüber einem Hohlspitzgeschoß geringere Deformationsbereitschaft des durchschlagsstärkeren Rundkopfprojektils als Nachteil empfunden werden.

Die Packungsaufschrift („excellent performance in bolt action-rifles") scheint darauf hinzudeuten, daß die Munition speziell für Repetierbüchsen mit Zylinderverschluß vorgesehen ist und dort ihr Potential am besten entfaltet. Versuche des Verfassers ergaben, daß diese Munition auch in Selbstladern (Brünner Kadet, Ruger 10/22 Briley Conversion, Heckler und Koch 270, Erma EMG 1) einwandfrei funktioniert und sehr gute Streukreise mit und ohne Dämpfer produziert. Entweder kann die Scoremax nicht lesen oder versteht nur finnisch...

Unterschallschnell, aber keine ausgesprochene Subsonic-Munition in der .22 Randfeuerklasse sind die 6 mm Flobert mit Rund- oder Spitzgeschoß und viele .22 kurz Laborierungen. Wegen ihrer geringen Verbreitung außerhalb reiner Sport- oder Antikwaffen braucht hier nicht näher darauf eingegangen werden.

Eine Sonderstellung nimmt die „Zimmerpatrone" Z 22 (mit der Hülse der .22 lfB und dem 1,8 Gramm-Geschoß der .22 kurz) ein. Diese ursprünglich für „Indoor"-Zwecke konzipierte Patrone ist mit ca. 220 m/s sehr langsam und rückstoßarm; es gibt kaum Selbstlader, die damit störungsfrei funktionieren. Dafür setzt diese Munition in Verbindung mit einer Schalldämpferwaffe einen echten Maßstab hinsichtlich leiser Schußabgabe: Neben einer solchen Kombination wirkt selbst ein Jahrmarkts-Schießbudenluftgewehr laut!

9 X 19 MM

Im Kaliber 9x19 mm (auch 9 mm Parabellum oder 9 mm Luger) findet sich im Programm vieler Munitionshersteller, besonders Behördenzulieferern, mindestens eine Subsonic-Laborierung.
Das Geschoßgewicht in diesem Kaliber liegt heute üblicherweise zwischen 9,0 und 10,2 Gramm, nachdem sich die in Großbritannien zusammen mit der SD-Sten erprobten Geschoßgewichte bis 170 grs. / 11 g aus innenballistischen Gründen nicht bewährt hatten. Die Mündungsenergien der jeweiligen Laborierungen liegen in der Größenordnung von Normalgeschwindigkeitsmunition bzw. nur knapp darunter.

Meist sind Hohlspitz- oder Kegelstumpfgeschosse verladen, welche aufgrund der effektiveren Zielballistik die reduzierte Energie teilweise ausgleichen.
Die 9 mm Luger Subsonic von Dynamit Nobel ist anhand ihrer untypischen Geschoßform gut erkennbar, die konvexere Spitzenform gegenüber dem Ogival des Normalgeschoßes ermöglicht ein höheres Geschoßgewicht ohne übermäßige Projektilverlängerung.
Die eingangs erwähnte grüne Kennzeichnung von SD-Patronen kann bei 9 mm Luger Munition von DN irreführend sein, es gibt auch eine grün gekennzeichnete 9 mm Luger

Verschiedene Laborierungen im Kaliber 9 x 19 mm, von links: Winchester Subsonic, Geco-Normallaborierung, RWS Subsonic

Patrone dieses Fabrikates mit Normalgeschwindigkeit und Leuchtspurgeschoß (grüne Leuchtspur, besonders für SEKs etc.).

Eine weitere 9 mm Luger Subsonic wird von Winchester angeboten; neben der in Deutschland verbotenen Ausführung mit Hohlspitze auch eine Version mit einem 9,7 g / 150 grs. Kegelstumpf-Geschoß. Diese Geschoßform findet man auch bei der 9 mm Luger Subsonic der Munitionswerke Elisenhütte Nassau (MEN). Ein Vertreter der Gewichtsklasse 10,2 g / 158 grs. ist die von der Super Vel Cartridge Corp. hergestellte 9 x 19 mm Subsonic, die für die alte Mark 22 Pistole produziert wurde. Mit knapp 280 m/s V_0 aus der Mark 22 ist diese Muniton recht langsam, dafür überschreitet sie auch bei sehr hohen Temperaturen (= schnellerer Pulverabbrand) die Schallgeschwindigkeit nicht. Da diese Waffen- / Munitionskombination u. a. von den SEALS quasi weltweit eingesetzt wurde, war bzw. ist dieser Temperatureinfluß ein zu beachtendes Kriterium.

Auch die IMI (Israel Military Industries) bieten ihre Samson 9 mm Subsonic mit 10 bzw. 10,2 g Geschoß an.

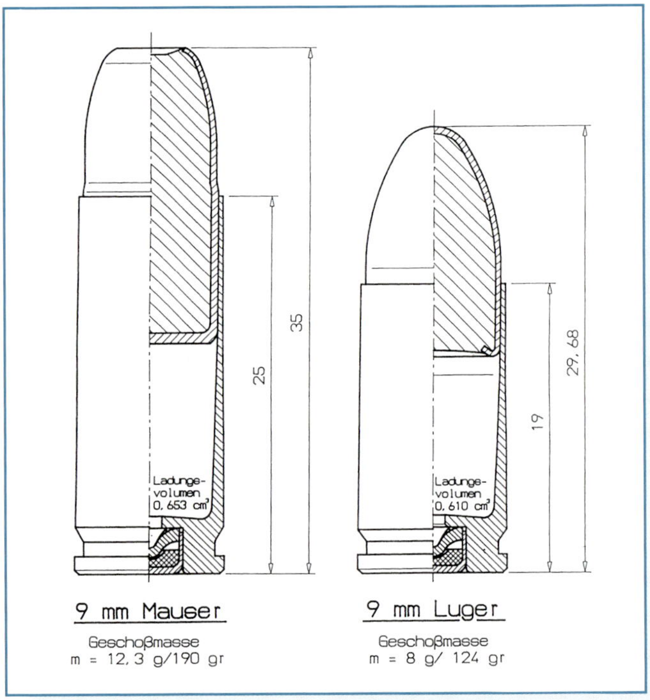

Vergleich: 9 mm Mauser vs. 9 x 19 mm

Ebenfalls in die Kategorie „Schalldämpfermunition, 9 mm“ fällt die schon beim PUK-Waffensystem angeführte 9mm Mauser-Patrone mit schweren Geschossen wie dem 190 grs. Delsing-Geschoß oder den 180 bzw. 185 grs. Lapua CEPP's (Controlled Expansion Police Projectiles).
Im Vergleich zur .308 Winchester Subsonic (wegen der ähnlichen Mündungsenergie) weist die Mauser einige signifikante Vorteile auf: Wegen des kleineren Hülsenvolumens gegenüber der .308 ist die Ladedichte immer höher, was innenballistisch den Vorteil des gleichmäßigeren Abbrandes bringt. Darüber hinaus ist die „Mauser“ sehr wirtschaftlich: Nach dem Lymann Reloading Handbook verbraucht eine .308 Winchester Subsonic-Laborierung mit einem 190 grs.-Bleigeschoß mindestens 10.0 grs. Treibladungspulver SR-7625. Die 9mm Mauser benötigt bei identischem Geschoßgewicht, E_0 und V_0 nur etwas mehr als die Hälfte dieser Treibladungsmenge (Herstellerangabe). Nachteilig ist der größere Geschoßdurchmesser, aus dem eine geringere Querschnittsbelastung und damit ein höherer Luftwiderstand resultieren.

Die russische 9 x 39 mm SP-6 Patrone wurde bereits im Zusammenhang mit der VAL Assault Rifle bzw. der VSS Silent Sniper Rifle beschrieben.

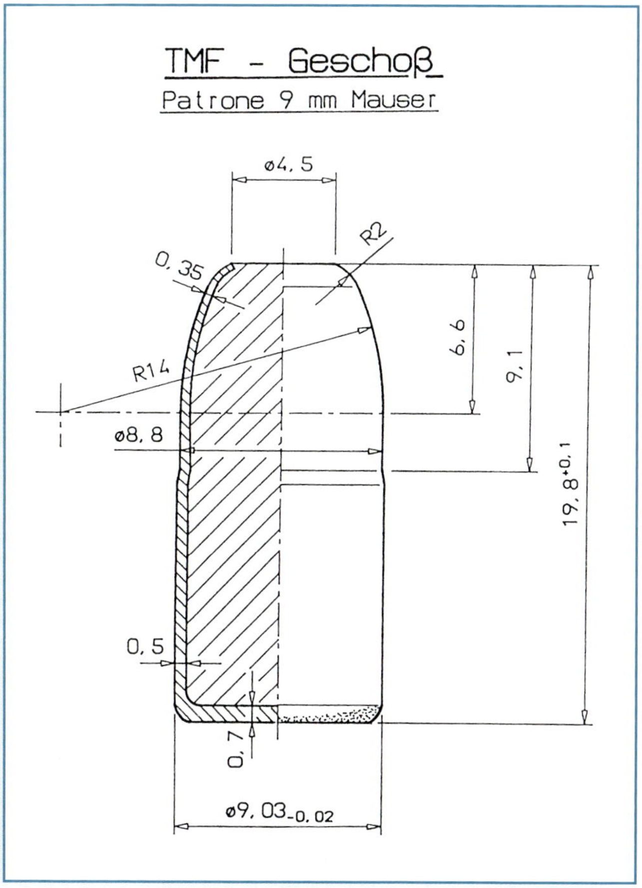

Querschnitt durch das Delsing-Teilmantel-Flachkopf-Geschoß für die 9 mm Mauser

.308 Winchester

Im deutschen Handel findet man, wenn überhaupt, im Langwaffenkaliberbereich nur Patronen des Kalibers 7,62 x 51 mm oder .308 Winchester als fabrikgeladene Subsonicmunition, üblicherweise mit Vollmantelgeschoß. Meist handelt es sich dabei

Superschwere Geschoße im Kaliber 9 mm von links:
190 grs. Delsing TFK,
180 grs. Lapua CEPP (Controlled Expansion Police Projectile),
185 grs, Lapua CEPP

um Munition, die für Behörden hergestellt und über den Handel auch an Schützen bzw. Jäger abgegeben wird.

Die .308 Lapua Subsonic ist mit einem 200 grs. / 13 g schweren Vollmantelgeschoß (D416) verladen, während das an der Spitze dunkelblau gekennzeichnete Geschoß der Sako 185 grs. / 12 g auf die Waage bringt.
Lapua gibt für alle Patronen die Ladedaten an, nur die Pulversorte bzw. das Treibladungsgewicht für die Subsonic sucht man in den entsprechenden Tabellen interessanterweise vergebens - ein versteckter Hinweis auf die möglichen Gefahren unfachmännisch zu stark abgebrochener Ladungen.

Von MEN wird - allerdings nur für den Behördenbedarf - eine .308 Subsonic-Laborierung mit einem 13 g-Vollmantel-Bootsheckgeschoß produziert.

Seit Mitte 1997 fertigt auch die Eidgenössische Munitionsfabrik in Thun eine Subsonicpatrone. Diese Swiss P ist ebenfalls mit einem 13 g Geschoß verladen.
Um die Geschoßwirkung auf Weichziele zu verbessern, arbeitet man in Thun angeblich an einem auch im Unterschallbereich zuverlässig aufpilzenden Geschoß mit dünnem, stark gekerbten Mantel. Zum Zeitpunkt des Manuskriptabschlusses war diese Munition aber noch nicht verfügbar.

Wie umfangreiche Versuche des Verfassers zeigten, neigt normale, fabrikgeladene .308 Winchester-Subsonicmunition mit Geschoßgewichten von 12-13 g oftmals zu einigen Eigenheiten: So sitzt meist der erste Schuß aus kaltem, sauberen, entölten Lauf auf 100 m je nach Waffe 50-150 mm tiefer als die unmittelbar danach abgegebenen Schüsse (LFS-Effekt - Low First Shot = tiefer Erstschuß). Auch kann die Höhenstreuung innerhalb einer 10-Schußgruppe aufgrund schwankender Mündungsgeschwindigkeiten beträchtliche Werte annehmen (5-6 cm). Schußbilder, die eher einer Längsperforation der Scheibe denn einer Treffergruppe gleichen, gehören zu den weniger erfreulichen Erfahrungen eines .308 Schalldämpferbüchsenschützen.
„Schuld“ an diesen Erscheinungen sind neben der besonderen Innenballistik die sehr schweren und damit recht langen Geschosse der Subsoniclaborierungen dieses Kalibers. Bedingt durch die geringe Geschwindigkeit der Projektile sowie deren lange Anlagefläche im Lauf ist der zu überwindende Reibungswiderstand gegenüber der Geschoßenergie sehr hoch. Bereits geringe Unterschiede hinsichtlich der Laufinnenbeschaffenheit (Verschmauchung, Ablagerungen) wirken sich deshalb deutlich auf die Mündungsgeschwindigkeit aus (Das gilt m. E. für alle kaliberuntypisch langen, langsamen Projektile, nicht nur im Kaliber .30 / 7,62 mm).
Aufgrund der langen Flugzeit gegenüber Normalmunition schlägt sich eine auch nur gering schwankende Mündungsgeschwindigkeit in deutlicher Höhenstreuung nieder. Im Geschwindigkeitsbereich zwischen 300 und 330 m/s und bei 100 m Zielentfernung verlagert eine Geschwindigkeitsdifferenz von 1 m/s den Treffpunkt um fast 4 mm in Höhenrichtung!

Untersuchungen zeigten, daß relativ frische Verbrennungsrückstände reibungsvermindernd wirken können - deshalb der Tiefschuß bei sauberem, kalten Lauf: Ein Schuß wird durch den „Dreck“ des vorangegangenen geschmiert; die Reibung ist dann geringer, das Geschoß verbraucht weniger Energie, um durch den Lauf zu gelangen und hat damit auch eine höhere Mündungsgeschwindigkeit. Beim Erstschuß fehlt diese Schmierwirkung; die Folge: Tiefschuß.
Man kann eine Waffe zwar auf diesen ersten Schuß einschießen, doch bietet sich diese

Methode allenfalls für Waffen an, mit denen auch im Anwendungsfall nur ein Schuß abgegeben wird. Ansonsten ist der Schütze mit der individuellen Wahl des Haltepunktes bzw. der Einstellung der Visierung für jeden Schuß gefordert - bzw. in einem Einsatz mit seinen vielen Unwägbarkeiten auch ganz schnell überfordert.

Auf der IWA 1998 wurde unter der Bezeichnung .308 (WIN) SES eine besondere Subsonic-Munition im Kaliber .308 Winchester vorgestellt.

Nach Herstellerangaben ist die Patrone .308 SES das Ergebnis einer konsequenten, an den Erfordernissen der Praxis orientierten Entwicklungstätigkeit - auf der Basis langjähriger, zigtausendschüssiger Erfahrung mit den unterschiedlichsten Schalldämpferwaffensystemen.

Technische Daten SES-V (Spezialhülse):
Mündungsgeschwindigkeit (415 mm Lauf, 10"-Drall): 310 m/s
Geschoß: 13 g / 200 grs. Teilmantel-Rundkopf

Eckpfeiler dieser in der Summe ihrer Eigenschaften ziemlich einsam dastehenden Entwicklung sind eine vom Innenvolumen her reduzierte Hülse sowie ein besonderes Geschoß und Treibladungspulver.

Daraus resultiert ein besonderes Eigenschaftsprofil:

- die Treibladung füllt den vorhandenen Raum fast vollständig aus, weshalb Anzündung und Verbrennung stets gleichmäßig erfolgen, woraus eine von der Waffenlage unabhängige Innenballistik resultiert
- besserer innenballistischer Wirkungsgrad: Geringerer Treibladungsbedarf, bessere Umsetzung der Treibladung mit weniger Rückständen
- im Moment des höchsten Gasdruckes geringeres Druck-Volumenprodukt gegenüber Standard-Hülsen. Damit treten beim Schuß weniger hochgespannte Treibgase mit geringerem Druck aus der Mündung aus
- der auf normale Subsonics abgestimmte Schalldämpfer wirkt besser oder kann bei gleicher Dämpfungsleistung kleiner gestaltet werden
- das Frequenzspektrum des Mündungsknalles wird schußuntypischer
- reduzierter Rückstoß durch geringeren Gasschub

Bei der SES-Munition wurde der LFS-Effekt praktisch vollständig eliminiert, sie weist eine konstante Treffpunktlage und Präzision vom entscheidenden ersten Schuß weg auf.

In der SES ist ein besonderes Geschoß verladen, welches auch im Unterschallbereich eine bessere Zielballistik als übliche VM- oder Matchgeschosse aufweist. Selbst bei ausbleibender Deformation wird es aufgrund seiner Form in weichen Zielmedien besser abgebremst und so eine höhere Energieabgabe erreicht.

Die Gesetze der Physik sind allerdings auch bei der SES nicht zu ändern: Die bei gleicher Zielentfernung nahezu dreimal längere Flugzeit eines unterschallschnellen Projektiles gegenüber der Normalgeschwindigkeitsmunition vervielfacht die Einflußmöglichkeiten außenballistischer Störgrößen: Schwerkraft; Seitenwind; Thermik; Bodeneffekte, Niederschlag etc.).

Bei praktisch allen bislang getesteten Schalldämpferbüchsen in 7,62 x 51 mm konnten mit entsprechend an die Waffen angepaßter SES-Munition Spitzenergebnisse hinsichtlich schußpositionsunabhängiger Präzision, Erstschußtrefferwahrscheinlichkeit und optischer wie akustischer Abschußtarnung erzielt werden.

Unterschallschrot

Seit einigen Jahren fertigt man auch Unterschallschrotmunition. Diese Munition war ursprünglich allerdings nicht für die Verwendung mit Schalldämpfern vorgesehen, sondern dazu gedacht, das Abschußgeräusch um den Überschallknallanteil zu verringern.
Auf die üblichen Schrotschußentfernungen ist die Auftreffgeschwindigkeit im Ziel nur unwesentlich geringer als bei der Normalmunition. Eine Sonderform dieser Munition mit interner Gasabdichtung wird später noch näher beschrieben.

.50 Bmg

Auch für die .50 Browning gibt es Unterschallaborierungen, die sich bei den in diesem Kaliber gewaltigen Geschoßgewichten bis weit über 50 Gramm sehr gut dazu eignen, große Energiemengen leise ins Ziel zu bringen.

Eine dem Verfasser bekannte .50er-Subsonic ist mit einem 800 grs. (51,84 Gramm) Geschoß vor 50 grs. Treibladungspulver verladen.
Den verbleibenden Leerraum in der Hülse - immerhin sind bei diesem Kaliber normale Pulverladungen um die 200 grs. üblich - füllen 5 grs. Kapok, ein natürliches, baumwollähnliches Vlies. Bei einer V_0 von knapp unter 320 m/s liegt das Projektil nach 300 m Flugstrecke noch immer bei rund 270 m/s, was einer Zielenergie E_{300} von rund 1900 Joule entspricht - dem rund dreifachen einer normalen 9 mm Para aus einer MP an der Mündung!

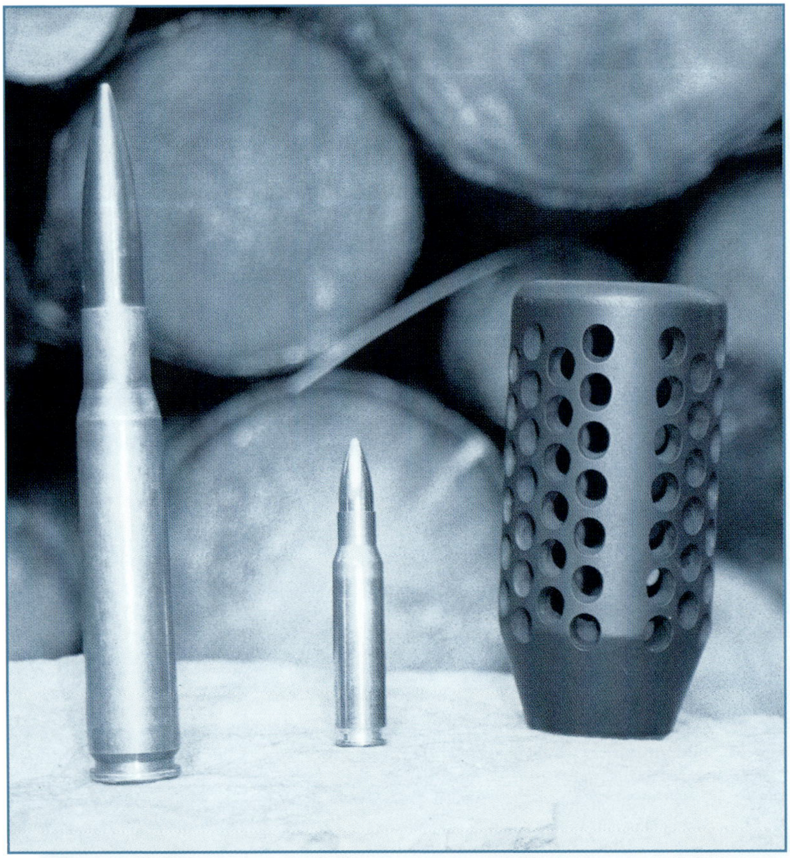

Größenvergleich zwischen Subsonics: links eine .50 BMG (12,7 x 99 mm), rechts eine .308 Winchester, neben einer . 50er Mündungsbremse

Die neueste Entwicklung in der .50er Klasse, die .50 Fat Cat („Fette Katze"), macht vor allem wegen des gewaltigen Hülsenvolumens als Subsonic-Version nicht sehr viel Sinn. Die Hülse für diese Munition besteht nämlich aus der gekürzten, eingezogenen Hülse für die „Vulcan" Revolverkanone des Erdkampf-flugzeuges FA10 - sie hat die Abmessungen einer 0,2 l Getränkedose! Die Standard Fat Cat ist mit einem 50 g Geschoß bestückt, womit das sinnvolle Längen- / Durchmesser- / Massenverhältnis dieses Kalibers nahezu ausgeschöpft ist.

Auf der Basis der .50 Browning gab es in der Schweiz eine Sonderentwicklung, um die herum ein halbautomatisches Gewehr gebaut wurde. Die Einsatzentfernung dieses Waffensystems wurde auf bis zu 300 m beziffert. Nähere Angaben waren leider nicht verfügbar, die Leistung dürfte aber wegen des geringeren verladenen Geschoßgewichtes deutlich unter den o. a. Werten der.50 BMG liegen.

Spezielle Schalldämpferkaliber

Diese letztgenannte Patrone schlägt die Brücke zu den Munitionssorten, welche praktisch ausschließlich als Subsonic-Munition entwickelt wurden: Etwa die .300 bzw. .500 Whisper (engl. „flüstern, wispern"), die 12,7 x 57 mm Anthis, die .50/460 bzw. 7,62 x 40 mm Brügger & Thomet und die 7,62x28 mm IMP.

Von links nach rechts: .500 Whisper auf Basis der .460 Weatherby-Hülse, .500 Whisper mit Rand auf Basis der .50-70 Government-Hülse, 7,62 x 40 mm B&T aus .223 Remington umgeformt, .300 Whisper aus .221 Fireball-Hülse

IMP

Die IMP, ein wahlweise halb- bzw. vollautomatisches Mittelding zwischen Selbstladepistole und MP wurde samt zugehöriger Patrone für die US Air Force entwickelt. Über die aus der gekürzten .30 Carbine-Hülse hergestellte 7,62 x 28, ihre Leistung und die ballistischen sowie akustischen Daten ist kaum etwas bekannt. Das IMP-Waffensystem selbst wurde nicht offiziell eingeführt, so daß dieser Munition auch keine große praktische Bedeutung zukommen dürfte.

.300 und .500 Whisper

Nicht so bei der .300 bzw. .500 Whisper, Erfindungen der SSK Industries des US-Amerikaners J. D. Jones . Wie der Name schon sagt, handelt es sich dabei um Munitionsorten,

welche besonders für „leise“ Zwecke konzipiert wurden.
Die Hülsen für die .300er werden aus .221 Fireball Hülsen durch Aufweiten auf einen .30er Geschoßdurchmesser hergestellt. Die Geschosse der ersten Stunde waren schwere 250 grs. / 16,2 g oder 220 grs. / 14,3 g Matchgeschosse (etwa das Sierra Matchking).
Durch diese Kombination aus Hülse und Geschoß blieb die Gesamtlänge der Munition knapp unter dem entsprechenden Maß der .223 Remington (5,56 x 45 mm NATO). Dies ermöglicht, entsprechende Waffen durch einfachen Laufwechsel von .223 auf .300 Whisper umzurüsten. Verschluß und Magazine können beibehalten werden.
Die Herstellerangaben hinsichtlich der außenballistischen Werte decken sich weitgehend mit den Erfahrungswerten u. a. aus dem Bereich der .308 Winchester-Subsoniclaborierungen: So soll bei einer Mündungsgeschwindigkeit von rund 305 m/s die Geschwindigkeit nach rund 200 m Flug noch um die 290 m/s, bei 300 m noch ca. 280 m/s betragen. Letzteres entspräche einer Energie von deutlich über 500 Joule im Ziel, also etwa der Mündungsenergie einer starken 9 mm Parabellum-Laborierung aus einer Pistole.

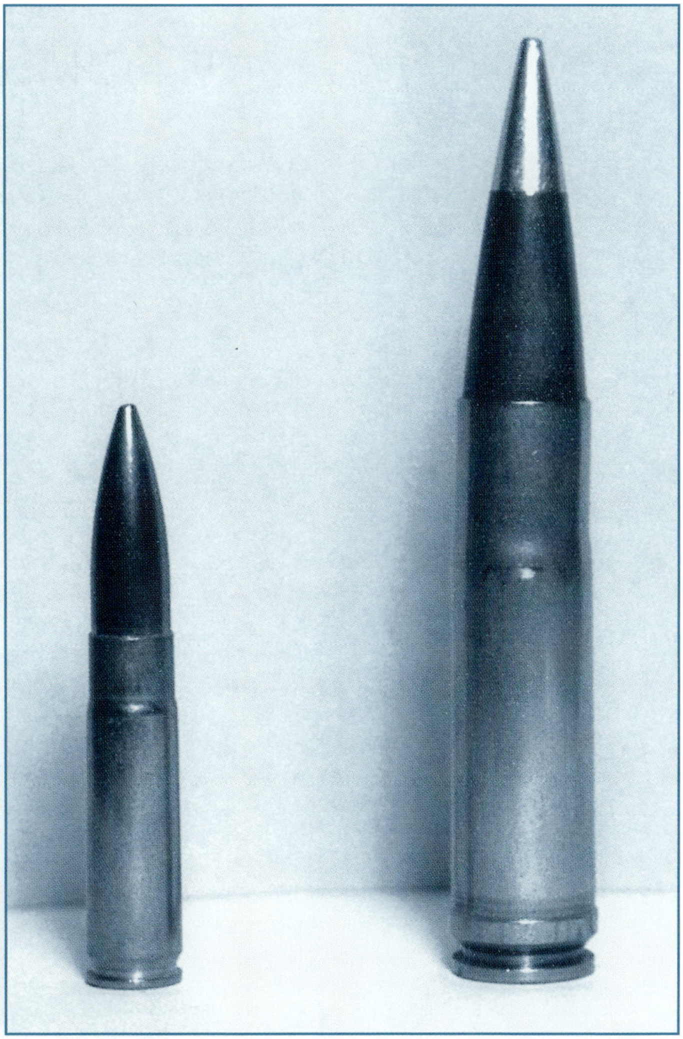
Die .300 und .500 Whisper der SSK Industries, Erfinder / Entwickler ist der US-Amerikaner J. D. Jones

Die Eigenpräzision liegt im Bereich guter .308 Win.-Subsonic-Laborierungen, wobei aber das Präzisionspotential dieser Patrone aufgrund der möglichen, ausgewogenen Innenballistik höher liegt, als veröffentlichte Tests zu zeigen scheinen: Streukreise um die 30 cm bei 10 Schuß auf 300 yards sind gut, aber nicht überwältigend - auch unter Berücksichtigung, daß dabei mit einem Selbstlader geschossen wurde.

Neben geänderten M16-Gewehren (und entsprechenden Zivilversionen) gibt es u. a. auch die Contender-Kipplaufpistolen in .300 Whisper.
Die mit den entsprechenden Laborierungsvorschlägen der Firma Thompson-Center gemessenen ballistischen Werte bestätigten die Herstellerangaben der SSK im Rahmen der Meßgenauigkeit. Hier wurden Streukreise bis unter 25 mm / 100 m erreicht.

Etwas eigenartig erscheint die Tatsache, daß gerade diese Patrone trotz ihrer offenkundigen Vorteile bislang so wenig Beachtung bei der Entwicklung europäischer SD-Waffen fand. Schwierigkeiten bei der Komponentenbeschaffung bzw. die jeweiligen Preise dürften dabei eigentlich nur eine untergeordnete Rolle spielen.

Die Steigerung der .300 Whisper ist die .500 Whisper aus gleichem Hause. Diese Patro-

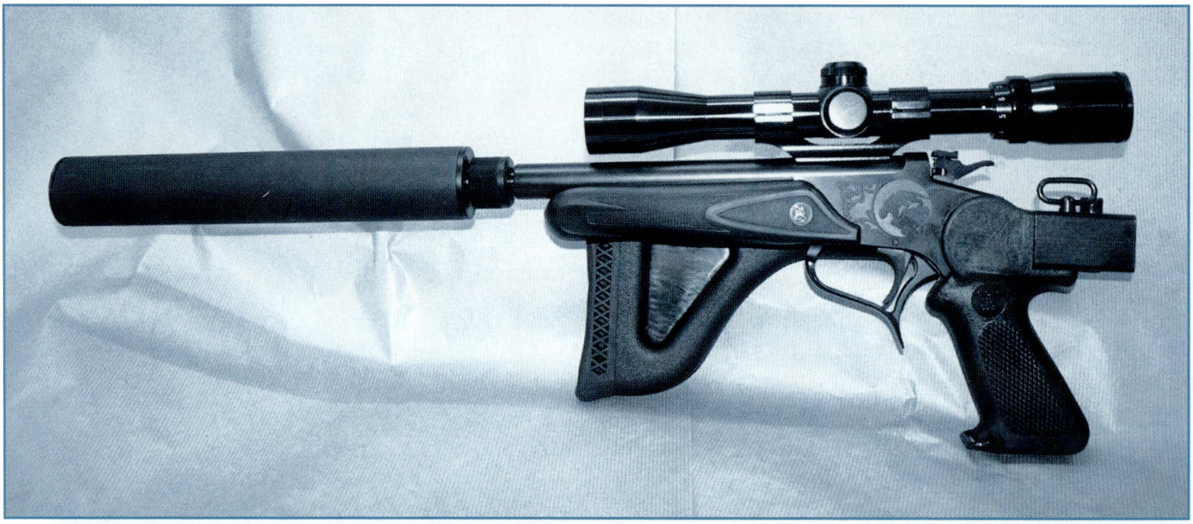

Die Contender-Kipplaufpistole von Thompson-Center in .300 Whisper mit umgelegtem Klappschaft und Schalldämpfer

ne entsteht aus der auf 2¼" / 57mm gekürzten Hülse der .378 Weatherby Magnum. Auch eine Randversion auf der Basis der alten .50-70 Government existiert. Das Standard-Geschoßgewicht beider Patronen beträgt - wie bei der .50 BMG - 750 grs. / 48,6 g, und die effektive Reichweite wird - etwas optimistisch, wie der Verfasser meint - mit bis zu 2400 yds, also über 2 km beziffert! Bei der ballistischen Kurve dieser Patrone ist auf diese Entfernung schon fast ein Zielvorgang wie bei einem Mörser notwendig, damit das Projektil von oben ins Ziel fällt. Bei Fleckschuß auf 100 m muß nämlich auf 200 m Entfernung schon rund 1,2 m über dem Ziel angehalten werden. Rein rechnerisch wäre der Haltepunkt bei einer Entfernung von 2 km rund 250 m über dem Ziel zu wählen. Dies dürfte selbst den Verstellumfang amerikanischer Zielfernrohre etwas übersteigen...

Nach SSK-Firmenauskunft wurden bei entsprechenden Tests aus einem auf .500 Whisper umgerüsteten Ruger 77 MK-Gewehr, einer Zylinderverschlußbüchse, regelmäßig Streukreise von unter 25 mm / 100 m erzielt. Wesentlich bessere Steukreise sind mit Subsonic-Munition im Freien kaum zu erzielen.
Als Ziel für die Schalldämpfung gibt SSK 125 dB an, d. h. die gedämpfte .500 Whisper soll nicht lauter knallen als ein Kleinkalibergewehr ohne Dämpfer. Daß es wesentlich leiser geht (bis 72 dB in 10 m Entfernung von der Mündung, 45° zur Schußrichtung gemessen, Freigelände), beweisen Konstruktionen wie die Anthis, die Erma SR 100, oder die Waffen der Schweizer Firmen Aebi, Hasle-Rüegsau bzw. Brügger & Thomet.

6,5 und 7 mm Whisper

Neue Projekte von SSK Industries sind die 6,5 bzw. 7 mm Whisper, die mit einem 155 bzw. 168 grs. Geschoß bestückt sind und angabegemäß aus Repetierern auf 100 m eine „One-Hole-Accuracy" liefern, d. h., sie produzieren Streukreise mit sich berührenden Schußlöchern. Auch in diesen Kalibern gibt es bereits durch Laufwechsel konvertierte M16 bzw. AR15 Gewehre. Für den Bereich der .308 Winchester Waffen experimentieren SSK Industries gerade mit einer Kombination aus .50er Langwaffengeschossen und der .50 Action Express Hülse. Eigentlich ist die .50 AE eine Kurzwaffenpatrone; sie wurde mit der Desert Storm Pistole der Israel Military Industries vorgestellt. Etwas skurril mutet die erwähnte Kombination schon an - immerhin sind die für die neue Patrone vorgesehenen .50er Geschosse länger als die .50 AE Hülsen. Die Gesamtlänge der Patrone bleibt unter der einer .308 Winchester / 7,62 x 51 mm NATO, so daß entsprechende Systeme auch hier im wesentlichen nur durch Laufwechsel zu konvertieren sind.

12,7 x 57 Anthis

Ebenfalls in die Kategorie der Schalldämpferwaffenmunition fällt die Entwicklung der französischen Firma Stopson Creations: Die auf der .378 Weatherby-Hülse basierende 12,7 x 57 Anthis.
Diese Patrone bringt in der Subsonicausführung mit einem ca. 41 g schweren Geschoß ca. 2300 J Mündungsenergie, eine Variante mit höherer Geschwindigkeit (ca. 600 m/s) leistet knapp das Dreifache. Die Außenballistik in der Subsonicversion ist praktisch identisch mit einer .50 Browning Subsonic bzw. der o. a. .500 Whisper.
Bisher gibt es außer der Stopson-eigenen Waffe, der Anthis, nur das Erma SR-100 sowie die angesprochenen Thompson-Center Kipplaufpistolen bzw. -gewehre in diesem interessanten Kaliber.

Die ballistische Kurve der Subsonic-Laborierung ist ziemlich ausgeprägt:

Einschieß-entfernung	Flugbahn 100 m	Flugbahn 200 m
100 m	0	- ca. 200 cm
200 m	+ ca. 40 cm	0
300 m	+ ca. 90 cm	+ ca. 100 cm

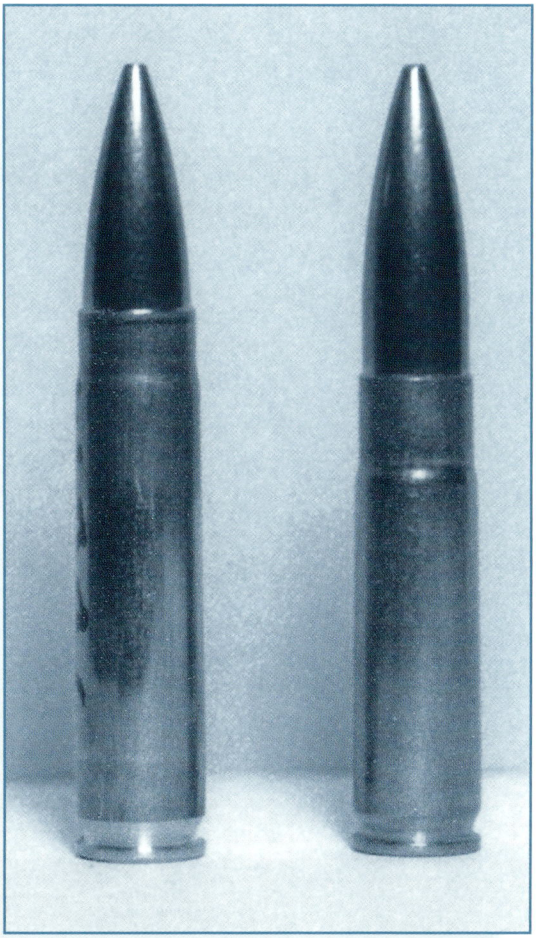

Brüder: Links die .50/460 von Brügger & Thomet, rechts J.D. Jones .500 Whisper

Die Schweizer Antwort auf die angeführten Patronen sind die 7,62 x 40 mm Brügger & Thomet bzw. die .50/460 - bislang noch reine Wildcats, also nicht standardisierte Wiederladerpatronen.

7,62 mm Brügger & Thomet

Die 7,62 x 40 mm ist mit der .300 Whisper vergleichbar, hat aber die wesentlich längere und leichter erhältliche .223 Remington (5,56 x 45 mm) als Mutterhülse.
Erklärtes Ziel bei der Entwicklung dieser .30er Patrone war es, auf der Basis einer gängigen Hülse eine Subsonic-Munition zu kreieren, die mit minimalem Umrüstungsaufwand u. a. aus SIG-Sturmgewehren halb- bzw. vollautomatisch verschossen werden kann. Nach Möglichkeit sollte nur ein Laufwechsel an dem jeweiligen Gewehr nötig werden - dieses Ziel wurde erreicht. Mit entsprechend schweren Geschoßen (220 bzw. 250 grs.) verladen, zeichnet sich die 7,62 B&T (Beschriftung der Patronenlagerreibahle) durch gute Präzision, geringen Knall (mit Dämpfer) und Funktionssicherheit in den mit neuen Läufen bestückten Gewehren aus. Die effektive Reichweite wird mit 300 m beziffert, wobei hier wie bei jeder Long-Range-Subsonic aufgrund der stark gekrümmten Flugbahn eine präzise Entfernungsbestimmung und entsprechende Visierkorrektur zwingend erforderlich ist.

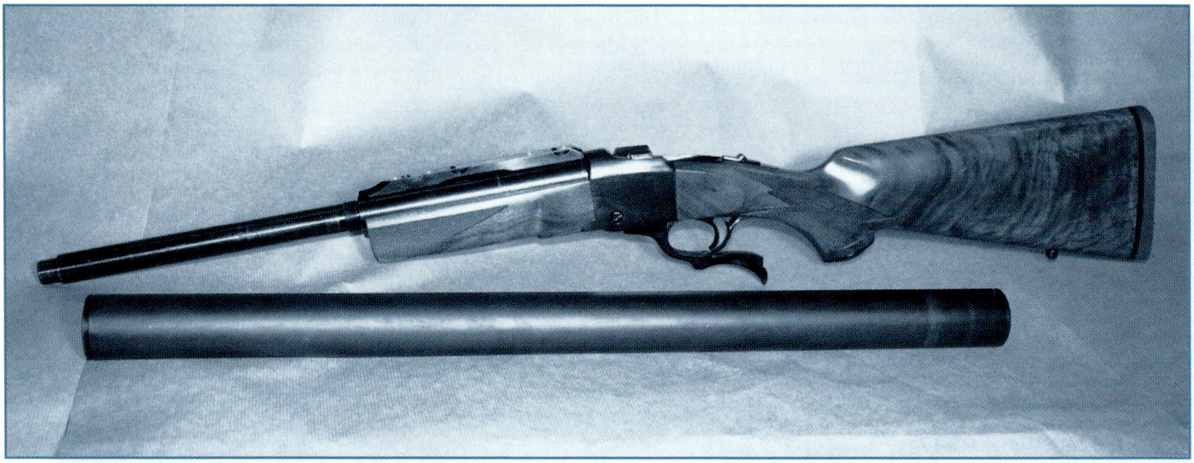

Ruger-Blockbüchse in .50/460 mit demontiertem Schalldämpfer - deutlich ist die Längendifferenz zwischen Lauf und Schalldämpfer im Vergleich...

.50/460 Brügger & Thomet

Ähnliches gilt für die auf der ungekürzten, aufgeweiteten .460 Weatherby Magnum basierenden .50/460 , die mit allen auch für .50 BMG vorgesehenen Geschoßgewichten - also bis 800 grs. - verladen werden kann. Diese Munition ist für maximale Energie und optimale Innenballistik im Schalldämpferbetrieb ausgelegt. Noch stehen ausführlichere Versuche in Verbindung mit umgerüsteten Ruger-Blockbüchsen aus, erste Vorversuche bestätigen aber die Richtigkeit des Gesamtkonzeptes.

Um die angegebenen Streukreiswerte besser würdigen zu können, muß man sich vergegenwärtigen, daß ein subsonisch fliegendes Geschoß auf dem Weg zu einer 300 m entfernten Scheibe gut eine Sekunde unterwegs ist. In dieser einen Sekunde würde es - waagrecht abgefeuert - knapp 5 m abfallen. Wegen des „nach-oben-Schießens" aufgrund der Visiereinstellung - siehe das Kapitel „Außenballistik" - beträgt die Flugbahnüberhöhung, also der Höhenunterschied der Geschoßflugbahn über die Visierlinie - und damit der „echte" Fallweg je nach Visiereinstellung zwischen einem und zweieinhalb Metern.
Diese Flugbahnüberhöhungen bzw. auch die Summe der außenballistischen Störeinflüsse eines 1-Sekunden-Fluges treten bei Normalgeschwindigkeitsmunition erst bei Schußweiten zwischen 600 und 800 m auf!

.338 und .500 Water Drop

Der neueste bekannt gewordene Munitionstyp sind die „Water Drop"-Patronen von Samuel H. Goldstein, einem der Fachwelt bekannten Spezialisten u. a. für Gasschwingungen in komplexen Lautprechersystemen. Diese Munition in .338 und .500 weist ein Charakteristikum auf, welches sich allerdings erst im Längsschnitt offenbart:

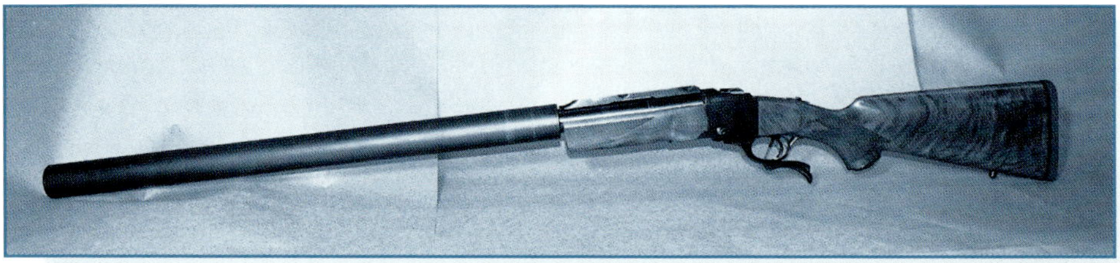

...zur komplett montierten Waffe zu erkennen.

Die verwendeten Geschosse sind „verkehrt", also mit dem Bootsheck voraus, verladen. Damit nähert sich die Geschoßform in Flugrichtung der im Unterschallbereich idealen Tropfenform; der Widerstandsbeiwert (C_w) verringert sich auf Werte um die 0,15-0,18. Außenballistisch bedeutet dies einen geringeren Geschwindigkeitsverlust über die gesamte Flugweite und damit eine gestrecktere Flugbahn - zumindest in der Theorie, in der Praxis wirkt sich der beschriebene Kunstgriff gegenüber normal verladenenen Projektilen nicht allzu gravierend aus.

Ein heckvoraus mit 305 m/s Mündungsgeschwindigkeit verschossenes Sierra Matchking (Kaliber .338 / 8,6 mm; 300 grs. / 19,44 g) weist nach 200 m Flug noch rund 286 m/s auf. Diese Werte sind nicht spektakulär besser als diejenigen, die mit herkömmlich verladenen Projektilen etwa aus der .300 Whisper oder .308 Subsonic-Laborierungen erzielt werden können.

Ein direkter außenballistischer Vergleich zwischen der .338 Water Drop und einer Subsonic in einem .30er Kaliber verbietet sich ohnehin, weil die Water Drop eine höhere Querschnittsbelastung aufweist (0,33 g/mm″ gegenüber 0,27 g/mm″ bei der .308 mit 13 g Geschoß) und damit zwangsläufig eine gestrecktere Flugbahn haben muß.
Einen wesentlichen Vorteil hat die Water Drop: Der Flug der verkehrt verladenen Projektile ist wegen der verringerten Wirbelbildung wesentlich leiser als der von normal verladenen Geschossen.

Derzeit existieren zwei Water Drop Kaliber: Die .338 Water Drop sowie die aus der verkürzten und eingezogenen .50 BMG hergestellte .500 Water Drop Experimental. Die .338 WD weist eine ca. 50 mm lange, annähernd zylindrische Hülse auf. Das 44 mm lange, eingecrimpte Geschoß ragt nur wenige Millimeter aus der Hülse, woraus sich ein sehr kleiner Pulverraum (ca. ein Kubikzentimeter, also etwa .22 Hornet-Niveau) und eine damit hohe Ladedichte für die ca. 14 grs. Treibladungspulver ergeben. Innenballistisch ist diese Patrone sehr ausgewogen und u. a. auf niedrigen Spitzen- und Mündungsgasdruck optimiert (1700 bar Maximalgasdruck, ca. 40 bar Mündungsgasdruck bei einem 16"-Lauf, Herstellerangabe).

Hinsichtlich der Präzision eines Water-Drop-bestückten Waffensystemes ist nichts bekannt. Aufgrund der bekannten Abgangsprobleme von Geschossen mit übertrieben langem Heckkonus dürfte die Trefferleistung ohne aufwendige Zusatzeinrichtungen (Gasweichen, Kompensatoren) weniger gut sein als bei der Verwendung normal verladener Geschosse. Herkömmliche Matchgeschosse mit Hohlspitze eignen sich nicht besonders dazu, á la „Water Drop" verladen zu werden, weil der Gasdruck die zum Hohlheck gewordene Hohlspitze deformiert - mit den bekannten Ergebnissen hinsichtlich der Präzision.

Der Vollständigkeit halber sei hier auch noch eine weitere, recht geheimnisumwitterte Patrone aus der Schweiz vorgestellt.
Hinter der Bezeichnung „P 26" verbirgt sich ein besonderer Verband, der - ähnlich wie das bundesdeutsche Gegenstück „Gladio" - im Falle einer Besetzung durch gegnerische Kräfte aktiviert werden soll(te). Die P 26 war (ist?) mit Gefechtsmitteln ausgestattet, die vor allem den Bedürfnissen des Widerstands- bzw. Partisanenkrieges genügen. Darunter befand sich auch eine schallgedämpfte Langwaffe, die eine Spezialmunition verschießt. Diese Munition basiert auf der Hülse einer .44 Remington Magnum, verladen sind .416er Geschosse, die bis auf ca. 315 m/s beschleunigt werden.
Präzision und Schalldämpfung sind angabegemäß nicht überwältigend (10 Schuß/100 m: ca- 120-150 mm Streukreis; Schußknall wie KK ohne SD)

Handling und Schiessen

Dieses Kapitel richtet sich besonders an Nicht-Routiniers bzw. Schießanfänger im Hin blick auf Schalldämpferwaffen.
Im Gegensatz zu der gründlichen Ausbildung im Zusammenhang mit Normalwaffen (Waffensachkundeprüfung etc.) gibt es für den Schalldämpferschützen kaum Hinweise und Tips im Hinblick auf seine besondere Waffe - von einigen Herstellerangaben einmal abgesehen.

Prinzipiell gibt es unterschiedliche Arten des gedämpften Schießens:

- Schießen mit Normalwaffen mit optionalem Dämpfer
- Schießen mit Spezialwaffen mit integriertem Dämpfer

und jeweils:

- mit Normalmunition
- mit Subsonicmunition

Die Verwendung einer zusätzlichen Baugruppe an einer Waffe erhöht den Handhabungs- und Sicherheitsaufwand!
Daß man sich vor dem Schießen vergewissert, ob Dämpfer und Waffe in geeignetem Zustand sind, ist selbstverständlich. Hierher gehört auch der Check von evtl. vorhandenen Gummischeiben im Dämpfer auf Verschleiß oder Fransen in der Geschoßbahn. Auch das Füllen mit Hilfsstoffen kann jetzt noch einfach durchgeführt werden.

Vor allem nach Reinigungs- und Demontagearbeiten oder dem „Repacking" von Dämpfern mit Absorptionskörpern pflegen immer wieder 'mal Teile übrig zu bleiben. Es kann aber auch durch fehlerhafte Montage der Geschoßweg teilweise behindert oder das eine oder andere Teil lose sein (ungenügendes Anziehen von Verschlußschrauben etc.). Es empfiehlt sich, vor dem Schießen diesbezügliche Kontrollen durchzuführen. Nicht umsonst schreibt die Firma Steyr für Ihre Dämpfer nach Reinigung und Re-Montage eine genaue Inspektion und das Abfeuern von mindestens einem Probeschuß unter geeigneten Sicherheitsbedingungen vor!
Wurde der Dämpfer mit brennbarem Lösungsmittel gereinigt oder möchte man das First-Shot-Fire unbedingt unterdrücken, empfiehlt sich die Spülung des Dämpfers, wie bereits beschrieben, mit Halon, Kohlendioxid o. ä..

Auch Änderungen an der Waffe selbst (Einsetzen des längeren Laufes bei Pistolen etc.) sind vor der Dämpferbestückung durchzuführen bzw. nochmals zu überprüfen.
Wenn Normalwaffen geschossen werden, ist nach dem Aufsetzen des Dämpfers seine korrekte Positionierung und Befestigung zu kontrollieren. Dies geschieht zweckmäßigerweise dadurch, daß man bei geöffnetem Verschluß durch die Dämpfermündung und den Lauf auf eine helle Oberfläche blickt. So läßt sich einfach und schnell erkennen, ob die Dämpferachse mit der Laufseelenachse fluchtet.
Bei halbautomatischen Waffen - besonders Langwaffen - ist der Blick durch den Lauf ohne ein Zerlegen der Waffe meist nicht möglich. Hier behilft man sich mit einer Lampe, mit der man in das Auswurffenster leuchtet, und einem spiegelnden Metallstreifen,

Zahnarztspiegel etc., mit dem man um die Ecke in den Lauf gucken kann. So erkennt man u. U. auch, wenn Fett o. ä. aus dem Dämpfer in den Lauf geraten ist oder sich andere Hindernisse in der Geschoßflugbahn befinden.

Parallel zur Richtung ist auch der feste Sitz der Dämpfer zu checken. Sind Gewinde mit dem vorgegebenen Drehmoment (meist „handfest") angezogen, Verschlüsse korrekt eingerastet, ist - bei Impuls-Schalldämpfern - die Verschiebbarkeit des Dämpfers auf der Muffe gegeben, etc.?

Bei Waffen mit integriertem Dämpfer empfiehlt sich ein sinngemäß gleiches Vorgehen.

Die Munitionsauswahl richtet sich nach dem Dämpfertyp: Es gibt Schalldämpfer, die praktisch jede Normalmunitionslaborierung verdauen, andere wurden auf eine bestimmte Laborierung hin optimiert. Die .22er GSS-Dämpferwaffen etwa dürfen nur mit Subsoniclaborierungen „betrieben" werden, auch der PSDR 3 SD-Revolver von Peters wurde auf eine besondere Laborierung abgestimmt. Hier hat man sich an die jeweiligen Herstellervorgaben zu halten.
Auf gar keinen Fall darf man verformungsfreudige Munition (sehr schnelle und oder weiche Geschoßkonstruktionen wie Glaser etc.) aus Dämpfern mit zu penetrierenden Einbauten abfeuern!

Sofern vorab gewünscht bzw. nötig, ist auch die Visiereinstellung zu verändern, um von Anfang an „Fleck" halten zu können. An Kurzwaffen kann ein exzentrisch montierter Dämpfer den Strahlengang eines am Abzugsbügel montierten Lasers verdecken. Bei Langwaffen mit tief montiertem Zielfernrohr ragt ein Schalldämpfer mit großem Durchmesser in das Visierbild, was irritieren kann.

Ein Gehörschutz schadet nie - auch wenn man im Freien mit gedämpften KK's schießt. Und speziell bei Halb- bzw. Vollautomaten gilt: Unbedingt Schutzbrille tragen! Nach dem Öffnen des Verschlusses bläst hier einiges ab, weil gespannte Gase im Dämpfer gespeichert sind und durch die Auswurföffnung nach hinten entweichen.

An diesem Punkt ist, wo nötig oder möglich, das „Aufwärmen" von Waffe und Dämpfer angezeigt, d. h. das Abgeben eines oder mehrerer Schüsse in den Kugelfang. Wie in den entsprechenden Kapiteln beschrieben, brauchen manche Schalldämpferwaffen ein Minimum an Verschmauchung, um hinsichtlich Präzision, Treffpunktlage und Dämpfungsleistung erwartungsgerecht bzw. optimal zu funktionieren. Und - was selbst Spezialeinheiten wie der Schweizer „Enzian" recht ist, kann dem Sportschützen oder Jäger nur billig sein. Bei der Enzian ist man sich nicht zu schade, vor jedem Ausrücken in den bereitstehenden Sandkasten zu schießen. Außerdem weiß man so sofort, ob die Waffe auch funktioniert. Gegen diese Sicherheit wiegt der zusätzliche Munitionsaufwand bzw. Waffenverschleiß gering. Und gründliches Reinigen nach Gebrauch - auch wenn die Waffe „nur" geführt wurde - sollte ohnehin selbstverständlich sein.

Nach den Vorarbeiten kann man sich dann dem eigentlichen Schießen widmen.
Auf die ernsten Bereiche des Waffengebrauches bei Jagd, Polizei oder Militär soll hier nicht eingegangen werden - der beste Dämpfer kann die Gewissensnöte, auf Tiere oder Menschen schießen zu müssen, nicht mindern.

Wenn man gerne schießt, ist Sportschießen oder auch nur „Plinking" mit Schalldämpferwaffen ein pures Vergnügen - außer für rückstoß-, donnerschlag- und mündungsfeuer-

süchtige Magnumfreaks; weil genau diese manchmal nervenstrapazierenden Nebenwirkungen praktisch vollständig fehlen.
Korrekte Funktion von Waffe und Munition vorausgesetzt, hört, sieht und spürt man vom Schießen selber wenig. Dies birgt insofern Gefahren, als man mit den geringer wahrnehmbaren Nebenwirkungen unbewußt auch eine geringere Gefährdung assoziiert - nach dem Motto: Was knallt wie ein Luftgewehr, ist auch nur so gefährlich!
Spätestens hier muß man sich deutlich vor Augen führen, daß sich an der potentiellen Gefährlichkeit der Waffe bzw. des Sportgerätes nichts geändert hat (Selbstverständlich sind Waffen nicht aus sich heraus gefährlich, sondern immer nur so harmlos oder eben nicht, wie der Mensch, der sie bedient)!

Es ist immer wieder ein eigentümliches Erlebnis, wenn man - besonders unmittelbar nach normalem Schießbetrieb - schallgedämpftes Schießen beobachtet: Ein kurzes Zukken der Waffe, vielleicht ein kleines Wölkchen aus der Mündung, ein „plopp“ oder „petsch“ wie von einer Spielzeugwaffe, möglicherweise das metallische Verschlußgeräusch - und auf der Scheibe tauchen mit einiger Verzögerung die Löcher auf. Wobei dies in der Wirklichkeit leider nicht so „klick-plopp-klack“ wie in einem Actionfilm abläuft.

Diese „Aha“-Effekte können aber auch ausbleiben: Besonders, wenn eine SD-Waffe mit Überschallmunition in geschlossenen Ständen geschossen wird, ist man oft versucht, dem jeweiligen Dämpfer überhaupt keine akustische Wirkung zuzugestehen, weil der Geschoßknall noch deutlich wahrgenommen wird.

Alles hat - mindestens - zwei Seiten: Wermutstropfen beim Schalldämpferschießen können die verminderte Präzision bzw. verschobene Treffpunktlage (bei einigen Dämpfertypen) sein. Auch das erhöhte Gesamtgewicht bzw. die veränderte Schwerpunktlage von Normalwaffen, die zusätzlich mit einem Dämpfer versehen werden, können zumindest anfangs irritierend wirken. Und nicht zu vergessen die möglicherweise auftretenden Funktionsstörungen bei Selbstladern: Auch der beste Impuls-Schalldämpfer kann, wenn er nicht richtig auf die Waffe abgestimmt ist, selbst einem solchen „Allesfresser“ wie der legendären FN High-Power nachhaltige „Verdauungsstörungen“ bereiten.

Man kann eben nicht alles auf einmal haben.

Zusammenfassung

Aus der Erfahrung des Autors heraus können für SD, SD-Munition und SD-Systeme bestimmte Aussagen verallgemeinert werden:

Ein ohne zu durchschießende Einbauten aufgebauter, wirksamer SD (außer für Schrotwaffen) muß bestimmte Mindestmaße aufweisen:

Mindestdurchmesser:	4-5 Kaliber
Mindestlänge:	15-20 Kaliber

Je größer, desto besser, solange Resonanzerscheinungen dabei verhindert werden. Länge ist aufgrund der Strömungsgeschwindigkeit der Gase innerhalb bestimmter Grenzen wichtiger als Durchmesser.

Je geringer der Lautstärkeeindruck einer Munition ohne Dämpfer, desto leiser ist diese Munition auch mit Dämpfer (bei gleicher Waffe).

Je höher die (subsonische) Geschoßgeschwindigkeit, desto höher die Lautstärke des Schusses (bei gleicher Geschoßform und Kaliber) auch bei aufgesetztem Dämpfer.

Je größer die Mündung des Dämpfers, umso lauter das emittierte Geräusch (bei sonst gleichen Bedingungen).

Innerhalb gewisser Grenzen gilt: Je mehr Einbauten im Schalldämpfer, desto besser die Dämpfung; ab einer bestimmten Anzahl schlägt dies ins Gegenteil um (wenn kein Expansionsraum mehr bleibt).

Radiale Asymetrie im inneren Aufbau des SD verbessert die Dämpfungsleistung und vermindert die Präzision.

Eine Doppelwandung des Dämpfers verbessert die Dämpfungsleistung.

Bewegliche Teile im Schalldämpfer - die beschriebenen Dämpfer ausgenommen - sind nicht funktionell.

Geschlossene Scheiben, durch die sich das Geschoß erst einen Weg bahnen muß, können die Dämpfungsleistung verbessern, wirken sich aber nachteilig auf die Präzision aus und können die Treffpunktlage verschieben.

Die spielfreie, gasdichte (und bei abnehmbaren Dämpfer reproduzierbare) Verbindung zwischen Lauf und Dämpfer ist für Präzisionsbeibehaltung und Lautstärkeminderung sehr wichtig. Zweckmäßige Verbindungen sind:

- Gewinde am Lauf oder an der Systemhülse bei völlig freischwingendem Lauf
- Spannzangenmontage im Bereich Mündung / Mündungsfeuerdämpfer
- Steck-Schraub-Verbindung an der Mündung

Reine Steckverbindungen sind nicht sehr zweckmäßig, ausgenommen Steckverbindungen, die zusätzlich fixierbar sind (Schellen, Gewinderinge etc.) Beim Anbringen von Gewinden an der Mündung ist darauf zu achten, daß sich durch Entspannung des Laufes in diesem Bereich keine Mündungsvorweite der Laufbohrung ergibt, gegebenenfalls ist diese präzisonsmindernde Veränderung zu entfernen (ausdrehen etc.)

Ein den Lauf umschließender Dämpfer darf die erwärmungsbedingte Längung des Laufes nicht beeinträchtigen

Waffen mit integriertem Dämpfer sind leiser und kompakter als sonst gleiche Waffen mit nur aufgesetztem Dämpfer.

Revolver - ausgenommen der Nagant - sind mit einem einfachen Mündungsschalldämpfer nicht wesentlich zu dämpfen.

Die höchste effektive Reichweite von SD-Waffen in Verbindung mit Subsonic-Munition liegt unter 400 m.

Halbautomaten sind durch Mechanikgeräusche und Gasleckage durch den Lauf nach hinten aus der Auswurföffnung lauter als fest verriegelte Repetierer im gleichen Kaliber. Ein guter, korrekt montierter Schalldämpfer verschlechtert die Eigenpräzision einer Feuerwaffe nicht, er kann aber die Treffpunktlage verschieben. Eine Präzisionsverbesserung ist möglich.

Es gibt auch heute noch keinen Schalldämpfer, der eine Feuerwaffe „lautlos“ schießen läßt. Trotz der teilweise erstaunlichen Leistungsfähigkeit moderner Schalldämpfersysteme wird der lautlose Schuß mit einer Feuerwaffe, wie wir sie kennen, Illusion bleiben.

Wie die Entwicklungsgeschichte zeigt, ist es mit einem geringeren Aufwand verbunden, ein neues Waffensystem mit anderer Antriebsenergiequelle (magnetische Beschleunigung) oder anderem Wirkungsprinzip auf lebende Organismen (Magnete, Laser, Infraschall, Mikrowellen etc.) zu entwickeln, als die guten, alten Feuerwaffen an Blitz und Donner zu hindern.

Schallarme Feuerwaffen ohne SD

Treibspiegel- oder Pistonmunition

Der letzte Schritt in Richtung der lautlosen Feuerwaffe sind die Waffen mit Piston- oder Treibspiegelmunition, welche abschließend noch angesprochen werden sollen. Bei der angesprochenen Pistonmunition verläßt praktisch kein Gas mehr die Waffe, was den Abschuß bis auf Mechanik- und Fluggeräusche nahezu lautlos macht.
Das Prinzip ist folgendes: In der Schulterhülse befindet sich ein überkalibriger Piston, in oder vor den das Geschoß gesetzt ist. Beim Abbrennen der Treibladung werden Piston und Projektil gemeinsam beschleunigt, bis die im Patronenlager abgestützte Hülse den Vorwärtstrend des Pistons stoppt. Das Projektil fliegt aufgrund seiner Massenträgheit weiter, der Piston dichtet den Gasraum zum Lauf hin ab.

Hutfless-Patent

Dieses Prinzip wurde erstmals in einem Patent des Österreichers Hutfless im Jahre 1900 beschrieben, wenn auch damals noch in Verbindung mit einem langen gezogenen Lauf und Expansionskammern. In diese sollte der Gasdruck über besondere Bohrungen entweichen.

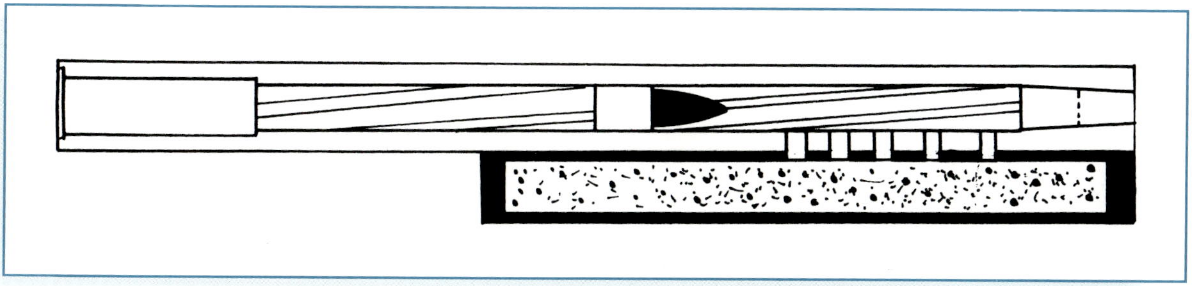

Patentskizze Hutfless
Der Treibspiegel des Projektils verfängt sich im Konus an der Laufmündung und dichtet diese hinter dem Geschoß ab. Dann können die Treibgase nur noch durch die Bohrungen im Lauf in die darunterliegende Expansionskammer entweichen

Treibspiegelprojektile weisen gegenüber direkt gasdruckbeaufschlagten Projektilen einen Vorteil auf: Der Treibspiegel hat aufgrund seines größeren Durchmessers eine deutlich größere Querschnittsfläche als das Geschoß. Der Gasdruck erzeugt auf dieser größeren Fläche also auch eine größere Kraft, als er am kleineren Geschoßboden erzeugen würde. Deswegen sind bei Treibspiegelmunition mit geringeren Drücken gleiche Geschoßgeschwindigkeiten oder bei gleichen Drücken höhere Geschoßgeschwindigkeiten relativ zu Normalprojektilen möglich.

Ein Nachteil der Munition mit abgebremstem Piston liegt darin, daß der Treibspiegel tote Masse darstellt, die mitbeschleunigt werden muß (Rückstoß!). Diese von der Treibladung zu liefernde Energie geht beim Abstoppen des Treibspiegels / Pistons verloren.Weiterhin wird das Patronenlager beim Abbremsen bzw. dem Aufprall des Treibspiegels extrem beansprucht.

Daß dem Gesamtsystem der nach dem Schuß abdichtenden Hülse enge Grenzen hinsichtlich Wirkungsbereich, Gasdruck etc. auferlegt sind, ist offensichtlich. Leistungsfähige, mehrschüssige Waffen dieses Typs ohne extrem dickwandige Hülsen sind höchstens

Die Troika und das Schema der verwendeten Pistonmunition
Oben: geladene Patrone; unten: abgefeuerte Patrone - das Projektil hat den Lauf verlassen, der Piston wird vom Gasdruck in den Übergangskegel gepreßt und dichtet diesen ab

in Form von Mehrläufern mit Laufbündeln oder Trommeln (wie bei Revolvern) vorstellbar, weil der Auswurf der noch unter erheblichem Innendruck stehenden Hülsen problematisch sein dürfte. Speziell letzteres Problem scheint aber auf der anderen Seite des Eisernen Vorhanges gelöst, so wurden auf russischen Militärausstellungen wiederholt magazinbestückte Mehrlader mit diesem Munitionstyp ausgestellt.

Troika

Vor dem geschichtlichen Hintergrund erscheint dies glaubhaft, da sich dieser Munitions- bzw. Waffentyp speziell bei KGB und GRU schon recht lange großer Beliebtheit erfreut. Zu einer Zeit, wo man bei CIA, OSS und SOE noch mit klobigen Schalldämpferpistolen hantierte, führte man auf der anderen Seite bereits die „Troika“, eine der ersten bekannt gewordenen, „lautlosen“ Schußwaffen mit Treibspiegelgeschoß.

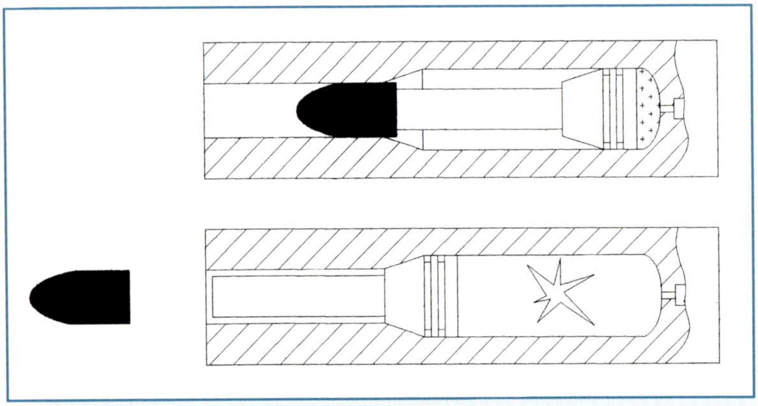

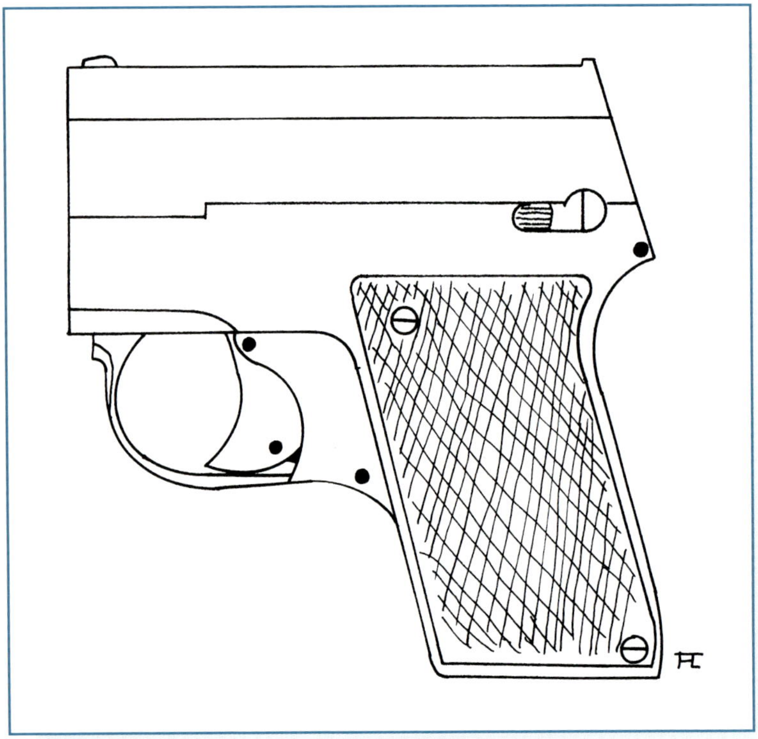

Die Troika ist eine Mini-Pistole (etwa von der Größe einer Walther PPK, etwas höher, dafür flacher) mit drei übereinanderliegenden Lauf- / Patroneneinheiten. Jede dieser Einheiten besteht aus der starkwandigen Hülse, vor deren Mündung ein Übergangskegel und ein kurzes Laufstück sitzen. Der Laufteil weist einen deutlich kleineren Innendurchmesser auf als der Hülsenteil.

Das jeweilige Projektil (angeblich gab bzw. gibt es sowohl Gift- als auch Explosivmunition) sitzt im Übergangskegel der Patronen- / Laufeinheit. Dahinter, also zwischen Treibladung und Geschoß, befindet sich ein gasdicht in die Hülse eingesetzter, länglicher Piston. Dieser ist so gestaltet, daß er wie ein Kolben wirkt. Die Zündung der Treibladung erfolgt über die Initiierung eines elektrischen Zündhütchens im Patronenboden. Der nötige Strom kommt von einer im Griff befindlichen Batterie, der Abzug betätigt einen vierzackigen Schaltstern - drei Feuerkontakte und ein Sicherheitskontakt, quasi der elektrische Sicherheitsrast. Nach der Zündung der Treibladung schickt der Piston gasdruckgetrieben das Geschoß durch den Lauf, bis er sich mit seinem verdickten Ende im Übergangskegel fängt. Dabei dichtet er den Verbrennungsraum nach außen ab, es können dem Projektil keine Verbrennungsgase folgen. Neben dieser nachladbaren Version gibt es auch ein zweischüssige Wegwerfausführung, die zur Tarnung in ein Zigarettenetui eingebaut wird.

Eine Neuauflage der Troika verschießt eine 7,62 x 42 mm Pistonmunition mit einer effektiven Reichweite von ca. 45 m, die Durchschlagsleistung liegt bei 2 mm Stahlblech auf 25 m. Die 700 g leichte Waffe im Taschenpistolenformat (165 mm hoch bzw. lang) ist magazinbestückt und insgesamt 7 + 1-schüssig.

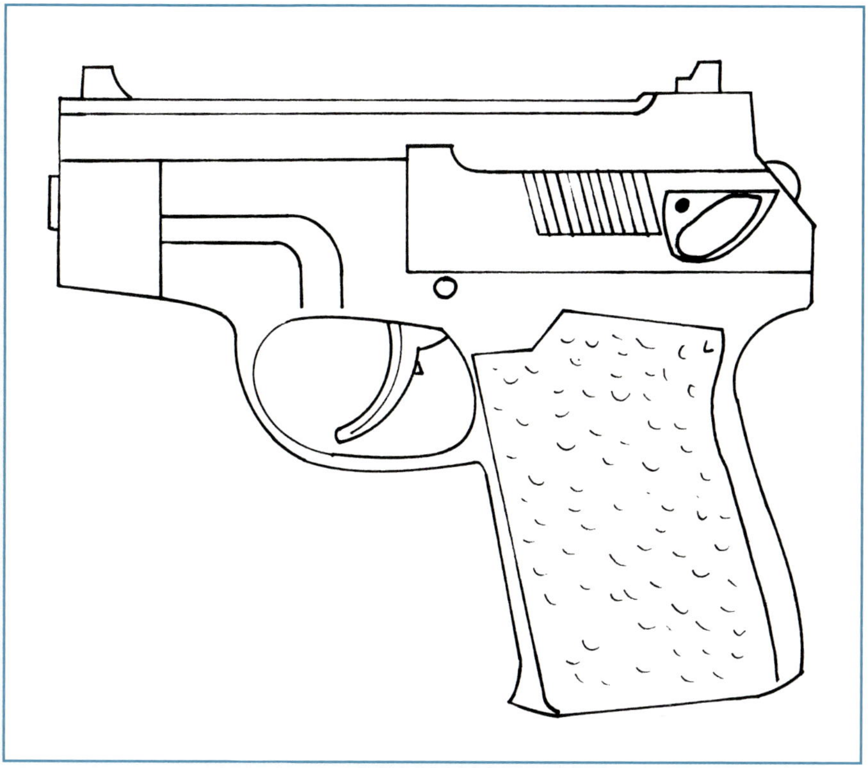

Das Nachfolgemodell der „Troika“ Diese kompakte Waffe im Taschenpistolenformat verschießt halbautomatisch eine Treibspiegelmunition im Kaliber 7,62 x 42 mm mit einer effektiven (für tödliche Verletzungen ausreichenden) Reichweite von mehr als 25 m. Obwohl ohne Schalldämpfer, liegt das Geräusch aufgrund der beim Schuß abdichtenden Munition unterhalb der Abschußsignatur einer Luftpistole

Munitionsvarianten

Weiterentwicklungen des Piston-Munitionstyps verzichten auf die elektrische Zündung der Troika. Je nach Modell - derzeit sind dem Verfasser vier näher bekannt - ist speziell der Treibspiegel anders gestaltet.
Bei einer Ausführung im Kaliber 7,62 x 63 mm ist der Treibspiegel hinten halbkugelförmig ausgenommen. In dieser Höhlung befindet sich ein Teil der Treibladung. Auffällig an dieser Munition ist neben der sehr starkwandigen Hülse das extrem tief gesetzte und mit einer separaten Abdeckung versehene Zündhütchen. In der eingefalzten bzw. verkörnten Abdeckung befindet sich eine Vorrichtung, die den Schlagstückimpuls auf das Zündhütchen überträgt.
Die Abdeckung soll vermutlich verhindern, daß das Zündhütchen beim Auswerfen der abgeschossenen Patrone durch den Gasdruck in der Hülse ausgestoßen wird. Dies hätte u. U. ein Herumfliegen dieser dann zur Mini-Rakete werdenden Hülse, auf alle Fälle aber eine deutliche Geräuschentwicklung zur Folge. Und last not least könnte der Schütze durch das nach hinten wegfliegende Zündhütchen verletzt werden.
Die unternommenen konstruktiven Klimmzüge scheinen darauf hinzudeuten, daß dieser Munitionstyp für die anfangs erwähnten Repetierer oder Selbstlader vorgesehen ist (oder war?).
Eine ähnlich aufgebaute Munition wurde früher schon einmal unter der Bezeichnung „Jet-Shot“ von Belgien aus vertrieben.

Bei einer verkürzten, vereinfachten Ausführung dieses Patronentyps fehlt die Abdeckung des wieder normal gesetzten Zündhütchens, dafür weist der Piston Ausnehmungen auf. Über die Beweggründe ist sich der Verfasser nicht klar: Sollte so die zu beschleunigende

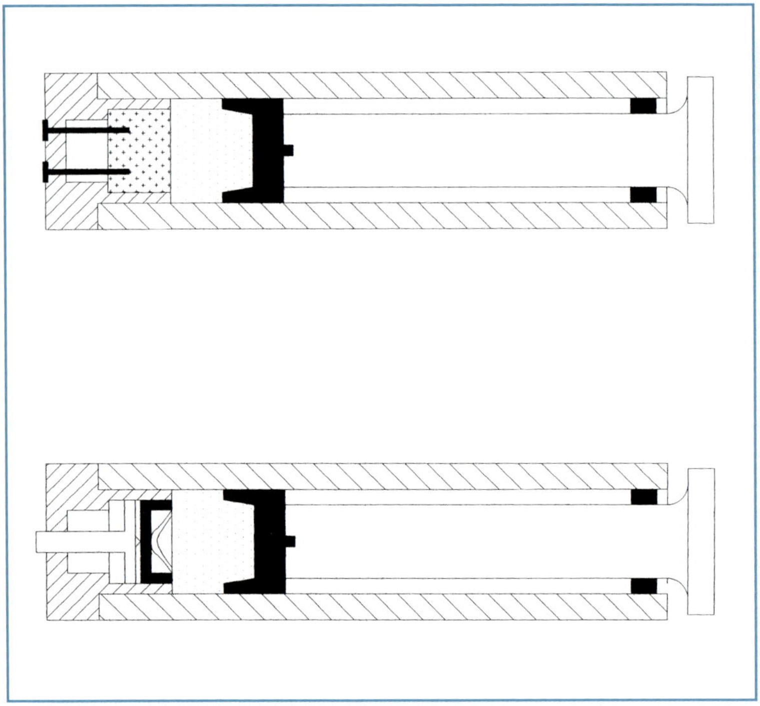

Prinzipskizzen der „Jet-Shot-Munition“: Oben die elektrisch gezündete Variante, unten die Ausführung mit mechanischer Zündung. Das Zündhütchen ist mit einer separaten Abdeckung versehen, die einen eigenen Schlagbolzen zur Übertragung des mechanischen Zündimpulses enthält. Bei Gasdruckbeaufschlagung dichtet dieser Bereich ebenfalls selbsttätig ab

„tote“ Masse verringert werden oder wollten die Konstrukteure ein elastisches Nachgeben des Kolbens bewirken, was die Stoßübertragung auf das Projektil verbessert?
Bei der letzten anzusprechenden Variante wirkt das sehr lange Geschoß selbst als Kolben, an seinem rückwärtigen Ende trägt es den Treibspiegel. Geschoß und Treibspiegel sind radial formschlüssig, aber drehbar und axial leicht trennbar miteinander verbunden. Dies geschieht durch eine Ausnehmung im Geschoßboden und ein korrespondierendes Zäpfchen an der Stirnseite des sehr kurzen und - reibungsvermindernd - radial gerillten Pistons.
Der schmale, überstehende Führungsring am Geschoßvorderende (aus Messing oder Tombak) läßt in Verbindung mit der drehbaren Verbindung Geschoß/Treibspiegel folgendes vermuten:

1. Verwendung dieser Mun in Verbindung mit einem gezogenen Lauf
2. Sehr hartes Geschoßmaterial (Wolframcarbid, inaktives Uran?)

Das zuletzt beschriebene Design macht einen äußerst durchdachten und modernen Eindruck. Je nachdem, inwieweit die o. a. Vermutungen zutreffen, ist bei dieser Munition - bei der Baugröße einer .223 Remington-Patrone - eine außenballistische Leistung möglich, die einer .38 Special, verschossen aus einem Revolver mit 2 ” Lauf, entspricht. Und das bis auf Mechanik- und Fluggeräusch wirklich lautlos!

H&K Unterwasser-Pistole P11

Ein relativ moderner, westlicher Vertreter einer leisen Treibspiegel-Bündelwaffe (aber ohne Schalldämpfer) ist die gute, alte Unterwasser-Pistole P11 von Heckler & Koch. Dieses fünfschüssige Gerät verschießt 7,62 x 36 mm Pfeilprojektile mit einer effektiven Reichweite von ca. 15 (unter) und 25 m (über Wasser).
Bei Unterwasserwaffen darf kein allzu heftiger Druckstoß aus der Waffenmündung kommen, da sich dieser im praktisch inkompressiblen Wasser sehr weit und nach allen Richtungen fortpflanzen würde. Druckstoßverletzungen, sog. Barotraumata (Lungenrisse, Trommelfellschäden etc.), auch beim Schützen wären die Folge. Vor diesem Hintergrund stellen solche U-Waffen wie die U-

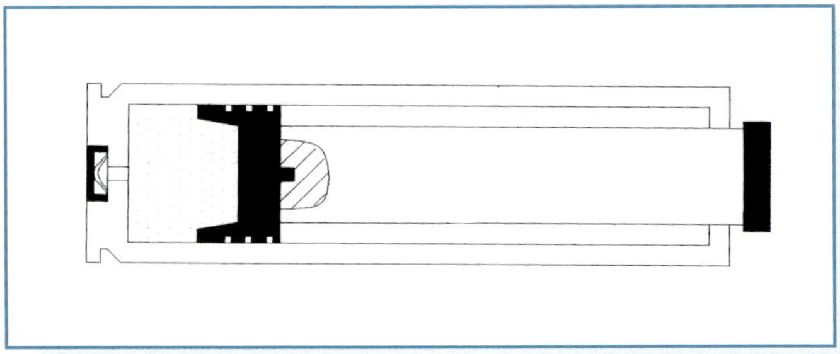

Querschnitt durch moderne Pistonmunition

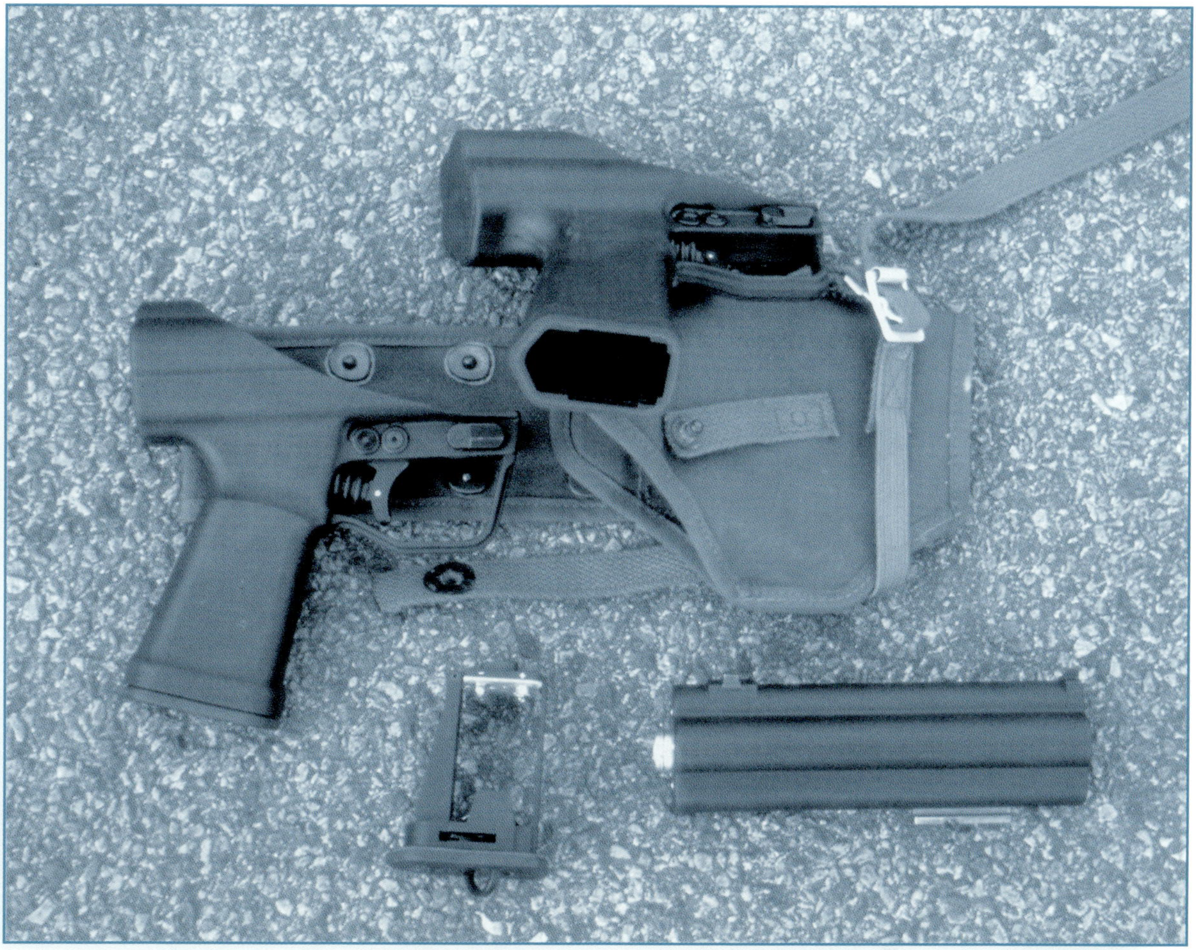

Pistole P11 oder die SPP 1 gute Ausgangspunkte für wirklich fast lautlose Waffen dar.

Unterwasserpistole Heckler & Koch P11 Im Vordergrund liegt der Batteriehalter sowie ein Laufbündel, das die fünf elektrisch gezündeten Pfeilgeschosse enthält (Foto: VS-BOOKS)

SPP1

Die Unterwasserpistole SPP 1 kann nach Herstellerangaben ihre vier flügelstabilisierten 4,5 mm-Pfeile über Wasser auf eine Entfernung von 100 m in einen 300 mm-Kreis setzen. Hier hätte man auch gleich eine hinsichtlich der Präzision sehr vielversprechende Startposition. Allerdings ist die kinetische Energie der 115 mm langen, ca. 15 g schweren Pfeil-

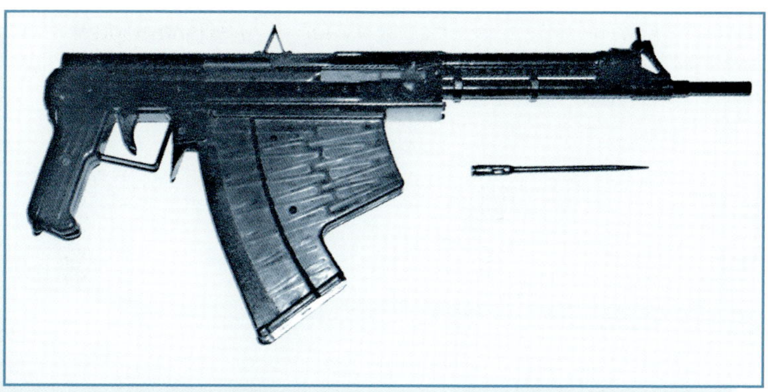

Russisches 5,56 mm MPS Unterwassersturmgewehr mit 26-Schuß-Magazin (Foto: Izhmash)

geschosse nur gering - in Luftatmosphäre durchschlagen die Darts nur rund 2 mm Stahl St 37 auf 25 m.
Da muß es die Menge der Treffer machen - dies dachten sich wohl die Techniker, die ein Unterwasser-Sturmgewehr konzipierten. Die für Sondereinheiten verfügbare Waffe verschießt halb- wie vollautomatisch 120 mm lange 5,66 mm Darts mit einer effektiven Einsatzreichweite von 100m an der Luft bzw. 30 m in 5 m Wassertiefe. Aus geringer Tiefe lassen sich damit auch Ziele an der Luft effektiv und praktisch lautlos bekämpfen.

Gasdichte Schrotmunition

In die Familie der gasdichten Munition fällt auch eine 12kalibrige, „lautlose" Schrotpatrone, die aus einer normalen Flinte zu verschießen ist. Entwickler und Hersteller dieser „Telecartridge" genannten Patrone ist die US-amerikanische Firma AAI.
In der Hülse befindet sich hierbei ein metallischer, flexibler Hohlkörper, der der Pulverladung in gefaltetem Zustand vorgelagertert ist. Dieser „Ballon" wird beim Schuß durch die Treibgase schlagartig gebläht. Ein Stößel überträgt den Impuls des expandierenden Ballons auf die reduzierte Schrotvorlage. Die Treibgase bleiben innerhalb des Ballons gefangen.
Bei dieser Patrone kann sich hinter dem Piston ein Vakuum bilden, während er den Lauf durcheilt, so daß beim Austritt des Pistons aus der Mündung ein Geräusch wie beim Entkorken einer Weinflasche entsteht. Bohrungen im Lauf würden hier helfen - nicht, um Überdruck abzulassen, als vielmehr den Aufbau von Unterdruck im Lauf zu verhindern.
Bei Zielen mit einem Nervensystem gleicht der Multiple-Hit-Effekt (Schrot!) die spezifischen Nachteile dieser Munitionskonstruktion, die sehr geringe Geschoßenergie, weitgehend wieder aus. Aufgrund der geringen Gesschwindigkeit von nur rund ca. 170 m/s liegt die kinetische Energie eines einzelnen Schrotkorns (Posten Nr. 4) zwischen der Leistung eines starken Luftgewehrs und einer .22 kurz.

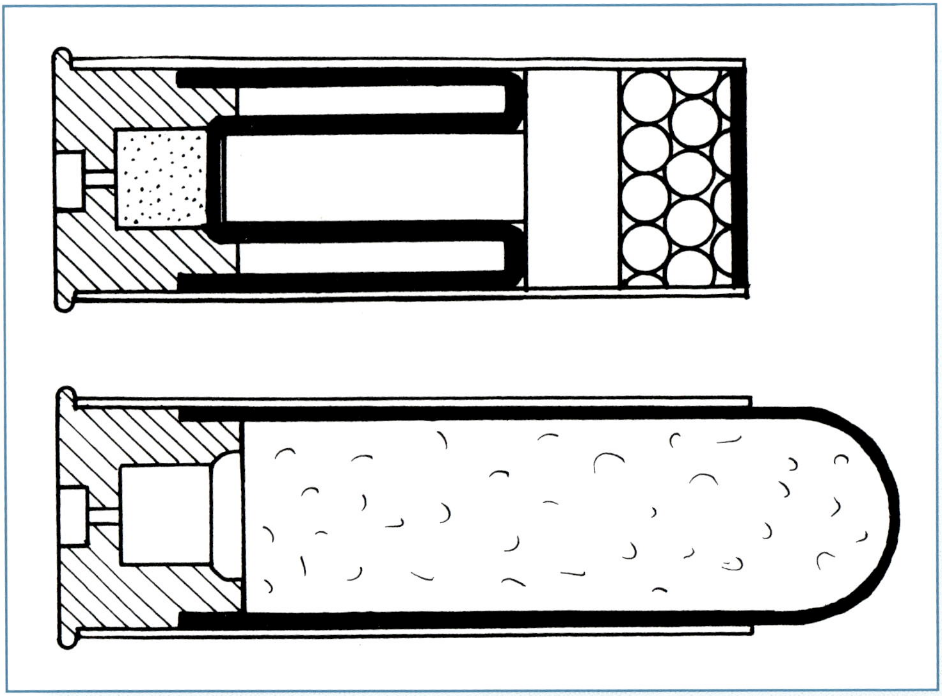

„Lautlose" Schrotpatrone im Kaliber 12, unten die abgefeuerte Patrone
Der im Ruhezustand zusammengefaltete Metallballon ist durch die Pulvergase gebläht und hat Piston und Schrotvorlage einen Bewegungsimpuls erteilt

40 mm Granatwerfer

Das eben geschilderte Funktionsprinzip findet auch in einer Baureihe von 40 mm-Granaten für infanteristische Waffensysteme Anwendung, wie etwa den US-amerikanischen Modellen M79 oder dem vorzugsweise unter Sturmgewehren montierten M203 sowie der HK Granatpistole. Neben der Geräuschtarnung profitiert der Schütze von der absoluten Mündungsfeuerlosigkeit sowie der verbesserten Präzision dieser Hülsen-Sonderkonstruktionen.

„Lautlose" 40 mm Granate
Auch hier befindet sich ein zusammengelegter Metallfaltenbalg zwischen Projektil und Pulverladung

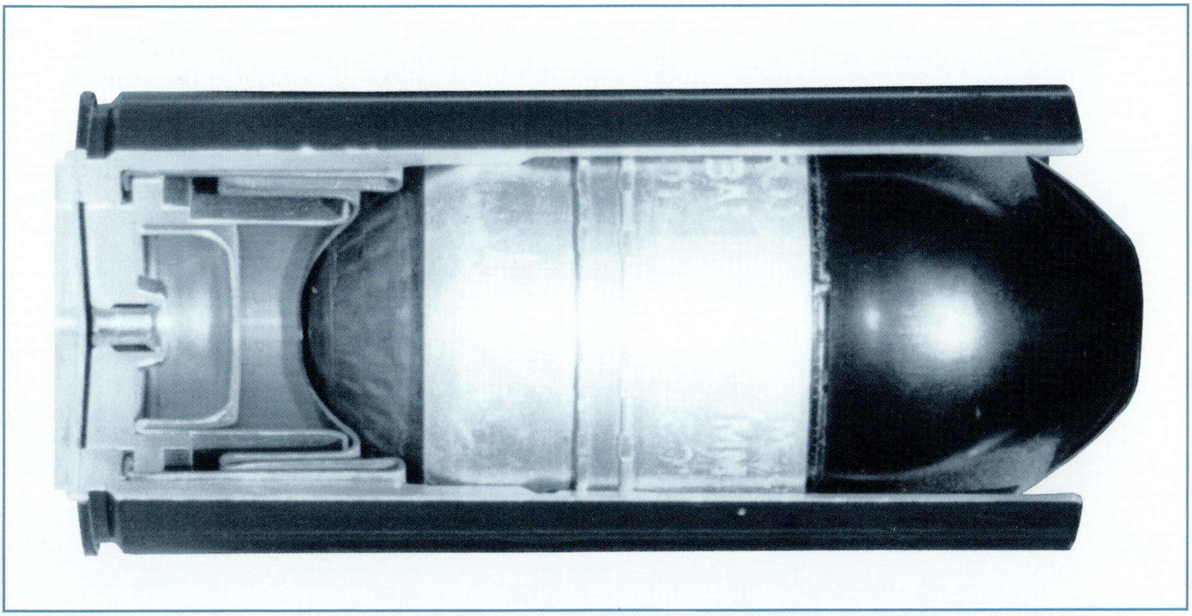

Panzerabwehrwaffe Lancia Armbrust

Eigentlich keine Faustfeuerwaffe mehr ist die Lancia „Armbrust". Diese von MBB entwikkelte Panzerabwehrwaffe feuert ihr raketengetriebenes Hohlladungsprojektil nahezu lautlos (für eine Panzerfaust!) und rückstoßfrei ab.
Die Ausstoßladung für Rakete (nach vorne) und Ausgleichsmasse (nach hinten) befindet sich zwischen zwei Pistons. Diese dichten den Rohrkörper nach dem Abschuß gegen die

Lancia Armbrust:
In abgeschossenem Zustand haben die Treibspiegel das Abschußrohr abgedichtet

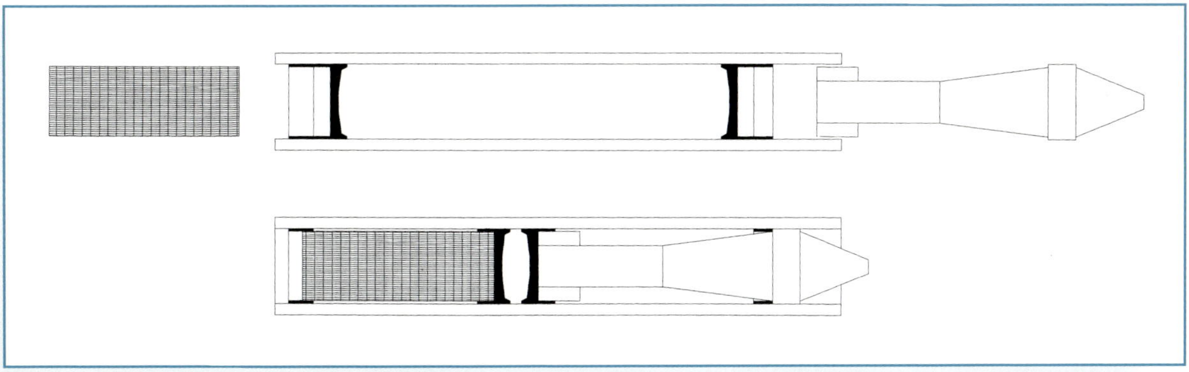

Außenatmosphäre ab. Nach einigen Metern ballistischem Flug zündet der Raketenantrieb des Geschoßes, so daß der Schütze nicht mehr durch die Antriebsgase gefährdet werden kann.
Die Gegenmasse ist so aufgebaut, daß sie sich schnellstmöglich öffnet und durch den Luftwiderstand abgebremst wird. Eine „Armbrust“ läßt sich aufgrund dieser Besonderheiten als einzige dem Verfasser bekannte Waffe ihrer Gattung ohne größere Schützen- und Umgebungsgefährdung auch aus engen geschlossenen Räumen, evtl. auch Fahrzeugen, abfeuern.

Ausblicke

In der mittlerweile gut 100-jährigen Geschichte der Schalldämpferwaffen hat es eine nahezu unüberschaubare Anzahl von Ideen zur Knallminderung beim Schuß gegeben. Diese Ideen, die sich zum Teil in Patenten dokumentieren, wurden mit wechselndem Erfolg realisiert. Einiges erwies sich als effektiv, anderes als untauglich; Ideen und Wirkprinzipien wurden auf der Suche nach der Ideallösung (die es immer noch nicht gibt) gemischt usw. Mit einer gewissen Sicherheit kann der Schalldämpferentwicklung bescheinigt werden, daß sie ein Plateau erreicht hat, eine Stagnation auf hohem Niveau. Fundamentale Neuheiten sind nicht mehr zu erwarten, einzig Detailverbesserungen sowie Neukombinationen bekannter Prinzipien versprechen noch geringfügig leisere oder kleinere Dämpfer.

Wie in jedem technischen Gebiet gab und gibt es auch hier eine Evolution: Das Bessere verdrängte das Gute - wobei natürlich immer auch Aspekte der späteren Anwendung, der Herstellungstechnik, der Wartung und Pflege etc. eine gewichtige Rolle spielen. So sind die Absorptionskörperdämpfer á la HD-Military nicht wegen zu schlechter Dämpfungsleistung aus dem militärischen Bereich verdrängt worden, sondern wegen der vergleichsweise geringen Standzeiten und des hohen Wartungsaufwandes. Im privaten Bereich, wo extrem hohen Standzeiten nicht der selbe Stellenwert wie im Truppengebrauch zukommt, werden sich diese Dämpfer mit Sicherheit behaupten können - so wollen wir es u.a. Don Walsh wünschen.

Ebenfalls aus dem Militärgebrauch verschwinden werden die Spiraldiffusoren á la MAC und Co. Der hohe Herstellungsaufwand für die aus dem Vollen gefrästen Geometrien steht in keinem guten Verhältnis zu der noch nicht schlüssig bewiesenen Verbesserung der Dämpfungsleistung gegenüber einfacheren Ablenkkörpern.

Wie wird die Zukunft aussehen? Es ist nicht ganz leicht, hier eine Prognose zu wagen. Mit einiger Wahrscheinlichkeit werden sich neben den Ausführungen mit zu durchschießenden Scheiben (bei Kompaktdämpfern) noch folgende weitere Arten behaupten:

- Dämpfer mit Blendenscheiben unterschiedlicher Geometrie und Ausführung und den zugehörigen Distanzstücken (Typ I)
- Modelle mit kegelförmigen Ablenkkörpern (wie beim Steyr-Dämpfer oder den B&T-Modellen, Typ II)

Wenn Präzision keine große Rolle spielt, sind bei vielen Typen noch verbessernde Modifikationen (Exzentrizität, flüssige Hilfsstoffe im Dämpfer, Elastomerkörper) vorstellbar. Wie die jüngsten Entwicklungen bei Brügger & Thomet oder Joniskeit zeigen, bietet sogar der lange Zeit als ausentwickelt geltende Blendendämpfer vom Typ I immer noch Weiterentwicklungsmöglichkeiten: Wenn auch die seitliche Ableitung des Hauptgasstrahles durch Prallflächen in der Geschoßdurchtrittsöffnung vom Prinzip her schon Bestandteil der Maxim'schen Patente war, in der von B&T realisierten Form hatte es noch niemand erfolgreich versucht. Ähnliches gilt für den Schräglamellen-Dämpfer von Joniskeit.

Und so wird es wohl künftig auch weitergehen.

Inwieweit die Elektronik bzw. Feinmechanik / Elektromechanik Einzug in die Dämpfertechnologie halten wird, ist noch nicht absehbar. Denkbar wäre ein Dämpfer, der den Gasstrom nach dem Passieren des Geschosses (über Lichtschranke oder Induktion gemessen) abriegelt und den nachfolgenden Gasen über ein elektromotorisch betriebenes Ventil den Weg versperrt oder sie umleitet. Auch eine elektromechanische Einspritzung von Kühlmedien in die Verbrennungsgase erscheint nicht undenkbar.
Hoffentlich wird der Akkupack für diese Dämpfer nicht größer als die Waffe selbst.... Spaß beiseite, bei der heutigen Leistungsfähigkeit und Miniaturisierung elektromechanischer Systeme sind solche Möglichkeiten durchaus vorstellbar. Wenn in Japan Feuerwaffen nicht quasi verboten wären, hätte Nippon bestimmt schon eine entsprechende Entwicklung vorgestellt. Aber wer weiß, vielleicht steht uns das ja noch bevor.

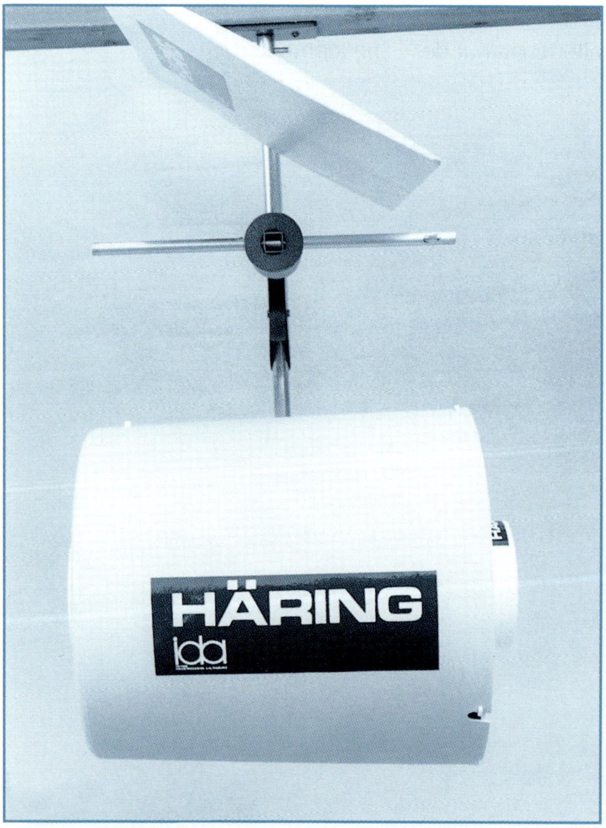

Der Häring-Schallabsorber in eingebautem Zustand (Foto: Fa. Häring)

In einigen Schießständen in der Bundesrepublik nutzt man bereits die Vorteile von Schalldämpfern, u.a. um den aus Lärmschutzgründen bedrohten Schießbetrieb aufrecht erhalten zu können. Allerdings sind die dort verwendeten „Schalldämpfer“, wie etwa der Häring Schallabsorber, nicht Teil der Waffen, sondern Teil der Standeinrichtung.
So werden an Kurzwaffenständen Röhren von ca. 20-30 cm Durchmesser montiert, welche mit Isoliermaterial ausgekleidet und auf die zu beschießenden Scheiben ausgerichtet sind. Die Waffe ist innerhalb dieser Röhre bzw. durch diese Röhre hindurch abzufeuern. Eine entsprechende Ausformung und Gestaltung vorausgesetzt, ist die Schützenbehinderung hierbei gering, die Verringerung der Belästigung der Standnachbarn im bezug auf Druckwelle, Knall, Mündungsfeuer und fliegende Hülsen enorm.
Auch die Dämpfungsleistung in der Größenordnung von 5-10 dB, seitlich und hinter dem Schützen gemessen, kann sich sehen lassen.
Noch ausgeprägter sind die Dämpfungseffekte dieser Einrichtungen beim Langwaffenschießen vom Ansitztisch oder im Liegendanschlag, wo die Waffe ohne Behinderung des Schützen bis in Höhe der Ladeöffnung in eine entsprechend lange Röhre geschoben wird. Hier kann man auch sehr gut improvisieren, selbst Röhren aus aneinander befestigten Altreifen haben schon gute Dienste geleistet, wenn es darum ging, großkalibrige Jagd- bzw. Ordonnanzwaffen schallmeßtechnisch zu bändigen.
Nur für Bewegungsdisziplinen im Schießsport - und das fängt mit dem Duellschießen an - sind diese Vorrichtungen denkbar ungeeignet.

Es bestünden viele Möglichkeiten, sportliches und jagdliches Schießen ohne große Beeinträchtigungen oder Mehraufwand leiser und damit umweltverträglicher zu gestalten. Die innere Sicherheit bliebe dabei nach Auffassung des Autors unangetastet.

Trotz aller Fortschritte machen Schalldämpfer eine Waffe nicht lautlos, nur (etwas) leiser und bestimmt auch nicht kompakter. Alles in allem wird eine gedämpfte Waffe also für

kriminellen Mißbrauch wie Überfälle etc. ungeeigneter - und wer die kriminelle Energie für das lautlose Töten aus dem Hinterhalt aufbringt, wird bestimmt nicht auf eine WBK-registrierte Sportwaffe zurückgreifen.
Für viele aus Lärmschutzgründen von der Schließung bedrohte Stände, sogar Wurfscheibenanlagen, könnte die Einführung von Dämpfern die Rettung bedeuten. Wenn, ja wenn die Behörden mitspielten - und die betroffenen Schießsportverbände.

Der Verfasser wagt es zwar nicht zu hoffen, aber vielleicht kann dieses Buch dazu beitragen, einen Mythos abzubauen und in einigen Bereichen ein Um- oder Nachdenken zu bewirken. Dem gesamten Schießwesen wäre es zu wünschen.

Es hat ja schon einmal eine Gruppe von technischen Geräten gegeben, die in ihrer Anfangszeit als gefährliche, laute und lästige Geräte eingestuft wurden, und denen Schalldämpfer einige dieser Nachteile nahmen. Ob es dann allerdings nur der Schalldämpfer war, der Autos und Motorrädern ihren Siegeszug bescherte, ist fraglich.

Quellen

Dobrinski/Krakau/Vogel:
Physik für Ingenieure, B. G. Teubner Verlag, Stuttgart, 6. Auflage 1984
Bohl, Willi:
Technische Strömungslehre, Vogel Verlag, Würzburg, 1986
Truby, J. David:
Quiet Killers, Paladin Press, Boulder, Colorado, USA, 1972
Silencers, Snipers and Assassins, Paladin Press, Boulder, Colorado, USA, 1972
Modern Firearm Silencers, Paladin Press, Boulder, Colorado, USA, 1992
Hübner, Siegfried F.:
Silencers for Hand Firearms, Paladin Press, Boulder, Colorado, USA, 1976
Minnery, John A.:
Firearm Silencers Volume II, Desert Publications, El Dorado, Arizona, USA 1981
Thomas, Donald G.:
Silencer Patents Volume III: European Patents, Paladin Press, Boulder, Colorado, USA, 1978
Pawlas, Karl R.:
Entwicklung und Konstruktion der Schalldämpfer, Waffengeschichte Chronica-Reihe W 123, Journal Verlag, Schwäbisch Hall
Wahl, Günther:
Waffentechnische Kuriositäten, Journal Verlag, Schwäbisch Hall, 2. Auflage 1990
Marino, Giovanni
Il grande libro dei Silenziatore i del armi silenziate
DeVecchi Editore
Ezell, Edward Clinton
Small Arms of the World, Stackpole Books, 12 Auflage 1983
Gander, T. J. und Hogg I. V.
Jane's Infantry Weapons 1995-96, Jane's Information Group Ltd, 21. Auflage 1995
Fachzeitschriften:
Deutsches Waffen Journal
Visier
Caliber
Schweizer Waffen Magazin
Internationales Waffen Magazin
Herstellerunterlagen, Firmenprospekte:
Brügger & Thomet, Spiez/Schweiz
Dynamit Nobel, Troisdorf u.Stadeln
Häring Schießsportanlagenbau, Höchst
Heckler & Koch, Oberndorf
Waffentechnik Joniskeit, Allmersbach
Waffentechnik Krüger, Altenbeken-Schwaney
Mauser-Werke, Oberndorf
Metallwerke Elisenhütte, Nassau
Samereier Munitionstechnik, Luderbach
Steyr-Mannlicher AG, A-Steyr
Stopson Creations, F-Crespieres
Carl Walther, Ulm

Über den Autor

„Schalldämpfer - Geschichte • Technik • Modelle“ ist das erste waffentechnische Buch des Autors (Jahrgang'65).

Im Rahmen seines Studiums der Verfahrenstechnik konnte der Verfasser Erfahrungen in der Grundlagenforschung der Rüstungsindustrie sowie bei einschlägigen Herstellern sammeln. Hauptberuflich ist er als beratender Ingenieur bei einem führenden Unternehmen der Baustoffindustrie beschäftigt. Daneben unterrichtet er als Gastdozent an einer Hochschule und an Berufsbildungsinstitutionen.

Seit einigen Jahren veröffentlicht der Jagdscheininhaber, Wiederlader und aktive Schütze (Böller bis IPSC) regelmäßig Artikel zum Themenkomplex „Schalldämpferwaffen“ in der Fachpresse. In diesem Themengebiet wurde der Verfasser kurz vor Drucklegung des vorliegenden Buches auch zum Sachverständigen bestellt.

An der Entwicklung einiger der hier vorgestellter Waffen, Dämpfer und Munitionssorten war der Verfasser beteiligt.

Danksagung

An dieser Stelle sei von ganzem Herzen all denen für ihre aktive und passive Mitarbeit gedankt, ohne die dieses Buch nicht zustandegekommen wäre.
Leider muß aus Gründen des persönlichen Schutzes der Betreffenden von einer namentlichen Nennung abgesehen werden.